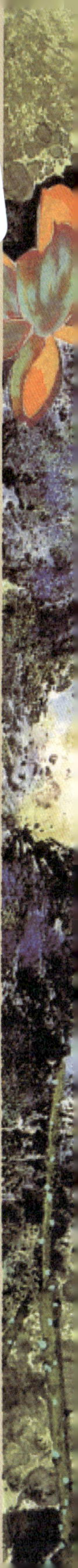

黄永玉传奇

The Legend of Huang Yongyu

增补本

李辉 著

CNS
湖南美术出版社
·长沙·

李辉

1956年出生于湖北随县（今随州市）。1982年毕业于上海复旦大学中文系；1982年在北京《北京晚报》担任文艺记者和文学副刊编辑；1987年11月至今，在《人民日报》文艺部担任编辑。以传记、随笔写作为主。主要作品有《胡风集团冤案始末》、《沈从文与丁玲》、《沧桑看云》、《和老人聊天》、《百年巴金》、《封面中国》等。1998年散文集《秋白茫茫》获全国首届鲁迅文学奖。 2007年在《收获》开设的专栏“封面中国——美国《时代》周刊讲述的故事”，获第五届华语文学传媒大奖“2006年散文家”奖项。

目录

拼贴风中碎片

追寻“黑画事件”始末

自 序

李 辉

最初产生为黄永玉先生写传的念头，远在二十年前。

一九八九年清明时节，应黄先生之邀，随他一起前往凤凰古城，遂有了我的第一次湘西行。那一年，我三十出头，他六十五岁。

当时，我的研究课题是沈从文，我们一路上谈得最投机的也是沈从文。说得兴致来了，他说，我们找个充足时间，按照沈从文早年漂泊的路线，再在湘西泛舟漫游。他画画，我写文章，然后一起出本书。后来知道，他同不少人都这么兴致勃勃地提议过，可见他对这一构想一直情有独钟。当然，构想终归是构想，实现已不可能。岁月荏苒，水流不再，即便真的实施，行走与感觉，想象中的浪漫恐怕也未必尽如人愿了。

就在此次凤凰同行期间，我走进位于白羊岭的黄家小楼，听黄先生讲述沈从文一九八二年最后一次故乡行时住在这里的故事。我临走的前一天，我们改了话题，这一次是听他讲述自己儿时的凤凰记忆。于是，我的笔记本上，有了《传奇黄永玉》写作的第一次采访记录。

记得那是一个乍暖还寒的下午，绵绵阴雨中，清明时节的凤凰仍有寒意。

没想到，过了二十年，我才写出了这本书。其实，《传奇黄永玉》不能算严格意义上的传记，它更像一本介乎于传记与评传之间的散记。或以故事叙述为主（缺少史料印证的早期生活），或基于史料的发掘来解读传主与某一具体人物的关联（如与沈从文、汪曾祺的交往），或借传主的故事进而展开对某一时期美术界整体的考证与叙述（如“文革”美术风云的碎片拼贴）。从时间上看，所描述的黄老生平与创作，集中在一九二四至一九七六年之间。从这一点上说，本书应是《传奇黄永玉》的第一卷，而一九七六年之后的生平与创作，应是下一卷的主要内容。

从传记写作的角度来说，下一卷的写作可能更有挑战性，也更有历史分量。在此后三十多年时间里，随着黄永玉艺术与文学创作的进一步深入与拓展，随着其文化地位的日益重要，随着当代中国历史的风云变幻，随着他与朝野关系的交错起伏，随着他的性格的复杂性与在雅俗之间的游弋，值得描述的内容显然会越来越多——以他为主人公原型创作的电影《苦恋》的批判风波；猴票设计在集邮界引发的轰动和酒鬼包装设计的开创性意义；他在政治风云变幻中的激情迸发；他与一些艺术家之间的个人恩怨凸现出背后的历史风云和性格冲突；绘画之外他在诗歌、小说、散文创作上获得的殊荣和产生的影响力……

一切有待日后的再叙述。

二○○九年夏天，黄永玉创作了一幅纸本重彩画《荷》，这也是他迄今为止创作的最大一幅作品：长五米，高六米。黄永玉以痴爱荷花、善画荷花而著称，故将北京郊区寓所命名为“万荷堂”。画这幅《荷》，费时一个多月，他每日自己操作电动起落架，站在高高的平台上，画金色阳光下满池灿烂无比的荷花。起落之间，哪里像一位八十多岁的老人！

即将走进八十六岁的黄永玉，激情迸发，极富创造性。他大胆而独具匠心地在画纸的右上角，留下一圈白色作为太阳。阳光由白而明黄、而橘黄、而淡黄，然后漫天红色。以白色为太阳，阳光顿时明亮而辉煌，远比通常以红色画太阳更为生动，更有视觉的冲击力。同时，这一处理，在构图上使太阳与下方荷塘景象相交融，并形成轻与重、空灵与浓烈的艺术呼应。满池荷叶、荷花、浮萍、水草，错而不乱。黄永玉近年来酷爱斑斓色彩，突出重彩效果，这一次，画巨幅荷花，内心似有更猛烈的艺术冲动，使他几乎走到了尽兴挥洒色彩的极端。每一种色彩的选择，每一处细节的点染，既与以往风格相衔接，又因画面的巨大，而增加了色彩的层次与色块的呼应。画面整体效果气势恢弘，粗犷而富有张力，局部则又构思缜密，笔触细腻，就是在这种风格的呼应与渗透中，显出画家的艺术活力。

画过多少次荷花，恐怕这一次，黄永玉才尽兴画出了他对荷花的全部色彩的想象。这想象，因印象而来，也因梦而来。“我的魂都在里面了。”站在画前，黄永玉动情地告诉我。

“为了太阳我才来到这个世界。”谈到人生时黄永玉常爱引用这句诗。

阳光下，每个人的一切都将被照亮。

写于二〇〇九年十月，北京

在凤凰的日子

黄永玉一九五〇年拍摄的凤凰凰城全景。

黄家传奇

姓黄，还是姓张？

姓黄？姓张？哪怕到了八十几岁，黄永玉自己也说不准确。

人也奇怪，在漂泊摔打跌宕起伏的岁月中，黄永玉从未想到过在父母那里追根究底。是顾不上，还是没有这个意识？自儿时起，他就听前辈说过他们家原本姓张，但为什么后来改姓黄，黄家的人死后的墓碑上通常照例刻上“张公”而非“黄公”，其中原因至今也不明白。祖辈的来龙去脉，对于他，或许知道个大概也就够了。

表叔沈从文一篇失而复得的小说《来的是谁》，在二〇〇七年一经面世，黄家的这个少为人知的秘密，忽然间又引起了人们的兴趣。

黄永玉的曾祖父是沈从文的外公，而在沈从文前往北京进入文坛之前，陪伴沈从文一同漂泊湘西的正是黄永玉的父亲黄玉书。黄家的渊源，想必曾是两位表兄弟滞留洞庭湖时的一个话题。难以想象的是，沈从文对黄家家世的追根求源好像有着特殊的兴趣，尽管许多年过去了，以黄家家世来写一部小说的愿望，却在沈从文心中一直没有消失。“文革”期间，他被下放到文化部湖北咸宁“五七干校”劳动，百无聊赖中却终于找到了重续文学之梦的最好方式——为黄家写一部小说。

一九七一年六月上旬，正在中央美院河北磁县“五七干校”劳动的黄永玉，突然收到了沈从文寄来的邮件，厚厚一叠。他回忆说：

> 我打开一看，原来是有关我黄家家世的长篇小说的一个楔子《来的是谁》，情调哀凄且富于幻想神话意味。……那种地方、那个时候、那种条件，他老人家忽然正儿八经用蝇头行草写起那么从容的小说来？……解放以后，他可从未如此这般地动过脑子。……于是，那最深邃的，从未发掘过的儿时的宝藏油然浮出水面。这东西既大有可写，且不犯言涉，所以一口气写了八千多字。
>
> （《给刘一友的信》，载《文星街大哥》）

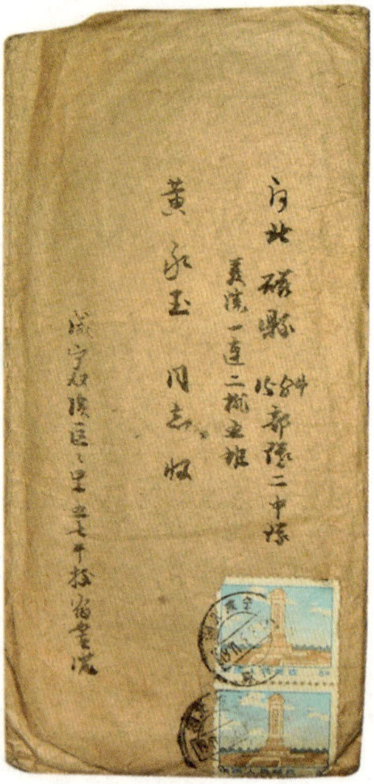

沈从文的小说开篇，渲染出神秘、魔幻的气氛，把“姓黄还是姓张”的悬念，与一位不期而至的老人的飘然而去，一并留给了小说中的黄氏一家人。

小说中，一位从乡下走进京城的老头，敲响了黄家的门。父母不在，只有兄妹两人在家中。一场老头与黄家女儿有趣的对话开始了：

《君自故乡来》

“我找姓张的！”

“找张什么？”

“张永玉！”

“没有这个人！”

“那找张黑蛮！”

“我这里也没有张黑蛮，李黑蛮，却只有个——”

“那就找张黑妮！”

“我们这里住的不是姓张的，是姓——你找错了！”

——生活中黄永玉家的情况与小说完全一样，儿子叫黑蛮，女儿叫黑妮。

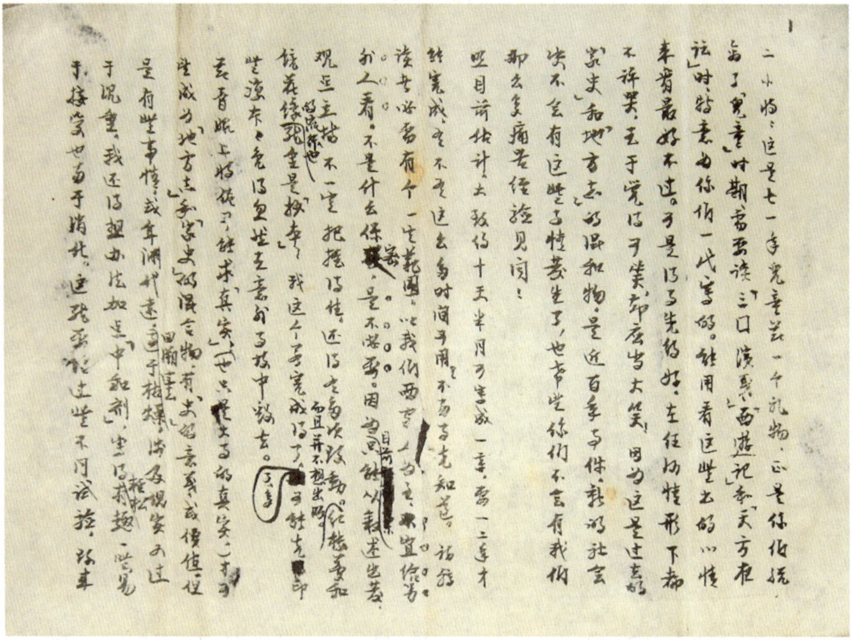

沈从文为《来的是谁》写给黄黑蛮、黄黑妮的信

警惕骗子的黑妮没有开门。她听到外边的老头子带点失望神气自言自语："那就怪了？明明白白是住在这里的，哪会错？"

小说写道："引起了大姑娘一点好奇心，于是一面想起'为人民服务'教训，另一面想再摸摸底，于是，变了变语气，和和气气，慢慢地，一字一句地说，'老同志，您是哪里来的？您找门牌错了，这里住的姓黄，门牌上不是写得清清楚楚吗？您有什么事？'"

黑妮最终没有为老人开门，老人怏怏而去。父母回来听说此事，父亲猛然醒悟也许去世多年的爷爷并没有去世，又从家乡来找他们了。但当他和黑妮赶到火车站时，开往家乡的火车已缓缓启动，没有找到老人，只有黑妮透过车窗看到刚才敲门的老人模糊身影。回到家，却在信箱里发现一封信，信封上明明白白写着"张永玉同志收"。拆开一看，只是一摞白稿纸，在末后一页才发现用淡墨写的五六行小字：

“张永玉，你这个聪明人，真是越读《矛盾论》越糊涂，转向反面。到今为止，还不知道自己究竟姓什么，妻室儿女也不明白自己姓什么。世界上哪有这种聪明人？为什么不好好地做点调查研究，或问问有关系的熟人？你回家扫墓时，为什么不看看墓碑上写的是什么？”

小说中的父亲沉吟良久。他所琢磨的恰恰就是生活中的黄永玉不止一次与人谈过的内容：“对，我是没有问过，我自己父亲的一生也不大明白！上坟也没有看过碑上写些什么，只知道上几代有个黄河清，是读书人，点过拔贡，看守文庙，相当穷。老家有株大椿树，三四个人还抱不住，所以叫做‘古椿书屋’。此外白纸一张。有几个姑婆和几个伯伯叔叔，还不明白！”

姓黄还是姓张？沈从文的小说没有给出答案。遗憾的是，不知为何，小说仅仅写了第一章就戛然而止，试图解说的谜团，依然还是谜。不过，他的小说开篇的结束文字却为本书的叙述做了最好的铺垫。

姓黄还是姓张？对于叙述黄永玉人生故事的传记作者来说，是否能够找出真实答案，也许真的不重要。人们所知道的是，在一九四六年，二十二岁的黄永玉，与一位广东姑娘梅溪恋爱结婚。梅溪姑娘恰好姓张。

有意或无意，黄与张两个姓氏，真的融为了同一个家庭。

父亲母亲的浪漫爱情

在湘西古城凤凰，黄家本是一个有名的书香门第。

与沈从文小说中所写的名字一模一样，黄永玉的曾祖父就叫黄河清，他是凤凰县城最早的一名贡生，曾在文庙做过“画院山长”，用沈从文的话来说，“是当地唯一读书人”。

约三岁时与母亲在一起

祖父则长期在外做官，后来衣锦还乡。黄永玉为祖父感到自豪。他说，祖父可以自豪地摘取凤凰城多项第一的桂冠：创办第一所邮局，开设第一家照相馆。祖父的妹妹即是沈从文的母亲。沈从文这样谈过自己与黄家的渊源："舅父是个有头脑的人物……我等兄弟姐妹的初步教育，便全是这样瘦小、机警、富于胆气与常识的母亲担负的。我的教育得于母亲的不少，她告我认字，告我认识药名，告我决断——做男子极不可少的决断。我的气度得于父亲影响的较少，得于妈妈的似较多。"由此来看，即便在百年之前的二十世纪初期，黄家就已不是一个被传统紧紧束缚的家庭。没有循规蹈矩，没有迟疑，黄家以他们的特有方式，拥抱着千年古国摆脱封闭后大步走来的一个新时代。

提起父母，黄永玉同样为之骄傲。在五四运动兴起之后的二十年代初期，他们堪称凤凰的一代新型夫妻：他们是第一对自由恋爱结婚的夫妻；母亲第一个穿起短袖衬衫和短裙，第一个剪发，第一个织毛线；他们又是第一对从事教育的夫妻，而且在师范学校都是学习音乐和美术……他们在常德的结识与相爱，演绎了一段富有诗意的浪漫。有意思的是，沈从文恰恰是这一过程的亲历者，一九四八年他撰文《一个传奇的本事》，把当年的情景予以生动描述。这样，黄永玉才有可能知道在他出生之前父母的故事。

且把目光回到二十世纪二十年代初的常德。

位于洞庭湖畔的常德，是当年湘西人乘船沿沅江而下，走向外面大世界的唯一通道。依码头而建逐渐形成的弯弯曲曲的小巷，随处可见大大小小的客栈。一九二二年前后，其中一个小客栈里，寄宿着两个来自凤凰的年轻漂泊者，一个是沈从文，另一个是沈的表兄黄玉书。沈喜爱文学，黄喜爱美术，穷困潦倒中他们拥抱着文艺的梦想，等待幸运降临，改变命运。

在沈从文眼里，这位表兄天性乐观，即便到了身无分文拖欠房租，被客栈老板不断催着他们搬走的境地，他依然于自嘲中表现出诙谐与玩世不恭。按照沈从文的回忆，客栈老板有一位白白胖胖的十六岁的养女，她似乎喜欢了表兄，常常背地里送表兄南瓜子和芙蓉酥，帮了他们不少的忙。但表兄并没有看中她，而是与沈从文一起取笑她一身白得像发糕，甚至以“发糕”作为她的绰号。

就在此时，表兄结识了一位同样来自凤凰的姑娘——杨光蕙，凤凰苗乡得胜营人氏，任常德女子学校美术教员，后来担任教务长。这座学校是由一位姓蒋的夫人创办并任校长，蒋校长有位女儿，叫蒋冰之——后来以“丁玲”笔名而著称于世。

表兄与杨姑娘恋爱了。表兄的这一感情进展，沈从文说得颇为生动形象：“表兄既和她是学美术的同道，平时性情洒脱到能一事不做整天唱歌，这一来，当然不久就成了一团火，找到了他热情的寄托处。”他还有这样的描述：

> 自从认识了这位杨小姐后，一去那里两人必然坐在大风琴边，一面弹琴一面谈情，我照例站在后门前去欣赏市景，并观观风。到蒋老太太来学校时，经我一作暗号，里面琴声必忽然弹奏起来，老太太却照样笑笑的说：“你们弹琴弹得真热心！”表示对于客人的礼貌，客人却不免红脸。因为“弹琴”和“谈情”字音相同，老太太语意指什么即不大分明。
>
> （《一个传奇的本事》）

其间，更有趣的事情是沈从文成了为表兄代写情书的人。

每天回到客栈，表兄就朝沈从文不停作揖，恳请他为自己向杨姑娘代

五岁左右与父亲在一起

笔写信。沈从文在湘西从军期间，曾是长官的文书，代为起草文件，偶尔还为人书写碑文。当读到这篇《一个传奇的本事》时，我们方知他还是表兄的情书代写者。谁想到，在一九二三年前往北京闯荡社会走进文坛之前，他竟是在这样的情形下，开始了文学写作的预习。

沈从文回忆说，表哥对他所代写的情书颇为赞赏：

> 两人回到客栈时，表哥便一连丢了十来个揖，要我代笔写信，他却从从容容躺在床上哼曲子。信写好念给他听后，必把两个大拇指翘起大摇着，表示感谢和赞佩。
>
> “老弟，真好，可以上报！”
>
> （《一个传奇的本事》）

表兄说得不错，几年之后，他所欣赏的表弟真的成了文坛的新星。就这样，两个相爱的凤凰人，在另一个凤凰人的帮助下，进行着浪漫的爱情。

一九二三年，沈从文离开常德，独自一人前往北京，开始他的文学之旅。而他的表兄依然留在常德，继续他的爱情。很快，也在同一年，黄与杨姑娘在常德结婚。可惜的是，他们之间的情书没有保留下来，不然，该是他们送给孩子的多好的见面礼！

第一次遇险

一九二四年八月九日（农历甲子年七月初九），黄玉书和杨光蕙的第一个孩子在常德出生，起名黄永裕——一九四六年，沈从文建议黄永裕以“黄永玉”为笔名。这个笔名沿用至今，其原名倒不大为人所知了。

在黄永玉出生几个月后，父母把他带回了凤凰。后来将证明，父母的这一决定是正确的。它使开始成长的黄永玉，从襁褓起就有了亲近凤凰土地、汲取凤凰灵气的可能。他的一生，将永远与故乡凤凰连在一起。

襁褓中的黄永玉在第一次返回故乡的途中，便经历了一生的最初传奇。

船出常德，溯沅江而上，进入桃源境内，在狭窄河道上行驶。行至一处山间，父母忽然听岸边有风声，说马上就有土匪来抢孩子绑票。船赶紧靠岸，父亲将黄永玉塞进一个大树洞，母亲则用锅烟抹抹脸，假扮船妇。不一会儿，土匪追来，上船打量一番，问是否看到一对带小孩的夫妇。母亲害怕得不敢做声，只是用手指指下游。土匪们叫喊着往下游追去："快走，那个孩子能值三百大洋。"父母吓得紧揪着心，既怕孩子被虫咬，又怕孩子叫出声。

土匪走了，母亲赶紧跑到树洞前，只见婴儿安然无恙，没事一般自顾自地在那里笑着啃手指头。悬着的心这下子才放下来。

故事几似虚构，但却真实地发生在黄永玉身上。河水澄碧，夹竹林青翠，鸟鸣悦耳。多么令人陶醉、幽静的景致。但土匪的闯入——多么突出地带有当时湘西的特色——打破了这片安宁和悠然。

或许，可以把第一次传奇，看作他的人生具有象征意义的一种暗示：未来的日子里，他注定要在美丽与丑陋、安宁与动荡的世界开始他的人生，而他永远是自己的主宰。

后来的黄永玉正是在这样的世界中走到今天。八十多年人生，漂泊、动荡、坎坷；丰富、刺激、充实；大起大落，大悲大喜，大俗大雅……诸多反差强烈对照鲜明的生命元素与性格色彩，在他的生活与艺术中呈现。这是一个充满传奇的人生，生命的意义与价值，值得体味，值得挖掘。

一个人传奇的开篇由此翻过。黄永玉走进凤凰，将在凤凰走过人生最初的十二年，然后，再朝外面的世界走去，朝未来的岁月走去。

凤凰，这个“古怪”的地方

“狗狗”坐在窗台上

老一辈的人早已如白云仙鹤，杳无踪影，如今要了解黄永玉的童年故事，除了他自己的回忆，几乎别无他途。好在他的记忆力惊人，复有一支精彩无比的笔，能够把自己记忆中的、从长辈那里听到的故事，虚虚实实，色彩斑斓，娓娓道来。他的遥远的最初人生，也就在人们眼中变得格外生动而具体。

他两岁多，坐在窗台上。

爷爷他两个月大的时候从北京回来，见到这个长孙，当着全家人说，这孩子“近乎丑”！

不是随便人敢说这句话的。妈妈是本县最高学府，女子小学校长，爸爸是男子小学校长。

晚上，妈妈把爷爷的话告诉爸爸。“嗳！无所谓。”爸爸说。

孩子肿眼泡，扁鼻子、嘴大、凸脑门、扇风耳，幸好长得胖，一胖遮百丑。

《无愁河的浪荡汉子》）

她是狗狗的小妈妈 08.

他两岁多，坐在窗台上 08.

一岁左右的黄永玉（右二）被妈妈抱着与家人合影

这便是黄永玉本人对自己儿时最初形象的描述。一个“近乎丑”的孩子，就这样开始漫长的一生。

这段文字，是黄永玉的自传体长篇小说《无愁河的浪荡汉子》的开头。这个“近乎丑”的孩子，小说中名叫“狗狗”，原型即是黄永玉本人。狗狗的父亲叫“张幼麟”，与黄的父亲黄玉书对应，且暗合“黄”姓与“张”姓的渊源关系；狗狗的母亲叫“柳惠”，与黄的母亲杨光蕙对应，且“柳”与“杨”暗合。朱雀城即凤凰城。有的人物的身份与名字则与现实生活一致，如黄永玉七岁前的保姆叫“王伯”，小学时的一位高年级学生叫李承恩，在小说中均照搬。

《无愁河的浪荡汉子》已完成部分，刚从狗狗两岁写到四岁，即达十多万字。通过狗狗的眼睛，凤凰的民俗民风，父母的命运起伏，渐次呈现出来。无疑，这是一部具有民俗史、生活演进史架构的小说。作为画家的黄永玉，同样具有文学的雄心，他尝试以漫溢诗意的语言和类似水墨画的点染技巧，描写自己一生的亲闻亲历，欲借此而勾画出广阔背景下的一个民族的历史沧桑。

《无愁河的浪荡汉子》以后将如何进展，尚是悬念。但已经完成的部分，却为人们了解黄永玉的童年生活，提供了一幅幅生动的画面。

两岁到四岁，一九二六至一九二八年，正是中国现代史上极为重要的

一九三一年，七岁左右的黄永玉（左二）与弟弟们在一起

黄永玉晚年再画
记忆中的太婆与自己

两年。举世瞩目的中国大革命起伏跌宕，农民运动从高潮到低谷，国民党与共产党之间从合作到决裂，昨天的盟友转眼间成了刀刃相见的仇敌，血雨腥风一时间弥漫中国。

因为湖南处在大革命的旋涡中心，更因为父母的缘故，童年黄永玉还在懵懂中，甚至很难说有清晰的记忆，血雨腥风就扑面而来，让他过早地嗅到了死亡的气息。

大革命的气息与味道

在一九二七年大革命高潮来临时，父亲黄玉书和母亲杨光蕙都不同程度地参与其中。

他们从常德回到凤凰，与省城长沙的联系却没有中断。北伐军一九二六年自广东进入湖南后，风起云涌的农民运动也波及偏远的湘西，这对新潮夫妻参加了中国共产党，理所当然地成了凤凰城活跃的政治人物，母亲一度担任中共凤凰县委代理宣传部长，领导这座古城的革命运动。

父亲性格温和，幽默且重理性；母亲性情爽朗，风风火火，革命对她似乎更有感染力。“柳惠长得不算漂亮，褐色皮肤，眼睫毛密，嘴唇薄显得人中长，牙也好。步子紧。”这是自传体小说中对母亲柳惠的形象素描。

黄永玉描写了“柳惠”在大革命期间的一个豪举——以中共县委代理宣传部长身份率领民众在朱雀城的庙里砸菩萨。破除迷信，砸菩萨，是湖南农民运动高涨的标志之一，时任中共领导人之一的毛泽东，在一九二七年三月撰写的《湖南农民运动考察报告》中，曾特地提到并予以赞许。

据毛泽东所言，他从一月四日起至二月五日止，用了三十二天，回到湖南实地考察湘潭、湘乡、衡山、醴陵、长沙等五县的情况。毛泽东这样写道：

> 许多地方，农民协会占了神的庙宇做会所。一切地方的农民协会，都主张提取庙产办农民学校，做农会经费，名之曰“迷信公款”。醴陵禁迷信、打菩萨之风颇盛行。北乡各区农民禁止家神老爷（傩神）游香。渌口伏波岭庙内有许多菩萨，因为办国民党区党部房屋不够，把大小菩萨堆于一角，农民无异言。自此以后，人家死了人，敬神、做道场、送大王灯的，就很少了。这事，因为是农会委员长孙小山倡首，当地的道士们颇恨孙小山。北三区龙凤庵农民和小学教员，砍了木菩萨煮肉吃。南区东富寺三十几个菩萨都给学生和农民共同烧掉了，只有两个小菩萨名“包公老爷”者，被一个

老年农民抢去了，他说："莫造孽！"在农民势力占了统治地位的地方，信神的只有老年农民和妇女，青年和壮年农民都不信了。农民协会是青年和壮年农民当权，所以对于推翻神权，破除迷信，是各处都在进行中的。

（《湖南农民运动考察报告》）

毛泽东的报告是根据所考察的长沙一带五县情况而写，不过，他也说到"推翻神权，破除迷信，是各处都在进行中的"，那么，高潮波及的凤凰，显然也在"各处"之列。他所列举的蔓延湖南的破除迷信之举，正可以作为当年黄永玉母亲砸菩萨行动的历史印证。

黄永玉在他的小说中，借"狗狗"的眼睛，再现了一九二七年初历史大背景下母亲投身于革命运动的场面。他这样描写道：

有天，王伯买菜匆匆忙忙提着一个空篮子，赶回来告诉狗狗：

"了不得！了不得！你妈带人打玉皇阁、阎王殿了。菩萨都打得？我看你妈胆子好大！也不怕害了屋里？"

过一个时候，屋里进来一伙人，妈也夹在里头。

"柳校长！他们不让打，我们就冲嘛！破除迷信是起码的革命，这点都做不到，还革个……"

"是他妈那帮土豪劣绅，先抓他三两个游盘街，压压他们的威风！"

"游就游，老子去抓！……"话没讲完就跟着出去了。不久就听到街上打锣。苏儒臣肥坨子是北门街开染匠铺的，商会的人；还有个南门乡绅宋学廉。这两个跳起脚骂共产党打菩萨，骂柳惠狗婆娘不得好死!

游了。

这一游，再没有人敢骂。玉皇阁、观景山的菩萨接着都打了点。

为什么不都打了?

人手少，庙到处都是，一天哪里打得完。

城里人都想不通。你共产党就共产党嘛!打菩萨做哪样呢?

（《无愁河的浪荡汉子》）

从时间上，发生此事时黄永玉还不到三岁，他所生动描述的场面，未必一定是完全出自个人的记忆。在很大程度上，它应该是儿时模糊的感觉，与长大后从长辈那里听来的传说交融一起后的文学再创造。

黄永玉在一九五零年重返故乡后，撰写过一组文章，题为《火里凤凰》，其中写到了当年大革命失败后发生在凤凰的砍头事件：

从今天算起的二十四年前，一九二七年（马日事变）四月二十六日(应是公历五月二十一日——引者)中午，凤凰出了一件惊天动地的事。

有三位伟大的共产党人被湘西的反动小头目顾修之在凤凰赤塘坪用世界上最残酷、最野蛮的斫头方式处决了。

这三位烈士之中，有一位便是韩蛮娘的胞弟韩安石先生，一位是共产党特派员长沙人刘少明先生，一位是县农工部长常德人杨子锐先生。韩安石先生那时是凤凰的组织部长（麻阳县的组织部长是现在的铁道部长滕代远先生）。我母亲那时正代替当时的宣传部长田君健的职务，田闻风声已先走脱（田君健以后的二十年中，经不起历史的考验，任国民党反动派师长，前几年在淮海解放战役中给人民解放军击毙了）。

那时我才四岁，在隔壁考棚小学里读一年级，我母亲就在这间全县唯一的学校里做校长。我仿佛还记得韩安石先生常到我家来，大个子，声音响亮一如其姐，将我高高地举起，逗着我唱“打倒列强，打倒列强，除军阀，除军阀……”的歌。有时候他们开完了会，就要我学着他们演说的姿势，抱我站在讲台上说：

“我们要打倒土豪劣绅，打倒帝国主义！”

记得那时我长了满脑壳的癞痢，演完讲还鞠一个躬，不小心碰到背后的黑板，弄得满头流出脓血来……

就在那天中午，母亲正上课时，六年级学生李承恩（后来做我的级任先生，现在家乡做生意）气急败坏地跑来告诉她说：

“杨校长，杨校长，你还不走？韩先生、刘先生和杨先生都抓到赤塘坪斫脑壳去了！你还不走？”

全凤凰城为这事轰动起来，我母亲和父亲就即刻地不见了。王伯第二天把我带到乡下木里。

（《火里凤凰》）

关于共产党人被砍头的这一事件，自传体小说中则有更生动的描写。

西门外过桥有一大片地名叫赤塘坪，是个行刑砍脑壳的地方。城里道台同门口三炮一响，好多闲人都往这里涌。

……

五月过去一点，有一天，放过午时炮之后，六年级学生李承

小时候，走几十里来看磨。磨经过很多力，很多运动，磨圆了，磨光滑了，跟人生的经历一样。看着轮子不停地转啊转，重复不停在转，像历史一样，生活一样，又像灾难一样，人生的欢乐都包含在内。有时轮子走到你面前，感到它很沉重但又没有危险，从面前滚过去，像一个大时代。——黄永玉

恩、梁长濬两个学生从北门街上跑进考棚来大叫：

“张校长！张校长！杀共产党了，张校长在哪里？张校长！你快走！杀共产党了！”

幼麟从办公室走出来。

“你快走！杀共产党了！韩安石，还有那个姓柳的、姓刘的都绑到赤塘坪去了！校长你快走！”

幼麟奔出考棚，只两家就是自己屋里后门，屋里去找柳惠，不见；找伢崽狗狗，也不见。过后，自己也不见了。

王伯和狗狗正在箭道子广场上看河南佬耍猴戏，忽然外头有

人大叫："砍共产党了！抓了好几个！"知道不好，夹起狗狗沿城墙往家里就跑，进到屋里只见婆一个人坐在堂屋发痴。空荡荡顾不得她，又冲出前门夹着狗狗直上"陡陡坡"出西门过桥奔赤塘坪。果然那里远远围了千把两千人，分开众人走进一看，地上躺了三个人，脑壳和胸脯都有乌血。不是狗狗爸妈。

王伯抱着狗狗出来，在河滩上找了块岩头坐下。

"王伯，你做哪样？"

"狗狗，王伯要死了！没有气了！王伯要死了！……"

《何处是归程》

狗狗看王伯想站起来，又瘫倒在泥巴地扯气。

狗狗坐在王伯旁边，他四围地上长着“狗狗毛”（莠草），有的地方是红泥巴和青光岩（鹅卵石），几只大蚂蚁四围走……

好久，好久，王伯才撑起来，见狗狗坐在旁边，场上人慢慢散去。她软着嗓子：

“狗狗！我们转去吧！你自己走得吗？我拉你慢慢走啊！”

（《无愁河的浪荡汉子》）

小说中“狗狗”被王伯带到了苗乡躲藏。生活中的黄永玉，当时也是如此。

第一次目睹砍头惨状，嗅到死亡的血腥气息，这是对一个人如何理解生与死意义的最初启蒙，即便对于懵懂的三岁儿童，也会是刻骨铭心的触动。在这种情况下，细节的考证与时间的订正，也许就显得不那么重要了。

更何况它发生在凤凰古城。

“古怪”的恐怖

沈从文早就说过，凤凰是个“古怪”的地方。就处决犯人的野蛮方式而言，历史在这里似乎凝固着。

在沈从文儿时的记忆里，凤凰城里的小孩子观看处决犯人，几乎成了见怪不怪的家常便饭。特别是在一九一一年辛亥革命前后，晚清政权对苗族起义的镇压，民国成立后县府对暴民的处决，无一例外地都采取砍头的方式，并且常常悬挂于城楼上。孩子们看惯了死亡，与童年的游戏相伴随的不只是欢声笑语，也有血雨腥风。他们早已习惯了这一切，即便走在遍布尸首的刑场，他们也没有多少恐怖。沈从文时代的凤凰的孩子们，就是这样过早地面对生与死的鲜明对照，这就难怪他这样说：“但革命印象在我记忆中不能忘记的，却只是关于杀戮那几千个无辜农民的几幅颜色鲜明的图画。”

一个巧合，比表叔年轻二十二岁的黄永玉，在二十世纪另一场革命发生逆转之时，在凤凰这样的地方，也目睹了类似的场面。

黄永玉一九五〇年在《火里凤凰》中写道：

> 有时候，后者所说的秘密行为偶然给公开了，那么，整个凤凰城又会给另一种热闹节目疯狂起来——通常是十个以上这样的英雄好汉，被一群由吹着洋号的士兵领头的队伍押着，一个骑着马，赤膊上身喝得醉醺醺的，手托锋利蛮刀的大麻汉垫尾，上千上万的观众尾随着，出老西门，到一个叫作“赤塘坪”的地方跪下，伸长颈子，由这位大麻汉一个个将他们的脑袋，以

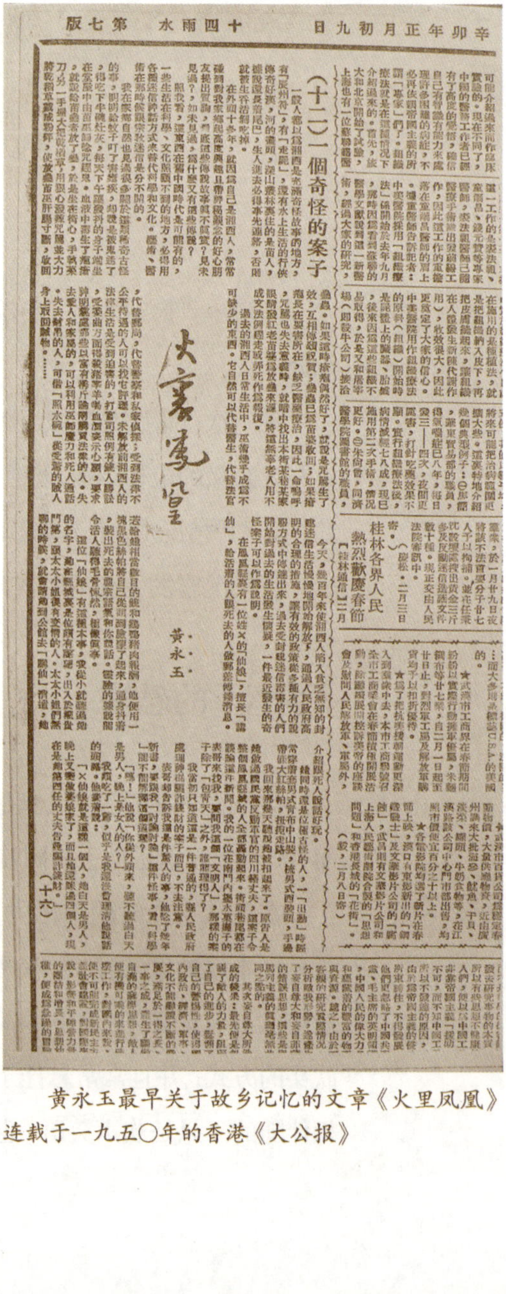
辛卯年正月初九日　十四雨水　第七版

大公園

（十二）一個奇怪的案子

黄永玉

桂林各界人民熱烈歡慶春節

黄永玉最早关于故乡记忆的文章《火里凤凰》连载于一九五〇年的香港《大公报》

极轻巧的手法斫下来。人头落地时，欢呼掌声必跟之而起。事后还得由观众来品评哪一个在“挨刀”之前最“值价”，最显出本色来。

可能，这些“挨刀”的英雄好汉之中的一两个，与欢呼喊好的观众们还有点亲戚关系。也可能，那一群行刑队里就有尚未被发现的，昨日刚干过勾当的英雄好汉，为什么要杀人和为什么被人杀？为什么要拍手叫好？这些那些，都是无关紧要的事，他们从来不会把时间用在这个思考上面，如果问他，他就会告诉你，这是一个厄运人的结束，一切得由个“命”来决定，可能明天倒在这里的就是自己，说不上惋惜和惊奇。值得注意的是，这批英雄好汉临刑前三两分钟，怎样介绍自己是一位“大丈夫做事”，怎样用一些简单的动作跟语言把自己的抱负和不满传达给观众。观众的拍手，也即是对这些英雄好汉同乡的一点敬仰表示。

（《火里凤凰》）

人们谈到凤凰，常常强调这里民风的强悍与性格的执拗。那么，这种发生在城门外目睹死亡的经历，无疑内在地影响着一代又一代凤凰城孩子们的性格形成。自幼感受到血雨腥风中的野蛮与残酷，自幼看惯了死亡，对于他们，平生遇到再大的苦难，也不会感到恐惧。他们将以自己特殊的坦然，面对未来发生的一切。

这就难怪成人后的黄永玉会以一种格外冷静的语调，把发生在凤凰城的历史陈迹，作为一种民俗、民风的组成部分来加以叙述——在这一点上，他与表叔沈从文有着惊人的相似。

特殊的现实观感与生命体验，就是以这样的方式，在一个孩子身上延续古城的历史，并将他的精神滋润与磨砺。

沱江迴夢

浸染于美丽

小山城的美丽

悠悠一生，一个人会在多少个窗口前伫立，眺望外面的世界，难以计数。即便如此，总有几个窗口令他终生难忘。

黄永玉难忘的第一个窗口，是在凤凰的祖居。“他两岁多，坐在窗台前。”在《无愁河的浪荡汉子》开头第一句，他就这样突出了这个窗口。

现实中两岁的黄永玉，也这样坐在凤凰城祖居的窗台上。祖居位于北门里的文星街，院里有一棵椿树。椿树奇大无比，直径两米左右，春夏时节，一树浓荫，绿气漫溢。因有此树，黄家祖居故曰“古椿书屋”。许多年后的九十年代，黄永玉在香港曾注册一个出版社，起名为“古椿书屋”，专门出版自己的著作。他以此寄寓对祖居的留恋，更使自己的事业与祖居有了最好的衔接。

在古椿书屋，爷爷的房间里有一个大窗户，“狗狗”就常常坐在那个窗台上。这个窗口，让两岁的黄永玉第一次开始认识外面的世界：

> 两三岁时，在“古椿书屋”，爷爷房里有一个带窗台有矮栏杆

《庭中有奇树》

和可以坐卧的窗台的大窗，窗外是一个七八英尺不到的小园子，栽满了长着青嫩绿色大刺，开又白又香小花的矮棘树，除了蜜蜂和蝴蝶，连猫也挤不进去。爷爷给它起了个朴实的名字："棘园"。

下雨、落雪、阳春天气，坐在窗台上一路从棘园看过去：白矮墙和黑瓦檐，张家李家的屋角、影壁，北门的城垛，染房晒布的高木架，看不见的还有北门河，河对面的喜鹊坡，你还可以想象那一带的声音……那是第一个认识的世界。

（《永远的窗口》）

季节流动，时令变迁，花木色彩斑斓，建筑轮廓丰富多样，外面的世界，在幼年的黄永玉眼前铺展开来。这是故乡大自然的美丽，对一位未来的艺术家的最初诱惑。可以想象，当黄永玉学会走路，开始独自一人跑来跑去时，他就走进了美丽之中。

黄永玉这样说过："我有时不免奇怪，一个人怎么会把故乡忘记呢？凭什么把她忘了呢？不怀念那些河流？那些山岗上的森林？那些长满羊齿植物覆盖着的水井？那些透过嫩绿树叶的雾中的阳光？你小时的游伴？唱过的歌？嫁在乡下的妹妹？……未免太狠心了。故乡是祖国在观念和情感上最具体的表现。你是放在天上的风筝，线的另一端是牵系着心灵的故乡的一切影子。唯愿是因为风而不是你自己把这根线割断了啊！"当他用这种充满优美具象的语言来叩问别人时，心里那种浓浓乡情，便不可遏制地漫溢出来了。

环顾中国，几十年来，现代化的演进以及不尊重传统文化而导致的破坏，已经大大改变了中国的乡村景色，欲追寻文人笔下描述过的诸多村镇曾有过的安宁与美丽，几乎不再可能。但是，即便在如此景况下，凤凰城却极为难得地部分地保留了古城韵味。北门的城楼侥幸地矗立不倒；吊脚楼倒影在沱江上波动不息；青石板铺就的小巷，沿着沱江弯弯曲曲延伸至城外山前。人少时节，由小巷缓缓走出城，再走进竹林，环望四周青翠山峦，总是让人有置身于美丽风景的陶醉。

令人遗憾的是，今日已属难得的景色，还是无法与黄永玉所描写的童年浸染其中的美丽风景同日而语。

一个小小的山城，被他写得那么美丽，那么诱人。虽然他也写到了行刑砍头的惨状，写到落后衰败的市景，可是，这些都被他笔下那种温馨、甜蜜所淹没，仿佛他童年记忆中的故乡，实实在在是一个美得让人消受不了的

《凤凰三月》

地方。

记忆中美妙无比的，是北门城外的清水河，是铺满河底的鹅卵石和房子般大小的石块。河边有行家们在钓鱼，有他和伙伴们洗澡。至为难忘的，是河上游峡谷的苍翠裹起来的植物种种、动物种种：两边的竹林和古树盖满了山岩，太阳一定要在一定时候才照得到某块地方。黄鹂和画眉在里头唱歌，高高的岩石上懒洋洋躺着等太阳的豹子。不仅仅是这些，当把目光从河光山色转到街景周围时，他依然能看到在城边大桥上空盘旋的山鹰——凤凰人叫作岩鹰。岩鹰盘旋，似乎俯瞰着水边一边槌衣一边嬉闹打逗的女人，转眼间，它蹿下来，叼住水里的鸡肠鸭肚又飞上天空。如今，岩鹰们自由自在、自得其乐的叫声，还在他的记忆中回响。

黄永玉对家乡的回忆，与沈从文写《从文自传》时描写湘西一样，想必经过了艺术的过滤，糅进了自己对故乡的爱。这一点儿也不奇怪。不难想象，当记忆里充满这样的景致和情调时，故乡就一定是一个艺术家不可能抛在脑后的影子。对走出故乡之后的生活经历的描述，就再也没有凤凰带给他的温馨和美丽了，显然，流浪者人生的磨砺取代了童年的浪漫。

逃学

黄永玉真正开始有机会常常陶醉于山水景色，是在十岁之前逃学的日子里。

父母在一九二七年大革命发生突变后逃出凤凰城，躲过了血雨腥风。危机之后，他们脱党，不再介入政治。特别是母亲，曾经燃烧的激情和抱负，如今归于平淡。夫妇俩重操旧业，分别担任两座小学的校长。父亲黄玉书任凤凰北门男子小学校长，母亲杨光蕙任登瀛街女子小学校长。对于那个时代的不少小知识分子来说，这恐怕是最好的选择。他们难以承受社会大动荡的碰撞与挤压，唯有寄身于教育，在以音乐、美术熏陶孩子的过程中，方能体现自我的价值，从而获取心灵的些许安慰。

当父母的生活转向而行之后，黄永玉也开始了自己的小学生涯。不同的是，父母摆脱了社会大动荡带给自己的烦恼与风险，小小的黄永玉则在小学三四年级时，因遇到一个有着特殊背景的老师，而遇到了自己的童年烦恼——教室处罚：

我上小学先是在实验小学。在学校，我由于家庭情况，不算太调皮。唱歌，跳舞，演《麻雀与小孩》。爱逃学，主要是忽然有一个姓左的老师，会讲英语，大脸，斜眼，最爱打三个人，戴国强、朱一葵、我。为什么专打这三个人？左是共产党员，被抓之后投降了。投降之后让他办试验小学。为什么打？一是他不是共产党了，而我父母当过，母亲当过县的宣传部长，父亲当执委。朱的父亲当红军走了，解放后当中央军委办公厅副主任，戴的父亲是国民党师长。我分析他对国共两方都有意见。

挨打之后，我有点像大卫·科波菲尔，产生一个盲目的抵抗情绪。还有《江湖飞侠传》的影响。我只能消极抵抗，手上擦花椒，这样打起来不痛。在家里念书，自己练习打手。

（一九八九年四月与李辉的谈话）

一个偶然的见闻，让他学会了逃学：

李承恩是姓左的助手。一天，一个姓彭的同学坐在后面，李打了他。那个孩子就跑出去，边骂边跑。我想，这样做也可以吗，为

《凤凰北门外》

《故乡水巷》

故乡的一切，后来都成了黄永玉画中的景象

什么不学他逃学呢?

我开始跑。骗家里说是放假。爸爸带去看不是,回家就打。于是,我就把书包放在土地堂——我们不叫庙。最长的时间半个月不回家。

(同上)

生活在有着美丽风景的地方,逃学成了他儿时最快乐的时候:

小学那个小孩子的时候充满了反抗,反抗的天地很宽,到处跑,好玩,到处唱戏。唱汉戏,唱各种各样的戏,过年、过节、什么花样都有,在那里做得很开心。身体不是很魁梧,但是从小的那种锻炼很经用。那个时候马很多,山上苗族女孩子放马,逃学就偷偷地跑到放马山上去,一跳跳到马背上,连个马鞍都没有,抓了马鬃就跑。女孩子就哭呀叫呀,看着把她的马骑跑了。有时候摔下来把腿摔脱臼了,上苗老汉那儿去,医它一个礼拜、四天、五天才回来。成天是这样的。这个玩意儿对我以后的影响恐怕是很大的。

(一九九八年二月,在郑州越秀学术讲座上的演讲)

对后来成长为艺术家的黄永玉来说,逃学的快乐与收获,让他享用终生。

触摸美丽

儿时的逃学,成了黄永玉亲近自然、浸染美丽、捕捉美感的开端。他常说,生活在凤凰这种有风景的乡村,才是孩子们的幸福所在。二〇〇七年七

今日凤凰一瞥

月，在香港举办的一次电视直播讲座中，一位听众请他谈谈凤凰的美丽。他做了风趣的回答。他说，他曾告诫在香港生活的儿子："你应该对你的儿子好一点儿，不要打他。香港到处是楼房，是街道，小孩子一生气跑出去，什么也看不到。不像我小时候在凤凰，跑到哪里，哪里都是风景，都是美丽。"

此言甚是。

儿时的黄永玉以他的方式感悟着美丽。这美丽，不限于凤凰大自然的景色，更有由汉族、土家族、苗族三个民族的不同文化特点所构成的多样性民俗、民间艺术的无穷魅力。他是如此偏爱故乡的这种文化之美，哪怕走遍了世界，他在晚年仍然固执地认定，只有他的家乡的文化是最丰富、最完整的：

少数民族庆典，我没有在别处看到过这样完整的。大傀儡戏，搭台，一个人演。清明挂坟。端午节有龙船，重阳登高，过年舞狮子。中秋节，衙门口的石狮子全城人都去摸。人病什么部位，就去摸那个部位。狮子有两个，一公一母，男女分开摸。春天上山采果子，放风筝；夏天下河洗澡，偷偷游泳，怕人叫，怕衣服被拿走，就埋在石头里面。早上放醒炮，开城门，黄昏放午炮，九点多钟放两响，关城门。

我凭什么可以做泥塑？就是边街上做木雕的、扎纸的影响了我。庙里塑造那么多可以看。凤凰风景好，庙多，到处看，都是好风景。到外地也就不感到好奇了。

（一九八九年四月与李辉的谈话）

从他的描绘可以看出，一个具有特殊韵味的小城，民俗、民间艺术与风景，美丽常常交织在一起，互为映衬，互为补充。

在他眼里，不同季节，美丽也各有不同：

冬天，人们走街串巷去看傩堂戏，家家打粑粑，四处有梅花

二十世纪九十年代重修后的虹桥

家乡的戏台

开，半夜满城猪叫，爆竹响个通宵，接着是狮子龙灯一直闹到正月十五。

春天来了，草绿了，遍山阳雀叫，乡里的“春倌”进城，提了装着春牛和“傲谩儿”的篮子，到家家户户去“讲春”唱歌，报告节气。孩子们开始放风筝，上山摘“茶苞”，采好吃的“毛毛针”、蕨菜……

夏天，孩子们下河洗澡，捉鱼，跟大人赶场，跟大孩子上山看他们找女孩子唱山歌，到松树林子里捡菌子，太阳快落的时候才过“跳岩”，远远看见坐在城垛子上吹竖笛的小苗族孩子，真是又好看又好听。

秋天木叶凋零，到处沾染凉气。一筐筐的橘子、柚子、板栗、核桃挑进城来。孩子是大人的跟屁虫，在山上满处跑，捉果子狸，网鹌鹑，打野鸡、豹子、野猪。

故乡的苗族姑娘——坐着的阿雅

> 城里城外都是密密的、暗蓝色的参天大树，街上红石板青石板铺的路，路底有下水道，蔷薇、木香、狗脚梅、橘柚，诸多花果树木往往从家家户户的白墙里探出枝条来。关起门，下雨的时候，能听到穿生牛皮钉鞋的过路人叮叮叮地从门口走过。还能听到庙檐四角的“铁马”风铃叮叮当当的声音。下雪的时候，尤其动人，因为经常一落即有二尺来厚。
>
> （《蜜泪》）

他常说，小时候他喜欢在凤凰城的青石板小巷里闲逛，最爱去的是边街，那里是民间艺人的天地。风筝画，菩萨木雕；苗寨赶墟，土家舞龙……一切与风俗、与艺术有关的星星点点，早早地就浸染着他的情感。不错，这是一个艺术家诞生之初难得的熏陶。那种对艺术的热爱，观察生活的特殊习惯，一旦形成，就将不会更改，并深深地内在地影响他的艺术创作。

这是凤凰对于黄永玉的真正意义。故乡让他从心灵深处拥抱艺术，使他一生偏爱文化主题。故乡，不只是一种简单的温馨记忆，也不是单纯的母爱，还在于美的熏陶。故乡送给了他一双以自己的独特方式观察世界、反映世界的眼睛。你中有我，我中有你。即便在他最初的人生中，人们读出的就是这样一种个人与故乡之间的特殊关系——世俗却又充满诗意，意象纷呈而又显现出抽象的含蕴。

当年那个在凤凰古城沱江边戏水玩耍的小顽童，在走过八十余年的岁月之后，任鬓发花白，岁月老去，可他的步履却依旧漫溢青春，跳跃，腾挪，一次次走进故乡。“我的心，只有我的心，/亲爱的故乡，/她是你的。”面对故乡，回想最初感受过的美丽，似乎只有用这样的诗句，才能

坐在小舟上荡过故乡小河，恐怕早已不是童年的感觉了

倾吐永恒的情感。

弄清楚了黄永玉的情感脉络，我们大致可以明白，为何在当代中国，还没有别的哪位艺术家，像他一样如此深情地拥抱故乡。他一次又一次描绘故乡风景，从南华山到沙湾，从一座塔，到一棵老树一簇竹林……他还写了许多吟唱风景的诗。一切记忆都变成了美丽，都融入了凤凰的风景。在《奇峰挺秀》中他感叹无限：

没有峰了，只剩背后一棵老树，
还作什么秀？
一阵风，
把追忆一齐带走。

重回沱江

可以克隆一只羊、一只老鼠；
办不到
克隆一对亲生父母和
一角美好的风景，
一段难忘的历史。

儿时的记忆无法克隆，艺术家的美感也无法克隆。

风景与历史早就交融在一起了。在艺术家浓得化不开的情感中，故乡永远是翩翩起舞的美丽精灵！

《水乡吟》

一九五九年，黄永玉画沈从文的大哥沈云麓像

《堤溪雪寨》

《清沙湾》

《我的童年》

小学，小学，你是如此灿烂

消逝了的祖居

走在如今凤凰城的文星街上，已经看不到黄家祖居——它在一九五八年被拆除，那棵古椿也消失了。

那是“大跃进”的年代。与“古椿书屋”相邻的文庙，在改为中学后需加以扩建，黄家祖居遂被迁往几里外的白羊岭。拆建祖居时，黄永玉远在北京，没有为此回来。在那个大变革的年代，无论是他或者别的人，大概都很难有保留旧城原貌的概念，更不敢奢望保存祖居，存有延续家族历史陈迹的念头。

现在来看，“古椿书屋”祖居消失，对黄家、对凤凰城，其实都是一个历史遗憾。在凤凰城，有田兴恕故居、熊希龄故居、沈从文故居等老房子，文星街上却没有了“古椿书屋”。就历史与文化的衔接性来说，无黄永玉故居，凤凰就缺少了一个重要的环节。四个故居的主人生活的年代正好互为先后，本可以借系列故居而打通凤凰的历史脉络，呈现从清朝到民国再到当代中国的几百年间，这座古城纷繁的社会变迁与文化繁衍。

文星街上古椿浓荫不再。祖居的大门、院落的构成及房间的模样，也

故乡的家门

没有留下图像资料。因此，黄永玉离开故乡之前朝夕相处的故居，这个带给他童年的快乐与忧愁、孕育他的艺术梦想的地方，人们再也不可能质感地触摸了。

不过，一块木墙板，为追寻他的早年生活痕迹的人，带来了些许惊喜。

黄家新居迁至白羊岭上修建时，沿用了祖居的一些建筑材料，包括木墙板。在一块木墙板上，居然有黄永玉儿时留下的淡淡墨迹——几笔简单的脸谱图案，上面还歪歪斜斜有几个字：“我们在家里，大家有事做。”

黄永玉指着木墙板回忆说：

“这是六岁时我用墨画的。我那时可以发号施令了。喊二弟：‘拿墨来！’‘家’这个字不会写，是照着书上画的。”

（一九八九年四月与李辉的谈话）

我们在家里，大家有事做

木板上的淡淡墨迹，大概是目前所能见到的黄永玉最早的作品了。儿时的心血来潮之作，印证着艺术兴趣的萌生。

按照黄永玉自己的回忆，他是在六岁这一年对绘画产生了浓厚兴趣，并开始拿起幼稚的画笔，勾画着童年的形象：

六岁那年，一位姓田的老师给我画了一张戴着布荷叶帽的写生。我带回家，一个人躲在屋子里对着镜子照个不停。真是像极了。肿着眼泡的小眼睛、凸脑门、扁鼻子、厚嘴唇，十足的一个我，长得难看。我第一次那么认真照着这幅写生端详自己。

我开始用铅笔学着田老师的手势来描绘自己。一张、两张、十张八张。我觉得认识自己比田老师高明深刻，只是没有他画得那么好。父母看到田老师给我画的像，都说是把我画美了，给我留了面子。说我自己比较不那么客气，这是做人应有的态度。听了这种批评，我勇敢地接受下来，衷心地觉得高尚而有趣。这说明我已经像大人一样有些深度了。

（《蜜泪》）

对一个孩子来说，这可能是一次极为庄严的模仿与尝试。当年的他，当然也不会想到，未来漫长的艺术生涯，是在这样的尝试中启程而行。

首先进入儿时黄永玉的视野并让他沉迷其中的美术形式，是漫画。漫画带给了他一个新天地——“事实如此，我的‘美术事业’是从漫画开始的。”

在上个世纪二三十年代的中国，还没有哪一种美术形式像漫画一样产生过如此广泛的社会影响。漫画贴近生活，轻便快捷，以讽刺针砭现实，以幽默愉悦世人。张光宇、曹涵美、张正宇、黄文农、鲁少飞、叶浅予、梁白波、胡考、张乐平、陆志庠、蔡若虹、华君武、丁聪、黄苗子、郁风、特伟、麦非、廖冰兄、黄茅、张仃、张文元、汪子美、高龙生、黄尧等，这些活跃于漫画界的艺术家，大胆吸收西方现代艺术的手法，张扬个性，风格纷呈。因有他们，中国的漫画超越了晚清民初的单一与狭窄，一时间风光无限。

童年黄永玉读他们的作品长大，受他们的熏陶而开始热爱艺术，有意思的是，后来，他认识了他们中的不少人，有的还成了挚友。

漫画世界

黄永玉最早阅读的美术刊物是《上海漫画》和《时代漫画》：

我的家乡湖南凤凰县地处边远，因为外出征战的子弟人数众多，颇出了些有勋业的人，带回了爱文明和文化的习俗，我在四五岁左右由不懂到懂地开始看起《上海漫画》和《时代漫画》来。……我们抱着《上海漫画》和《时代漫画》不放，觉得它既是让我们认识世界的恩物，又是我们有可能掌握的批判世界的武器。

（《蜜泪》）

他的回忆把《上海漫画》和《时代漫画》放在一起谈。实际上，两个刊物创刊时间有先后。《上海漫画》创刊于一九二八年，即黄永玉四岁那年；《时代漫画》创刊于一九三二年，即黄永玉八岁那年。因此，准确地说，他最早接触的应是《上海漫画》，几年后才接触《时代漫画》。不过，说它们贯穿于他的小学生活，影响他喜爱漫画这一美术形式，这一点则不错。

《上海漫画》由叶浅予主编，主要参与者还有当时漫画界的几位中坚人物，他们是张光宇、张正宇、鲁少飞等。《上海漫画》发表了一系列具有影响力的作品。叶浅予的漫画连载《王先生》、张光宇的戏剧素描、鲁

少飞的新装图说、张正宇的人物肖像，同时，除漫画作品，还发表有被誉为上海现代主义作家的叶灵凤的专栏文章。《上海漫画》的封面尤其具有视觉冲击力，大多用变形、夸张的手法表现一些都市印象或者抽象概念。

《时代漫画》由鲁少飞主编，出版者则是由张光宇、邵洵美、曹涵美、张正宇和叶浅予联合创办的时代图书公司，因这一背景，作者队伍大致与《上海漫画》相同。在一九三四年元月出版的创刊号上，鲁少飞突出强调漫画的幽默与讽刺特性，他指出："漫画对一般劳动者的生趣上有很多的贡献，因为工作疲劳后失去了一种慰藉，是会感到苦闷的，要弥补这个缺陷，那要算许多引人发笑的漫画了。我总以为我国漫画家的肩上担子不只如此的，一面固然也是抚慰大众，一面要唤醒大众同情大众；更有时要替大众诉出委屈，促成社会多做改造的事业以利大众。使得漫画不徒是使人看了发生快感，并且显出很大的力量。"

吸引黄永玉并能使当时的他为之理解、接受乃至模仿的，正是漫画特有的幽默与讽刺。

谁能挡住艺术的诱惑

在这个小学生感兴趣的众多漫画家中，张乐平无疑排在前列。与叶浅予笔下的“王先生”相比，张乐平笔下的“三毛”以及突出生活幽默的作品，离孩子们的世界更为接近，更容易使孩子产生共鸣。

张乐平开始发表漫画作品是在一九三〇年前后，此时黄永玉正好六岁。张乐平独创的“三毛”人物，把孩子眼中的生活万象，幽默地表现出来。那个几笔勾勒出来的光头上只有三根毛的儿童形象，显然要比其他一些漫画形象更容易吸引孩子们的目光，他们会把他作为自己中间的一员，一起笑，一起难过。

不仅仅限于“三毛”，张乐平在一九三〇年至一九三五年间创作的“幽默的画”系列，也是侧重于儿童的视角来反映生活。

“幽默的画”之一。画面上一辆小汽车停在银行门口，三个持枪男子正准备冲进去。路旁的父子有这样的对话——子：“爹爹，是捉着强盗了吗？”父：“唔，恐怕是绑票匪吧！”

“幽默的画”之二。画面上一个瘦弱的乞丐，向一个大腹便便的壮汉

乞讨——乞丐："先生大福大量，多子多孙，赐我一个铜子吧！"路人："我正害怕生儿子，家里有十八个孩子呢！"

另一幅发表于一九三五年的《孝子》，说明写着："不孝有三，无后为大。"画面上，父亲坐在一个竹椅上，读《论语》，翻开的一页上醒目地有两个字"子曰"。母亲怀抱一个婴儿在喂奶，另外十四个小孩围着一个小火炉，紧盯着冒着水汽的饭锅。孩子不同打扮，形态各异。位于中间的一个小孩，光腚，头上几根毛发，右手拿一双筷子。虽是背影，却能让人想象出他的期盼目光与专注表情。

孩子的视角与孩子的形象，自然能够让孩子读者产生浓厚兴趣。在许多艺术家的成长过程中，最初的艺术熏陶常常就体现在类似的冲动中。有的孩子，这种冲动未能把握，转瞬即逝，只是一时的快乐。而对有艺术天性和敏感的孩子，冲动就是一扇窗户，打开它，便看到了一个新奇的世界。然后，把握住这个冲动，让它托起自己的梦想，向远方飞去。

在凤凰的小学校园里，黄永玉张开了自己的翅膀。用他自己后来的表述来说："我的艺术思维种下了漫画的根子。我艺术上的讲究，得益于漫画界的前辈的修养。"

他这样生动地讲述自己学习画漫画的故事：

> 自从我每天画漫画以来就觉得自己开始高级。先是画周围人的样子。我父亲有个大胖子好朋友叫作方季安，一脸烂麻子，虽然是军法官，却是个非常和气的伯伯。
>
> 我在马粪纸上画了他的全身像，然后周身剪下来，让三岁的弟弟拿去堂屋给他们看。
>
> 爸爸首先大笑，叔叔伯伯们也大笑，再送到方麻子伯伯面前。

岩脑坡

沙湾對面

余少時就讀于岩腦坡本皇閣
之所謂模範小學晨起自北门
出发经道门口轉南门即過
旅坊絲煙鋪諸光景然從未
留心此橋四十年后尚不知
此橋下河流脈路也
黄永玉戊午春

《儿时上学之路》

《童年时分》

方伯伯也咧嘴大笑，一边笑一边骂：

“准是‘大蠢棒’(这当然指的是我，我排行第一)画的！叫他来，看老子军法从事！”

爸爸事后翻着《时代漫画》时顺口告诉我：

“你画方伯伯像是像，但神气不够。你看看人家张乐平的三毛和周围的那些人，一个是一个的动作，神气，表情，各有各的样子。不能只是像。”

像已经不容易，还要动作，还要神气，爸爸呀，爸爸！你以为我是谁？

我有时没有纸；这里的纸只是毛边纸、黄草纸和糊窗子的小北纸，临摹带色的漫画是用不得的，起码要一种印《申报》的报纸。这种纸，纸店不常来；来了，我碰巧把钱吃了东西，只好对着铺子干瞪眼。要知道，做人家儿子时期，经济上总是不太松动的。到第二天省下零用钱赶去买纸，纸却卖光了。

（《蜜泪》）

按照比较严格的时间推算，黄永玉沉迷于漫画并以此活跃于校园，应该是在四年级转学到文昌阁小学之后，也即九岁到十二岁期间。

灿烂的小学

前面章节写到过，在实验小学念书时，黄永玉因受到姓左的老师的惩罚而经常逃学。父亲最终发现了个中原因，才将他转到文光小学，后文光小学并入文昌阁小学。

在黄永玉的感觉中，父亲天性中就有着漫画一样的幽默，这对他儿时的性格产生着内在影响。譬如，他为逃学而编假话被父亲发现，父亲却采取了他意想不到的幽默方式予以化解：

我的父亲也是一个特别的人，这一生呢，非常有幽默感的人！比如说我小时候逃学，七八岁的时候逃学，说学校放假，那么对学校就说我家里有事情，其实呢到处逛。爸爸就知道了，发现了，发现的时候说：

"你为什么不上学？"

我说："学校放假。""好吧！我去看一看。"很远呢，一两里地，走到学校到了门口我就知道大势去矣，因为里头的同学们声音很大嘛。

"回家吧！"给他看穿了嘛。回家啦，我以为可能会挨一顿打，他坐在一个躺椅上，坐着拍着自己的膝盖大笑：

"你这个人说谎嘛！不要老重复说同样的谎嘛，你老重复说学校有事情，你看看你多好笑，你这个人。"

（一九九八年二月在郑州越秀学术讲座的演讲）

父亲了解详情后，知道黄永玉的逃学并非孩子的过错，他也不愿意孩子继续受到左老师这种有阴暗心理的老师的处罚，遂将他转学。

父亲对黄永玉的影响不限于性情的幽默，学习过美术并从事美术教育的他，更是一直培养儿子的美术兴趣。小舅舅则相反。刚刚迷上《水浒》时，黄永玉曾雄心勃勃地想画一本《水浒》人物，未曾想被小舅舅迎头泼上一盆凉水：

我舅舅有好几个，小舅舅是三天打鱼两天晒网的军人，平常

少年子弟江湖老
多少青山白了頭
林冲

寫书的施耐庵也不
饒你一个宋朝的小
女子怎麽活的了
潘金蓮

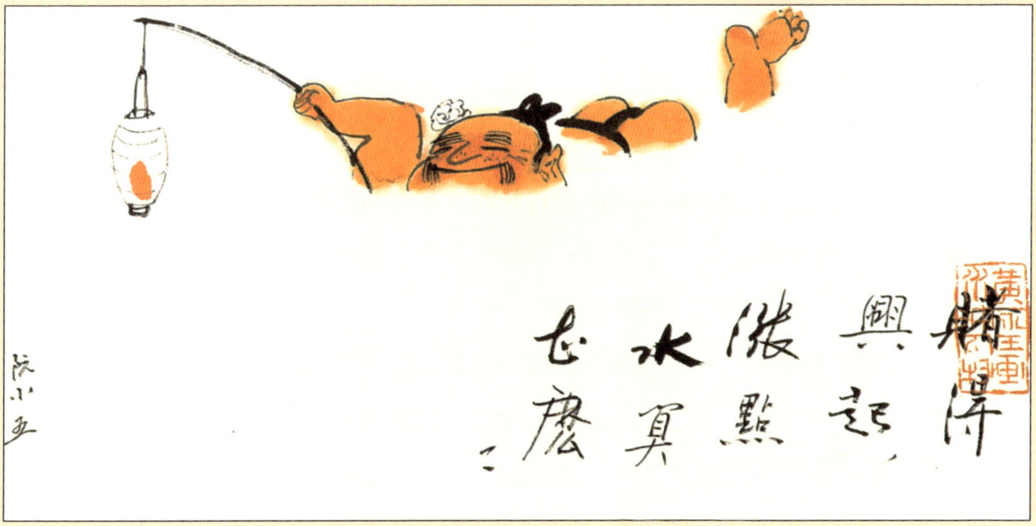

儿时画《水浒》人物的愿望，在年过花甲之后终于实现。（选自《大画水浒》一书）

在家玩枪、打猎、养马；二舅舅是个文人，有轻微的精神病，很文雅、安静，喜欢吟诗论文，知道我是个《水浒》权威，他很佩服我，彼此就成了很好的朋友，一天到晚谈《水浒》。他建议我，不要在地上、石头板上画人，向幺舅舅要点钱，弄点毛边纸来订个本，画一本《水浒》多好。我想这个主意太好了，就在他的鼓励下，到幺舅面前去要钱，没想到平时很少骂人的幺舅破口大骂，连我爸爸和我一起骂："你还学你爸爸那么没出息，去画画，去做音乐家，弄得连饭都吃不饱。"骂了一大通，所以这个世上从此就不无遗憾地缺少了一部伟大的、珍贵的《水浒》文献了。这是我因为《水浒》所遭遇的第一次重大打击。

（《我画水浒》）

父亲对儿子的支持则是一贯的。黄永玉回忆说，一九三六年四月四日儿童节时，父亲送给他的礼物是一本张光宇、张正宇兄弟合著的《漫画事典》（另一场合的回忆中说成是《漫画小事典》）。"这包罗万象的万宝全书教会我如何动手和如何构想，把身边的人物和事情变成漫画。我一边欣赏，一边模仿，找到了表达力量，学着把身边的事物纳入《漫画事典》的模式里来，仿佛真感觉到是自己创作的东西。"

父亲的礼物为已经喜欢上漫画的黄永玉提供了新的教材，使之可以有更系统和专业的练习，为他日后的木刻和漫画创作，作了最好的铺垫。在这一点上可以说，父亲是黄永玉真正的启蒙老师，也是他的第一个伯乐。父亲的期待与信任，将永远与他同行。父亲虽然渐渐穷困潦倒，黄家几乎到了不得不四处寻求援助的地步，但父亲的关爱总是不断地温暖着儿时的黄永玉。

新的小学终于给喜爱漫画的黄永玉带来了真正教育的快乐。文昌阁

今日文昌阁小学一瞥

文昌阁小学里的兰泉碑铭

小学是凤凰城历史上创办最早也最正规的小学，至今仍是凤凰的著名小学。校园位于岩脑坡，背后是山，前面是城，沿小巷而行，走进校园，即是山坡。爬上去，一片宽敞的操场。操场与校舍之间，一座老拱桥，桥下清水有浮萍点缀其间。拾级而上，桥那边即是有着百年历史的校舍。校舍一个侧门进去，有一泓山泉。这就是凤凰有名的“兰泉”，一年四季泉水不息。

走进文昌阁小学读书，黄永玉与表叔沈从文就又有了一种特殊的关联。大他二十二岁的沈从文，儿时也是在这里念书，就读同一个教室，饮同一泓泉水。一九八二年，八十高龄的沈从文在黄永玉陪同下，最后一次故乡行，两人就曾同时走进文昌阁，在同一个场所追寻不同的回忆。

一九八二年，沈从文回到母校听课

这就不难理解，为何每次回到文昌阁小学的校园，黄永玉总是格外兴奋：

> 黄永玉一走进母校，顿时变得兴奋异常。他忽而广东话，忽而普通话，忽而凤凰话，对不同的人讲述他当年在小学的生活。他是上世纪三十年代抗战前在此读书，还记得当时的校歌，兴致一来，他哼上几句。他和我一样，在沙坑前来一次立定跳远。他讲起小时候学习武术的趣事。他说，那时练倒立，就想入非非，想如果练到只用两根指头、一根指头就好了。童年的回忆会使所有人都变得健谈、年轻，此言甚是。
>
> （一九八九年四月，李辉笔记）

《兰池——吾家小池》

黄永玉回到当年的小学教室

年近古稀仍身手不凡

文昌阁小学的确值得黄永玉留恋。当年，这是凤凰最为正规也最有水准的一所小学。对于经历过实验小学折磨的黄永玉来说，这里为他提供了自由、欢乐的小天地。

在这里，他开始了正式学习武术：

> 一九三六年春天，由一个田师傅教武。我家前有块地是练习场。田师傅是个瞎子，但教得很全面。他已七十多岁，教打棍子、锏、鞭、刀。练基本功时打沙包，要打四个沙包，我站在中间，四边推，还要喝药酒。
>
> （同上）

他对漫画的喜爱与尝试，恰好进入了新的阶段。他有几个志同道合的同学，他们一起阅读画报，一起画画。他们模仿着《上海漫画》和《时代漫画》的风格，在小学壁报上画讽刺当地流俗的作品。调皮的他们有时甚至将之贴到大街上去，或者故意贴到女子小学门前。稚气之作，当然不会引起社会反响，但对于他们，倾心的投入与顽皮的发泄，当然远比赢得喝彩更重要。他回忆说：

在班上的壁报中出现《时代漫画》与《上海漫画》改头换面的嘲讽凤凰社会和开学校玩笑的模仿品。校长还好，他只觉得孩子们的作品不太高明，笑笑完事。孩子自己倒得意非凡，真以为自己掌握一种什么了不起的武器，居然大着胆子，老着脸皮把一份叫做《坦途》带有漫画的壁报贴到女子小学门口对面墙上去。后来也没听说有过什么辉煌的战果。

从此明白，有种美术只要先把事情想好，凑合成对比很明显、很好笑的比喻，画它出来，即使画得不怎么好，也都能算是对社会做了一件有益的事。当然，也增加了自豪之感。这类的孩子不少，

年近古稀仍身手不凡

上世纪八十年代在凤凰写生

几十年以后，打听了一下，为自己从小养成的这种思想习惯，付出了不小的代价，这个小山城里就出了不少“右派”。

（《蜜泪》）

就在此前后，刚刚起步的黄永玉居然豪气冲天，办起所谓的“美术学校”，自封校长：

我在凤凰县也办过美术学校，小学四年级时，陶行知搞“小先生制”的运动，我在街上找了个同伴，两个人办了一所“文星街美术学院”，我封自己当院长，可没人来。于是我想了个法子，买了些豆腐放上辣椒和猪肉炒炒，谁来就给谁一小碗吃。这下来了很多小孩，可上了三四天就没有了。

（《我画水浒》）

尽管幼稚，最后三年的小学生活，却让有着艺术天分与美术兴趣的黄永玉，拥有了属于自己的小天地。

多么丰富多么灿烂的小学生活！对于如今深受升学考试之苦的孩子们来说，黄永玉的儿时回忆简直如同天方夜谭！然而，当我们稍稍回顾一下当年的中国小学教育，就不难看出，他的经历，绝非一个地区、一所学校、一个个人的偶然。关于现代中国的教育，目前谈论最多的是大学的辉煌，其实，无论中学或小学的教育，在上世纪二三十年代，都有过各自的辉煌。特别应该提到的是，当时的小学在社会上有着极为重要的地位，不少重要的教育家，如梁漱溟、陶行知等，都曾致力于发展小学教育。一些后来成名的知识分子，早期曾担任小学教员，如著名的作家、教育家叶圣陶等。

黄永玉回忆中所提“小先生制”运动，由陶行知先生在全国发起，强调由小学生发挥主观能动性。一直倡导和推广平民教育和儿童教育的陶行知，一九三二年在上海创办山海工学团，发出“小学生普及教育总动

年过花甲，与家乡的孩子们在一起

黄永玉为母校创作的雕塑《童年不再》：

我读三年级的时候一位叫楼枢的先生要到外头深造去了，我们同学都舍不得他，在我的纪念册上他写道："今朝啊只是今朝，你还是这么年少。"七十多年过去了，在这座永难忘怀的母校发生的小皱圈我写下给你们。

二〇〇二年二月四日

黄永玉题记

员"的倡议。一九三四年，他又在上海成立中国普及教育助成会筹备会。他的倡议在全国产生广泛影响。黄永玉和同学异想天开地成立自己的"美术学院"，正是这一背景下的天真之举。

尽管天真，却是当时小学教育的美妙所在。

另一个文人、著名出版家范用先生的小学生活回忆可作佐证。范用出生于一九二三年，比黄永玉大一岁，他的母校是家乡镇江的穆源小学。小学是他接受的唯一正规教育。但是，正规而开放的小学教育，却让他享用

二〇〇六年用凤凰话朗诵自己的诗歌《一路唱回故乡》

终生。在《难忘穆源》一书中，他讲述小学生活的丰富与自由。学生们在校园有无限的快乐，童子军的课外活动各式各样，学生剧团在戏剧家指导下认真座谈、排练与演出，这里俨然是一个乐园。

在珍爱孩子兴趣、强调挥发性情的教育中成长起来的小学生们，才是真正快乐而幸福的！在这样的氛围中，孩子们没有清规戒律的束缚，也没有作业与考试的压力，他们可以以轻松心态与孩子特有的稚气天真学习知识，热爱生活，学会独立，走向未来。这就难怪，那个时代的许多老人，总是留恋小学的生活。此种与小学校园的情感维系，如今恐怕早已离孩子远去了。

无疑，在故乡接受过这样的小学教育，正是凤凰给予黄永玉的另一种恩赐。当他小学毕业，十二岁后开始独自漂泊闯荡江湖时，小学的一切早已成为他的精神财富，成了他走自己的人生道路的立足根基。他的性格业已形成，瘦小的身材开始挺直，他可以担起人生的重负前行了。

背起行囊，坦然起步，独自一人向山外的世界走去。

《凤凰》

江湖行

开始流浪的少年黄永玉

这一双漂泊的脚

漂泊去

时隔十二年，一九三七年春天，黄永玉又来到了出生地——常德，准备经这里再去长沙。

上次离开常德时，他还只是一个几个月大的婴儿。他在母亲的怀抱里乘船溯水而上，前往凤凰，经历了一生中的第一次惊险。如今，他又一次走在常德城的街巷中，不同的是，与他同行的不是父母，而是一位乡亲。

故乡凤凰在他身后，母亲在他身后，几个弟弟在他身后。年过十二岁的他，漂泊江湖的生活，由此开始。

让一个孩子过早地离开故乡，是黄家一个不得已的选择。

在一九三四年之前，由于交通不便，湘西一带，在素有“湘西王”之称、当地人又亲切地称作“老师长”的陈渠珍的统治下，多年基本处在相对独立、偏安一隅的状态。随着红军长征穿越湘黔，国民党中央军开始进驻这里，人们的生活状态由此改变。在这一大背景下，黄氏父母的景况日趋衰微。他们经济拮据，加之儿女增多，再也难有以往的悠闲了。

黄永玉曾这样描述过儿时所见父母生活的悠闲：

那时候父亲和母亲都在学校里做校长，平常日子找两三位知交朋友在家里设备考究的客厅里清谈掌故，还会炒得一手“辣子鸡”，“辣子牛肚尖”。下雪天气，全家团圆桌吃“火锅”，吃“冻豆腐牛脑髓”。父亲书桌子上经常摆有一碟“寸金糖”或“松子糖”，夏天大月亮晚上，铺一张冰凉竹席在石板上纳凉，买十五斤重大红西瓜来，当中一切两半，放冰糖，用调羹舀来吃……

我母亲是另外一个人，对我父亲这样的做法，觉得他每天优优雅雅地不过正经日子，按风琴、走起路来哼着曲调、打着拍子，有没有个“将来”颇不以为然，但她也没积极的办法对付，我祖父在的时候，每年从芷江回来，她就向他告状，父亲怕祖父，当时不敢有所表示，祖父一走老脾气又来了，仍然得一天算一天。

（《火里凤凰》）

好景不再。在京城为熊希龄做事的祖父去世后，黄家失去了经济来源。父亲自己的学校无法与文昌阁小学这种县立小学的规模相比，微薄收入自然也就无法支撑已有四个孩子的大家庭。一个小知识分子，尽管上过师范学校，倾心过艺术，且不屑于与军队为伍，如今却很难再按照以往的生活方式生存了。

无奈之下，父亲黄玉书决定另觅生计。大约在一九三六年夏天，就在送给黄永玉那本漫画入门之类的书作为儿童节礼物后不久，父亲离开凤凰，前往长沙。他找到小学同学、时任国民党一二八师师长的顾家齐，后者为他在一二八师驻长沙办事处安排了一个中尉衔的闲差。于是，留在凤凰的一家人生活，就靠他的并不高的薪水接济。黄永玉回忆说，在父亲走后，他常常带着弟弟到邮局期盼着父亲的汇款。

黄永玉为晚年母亲画像

时光消磨，景况衰微，母亲性情也就随之改变了。那个与黄玉书浪漫相爱的姑娘，那个在大革命高潮中振臂高呼呼风唤雨的豪爽女子，如今，平凡得如任何一位普通的家庭妇女。她与丈夫为生活琐事争吵，她为养活一群孩子而奔波，有时不得不求助于娘家的资助，让黄永玉跑到离凤凰城几十里外的得胜营乡下，拿回一些吃的，或者索性让孩子在那里住上一个暑假。

母亲一直在生活磨砺中变化着。再过十几年，到了一九五〇年，她便成了黄永玉笔下所描绘的这种形象：

十四年后，我的母亲老了，她过去的那一套生活风格已完全化为乌有了，我站在她的面前，会觉得自己才是她过去的影子。她的现在，是我所熟悉的珂勒惠支笔下的坚强的母亲样式，受过苦难洗礼的人，眼也瞎了一双，皱纹满脸，她不再用过去那种礼貌和高贵出身的举止来使对方敬仰了，她不再是“校长”了，但路人仍称呼她做“校长”；她出来买菜时，和卖菜的人因讨价还价而吵起嘴来，几乎是，她不再慈善，她好像明白这两个字的意义还要更深更广；更奇怪的，是她居然在来回一百里路程的外婆家里和墟场上跑来跑去赶场，这一切令我十分惊奇，我几乎失去了她过去的面貌……

（《火里凤凰》）

在一九三七年的春天，母亲既未与父亲商量，也来不及通知父亲，就请一位乡亲带上十二岁的黄永玉到长沙去，让父亲能安排他在长沙考中学。

离开凤凰到底是哪一天，已难以确定。启程的那天早上，黄永玉向七十多岁的祖母磕头告别。祖母对他说，要等他回来才肯死。祖母没有等到那一天。当黄永玉一九五〇年重返故里时，祖母已辞世三年。

第一次远行到长沙，一共走了四天。凤凰不通汽车，先乘轿子坐到乾州镇，在那里转乘汽车。经辰州，过常德，再到长沙。第一次看到汽车，汽车恰如一个点，很快就到了跟前，而人又从下面走开；第一次吃到苹果……凤凰外面的一切，满眼都是新奇。一双从凤凰走来的漂泊的脚，就这样走进了山外广阔的世界。

凤凰与山外世界

一九三七年春天的四天行程，将彻底改变一个人的一生。许多年后，黄永玉发出如此感慨：

我们那个小小山城不知由于什么原因，常常令孩子们产生奔赴他乡的献身的幻想。从历史角度看来，这既不协调且充满悲凉，以致表叔和我都是在十二三岁时背着小小包袱，顺着小河，穿过洞庭去“翻阅另一本大书”的。

（《这些忧郁的碎屑》）

的确，凤凰这个小山城与外部世界有着特殊的关联。

凤凰城外的河虽称作沱江，实则一条小河。河道怪石遍布，跌宕不止，不能作为交通要道，故有水却无行舟，只有窄小、仅供一人站立捕鱼的鸬鹚小舟，在水面捕鱼。许多年里，即使到了抗战期间，凤凰也没有公路，不通汽车，小城同山外的世界联系，主要靠一双脚。

因此，在群山环抱中，在汉族、苗族、土家族混居的人文地理背景中，交通不便的凤凰，形成了自己相对独立的区域性文化与特殊的地区性格。各种原始色彩的神灵，在二十世纪仍然在人们心中发挥着作用，淳朴的民风像山一样古老。

可是，如果把交通不便的凤凰，看成一个闭塞甚至封闭的地区那就又大错特错了。

凤凰处在汉、苗两民族相交之处，自清朝镇压苗民起义派兵驻扎此地之后，血与火、野蛮与残酷，从未间断过，给这座山城笼上悲凉气氛，同时，孕育出区域性的尚武性格。在此种历史背景下，不断有外来官兵被调遣至凤凰，局势一旦稳定，军队又随之移防。或进或出，无形之中为这个山城带来了流动，外部世界从而不再陌生。

由于尚武的传统，希望孩子去闯荡世界，成为一个将军，光宗耀祖，这是许多凤凰家庭首选的梦想。在清代历史上，尤其是在近代曾国藩统帅的湘军与太平天国军队的战争中，由凤凰人组成的“筸军”战功卓著，涌现出一批优秀青年将领，同时被任命提督衔的就有四位。他们其中一位，即是沈从文的祖父沈洪富。

沈从文这样谈到凤凰的这一情况：

> 咸同之季，中国近代史极可注意之一页，曾左胡彭所领带的湘军部队中，筸（凤凰原称“镇筸”）有个相当的位置。统率筸军转战各处的是一群青年将校，原多卖马草为生，最著名的为田兴恕。当时同伴数人，年在二十左右，同时得到满清提督衔的共有四位，其中有一沈洪富，便是我的祖父。这青年军官二十二岁左右时，便曾做过一度云南昭通镇守使。同治二年，二十六岁又做过贵州总督，到后因创伤回到家中，终于在家中死掉了。
>
> （《从文自传》）

另据史料，清代时官至总兵、参将、提督的凤凰人不下三十人。辛亥革命至一九四九年，凤凰籍的国民党将军达三十四人，中将七位，少将二十七位。随红军参加长征而成为将军的凤凰人，也有数位。

强悍，尚武，敢于冒险，不惧远行——它们已经成了凤凰人的传统，更是一种取之不尽、用之不竭的精神资本。可以说，对于一代又一代的孩子们来说，到远方去闯荡，既非罕见，也非可望而不可即。很大程度上，对那些天生充满冒险精神和幻想未来的孩子们，它甚至是难以抵御的诱惑。

沈从文当年这样离开凤凰，如今，黄永玉也启程远行了。与过去许多出外的凤凰人一样，两代叔侄也都有一双漂泊的脚，不同的是，他们最终实现的不是“将军梦”，而是以各自的文化创造，为故乡增添了色彩。

这里需要对上面的一段《这些忧郁的碎屑》的引文稍加辨析。沈从文“穿过洞庭去‘翻阅另一本大书’”前往北京，是在二十岁之后，而非十二岁。不过，他的确也是在小学毕业后不久，离开凤凰，开始从军生涯，独自在世界漂泊。从这一点来说，黄永玉对他们叔侄二人漂泊行程的富有诗意的表述，恰与沈从文的人生脉络相吻合。

与父亲告别

回到当年的长沙。对儿子的到来，父亲黄玉书并无思想准备。一见到黄永玉，他大吃一惊：“你怎么来了？”这颇让一路上充满期待、兴致勃勃的黄永玉沮丧，甚至感到委屈，几乎落泪。从一个人的人生发展来说，这或许就可以看作是这位漂泊的少年，最初遭遇的心理磨炼，且转瞬即逝。

父亲的性情其实也有了很大改变。在父子相见几个月后，一九三七年的十二月，沈从文在长沙与表兄黄玉书不期而遇。这位当年在常德帮助表兄写过情书的表弟，经过十多年的努力，如今已成为著名作家，他亲眼目睹了表兄的落泊情状：

> 一九三七年抗战后十二月间，我由武昌上云南路过长沙时，偶然在一个本乡师部留守处大门前，又见到那表兄，面容憔悴蜡渣黄，穿了件旧灰布军装，倚在门前看街景，一见到我即认识，十分亲热的把我带进了办公室。问问才知道因为脾气与年轻同事合不来，被挤出校门，失了业。不得已改了业，在师部做一名中尉办事员，办理散兵伤兵收容联络事务。大表嫂还在沅陵酉水边“乌宿”附近一个村子里教小学。

性情自然越来越加拘迂。过去豪爽洒脱处早完全失去，只是一双浓眉下那双大而黑亮有神的眼睛还依然如旧。也仍然欢喜唱歌。邀他去长沙著名的李合盛吃了一顿生炒牛肚子，才知道已不喝酒。问他还吸烟不吸烟，就说，“不戒自戒，早已不再用它。”可是我发现他手指黄黄的，知道有烟吸还是随时可以开戒。他原欢喜吸烟，且很懂烟品好坏。第二次再去看他，带了别的同乡送我的两大木盒吕宋雪茄烟去送他。他见到时，憔悴焦黄脸上露出少有的欢喜和惊讶，只是摇头，口中低低的连说：“老弟，老弟，太破费你了，太破费你了。不久前，我看到有人送老师长这么两盒，美国大军官也吃不起！”

想起十多年前同在一处的旧事，一切犹如目前，又恍同隔世。两人不免相对沉默了一会，后来复大笑一阵，把话转到这次战争的发展和家乡种种了。

（《一个传奇的本事》）

一个落泊者的形象，被沈从文刻画得活灵活现。这也为在同一年黄永玉千里寻父的经历，提供了难得的背景。

落泊中的父亲，无力供养儿子黄永玉在长沙上初中。此时，黄玉书的堂弟、毕业于北京大学农科的黄毓熙从安徽宣城来信，告知他将重返厦门集美学校工作，担任学校董事会秘书长。黄玉书便决定将黄永玉送至堂弟处，让儿子去集美上学。大约在一九三七年夏末，父亲带着黄永玉前往安徽，在宁国与两个堂弟黄毓熙、黄毓贵会合，把黄永玉托付给黄毓熙。几天后，父亲返回长沙，黄永玉则随同两个堂叔启程前往厦门。

一张在合肥与父亲的最后合影，为黄永玉固定住一个具有人生重要转折意义的瞬间。

一九三七年在安徽芜湖与父亲分手前的合影，左起：四叔、父亲、黄永玉、二叔

照片上四个人，分别是父亲黄玉书、堂二叔黄毓熙、堂四叔黄毓贵、黄永玉。黄永玉站在父亲与堂二叔之间，比另外三个人都要矮整整一个头。他穿一身小学生制服，戴一顶小学生帽，帽子上一个白色徽章，似与其他三人胸前佩戴的徽章相同。他右手自然垂下，两眼平视前面，表情平静自如，看不出即将与父亲分手的紧张与惶惑。落泊中的父亲也似乎显得从容而镇定，双手交叉放在身前，身体略侧，脸上还带有几丝执拗、孤傲的英气——在未来的日子里，人们从黄永玉的脸上可以时常看到这种表情。

父子终于分别踏上各自的行程。到此刻，黄永玉这位即将年满十三岁的凤凰少年，离开父母，真正开始了自己的漂泊。

八年漂泊，八年抗战

一个历史的巧合，从一九三七年夏天前往厦门，到一九四六年春天与张梅溪结婚成家，黄永玉的八年漂泊，正好与抗日战争的八年相重叠。一个人的悲欢离合的漂泊故事，从而也就与一个民族的命运起伏，紧密地联系在一起。

就个人而言，这个八年堪称黄永玉个人的人生发展至为重要的阶段。从少年走到青年；从孑然一身到两情依依结婚成家；从初习漫画转而学习木刻的学生，到开始不断发表作品引起人们关注的年轻艺术家……一切都在八年漂泊中完成。

这里，且将黄永玉的漂泊路线与学习、创作的情况大致勾画如下：

一九三七年，（丁丑） 十三岁　春，凤凰—常德—长沙—夏，随父亲到安徽宁国—九月随堂二叔到厦门，入集美学校初中—冬，集美学校因抗日战争爆发而迁至安溪山区。

一九三八年，（戊寅）十四岁　安溪。

一九三九年，（己卯）十五岁　安溪。处女作木刻《下场》发表于《大众木刻》。

一九四〇年，（庚辰）十六岁　春，安溪—福建德化（瓷器作坊小工）。

一九四一年，（辛巳）十七岁　德化。

一九四二年，（壬午）十八岁　德化—泉州参加战地服务团，手印木刻集《闽江烽火》问世。

一九四三年，（癸未）十九岁　春，福建仙游—曾执教长乐培青中学，自印木刻集《春山春水》。认识张梅溪。

一九四四年，（甲申）二十岁　春，福建—江西赣州参加教育部戏剧教育二队—秋，信丰—安息山区。为贺宜作品集《野旋的童话》配插图，为张梅溪刻《春天，大地的母亲》。

一九四五年，（乙酉）二十一岁　春，江西安息—龙南—自信丰避难到寻坞—赣州。

八年漂泊，把黄永玉从内心到外形重新打造。他以自己的行走方式，以在漂泊中拥抱艺术并最终成为艺术家的过程，融入了一个时代。

文艺青年的漂泊，在五四时代形成而蔚然成风。后来和沈从文、黄永玉均有过密切关系的作家萧乾，一九二九年独自漂泊汕头时，曾在笔记本上写过这么一段盛赞漂泊的话："近代中国青年，一种很好的现象，就是以漂泊为快乐。把一向'父母在不远游，游必有方'的观念，已经扫除。在作品里，常见到什么'流浪'呵，'漂泊记'呵，这是可乐观的现象，唯愿有正大的趋势！"这正是对一种时代现象的浪漫表述。难以想象，没有年轻时代的漂泊，哪会有后来的黄永玉！

故乡送给了他一双永不疲倦、偏爱漂泊的脚。他在漂泊中成长。显然，对于他，漂泊不仅是生活的一种选择，也是艺术的一种选择。

漂泊让他把这个世界看个透，把世态炎凉看个透。漂泊也让他学会处世的种种方式、技巧。漂泊让他形成了一种执著、张狂、潇洒且又圆通的性格，把他磨炼得更加适应于一个复杂的社会。在一个动荡不安的世纪，在错综复杂的人际面前，他显然要比沈从文更为沉着老练，更为应付

漂泊多年，一九五〇年第一次回到故乡，黄永玉（后左）在文星街古椿书屋前和弟弟、表妹、堂妹们合影

自如，同时他身上又另有一种“野气”。“他不像我，我永远学不像他，我有时用很大的感情去咒骂、去痛恨一些混蛋。他是非分明，有泾渭，但更多的是容忍和原谅。所以他能写那么多的小说。我不行，愤怒起来，连稿纸也撕了，扔在地上践踏也不解气。”他这样把自己和沈从文进行比较。

他以这一性格走在艺术世界中。他喜欢尝试各种艺术形式，哪怕到了八十几岁的今天，他仍然毫不疲倦地行走在艺术天地里。好奇而又郑重，敬畏却不畏缩。画自己所想画，写自己所想写，一天也不愿停笔。

其实，他的一生，永远都像在漂泊。

集美之美

最初的诗

黄永玉来到了厦门，准备复习考试以进入集美学校。在他记忆中，抵达厦门大约在一九三七年七月。刚刚抵达，便传来了卢沟桥事变的消息。随后，“八一三”淞沪战役在上海沿海打响。日本的全面侵华与中国的全面抗战，改变着中国的历史，也改变着每一个人的命运。其中，自然包括这位漂泊的少年。

等待入学时，他迎来了八月九日自己十三岁的生日。这是他第一次过生日时父母不在身边。无疑，可以把这一个生日看作他已长大成人开始自立于社会的一个标志。按照一般情形来说，这一转折来得过早，成熟也显得太快。但是，人生道路只能如此在面前延伸，他没有别的选择。好在故乡十余年的磨炼，他的性格、他的独立能力乃至他的天分，足以使他承受重负，坦然而艰难地前行。

他如愿通过了入学考试，进入了集美学校。由著名侨商陈嘉庚创办的集美学校，当年在中国享有盛誉。能够来到这样一所师资雄厚、校园景色美丽的学校就读，虽远离父母，对黄永玉来说，是一件幸运之事，何况还

开始流浪的少年黄永玉

有远方亲戚的照应。

开学那日，穿上正式学生装，他正正规规去照相。头戴学生帽，背手而立，抿着嘴，平视前方，神情显得镇静自如。洗出照片，他给凤凰家里寄去一张。黄永玉回忆说，当时为显重视，他还特地在照片后面写上一句叮嘱几个弟弟："手里有水不要摸，不然坏了。"

寄照片同时，黄永玉还写了一首诗赠送几个弟弟。

大弟弟黄永厚当时已有九岁，由他向弟弟们朗读这首诗。如今八十岁的他，仍能流畅背诵这首诗。他说，每次朗诵，鼻子都会感到一阵发酸：

太阳刚起了光芒

在我的床上
引起我的思潮
我不愿再在人海中彷徨
只要回到我的故乡凤凰
同着我那
永厚、永前、永福、永光
过着顽皮的景象

这首诗是目前所知黄永玉最早的文学创作。如此算来，截止到二〇〇七年，他的文学写作生涯已有整整七十年。

在寄出照片和诗之后，黄永玉与家乡的联系却因战争爆发而时断时续。据沈从文在《一个传奇的本事》叙述，一九三七年十二月，他在长沙遇到表兄黄玉书时，表兄已经不知黄永玉的下落。沈从文这样写道："大儿子既已失踪，音信不通。"战火绵延，父亲再也无缘见到黄永玉了。一九四三年，黄玉书患病去世，安徽宁国父子之别，终成永诀。

战火中的绿洲

当黄玉书在表弟沈从文面前担忧长子的下落时，黄永玉已经随学校离开了厦门。据集美学校校史大事记，为躲避战火，集美学校是在一九三七年九月迁至厦门东北方向的安溪山区，在那里继续办学。由此算来，黄永玉在厦门集美校园逗留的时间，前后只有一个月时间而已。他的集美生活，则主要是在安溪这个美丽的山城度过。

以盛产"铁观音"茶叶而著称的安溪，距厦门并不太远，约二百公里，如今驱车两个多小时即可抵达。但在没有公路隧道之前，这里山峦起伏，道路蜿蜒，交通十分不便。因此，当厦门沦陷之后，因山峦的天然屏障阻隔，日本军队未能进入山区。故而在战火纷飞年代，安溪能安于一隅，集美学校的师生偷得些许教育的安宁。

迁移到安溪的集美学校，临时安置在县城西南角的文庙之中。按照当地资料介绍，安溪文庙始建于北宋咸平四年（公元一〇〇一年），现存建筑为清代康熙年间重建。安溪文庙为宫殿式建筑，总建筑面积约九千平方米。东南向，五进庭院。中轴线自南而北：泮池、照墙、棂星门、戟门、东西庑廊、大成殿、两庑、崇圣祠，四周绕以围墙。附属建筑有明伦堂、教谕厅、训导廨等。大成殿是文庙的主体建筑，重檐庑殿式，平面方形，宽深各三间。整个庙宇装饰题材以龙凤为主体，衬以人物、鸟兽、花卉，飞金走彩，荟萃木雕、石雕之大成。文庙庭院甚宽阔，铺有三千块石块，七十二根石柱，意喻孔圣人弟子三千，门生贤人七十二人，大殿上方有康熙皇帝御笔《万世师表》。

安溪文庙在“文革”初期的“破四旧”狂热高潮中，曾险遭红卫兵破坏。当地至今流传着这样的故事：几位珍爱文庙的书生，躺在文庙门口阻止红卫兵，称除非把他们打死，否则不得毁掉文庙。正是山里人这种维护传统文化的勇敢与尊严，制止了无知的冲动，文庙的古建筑才得以完好地保留下来。这是安溪历史之幸，文化之幸。走进去，满眼古迹。自然，这也为人们追寻集美学校战时旧址和黄永玉早年求学的足迹，提供了最好的实物。如今，文庙内的墙上特地嵌上一块石碑，记述集美学校在这里办学的经过。阅读它，颇能让人想象出当年黄永玉和他的小伙伴们徜徉于此的情景。

早年黄永玉注定与文庙有关。在凤凰文星街，黄家祖居与文庙相邻。现在，在远离故乡的地方，他又一次与文庙相伴。

集美学校创建于一九一四年，从建校时间看，历史不算悠久。但是，陈嘉庚倾心办学，花巨资购置先进教学设备、图书，从海内外聘请大量优秀教师，很快就将之打造成了全国闻名的中学。与小学教育一样，二十世纪三十年代前后的中学教育也曾辉煌灿烂，吸引着众多有识之士投身其中，在这一点上，集美学校无疑是佼佼者。即便在战火年代，陈嘉庚也没有放弃教育梦想，使得集美学校在极其艰难的迁移环境中，依然固守着良好传统，留住了众多优秀教师。此乃集美学生之幸。

从凤凰山城走出，能够走进中国著名的集美学校的怀抱，正是黄永玉的幸运。仅就艺术教育方面而言，在他面前就有这样一些接受过正规美术教育的优秀老师：

学校有很好的科教仪器、图书。美术教员有法国回来的郭应麟先生、国立艺专的朱成淦先生、杭州美专的黄羲先生、正在做教务处职员而艺术修养很高的吴廷标先生。音乐教员是风度潇洒、才华横溢的曾雨音先生。手工教员是曾留日的许其骏先生。孩子们生活在浓厚的艺术氛围之中。郭先生谈欧洲绘画，朱先生谈新国画和新兴木刻，介绍了陈烟桥、李桦、野夫、罗清桢、黄新波等木刻家的活动，并帮助孩子们和金华、丽水的木刻团体建立了联系。吴廷标先生会剪影，会雕塑，会画漫画，使孩子们发现了新的创作途径。黄先生教国画，谈掌故，使孩子们正确地认识传统，掌握了传统基本技法。许先生手工教学的严格和缜密，使孩子们锻炼了艺术的规范。曾先生在课堂像对待大学生一样地教和声、对位、五线谱等音乐基本法则，搞乐队、音乐团、剧团、宣传队，孩子们统一在他的人格和艺术魅力之中。

（《蜜泪》）

集美学校的熏陶，将这个十几岁的山里长大的孩子，引进了缤纷的艺术世界，他的艺术生涯将在这里正式起步。

木刻，你的天地有多大

按照通常的标准，在集美念书时黄永玉绝对不是一个好学生。他不爱学习数学物理，考试总是零分。他对初中一年级还让学生玩一些幼稚的牵手游戏感到可笑——早在几岁时他就对此不陌生了。语文课更让他不满足，老师安排阅读的诗词，他早在凤凰就背得滚瓜烂熟了。

天性不安分的他，又出新招。因无家中经济资助，他索性把发下来的一些课本卖掉，换来资金若干以弥补自己的日常开支所需。这样的学生，难怪屡次考试都无法过关。用他自己回忆的话说，在集美两年，留了五次级，四十九、五十、五十一、五十二组，前后的同学就有几百人。这或许是一种夸张的表述，但他最终没有在集美毕业，则是确切之事。

他找到了一个好去处——学校图书馆。这个不爱上课的少年，凭兴趣阅读，从图书馆借出喜爱的书。他读翻译小说，读各类画报，读所有能丰富他的想象的读物。虽是战时，学校图书馆仍不断有新书、报纸、杂志寄来。《西风》、《刀与笔》、《耕耘》、《宇宙风》、《良友》、《人世间》……几十年后，曾有拍摄黄永玉电视专题片的摄影师，在集美学校图书馆找到过他当年在安溪借阅过的图书，色泽黯淡的借书卡上，写有他的名字。

酷爱阅读的习惯，由此而形成。这一习惯将伴随他一生。对于将成为艺术家的黄永玉来说，这是最好的文化铺垫。他的阅读兴趣之浓厚，涉猎知识之多，捕捉小说细节的能力之强，都将影响他对艺术的理解与创造，丰富他的画面。阅读又使他最终走出艺术范畴，而在诗歌、散文、杂文、

集美学生

集美学生在安溪文庙开会，听陈嘉庚校长讲话

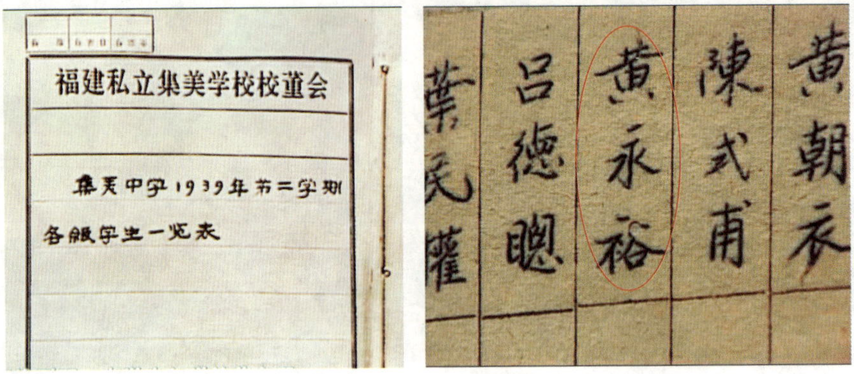

黄永玉在集美学校的花名册上用的是“黄永裕”的名字

小说诸形式上大展身手，成为中国艺术家中少有的多面手。这一点，在以后的叙述中将会一一展开。

黄永玉的行为方式，当然不能被校方首肯，更不能推而广之。他只能是一个特例。令他心存感激的是，集美学校宽容地接受了他的特立独行。让一个学生可以拥抱自己的兴趣，而不是苛求一律，这体现出当年中学教育的特点。在黄永玉的心目中，无疑，集美的美丽正在于此。

集美之美，把黄永玉引进了木刻——版画艺术中最为人熟知的形式。

不妨想象一下当年情景。在文庙环绕着雕龙镂凤飞金走彩的庑廊上，几位学生围拢一起，各有一把刻刀，面前各放一块木板。这是集美的学习木刻小组的同学们。一位老师，站立一旁，兴致勃勃地看着他们。

身材瘦小的黄永玉，手持刻刀，一下一下地在木板上勾画出一道道线条，忽深忽浅，且弯且曲。一脸稚气，但专注的样子显出庄重的神情。在这些同学中，老师似乎对面前这位瘦小学生更感兴趣。他就是美术老师朱成淦。朱老师本人虽不会木刻，但他对木刻的欣赏与推崇，直接影响了成长中的黄永玉。

朱老师为何向学生推荐学习木刻，大概有两个原因。

首先与木刻当年备受社会关注有关。在现代美术史上，木刻扮演着一个特殊的角色。尤其是在上世纪三十年代初，鲁迅大力提倡与推动新兴木刻运动，推崇德国艺术家珂勒惠支的木刻作品，这让一批年轻木刻家既找到模仿、借鉴的对象，更有了积极参与的激情。于是，新兴木刻运动尊鲁迅为导师，为旗手，更借左翼文化运动的推波助澜，随即在全社会产生了超出艺术形式本身的广泛影响。新兴木刻以大胆直面现实、敏捷反映现实为主题，突出大众形象的塑造，醒目的色彩对比与有力的线条，产生强烈的视觉效果。因此，各种报刊竞相发表木刻作品，木刻家们一时间声名鹊起。至抗战爆发之际，木刻的地位可以说达到了高峰。黑与白，简单但却鲜明的色彩对比，渲染出一片五光十色的斑斓。

显然，正是在这样的文化背景中，朱老师尽管本人不从事木刻艺术，却对木刻有了偏爱。

李尚大是黄永玉的集美同学，两人的友谊一直延续着

也许另外还有艺术材料的原因。在战时安溪，纸张、油彩等美术用品，来源艰难，恐不利于素描、油画等艺术形式的教学。与之相比，木刻则只需几把刻刀，一块木板，即可进行。安溪是山区，在木板来源上显然有着得天独厚的条件。

因朱老师，因一批开始热衷于木刻的学生，集美图书馆里也就多了《抗战木刻》、《大众木刻》、《木刻艺术》这些与木刻有关的书刊。黄永玉后来说，他就是在这些书刊上，知道了世界上有一种艺术叫作木刻，木刻界有许多杰出的木刻家——野夫、陈烟桥、李桦、黄新波、罗清桢、万湜思、宋秉恒、荒烟、章西厓、朱鸣冈、耳氏……走进集美的黄永玉，会永远感激朱成淦老师。是朱老师让他第一次接触木刻，从此一发而不可收，成为这些木刻家中的一员。

在图书馆的报刊中，《战时木刻》、《木刻艺术》和木刻家野夫编写

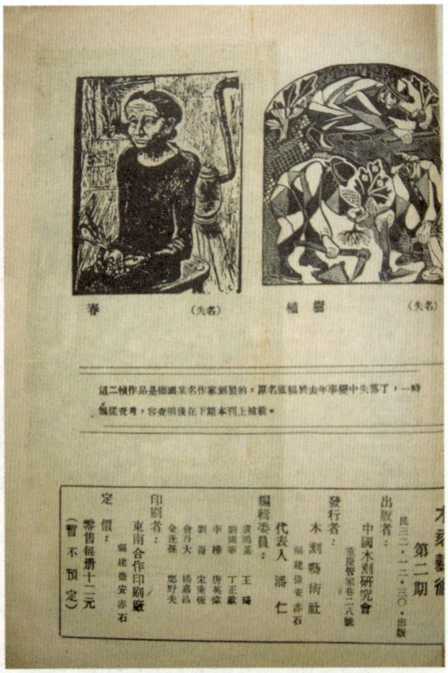
春 （失名）
植樹 （失名）

這二幀作品是德國某名作家刻製的，原名底稿於去年事變中失落了，一時無從查考，容查明後在下期本刊上補載。

木刻藝術 第二期
民三二·一二·三〇·出版
出版者：中國木刻研究會
發行者：木刻藝術社 福建崇安赤石
代表人 潘仁
編輯委員：王琦 丁正獻 李樺 宋秉恆 鄭野夫
印刷者：東南合作印刷廠 福建崇安赤石
定價：零售每冊十二元（暫不預定）

《木刻艺术》书影

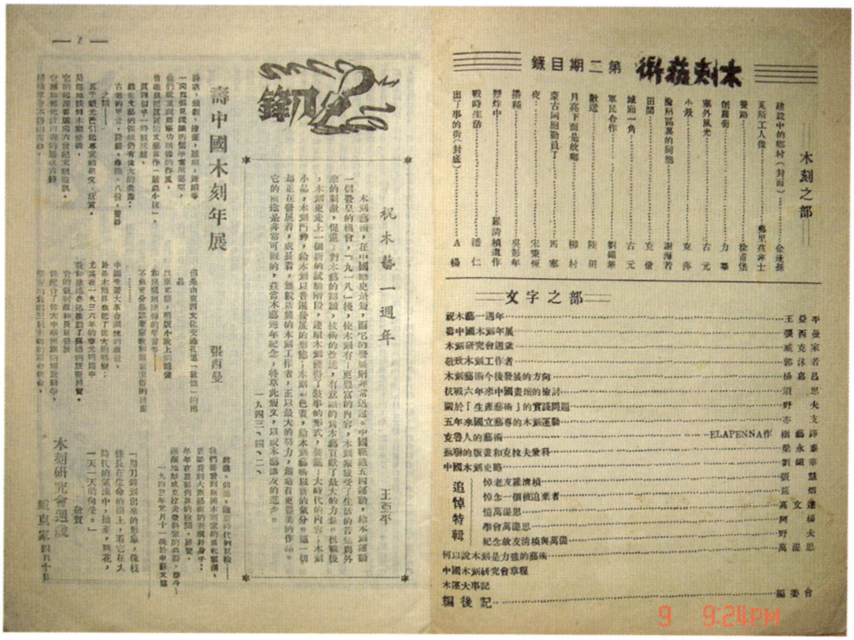
木刻藝術 第二期目錄

——木刻之部——

——文字之部——

的《怎样学习木刻》成了黄永玉的案头必读。

《战时木刻》由“浙江省战时美术工作者协会战时木刻研究社”出版，编辑部地址为“浙江永康麻车头战时木刻研究社办事处”，主编为野夫，每月一号、十五号出版。野夫二十世纪三十年代初受鲁迅推广新兴木刻的影响，在上海美专开始学习木刻。一九三三年，在上海江湾参与组织成立“野风画会”，从此成为新兴木刻运动中的一位重要人物，并在创作同时，以研究木刻理论和普及教育而著称。

查第二期《战时木刻》，除刊有野夫的连载《木刻创作法》等文章外，还发布了野夫《怎样研究木刻》一书出版的消息：“野夫的《怎样研究木刻》及少幅木刻《点缀集》在印刷中，月底可出版。”

在集美，黄永玉案头必读之一正是野夫的《怎样研究木刻》。这本

戰時木刻半月刊

浙江省戰時美術工作者協會戰時木刻研究社研究組出版　第二期

地址：浙江永康南車站戰時木刻研究社辦事處　出版日期：每月十五日三十日（每期五分）

前哨

致木刻藝術工作者

本期目錄

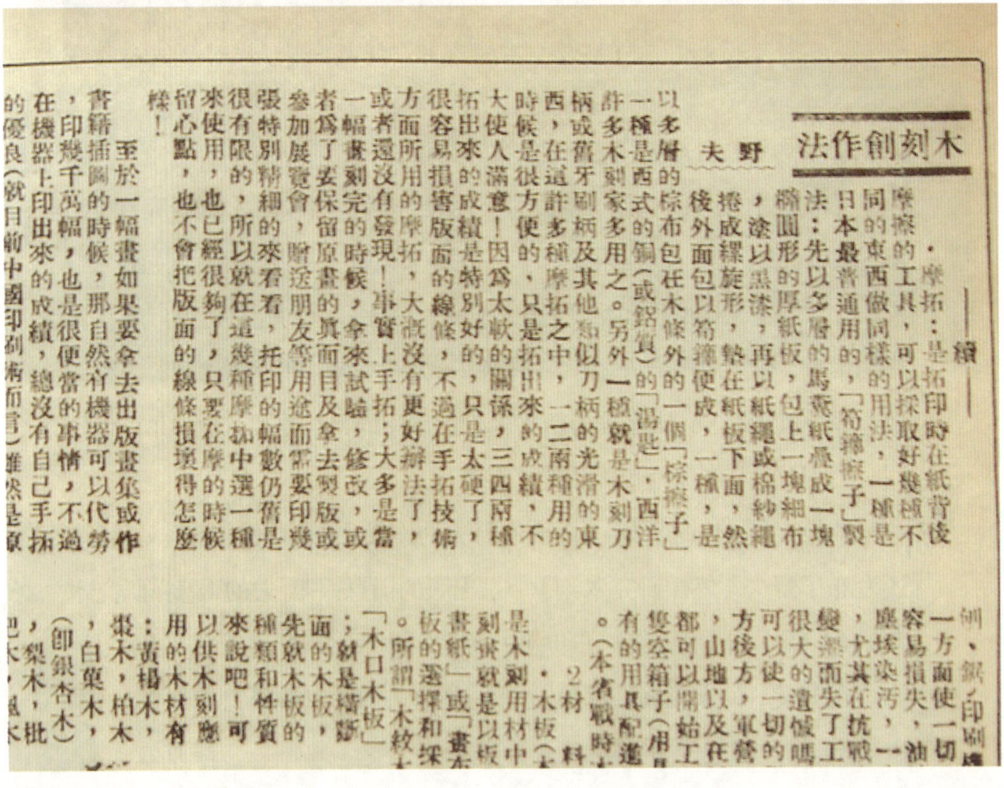

木刻創作法

野夫

—續—

·摩拓：是拓印時在紙背後摩擦的工具，可以採取好幾種不同的東西做同樣的用法，一種是日本最普通用的「筍籜擦子」製法：先以多層的馬藍紙疊成一塊圓形的厚紙板，包上一塊細布，塗以黑漆，再以紙繩或棉紗繩捲成螺旋形，墊在紙板下面，然後外面包以筍籜便成，一種是以多層的棕布包在木條外的一個「棕擦子」一種是西式的銅(或鋁質)的「湯匙」，西洋許多木刻家多用之。另外一種就是木刻刀柄或舊牙刷柄及其他類似刀柄的光滑的東西，在這許多種摩拓之中，一二兩種用的時候是很方便的，只是拓出來的成績，不大使人滿意！因為太軟的關係，三四兩種拓出來的成績是特別好的，只是太硬了，很容易損害版面的線條，不過在手拓技術方面所用的摩拓，大概沒有更好辦法了，或者還沒有發現！事實上手拓；大多是當一幅畫刻完的時候，拿來試驗，修改，或者為了妥保留原畫的真面目及拿去製版或參加展覽會，贈送朋友等用途而需要印幾張特別精細的來看看，托印的幅數仍舊是很有限的，所以就在這幾種摩擦中選一種來使用，也已經很夠了，只要在摩的時候留心點，也不會把版面的線條損壞得怎麼樣！

至於一幅畫如果要拿去出版畫集或作書籍插圖的時候，那自然有機器可以代勞，印幾千萬幅，也是很便當的事情，不過在機器上印出來的成績，總沒有自己手拓的優良(就目前中國印刷術而言)雖然是原书，引导黄永玉的木刻研习与探索，彼此关联极为密切。甚至可以毫不夸张地说，这本书促成了一位木刻家的脱颖而出，决定了黄永玉未来的人生走向。

学习木刻，带给他快乐与兴奋：

我认为木刻刀是一种精密的机器，尤其是三角刀，看来看去不懂得怎么用：大概不至于仅仅为了在木板上挖一道细沟吧？其实就是拿来挖一条细沟的。

……

我一边做一边惴惴不安，这行动会不会是一个岔道？万一一直这么做下去，一年、十年，结果根本不是这么一回事，就好像古埃及人按照正确的图纸盖一座金字塔，塔倒是盖好了；只因为颠倒了图纸，尖朝下、底座在上地完成了……

朱先生似乎也不是很有把握：“管它，刻了再说。”

好的油墨是石印铺讨来的。我试着一幅幅刻下去，刻了就拓印。在周围人的眼睛里我开始威风起来。

（《蜜泪》）

朱成淦老师本人虽不会木刻，但他一方面鼓励学生学习木刻，一方面还为他们写信给在浙江金华的野夫和金逢孙，让他们加入了中国木刻协会。这是一种荣耀，也是一种刺激。与“大人物”同属一个团体，可以想见这些学生的兴奋。看得出来，朱成淦老师深谙学生心理。刚刚引导学生习练木刻，他就把孩子们的兴趣与憧憬，提升到很高的程度，让他们看重自身的价值。用黄永玉后来的话说：“我们的艺术世界扩大了，懂得自己已经成为艺术小兵的价值。”这正是集美老师的过人之处，将学生的兴趣调动起来，形成一条条溪流，溪流向前，汇入一个时代的艺术潮流。

学习木刻的学生们，很快成了集美学校艺术活动的生力军。他们既在壁报发表自己的作品，不限于木刻，有时还发表漫画。如遇游行和集会，他们还懂得将图书馆报刊上那些名家的漫画和木刻作品，放大画在布上用来布置会场，或做游行旌旗招牌。“这么一直忙碌、兴奋，为了抗战我们就这么慢慢活着，长大。”晚年黄永玉这样回忆往事。

在学习木刻的几位学生中，朱老师最为青睐的是黄永玉，曾推荐他的作品到沙县宋秉恒编辑的《大众木刻》杂志上发表。可惜，如今暂时没有找到这个刊物，我们无法确定他处女作发表的具体时间。一九三八年？还

二十世纪九十年代黄永玉（左三）与李尚大（右三）一起拜谒集美校长陈嘉庚墓

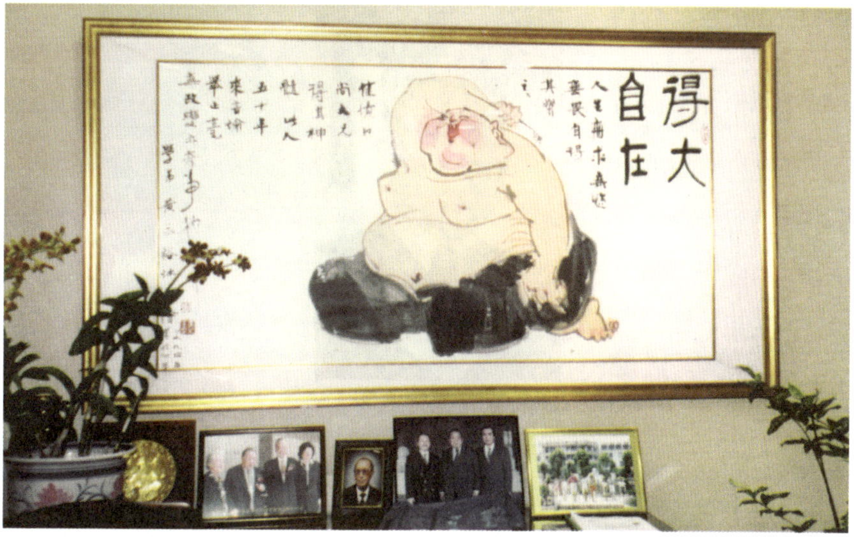

黄永玉赠画集美校友李尚大

是一九三九年？也无法了解黄永玉早期木刻作品的面貌。

不管如何，在安溪文庙里的集美学生中，就后来的艺术发展而言，黄永玉无疑是个佼佼者，也是幸运者。

《大众木刻》的稿费汇来了。少年黄永玉为之兴奋，这成了这群学生的一件大事。当年取稿费的现场细节，被他以小说的方式生动地描述出来：

我在一些记者访问中提到我第一次拿稿费是五块钱，现在想想未必可靠；大概没有这么多。叔叔每月才给我一块钱零用；可能是两块多钱稿费吧？何况对待初出茅庐的人，《大众木刻》不会这么大方。

不管多少，反正给我以很大震动。不怕见笑，甚至我约了几位铁哥儿们一起才敢上的邮局。我要他们在门口等着，一旦出事别撇开我跑了。

集美同学李尚大

我心跳不止，递上了汇款单、图章和学生证。里头的老家伙慢吞吞，好像要断气的神气，又咳嗽，又吐痰，又拿一块垃圾似的手巾擦鼻子，休息喘气，这老狗日真的给了我一叠钱："你数数！"

那还用说！老子会轻易放过你？

数完钱，昂然走出邮局。那帮家伙一个个居然都健在，一拥而上，其实不一拥而上也没什么大不了！一哄而散也没什么大不了！不就是上邮局取钱吗？

（同上）

如许多文艺家一样，第一次拿到报酬的兴奋，总是令人终生难忘。在安溪文庙古老的庭院里，黄永玉将这一具有人生转折意义的时刻紧紧拥抱——尽管并不知道自己在这条道路将如何走下去，还能走多远。对于一个在异乡漂泊远离父母的少年，这并不重要。重要的是，艺术让他的情感有了寄寓之所，生活变得充实而不苍白，未来也从此不再让人畏惧了。

踏歌而行

继续漂泊

年轻而不安分的黄永玉，注定要在漂泊中成长。

在安溪文庙的集美学校里，相对固定的生活仅仅两年，他就又要与之告别，如流浪者一般匆匆踏上谋生之路。从严格意义上说，这一次才算得上一个人的漂泊——身边不仅没有父母，连一个远方亲戚也没有了。

离开集美纯属偶然，因为一次打架闯了祸。早在凤凰，十来岁的黄永玉因习练过一段时间的武术，就如许多尚武的凤凰人一样，崇拜舞棍弄剑的英雄，喜欢打抱不平。他的尚武甚至一时颇有名气，在两派小孩子打群架时，他总是一派的"带头大哥"，颇有号召力。这就难怪，当他到集美后，弟弟们还从凤凰来信说："大哥，你快回来吧！你回来我们就不会受人欺负了。"

在安溪，他又一次挺身"参战"，在集美学生与当地孩子的冲突中担当"主力"，结果打伤了别人，自己头上也被打破三处。学校虽没有开除他，但决定给他记过和留校察看的处分。这促使他决定弃校而去。"我原本就不喜欢读书，成天在图书馆混，留了无数次级已经天地一沙鸥似的落寞，再加上来这么个仅让我留一口气的处分，意思不大了，人已经十五六岁，走吧！就这么走了。”（《蜜泪》）许多年后，他这样解释自己的决定。

离开安溪，是在一九三九年夏天，新学期尚未开始时。从一九三七年九月入学算起，他在集美学校正好度过两年时光。

刚刚度过了十五岁的生日，黄永玉即从安溪流浪到福建另一个山区小城德化，寄居在一位朋友所开面馆的阁楼上。德化瓷器远近有名，即便在抗战期间，德化瓷器的生产也没有萧条，并且配合抗战，曾出品过一些抗战题材的作品。当黄永玉抵达时，这里大小瓷器作坊依然随处可见。在朋友帮助下，黄永玉找到一个瓷器小作坊当小工，开始虽无报酬，却可以解决吃饭。伙食极差，倒也心安理得，毕竟他可以自食其力了。

然而，黄永玉自己撰写的漂泊岁月的回忆中，人们读不到这位瓷器小工的劳作过程，读不到苦涩，更读不到辛酸。相反，读到的是寂寞中的热闹，磨难中的快乐。或许是一个成功者足可以用缤纷的光束照亮记忆，潇洒地叙说当年，细节从而生动无比。或者，也是他形成的坚毅性格所致，他学会了随时调整心态，找到寄寓情感发展自己的途径。

在集美形成的阅读习惯仍在延续。从集美带来以及从朋友那里借来的书，使他即便在德化昏暗的阁楼上也乐在此中。他这样回忆说：

> 一九三九年流浪的时候，住在朋友开面馆的阁楼上，每天毫不知前途地刻着木刻、看着书。一尺见方的窗子，床横在窗口，楼下生意劲时，柴火一旺，小阁楼便烟雾腾天不见五指。小窗口外一式没有想象力的瓦屋顶。我正读着郑振铎编的《世界文学大纲》的英国文学部分，见到那个假想的十六岁诗人查泰顿自杀的油画照片：

> 诗人斜躺在矮床上，张开的右手里还留着一截残稿，正面一个小小的窗口。我几乎跳起来！我也十六岁，我也有一个窗口，天哪！我是不是要死了？
>
> （《蜜泪》）

与他住在一起的还有另外三人，他们年龄相仿，且均离开学校不久。白天各自干活，晚上小阁楼就成了他们海阔天空畅谈不已的世界。每逢休息日，几个人还结伴到税务局门口去看贴在墙上的报纸。

离开集美，黄永玉仍无法放弃对木刻的爱好，他的热情也感染了大家。阁楼上的四个年轻人居然形成了共同爱好，组成了一个学习木刻的小集体。

> 有一回，我们就这样发现了一个卖木刻刀的广告，高兴得使我们狂跳起来。我们按照报上开列的价钱，省吃俭用地集了三个多月，连寄费一共弄齐四元两角钱，还附了一封近乎是四个人自传似的热情的信，寄到卖木刻刀的浙江金华去。过了几乎是绝望的六个月，我们终于收到了邮局的通知单。几个年轻人奔走相告，然后一齐向邮局跑去，抢劫似的领出了木刻刀，回到我们的小阁楼上。我们打开包裹，发现盼望半年的木刻刀中，有一把小圆刀已经给碰断了。这使得我们伤心到了极点。……不管怎样，我们集体学习木刻的工作就正式地开始了。
>
> （同上）

战争在继续，几个年轻人在瓷器之乡，以他们的方式沉溺于自己的艺术梦想，忘记了日子的艰辛。

不过，又一次挺身而出打抱不平的“尚武”之举，让黄永玉不得不离开生活不到两年的德化小城，再度踏上漂泊之路。

木刻小组中有位当过小学教员的朋友，妻子被人玷污。消息传来，几个小伙子都为之气愤。一个晚上，趁着夜色朦胧，黄永玉与另外两个学木刻的伙伴，悄悄来到那人的住所门口，见一个人影从屋中走出，迎面冲上去就是一顿痛打。打后方知，被打者并非侮辱朋友之妻的恶人，而是当地的保甲长之类的人士。后来，当黄永玉有机会再来德化时，朋友指着街上一位歪脖子走路的人说，此公就是被他打错的人。

惹了祸，只得逃之夭夭。泉州有新结识的朋友，为他提供暂栖之地。他启程前往，时间大约在一九四一年春天。在他的流浪地图上，增加了一个新的地名——泉州。

泉州战地服务团

抵达泉州不久，他有幸进入了福建省地方保安军所属“战地服务团”，远离家乡的漂泊者，在校园之外第一次有了自己的集体。

这里有必要把抗战期间遍布中国各战区的“战地服务团”的背景与渊源概述一下。

“战地服务团”的概念，最初出现于第一次世界大战期间。主要由战地救护人员组成的“美国战地服务团”（American Service），当时活跃于欧洲战场。第一次世界大战结束后，这一组织继续存在，并延伸至为留学生提供奖学金，帮助各国学生进行救护方面的学习与训练。第二次世界大战爆发后，这一组织在世界各战场再度发挥作用。

中国的“战地服务团”诞生于抗战爆发之后。它的出现是否受到“美国战地服务团”的直接影响或启发不得而知。不过，在中国，战地服务团出现伊始即形成自己的特点：侧重的不是医护，而是政治宣传和文艺演出，故参加者以作家、艺术家为主。

率先成立且影响最为广泛的应该是在延安组成的“西北战地服务团”。一九三七年八月，中共中央任命作家丁玲、吴奚如分别担任西北战地服务团的团长与副团长，率领主要由剧团组成的“西北战地服务团”奔赴山西，慰问抗日前线的士兵。与此同时，淞沪战役于八月十三日打响，任右翼军总指挥兼第八集团军总司令的张发奎将军，请北伐战争时期的老朋友郭沫若，参照北伐军队中所设政治部的模式，在第八集团军组建进行政治工作和民众工作的部门，并命名为“战地服务团”，参加者同样以演员、美术家、作家为主，其中不少为中共地下党员。淞沪战役失败后，张发奎率军抵达广东韶关，出任第四战区司令长官，南方战场上，仍然活跃着“战地服务团”的身影。因此，可以说，中国抗战期间的“战地服务团”的出现与发展，有着国共合作的统一战线的历史背景，且从一开始就直接受到中国共产党的引导与影响，甚至在不少“战地服务团”里，活跃着中国地下党员的身影。

南北同时出现的“战地服务团”，因其文艺演出的喜闻乐见的方式而广受欢迎，随即扩展至各战区。几乎每个地方都有规模不同的“战地服务团”，有的地方甚至专门由中小学生组成“少儿战地服务团”。后来，这一组织虽被更名为“战地服务队”，但人们还是习惯地称之为“战地服务团”。每个战地服务团，几乎都是一个充满生机的小集体。对于许多文化人来说，如田汉、叶浅予、张乐平等文艺界的佼佼者，战火中诞生的“战地服务团”为他们提供了生存、发展的空间。而对投身其中的年轻人来说，它不啻于一个温暖的学校，可以使他们忘掉远离父母的寂寞，忘掉战争带来的艰苦，在父辈们的关爱中、在艺术的熏陶中成长。

一九三九年后，蒋介石曾下令解散"战地服务团"。不过，各地解散时间不一，特别是在远离重庆的福建，地方保安军的"战地服务团"仍存在并活跃着，吸引众多流浪年轻人羡慕的目光。

黄永玉的目光就在其中。他回忆说：

> 一个寒碜之极的小小包袱，装着三本高尔基，一本陀思妥耶夫斯基，一部线装黄仲则，一本鲁迅，两本沈从文，一本哲学辞典，四块木刻板，一盒木刻刀，压在十七岁小小的肩膀上，来到滨海城市泉州。
>
> 对青年来说，参加抗战莫过于亲自打仗。"战地服务团"，明明白白说的是"战地"，上火线去干一下的事业，好像唾手可得。
>
> （《蜜泪》）

泉州"战地服务团"选中黄永玉，因为他们正好需要一个美工，为演出绘制布景和海报。前去面试的情景他至今记忆犹新：

> 我到泉州后，"战地服务团"招生已结束，我就由朋友介绍到一个小学，住下来准备暑假后去教书。这时，又听说他们缺一个美工，朋友就带我去。我在集美学过剪影，就现场给几个人剪影，大家都觉得很像，就录用了我。
>
> （二〇〇八年四月八日与李辉的谈话）

天大的好事。他走进的是一个快乐的集体，这里以十几岁的少年为主，几乎所有成员都没有念完过正式中学，大家的年龄也相差不多。因此，年轻的黄永玉似乎有了“回家”的感觉，彼此不陌生，无差别，也无隔阂。他融进了这个集体，生命的自由意义也就多了新的内涵。

泉州的战地服务团，主要任务就是排演话剧。当美工的黄永玉，开始曾被安排客串上场，扮演一个跑龙套式的角色，却狼狈下台，不再登场：

> 我不会演戏，一点也不会演。演戏当个传令兵，排练了两个多月只要讲一句话“报告司令员，前面发现敌人”，一上台不会讲了。然后就把幕放下来从头开始，请另外一个人代替我，排演都不要排，就能讲了。以后我的工作除了画画，就是拉幕，开幕了拉幕，就是做这个事。但是我自己就刻木刻、画画、看书这样的。这个战地服务团，剧团这个组织在当时的八年的抗战期间对全国的青年们，失学的青年无疑是一所很好很好的收容所。把这些孩子们啦，没地方去的人啦，都收容在一起。
>
> （一九九八年在郑州越秀学术讲座的演讲）

后来见过黄永玉晚年在电视节目中如鱼得水、轻车熟路的人，颇为怀疑他在泉州的这番“狼狈下台”经历的可信性，因为，他在摄像机前沉着自如，妙语连珠，颇有表演才能，这些实在让人无法将之与当年连一句台词都表演不出的小美工联系起来。

无缘登台，却使黄永玉在“战地服务团”有了自己的小天地。他有了一间单独的房间，门口挂上了“美工室”的牌子，他不用把时间浪费在排演节目上，而是集中精力刻木刻。在泉州“战地服务团”的生活，也由此

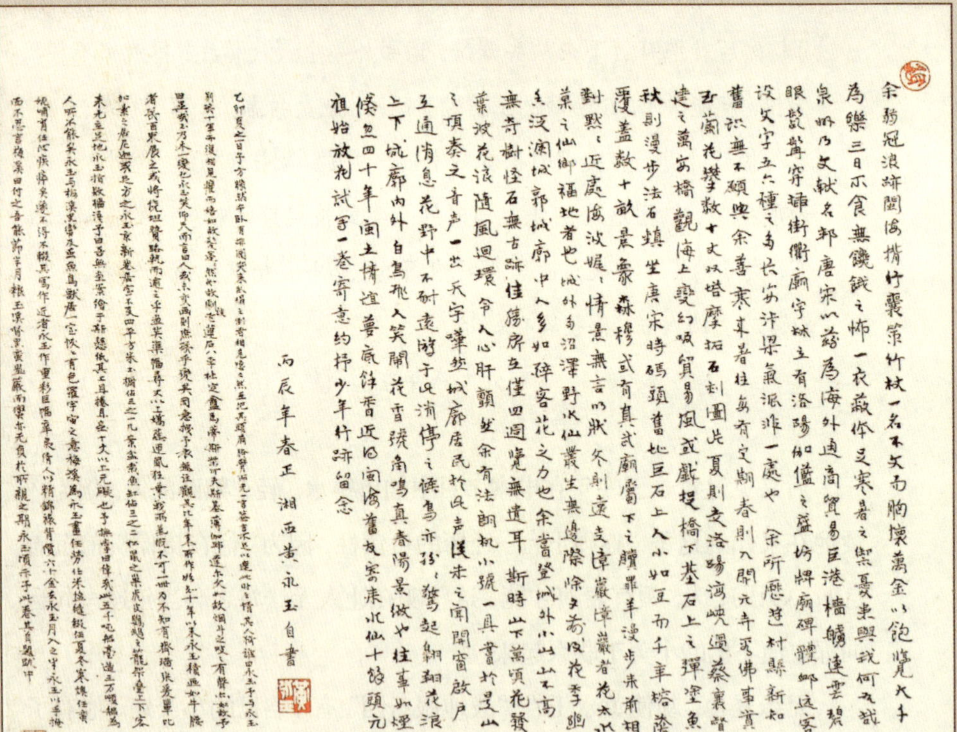

《福建水仙图》并跋

有了别的新内容。

他养了三只鸟，一条小狗。

他种起了水仙。水仙一簇翠绿赏心悦目，忽淡忽浓的香气，让他感受到诗意的隽永。从此，他一生对水仙钟爱不已。每到冬季，客厅和卧室里，总是少不了水仙花。他不断地描绘它们——与家乡的荷花、梅花一样，水仙是他画笔下时常出现的对象。哪怕到了晚年，也乐此不疲。“水仙花总是让我想到泉州。”他不止一次对人这么说。闻香忆早年，晚年的他就是以这样的方式走进泉州的记忆。

王大哥

从泉州开始，踏歌而行，漂泊者的日子水仙花香气漫溢。在这里，黄永玉遇到了比他年长十岁左右的“战地服务团”团长王淮——王大哥。这位在他眼里亲如大哥般的团长,如霏霏春雨，潺潺溪水，润物无声。王淮沉着而坚韧，虽无湍急飞溅的气势，也非高歌的豪情，但却让年轻漂泊者的日常生活不再枯燥，精神也因此变得丰润而具生机。

在王淮来到战地服务团之前，团里曾一度萧条而混乱。王淮的出现，对于年轻的团员，在感到温暖的同时，他们更有了主心骨。在黄永玉的记忆中，王淮多才多艺，懂美术、音乐、戏剧，还擅长文学，写一手好字，性格则颇为自在洒脱。“一个新的灵魂带进了团里。”黄永玉这样说。

除了“魁梧”二字，黄永玉对王大哥的形象没有用更多的笔墨予以描绘。显然，与弘一法师的巧遇相比，这里少了传奇，少了渲染，更多的是点点滴滴的生活琐事。但是，正是生活琐事的温暖，令年轻漂泊者感怀一生。

夏天时，黄永玉丢失被子，暂无钱购买新被子。谁知转眼秋风刮起，天气骤冷，而他身下仍铺着凉席，身上只盖有一条薄薄床单，夜里冻得浑身发抖。王淮住在隔壁，第二天一大早来看黄永玉，摸摸被单，说，隔壁都能听见一夜的发抖。不管黄永玉如何装着若无其事的样子，王淮二话没说，拉着他就上街为他买来一套被子、枕头、床单。“王大哥歪着头欣赏着变了样的床铺，装成傻兮兮的样子说：‘哎呀，哪位少爷的新床铺呀？’”黄永玉的记忆里，常常浮现当年的这幅情景。虽喊作“大哥”，却分明有父辈般的细心与关爱，而风趣一笑，又带来轻松与快乐。

不过，一旦开始工作，自在洒脱的王淮就变得认真而令人敬畏。让团员们敬畏的不只是威严，更有他那侃侃而谈的显得高深的戏剧理论。在观看了大家的表演后，王淮发表第一次导演阐述：

> “……我觉得我们团演员演技的基本功是不错的。……你们自己也明白，演得很舒服，很顺手，很自我陶醉。不过，我反对这种演法。我要问，戏剧的戏剧性到底是什么？古典的戏剧性和现代的戏剧性有什么区别？区别就在于和观众的距离的差别。把动作、表情、声音夸大，在古时候有必要，场合变了，就成为负担，观众受不了，不准确，不真实，不亲切。演员成为习惯，影响了性格和生活态度；观众成为习惯，会影响风俗。在艺术上，夸张的范围很大，准不准确没有尺度衡量，所以容易。艺术地表演出来的真实，自然，潇洒；那点轻松，那点懒洋洋的准确，不容易。角色在台上的联系，固然导演要负责，要协调节奏，演员演技不一致能行吗？”
>
> （《蜜泪》）

王淮的这番演讲，转引自黄永玉在文章《蜜泪》中所述。与本人原话相比，难免会有出入，但有一点却可以相信，这番精彩讲话，年轻的团员即便不能完全领会，但他们一定感到新鲜，面前又开启了一扇走进艺术世界的大门。随后，剧团按照新来团长王淮的艺术主张，排练了几个独幕剧，据说演出颇受欢迎。

与剧团的小伙伴们相比，暂无表演才能而无缘舞台的黄永玉，在他的工作间里却有了意外的收获。王淮欣喜地发现眼前这位年轻人，居然迷恋木刻，随后又倡议帮他印制了毕生的第一本画册——木刻集《闽江烽火》。令黄永玉感激终生的这件大事，应该是在一个不太短的时间段里发生，不过他却将之浓缩在下面一番即兴的对话中，从而使回忆文字忽然间具有了张力：

> “你在这里刻木刻？”王团长说。
>
> “是呀！怎么样？”
>
> “真想不到，你一个人在搞木刻！”
>
> “有什么奇怪？”
>
> “这么办吧！你刻的每一块板子印二十份，订个画册，我给你写个序，怎样？”
>
> “啊！你是这个意思。就这么办吧！”
>
> 有生以来的第一个木刻集印出来了。那一篇序言真是令人难忘的定交书，一个二十八岁的年轻人和一个十七岁的孩子友谊的开始。
>
> （同上）

手印木刻集《闽江烽火》，收录作品二十五幅，印数二十册。遗憾的是，不仅黄永玉本人无保留本，世间也难觅踪影，我们既无从领略黄永玉早期木刻创作的面貌，也无法获知王淮的序言，到底为什么如“定交书”一样令黄永玉难忘终生。不过他在回忆中，还是为我们转述了王淮所发表的令他难忘的议论：

> “你也要在画画刻木刻上头去体会那一点‘平常’，不要动不动就夸张。艺术最高的境界是随心所欲。能随心所欲的基本功就是仔细地观察生活，储存起来。”
>
> “我讲的跟进美专是两码事。进不了美专就不要害单相思。你有你的天地，你可以有更多的时间读自己喜欢的书。要读书，不读书而观察生活等于零，因为你没有文化，没有消化生活的武器。技法是很快就学得会的，不要迷信，也不要轻视，世界上哪里有不会画画的画家？”
>
> （同上）

这些记忆中的王淮的教诲，显然不限于一位兄长的启迪，它们融进了黄永玉后来的人生体验和艺术感悟。在相继结束走出凤凰、求学集美、逗留德化等阶段之后，那个十二三岁的漂泊者，已经走过了五年多艰难旅程。他已经十八岁了。

十八岁，在一个动荡的时代，对许多年轻人来说，常常是个人的发展开始定型甚至获得成功的年龄。对黄永玉来说，此时的确到了人生的转折期。王淮的出现，其意义自然非同一般。在泉州战地服务团，在“王大哥”的熏陶下，一本薄薄的木刻集，一番如同心理老师一般的鼓励和诱导，仿佛一下子让这个漂泊者更加自信，俨然成熟起来。

在泉州战地服务团的时间，前后有三个年头。一九四三年秋天，战地服务团还是被迫解散。大家各奔东西，无家可归或有家难归者如黄永玉等三四人，则由王淮带着，在福建非沦陷区四处流浪。半年后，他们最终决定还是与王淮分手，各自闯荡天下。

王淮的政治背景，对于黄永玉一直是个谜。他说，一次无意间他曾在王淮的枕头下面看到一本马克思的《资本论》，便好奇地翻了翻。后来，他揣测，王淮应该是一名中共地下党员。

自分手后，黄永玉再也没有见到过王淮。一些年后，陆续听到关于王淮的传闻。有的说他又领导过一个剧团，还开过饭馆和书店。有的说，他最后去了台湾，在那里创办一个进出口贸易公司，生意颇为兴隆。“文革”之后，黄永玉才获悉王淮的最后下落：“过了三十多年的失掉音讯的生活，一个偶然的机会，得知他因为受到了一种极特殊、极遥远的告密和陷害，死得非常壮烈。”他这样写道：“这么说，王大哥已经不在人世了。他是山东济南人，有一位妻子和一位女儿，女儿名叫阿乖。”他用这么一句平淡无奇却又思念无限的话，结束了王淮故事的叙述，就仿佛为自己浪漫而感伤的又一段漂泊，画上了一个句号。

在与王淮分手后的漂泊生活中，黄永玉还会感受到更多友谊的温暖，还会结识一个又一个令他终生难忘的人。譬如，在福建仙游县，一对从上海归来的戏剧家和画家陈、吴夫妇，将他视为孩子一般，他们收藏丰富的书房，一度成为他陶醉其中的乐园。譬如，在江西赣州，他还会意外地见到心仪已久的漫画家张乐平和夫人，从他们身上得到前辈的关爱与启发……

这些新出现的友人，尽管也非常重要，但恐怕仍无法与王淮的意义相比。是王淮帮助黄永玉坚定了成为美术家的信念，未来走向因而才得以确定。从这一角度考察，在黄永玉二十岁之前的人生中，王淮是继父母之后另一个最重要、最有影响力的人。哪怕岁月云烟里，我们看不清他的面庞，无法解读他的历史，但一个朦胧的身影，却让那位年轻漂泊者的记忆永远清晰而厚重。

信丰：人生的转折点

一个年轻人，还有什么比在漂泊中拥抱初恋更为浪漫？初恋之时，还有什么比小伙子站在窗前，吹起小号欢迎恋人到来的场景，更能让人感觉到浓郁诗意——那种似乎只有在文学作品中才会漫溢而出的浪漫？

初恋的浪漫与诗意，在一九四四年秋天，赋予二十岁的黄永玉漂泊生活的全新意义。

自离开泉州后，短短两年左右时间，黄永玉又行走了不少地方。福建泉州—仙游—长乐—江西赣州—信丰—安息。在长乐，黄永玉匆匆担任过培青中学的美术教员；在赣州，怀揣王淮的举荐信，他顺利地成了“教育部戏剧教育二队”的见习队员；几个月后，他又离开赣州，跟随担任信丰民众教育馆馆长的司徒阳，前往信丰县……

漂泊几年，黄永玉最大的收益是友谊的充实与丰满，是艺术人脉不断延续不断丰富的过程。偶然的相遇，或者说漫不经心的点拨、引荐、刺激、触动，或许就在改变现状的同时，奠定了未来的基础。情况常常如此，对任何人来说，现实活动中的某些似乎无关紧要和随意而为，最终，在许多年后的历史回望时，反倒发现它们恰恰具有了决定性的转折意味。

对于黄永玉，信丰的意义就在于此。

走进信丰，他还是一位基本上以模仿为主、训练技巧的木刻学生；离开信丰时，他则已开始尝试如何与文学结缘，俨然一位有独立创作意识与能力的年轻艺术家。

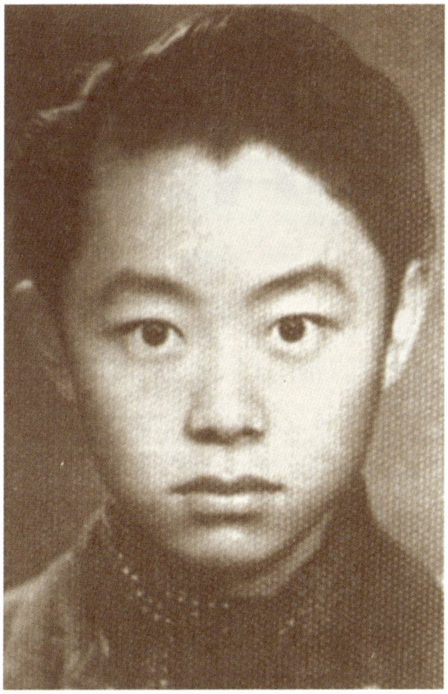

一九四四年在江西

走进信丰，他只是一个不再惧怕漂泊且野性十足的独行侠；离开信丰时，他已拥有了初恋，一种与思乡之情完全不同的情感，让这个漂泊者从此不再孤独。生活从此有了寄托，有了目标。

人生旅程上的一块里程碑在信丰竖起来。里程碑，是艺术的，更是生命的。

先看艺术在里程碑上如何镌刻。

抗战八年是赣南地区的一个特殊时期。抗战爆发后，赣南与闽西、浙西等地一起形成抗战时期南方地区的一个“小后方”。大量文化人从上海等沦陷区流浪而来，使这一“小后方”地区的文化艺术得以滋生、交融与发展。一九三九年，蒋经国被委派出任赣南行署专员，在此主政一直到一九四五年。六年的主政，使赣南大为改观，遂有“赣南新政”之美誉。在此期间，赣南地区的文化也因历史特殊原因而空前活跃。

漂泊中，黄永玉从闽西抵达赣南行署所在地赣州，再到信丰县，他受

一九四六年五月出版的《清明》创刊号，吴祖光、丁聪主编

木刻《信丰的市场》发表于《清明》创刊号

益于赣南这种文化氛围。

在信丰，黄永玉结交了新的文学界朋友，他们中间，有流浪而来的年轻作家和诗人谷斯范、雷石榆、野曼、林紫群等。他们在信丰写诗，写小说，还办编一份报纸，浸染于木刻艺术之中的黄永玉，因结识他们而有了文学的激发。在诗人野曼、雷石榆的影响下，黄永玉重新开始写诗。一九三七年，初到集美学校时，十三岁的他曾写诗一首寄回凤凰，抒发思乡之情，那不过是一次偶然的兴之所致，从未想到过自己将会与文学结缘，甚至终生钟爱诗歌，将之作为未来几十年间从未停止过的写作。如今，在信丰，文学写作有了新的意义。他与诗人作家们在一起，感受到文学与木刻不一样的另外一种表达的冲动。他写诗，并发表在野曼他们编辑的副刊上。遗憾的是，目前尚未查阅到这份战火中的小报，无法了解其诗歌的具体内容，也就只能根据他的回忆得知其文学的这一正式起步。

写诗虽偶尔为之，但对黄永玉未来的艺术发展却有着密切而重要的内在影响。换句话说，文学从一开始就与他结伴而行，在艺术风格的探索、形成过程中，因文学元素的渗透，他的各种艺术形式作品的创作才有

一九四四年为贺宜的童话《酸葡萄的故事》所作的插图

画完猴票再作画，哪怕不是画猴，猴也从窗外跑来了

可能呈现出与他人不一样的特性。

早在漂泊于集美和德化期间开始学习木刻之时，黄永玉已表现出对世界文学经典作家的喜爱，他们渐渐成了他的木刻对象。来到信丰，他创作了拜伦、马雅可夫斯基的肖像，创作了但丁的《失乐园》，他甚至还模仿马雅可夫斯基的姿势，创作了一幅《自刻像》。遗憾的是，这些作品已散失。

木刻（包括其他版画形式）从诞生之日起，作为文学插图而受到重视，因此，在很大程度上可以说木刻的发展与文学相辅相成。以木刻起步的黄永玉，同样遵循这一规律。在信丰，通过野曼的介绍，黄永玉为彭燕郊、黎焚薰的新诗配木刻插图，发表在野曼所编副刊上。虽然这些插图我们暂时无缘看到，但他在为贺宜《野旋的童话》一书所配的插图，则有数幅留传下来。

为《野旋的童话》所配的插图，均是动物形象：猫头鹰、鱼、奶牛、狐狸、猴子。颇有意味的是，这批插图的创作，注定使黄永玉与动物形象的艺术创作从此不可分离。在未来的日子里，无论木刻、国画、油画、雕塑，它们都是在黄永玉手下经常出现的形象。猫头鹰和猴子，与他的关系尤为密切——早期的猫头鹰标志着他的木刻创作正式登上大雅之堂，“文革”后期的“黑画”猫头鹰，则使他的命运随着时代风波而大落大起；早年刻童话中的猴子形象，上世纪七十年代后期则自己索性养一只猴子，它的夭折，刺激他再作一幅猴子木刻，并成为一九八〇年中国第一枚生肖邮票上的形象……常说一位艺术家有持久不变的兴趣与爱好，而兴趣与爱好又能深深影响他的审美与灵感，在黄永玉身上我们看到了这一点。

这便是信丰对于黄永玉艺术道路的意义。有谁能想到，在信丰不到一年的艺术创作，与一个人的未来，竟有如此直接而深厚的历史渊源！

初恋的浪漫，随诗意飘来

再看黄永玉人生道路在信丰的转折——初恋的浪漫与诗意。

先读读黄永玉写下的诗句：

你，这个褐色皮肤
大眼睛的女孩
向我的窗户走来。
我们在孩提时代的梦中早就相识，
我们是洪荒时代
在太空互相寻找的星星，
我们相爱已经十万年。
我们传递着汤姆·索亚式的
严肃的书信，
我们热烈地重复伊甸园一对痴人的傻话，
我们在田野和丛林里追逐，
我们假装着生气而又认真和好，
我们手挽手在大街上走，
红着脸却一点也不害羞。

（《老婆呀！不要哭》）

这些描写永丰初恋的诗句，写于一九七〇年前后，此时黄永玉正在中央美院位于河北磁县的“五七干校”里参加劳动锻炼。在承受劳动艰

一九四九年梅溪摄于香港

五十年代的黄永玉和梅溪

辛与精神折磨之际，思念妻子，回味初恋，使他有了创作诗歌的冲动。入夜，他开始写诗。住在集体宿舍里，怕人发现，他钻在被窝，用手电筒照着写。不知写了多少个夜晚，完成了一首几百行的长诗，题曰：《老婆呀！不要哭——寄自农场的情诗》（简称《老婆呀！不要哭》）。一些年后，公开发表该诗时他在题跋中说："那时候家人心情懊丧，日子太长了！展望前途如雾里观河，空得澎湃。启用几十年前尘封的爱情回忆来做点鼓舞和慰藉，虽明知排场、心胸太小，却祈望它真是能济事的。"或许，正如他所说，爱情回忆并不能让他完全摆脱现实政治的残酷与粗糙的蹂躏，但在"文革"期间的特殊环境下，它却可能既是心灵的慰藉，更是精神的力量。诗歌的灵感与回忆携手而来，多少能让一个人拥有那一刻的神圣与自尊。不管后来生活将发生什么变化，此刻，在"干校"的军营平房宿舍里，对二十多年前初恋的回想，无疑是刻骨铭心的，是真实的。这是另外一种深沉的浪漫，与信丰最初的青春浪漫形成了岁月的诗意连接。

人的一生，有这样的回想，有这样的诗意连接，值得长久珍惜。

且回到一九四四年的信丰。

向黄永玉窗口走来的“这个褐色皮肤大眼睛的女孩”，是一位广东姑娘，与黄永玉年龄相仿。她叫张梅溪——后来大家都习惯叫她“梅溪”，父亲是客家人，曾是广东一名地位不低的军官，家境富裕。抗战爆发，广东沦陷，父亲率全家移居于赣南。梅溪爱唱歌，爱画画，后来还创作童话。一九四四年，年轻的梅溪离开父母，来到信丰，喜爱文艺的她，如黄永玉一样，也成了民众教育馆的一名工作人员。

如何第一次见面、如何忽然间彼此喜欢对方，两人都没有明确的具体叙述，似乎也没有这个必要。有一支小号的吹奏，有梅溪为黄永玉买来一块木刻用的木板，他们的初恋就瓜熟蒂落了。

走进信丰时，黄永玉随身带有一支法国小号，这是他在长乐担任中学教员期间节衣缩食在福州一家百货店买下的。他回忆说，在集美，音乐

一九五一年，黄永玉与梅溪摄于香港

老师曾教他们读五线谱，学吹小号则是在泉州战地服务团。读多了世界名著，他羡慕小说中那些漂泊者的浪漫，想象着自己带上一支小号四处流浪，自得其乐。

认识梅溪后，小号真的演绎出了浪漫：

> 刻完了木刻就吹吹号，冀得自我士气鼓舞。那时，我刚刚熟悉第一个女朋友，远远地看到她走近，我就在楼上窗口吹号欢迎。女朋友的家人不许她跟我来往，说：“你嫁给他，没饭吃的时候，在街上讨饭，他吹号，你唱歌。”抗战最后的那几个月逃难，我把小号失落了。
>
> （《音乐札记》）

开始追求梅溪时，黄永玉有一位“竞争对手”——一名飞行员，潇洒，英俊，常爱骑一匹白马，停留在梅溪住地旁的树林里。

梅溪最终选择了站在窗前吹着小号的这位贫穷、野性十足、四处流浪的年轻艺术家。崇拜艺术，渴望浪漫，喜欢张扬与浪漫的个性，这或许正是年轻梅溪与黄永玉的情感基础。

> 你这个高明的厨师，
> 宽容地吞下我第一次为你
> 做出的辣椒煮鱼，
> 这样腥气的鱼，你居然说“好”！
> 我以丰富的贫穷和粗鲁的忠实，
> 来接待你，

梅溪和黑妮一九五九年摄于凤凰

却连称赞一声你的美丽也不会。

我们的小屋一开始就那么黑暗，
却在小屋中摸索着未来和明亮的天堂，
我们用温暖的舌头舔着哀愁，
我用粗糙的大手紧握你柔弱的手，
战胜了多少无谓的忧伤。

（《老婆呀！不要哭》）

在回想当年时，中年的黄永玉写出了他们初恋的浪漫与温馨。

再过许多年，年过八十的黄永玉，在接受电视主持人杨澜的采访时，他又一次回想当年，谈初恋以及随之而来的梅溪“私奔”。在许多次的讲述中，这是他讲得最生动的一次。

黄永玉：有一天我没有钱，我大概有八毛钱吧，有块木刻板，很想买，很好的梨木板，但是头发很长，那个时候不兴留长头发，我想理发，理发那就没有木板了，买了木板就不能理发这样。她说“你去理发吧”，我说“理发木板没有了。”“那我送你一块木板吧。”怎么好要她送，不太好意思。好吧，去理发了。理完发我想：“万一她不送怎么办？”

杨澜：您还在想这个问题。

黄永玉：后来不送那就糟糕了，到后来真的送了一块木板给我。

杨澜：那说明对您也有点意思。

黄永玉：有一天我就问她，我说……就是和她逃跑的时候，我说：“如果有一个人爱你，你怎么办？”她就说：“要看是谁了。”大概她知道是我，我说“那就是我了”。

杨澜：她怎么回答的呢？

黄永玉：“好吧。”大概是这样的。

杨澜：但是她的家庭是挺反对你们结合。

黄永玉：她家里不知道，后来知道了，反对得厉害。后来我就到赣州，到了赣州我在报馆工作，她的家里就把她带走了。我正在难过，在报馆工作难过的时候，忽然间来了个电话，她从赣州打来的，她跑过来了。她没有钱怎么跑的呢？演剧队的人也在韶关，都是党员，地下党的。就把金链子，把钱借给她，她卖了，然后坐了黄牛车，就是那种运货的车子来了。

杨澜：就是来找你。

黄永玉：来找我，到了赣州。我就骑了个自行车，借了个自行车，一百二十里，快中午……上午九点多十点钟，骑了个自行车，奔一百二十里，骑快车，像赛车一样的，骑……骑到离赣州快十多里了，黑了，完全不能骑了。住了个鸡毛店，真是鸡毛做被子，散的鸡毛盖在身上，跳蚤咬……要不然冷。第二天一大早把鸡毛拍了，头发都是鸡毛，然后再骑车。

（《杨澜访谈》）

在赣州一个小旅店里，在一批文艺界朋友的欢笑声中，两个人举行了一个简单的婚礼。

回到信丰，黄永玉为梅溪刻了一幅作品《春天，大地的母亲》。

你的微笑像故乡三月的小窗和“棘园”，
使我战胜了年轻的离别，
去勇敢地攻克阿波罗的城堡，
你的歌，使我生命的翅膀生出彩虹，
你深远的眼睛驯服我来自山乡的野性……

（《老婆呀！不要哭》）

漂泊者的春天，微笑着如期而至。

十三岁走出凤凰，二十岁走进信丰，七年时光仿佛转眼成为过去。漂泊仍将继续，但未来的一切，都将因梅溪的进入而有了全新的意义……

一九五〇年，黄永玉和梅溪在坚尼地道住所附近

二十世纪八十年代的黄永玉和梅溪

二十世纪八十年代的黄永玉和梅溪

二十世纪五十年代，黄永玉为梅溪的童话集《在森林中》设计的封面及插图

后来，梅溪既写童话，也画画，并在香港、北京等地举办了个人画展

黄永玉为《梅溪画集》题签

《夺翠楼》（油画），梅溪作

《教堂旁市集》（油画），梅溪作

黑白之美

高山流水，远近之间

上海文坛“三剑客”

一九四七年，上海。从夏天到秋天再到冬天，每逢周六周日，热闹的马路上，多了三个年轻人结伴而行。

三个人都还不到三十岁——

黄裳，一九一九年出生，二十八岁；

汪曾祺，一九二〇年出生，二十七岁；

黄永玉，一九二四年出生，二十三岁。

他们要么走进咖啡馆，要么走进电影院，要么干脆就在马路上闲逛，从这头走到那头，再从那头走回这头。漫无目的地看街上风景，兴致勃勃地评说天下，臧否人物。三个人普普通通，不显眼，不夸张，只是大都市的一个点缀，大概谁也不会想到要好好地多看上几眼——除非有人能预测到三个人后来在中国文化界的特殊影响。

当他们如此这般在上海滩上结伴而行时，颇有“三剑客”的味道。不过，在文坛或美术圈，他们刚刚出道，虽然开始有人知道他们的名字，报刊或出版社发表或出版他们的作品，但成就显著，名声大震，则是以后的事情。

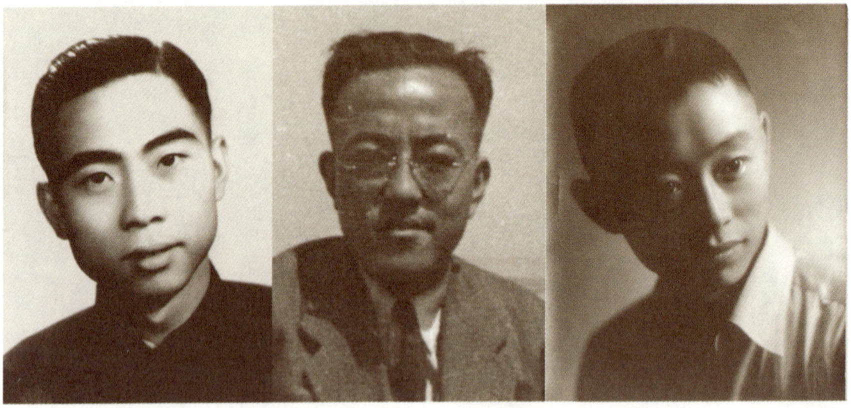

一九四七年上海的“三剑客”——汪曾祺、黄裳、黄永玉

一九四八年三人各奔东西，无拘无束的交往只有一年左右时间，但是，一九四七年的结伴而行，却是他们的人生经历中无法割舍的一部分记忆。在后来的日子里，他们的往来没有中断，继续结伴而行，交相呼应。他们以各自的成就在文化界确立了特殊地位——黄裳是散文家、文史专家、藏书家；汪曾祺是小说家、散文家、戏剧家；黄永玉是画家、作家。从这一意义上说，称他们为“三剑客”，看来相当妥帖。他们手上，都有一把锋利的宝剑。不一样的剑，不一样的剑法，挥舞出一样的风流。

三个年轻人最终都成了老头。一九九七年，汪曾祺因病去世，还不到八十岁。“三剑客”，如今剩下黄裳、黄永玉两位京沪遥望。

自上世纪八十年代开始，黄永玉以他的生动叙述和潇洒之笔，相继描写了一个又一个比他年长的前辈或朋友，这些文章几年前结集为《比我老的老头》出版，颇受读者喜爱，畅销也长销。人们向往他笔下的场景，为历史场景中的人物命运而乐，而伤感，而惋惜，而赞叹。他的笔，让那些比他老的老头重新获得人们更多关注，既活跃在历史之中，又丰富着人们今天的感觉。

几年前，黄永玉新写《黄裳浅识》一文，第一次叙述了他们“三剑客”的上海故事：

> 那时我在上海闵行县立中学教书，汪曾祺在上海城里头致远中学教书，每到星期六我便搭公共汽车进城到致远中学找曾祺，再一起到中兴轮船公司找黄裳。看样子他是个高级职员，很有点派头，一见柜台外站着的我们两人，关了抽屉，招呼也不用打的昂然而出，和我们就走了。曾祺几次背后和我讲，上海滩要混到这份功力，绝不是你我三年两年练得出来。我看也是。
>
> 星期六整个下午直到晚上九、十点钟，星期天的一整天，那一年多时间，黄裳的日子就是这样让我们两个糟蹋掉了。还有那活生生的钱！
>
> 我跟曾祺哪里有钱？吃饭、喝咖啡、看电影、坐出租车、电车、公共汽车，我们两个从来没有争着付钱的念头。不是不想，不是视若无睹，只是一种包含着多谢的务实态度而已。几十年回忆起来，几乎如老酒一般，那段日子真是越陈越香。
>
> （《黄裳浅识》）

浪漫而令人回味的友谊，也是黄永玉少见的直接写到汪曾祺。写完黄裳，期盼他也写写汪曾祺。问他，他不假思索，即摇头。“他在我的心里的分量太重，无法下笔。”答得认真，也含蓄而委婉。看来，在“比我老的老头”人物系列中，一个当年的好朋友，一个本应可以被他写得精彩之极的老头，恐怕会付阙了。

为什么他不专门写一写汪曾祺呢？两人之间后来到底发生了什么？让

人困惑且遗憾。

沈从文的厚爱

往事与故人总是无法割舍。文章虽未写，汪曾祺却一直是黄永玉的话题。

“我的画只有他最懂。”谈到汪曾祺，黄永玉常爱这么说。

多年来，他不止一次提到这样一件事：“当年汪曾祺在上海，给表叔去过一封信，信中说，如果现在有人在黄永玉身上投资，以后肯定不会后悔。”说完，他再补充一句：“这封信表叔后来交给我了，要是能找到就好了。”

难道六十多年前的汪曾祺，真能预见到黄永玉后来的发展？讲述者是否把历史与现实杂糅一起，为记忆中的最初友谊加一笔神奇斑斓的色彩？说者言之凿凿，听者将信将疑。我一度心想，姑妄言之，姑妄听之，且将之视为有待证实的传奇吧。

未料想，二〇〇八年，这一重要信件真的找到了！海阔天空似的传说最终还原为确切的现实。

六页稿纸，实为同一天写的前后两封信。信未注明年份，写信日期分别为“七月十五日”和“七月十六日”，据信所述，系在与黄永玉初次见面后的第二天。黄永玉抵达上海是在一九四六年年底，离开上海是在一九四八年三月，由此推断，汪曾祺信写于一九四七年七月。

汪曾祺与黄永玉的见面，应是受其恩师沈从文的委托，这就难怪在两人见面的第二天，汪曾祺就写长信详谈见面细节与印象，颇有向在北平的沈从文“汇报”的意味——因此时的沈从文，尚未见过已经长大并成为木刻家的表侄。

汪曾祺与沈从文

黄永玉儿时曾在凤凰见过沈从文一面，即沈从文一九三四年回故乡探望重病中的母亲，并以给张兆和写信方式创作《湘行散记》之际。黄永玉当时只有十岁，匆匆一见，问一声“你坐过火车吗”听完回答转身跑开而已。十二年过去，抗战胜利之后，沈从文意外得知年轻漂泊者黄永玉已成长为一位木刻家。一九四七年二月，在所写关于黄永玉父母故事的长文《一个传奇的本事》中，沈从文写到战后在北平初次看到黄永玉木刻的经过与印象：

抗战到第八年，和平胜利骤然来临，暌违十年的亲友，都逐渐恢复了通信关系。我也和家中人由云南昆明一个乡村中，依旧归还到旧日的北平，收拾破烂，重理旧业。忽然有个十多年不通音问的朋友，寄了本新出的诗集。诗集中用黑绿二色套印了些木刻插图，充满了一种天真稚气与热情大胆的混合，给我崭新的印象。不仅见出作者头脑里的智慧和热情，还可发现这两者结合时如何形成一种诗的抒情。对于诗若缺少深致理解，是不易作出这种明确反映的。一经打听，才知道作者所受教育程度还不及初中二，而年龄也还不过二十来岁，完全是在八年战火中长大的。更有料想不到的巧事，即这个青年艺术家，原来便正是那一死一生黯然无闻的两个美术教员的长子。十三四岁即离开了所有亲人，到陌生而广大世界上流荡，无可避免的穷困，疾病，挫折，逃亡，在种种卑微工作上短时期的稳定，继以长时间的失业，如蓬如萍的转徙飘荡，到景德镇烧过瓷器，又在另一处当过做棺材的学徒。

……却从不易想象学习过程中，奇迹般终于成了个技术优秀特有个性的木刻工作者。为了这个新的发现，使我对于国家民族，以及属于个人极庄严的苦难命运，感到深深痛苦。我真用得着法国人小说中常说的一句话，“这就是人生。”当我温习到有关于这两个美术教员一生种种，和我身预其事的种种，所引起的回忆，不免感觉到对于“命运偶然”的惊奇。

（《一个传奇的本事》）

一九四七年之前，黄永玉只为彭燕郊、贺宜、端木蕻良等人的作品配过插图。沈从文说“有个十多年不通音问的朋友，寄了本新出的诗集”，这个朋友是谁？黄永玉分析，可能是诗人李白凤。李白凤是上世纪三十年代初沈从文在青岛大学任教时的学生，黄永玉在一九四六年与之结识。但李白凤寄去的是哪本诗集，则不得而知。不管如何，这一契机，促成了沈从文、黄永玉叔侄之间的联系。一九四七年初，黄永玉又亲自将四十余幅木刻作品寄至北平，希望得到表叔的指点。《一个传奇的本事》即在这一背景下写作的，这是目前所见沈从文对黄永玉其人其画的最早涉及。

沈从文与黄永玉在此期间的通信，迄今未有发现，黄永玉在回忆文章中偶有提及。他这样写道：

从文表叔到北京不久，我到了上海。他为当时才二十二岁的我的生活担心，怕我不知道料理自己，饿死了；或是跟上海的电影女明星鬼混“掏空了身子”（致他学生的信中提到）。他给我来信时总附有给某老作家、某名人的信，请他们帮我一些忙。他不太明白当时我的处境。我正热火朝天地跟一些木刻家前辈搞木刻运动，兴

汪曾祺写给沈从文的书信

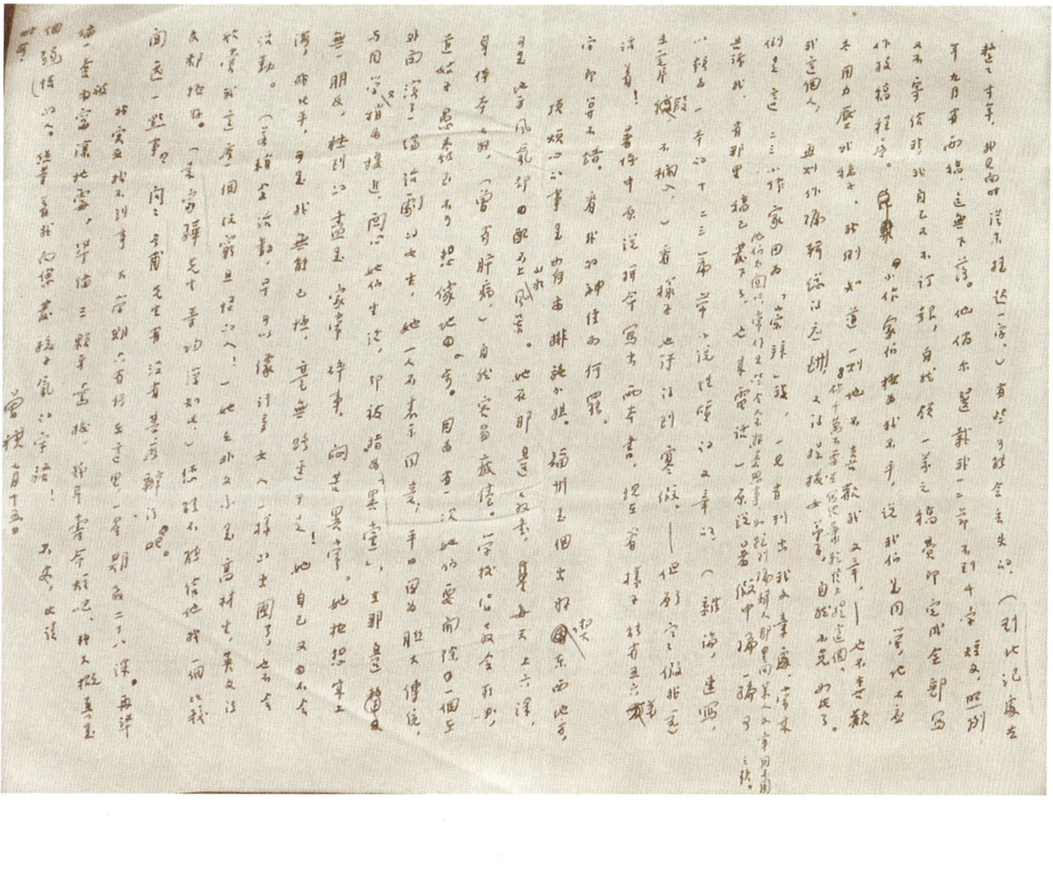

沈从文的墓地有黄永玉的题词：“一个士兵要不战死沙场，便是回到故乡。”

高采烈之极，饭不饭根本算不上个大问题。倒是房租逼人，哪里还有空去找电影女明星？

（《这些忧郁的碎屑》）

两人之间的密切联系从此延续下去，长达四十多年，直到沈从文一九八八年去世。

黄永玉最初发表作品时还是用本名“黄永裕”，是沈从文建议改为“黄永玉”，“永裕”不过是小康富裕，适合于一个“布店老板”而已，“永玉”则永远光泽明透，寄寓了沈从文对一个艺术家未来的厚望。从此，“黄永玉”这个名字得以确定，沿用至今。

沈从文当年不仅本人欣赏与喜爱黄永玉的木刻，还向他的文化界朋友和学生如萧乾、汪曾祺等积极推荐，希望他们予以帮助和支持。黄永玉刚刚走进上海，其木刻艺术崭露头角，沈从文的这一举荐，无疑丰富了黄永玉的文化人脉，对其扩大知名度以及事业的发展，起到了重要的推动作用。

一九七九年十月十四日，沈从文为三十多年前的旧文《一个传奇的本事》，特意补写了下面的文字：

> 这个小文，是抗战八年后，我回到北京不多久，为初次介绍黄永玉木刻而写成的。内中提及他作品的文字并不多，大部分谈的却是作品以外事情——永玉本人也不明白的本地历史和家中情况。从表面看来，只像“借题发挥”一种杂乱无章的零星回忆，事实上却等于把我那小小地方近两个世纪以来形成的历史发展和悲剧结局加以概括性的记录。
>
> 至于三十多年前对永玉的预言，从近三十年工作和生活发展看来，一切当然近于过虑。永玉为人既聪敏能干，性情又开阔明朗，对事事物物反应十分敏捷，在社会剧烈变动中，虽照例难免挫折重重，但在重重挫折中，却对于自己的工作，始终充满信心，顽强坚持，克服来自内外各种不易设想的困难，从工作上取得不断的突破和进展。生命正当成熟期，生命力之旺盛，明确反映到每一幅作品中，给人以十分鲜明印象。吸收力既强，消化力又好，若善用其所长而又能对于精力加以适当制约，不消耗于无多意义的世俗酬酢中，必将更进一步，为国家作出更多方面贡献，实在意料中。进而对世界艺术丰富以新内容，也将是迟早间事。
>
> （《一个传奇的本事》）

晚年沈从文，以这一方式再次表达出对黄永玉的理解、厚爱与期待。

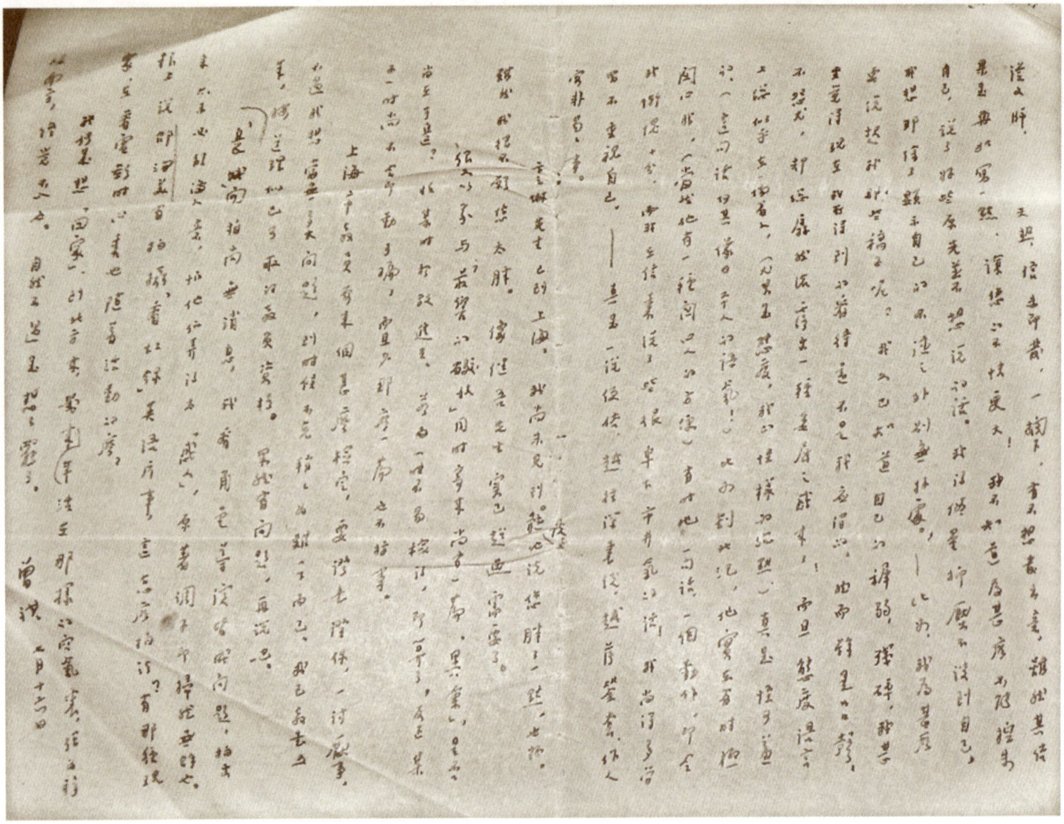

汪曾祺写给沈从文的书信

汪曾祺说：应该“投资”黄永玉

回到汪曾祺信本身。

六页信纸已泛黄，字很小，密密麻麻，洋洋洒洒写了差不多五千字。涉及黄永玉的内容集中在七月十五日的信中。

汪曾祺首先向沈从文通报与黄永玉的见面经过以及对其木刻作品的印象：

> 昨天黄永玉（我们初次见面）来，发了许多牢骚。我劝他还是自己寂寞一点做点事，不要太跟他们接近。

黄永玉是个小天才，看样子即比他的那些小朋友们高出很多。（跟他同来的是两个“小”作家，一个叫王谌贤，一个韦芜。他们都极狂，能说会笑，旁若无人。来了，我照例是听他们自己高谈阔论，菲薄这个，骂那个。）他长得漂亮，一副聪明样子。因为他聪明，这是大家都可见的，多有木刻家不免自惭形秽，于是都不给他帮忙，且尽力压挠其发展。他参与全国木刻展览，出品多至十余幅，皆有可看处，至引人注意。于是，来了，有人批评说这是个不好的方向，太艺术了。（我相信他们真会用“太艺术了”作为一种罪名的。）他那幅很大的《苗家傩神舞》为苏联单独购去，又引起大家嫉妒。他还说了许多木刻家们的可笑事情，谈话时可说来笑笑，写出来却无甚意思了。——您怎么会把他那张《饥饿的银河》标为李白凤的诗集插画？李白凤根本就没有那么一本诗。不过看到了那张图，李很高兴，说：“我一定写一首，一定写一首。”我不知道诗还可以“赋得”的。不过这也并不坏。我跟黄永玉说“你就让他写得了，可以作为木刻的‘插诗’。要是不合用，就算了。”那张《饥饿的银河》作风与他其他作品不类，是个值得发展的路子。他近来刻了许多童谣，（因为陈琴鹤的建议。我想陈不是个懂艺术的人。）构图都极单纯，对称，重特点，幼稚，这个方面大概难于求惊人，他已自动停止了。他想找一个民间不太流行的传说刻一套大的，有连环性而又可单独成篇章。一时还找不到。我认为如英国法国木刻可作他参考，太在中国旧有东西中掏汲恐怕很费力气，这个时候要搜集门神、欢乐钱马、佛像神俑、纸花、古陶铜器也不容易。您遇见这些东西机会比较多，请随时为他留心。萧乾编有英国木刻集，是否可以让他送一本给黄永玉？他可以为他刻几张东西作为交换的。我想他应当常跟几个真懂的前辈多谈谈，他年纪轻（方二十三），充满任何可以想象的辉煌希望。真有眼光的应当对他投资，我想绝不蚀本。若不相信，我可以身家作保！我从来没有对同辈人有一种想跟他有长时期关系的愿望，他是第一个。您这个做表叔的，即使真写不出文章了，扶植这么一个外甥也就算很大的功业了。给他多介绍几个值得认识的人认识认识吧。

（一九四七年七月十五日致沈从文）

汪曾祺的艺术敏感与艺术理解力令人叹服。正是基于他对黄永玉艺术个性的分析与解剖，他才郑重地说出了应该往年轻的黄永玉身上“投资”的话。不限于“投资”建议，他还在信中另一处将黄永玉称作“天才”。他这样强调说：“黄永玉不是那种少年得志便癫狂起来的人，帮忙世人认识他的天才吧。”

高山流水，知音难寻，对于当年的黄永玉来说，有汪曾祺这样的知音，实值得终生怀念。

另外，在此信中，汪曾祺还谈到了黄永玉的婚姻与工作情况：

有一点是我没有想到的，他也没有告诉您。我说“你可以恋爱恋爱了”，（不是玩笑，正经，自然也不严肃得可怕，当一桩事。）他回答：“已经结婚了！”新妇是广东人。在恋爱的时候，他未来岳父曾把他关起来（岳父是广东小军阀），没有罪名，说他是日本人。（您大概再也没想到这么一个罪名，管您是多聪明的脑子！）等结了婚，自然又对他很好，很喜欢，于是给他找事，让他当税局主任！他只有离开他“老婆”（他用一种很奇怪的语气说这两个字，不嘲弄，也不出俗，真挚，而充满爱情，虽然有点不大经心，一个艺术家常有点不经意。）到福建集美学校教了一年书，去年冬天本想到杭州接张西厓的手编《东南日报》艺术版，张跟报馆闹翻了，没有着落，于是到上海来，“穷”了半年。今天他到上海县的县立中学去了，他下学期在那里教书。一月五十万，不可想象！不过有个安定住处，离尘嚣较远（也离那些甚么“家”们远些），可以安心工作。他说他在上海远不比以前可以专心刻制。他想回凤凰，不声不响地刻几年。我直觉地不赞成他回去。一个人回到乡土，不知为甚么就会霉下来，窄小，可笑，固执而自满，而且死一样的悲观起来。回去短时期是可以的，不能太久。

（一九四七年七月十五日致沈从文）

（二〇〇九年黄永玉说明：1.没有把我关起来，也不是当税局主任。2.我是到福建的南安国光中学教书，不是集美学校。3.张西厓应是章西厓。）

这是目前所见关于黄永玉生平故事的最早文字记录。其中特别重要的一点是透漏了一个细节，即，当年黄永玉曾萌生回故乡潜心创作的念头。汪曾祺所阐发的文艺家的创作与故乡的复杂关系，颇值得重视。他说得好：“一个人回到乡土，不知为甚么就会霉下来，窄小，可笑，固执而自满，而且死一样的悲观起来。回去短时期是可以的，不能太久。”过去乃至后来，许多人的艺术成长与发展都证明了这一观点，包括沈从文、黄永玉以及汪曾祺本人。

不清楚，汪曾祺的劝阻在多大程度上改变了黄永玉返回故乡的想法。后来的情况是，黄永玉在上海逗留一年多之后，一九四八年三月与张正宇结伴而行，前往台湾。几个月后，因台湾出现政治险情，他又很快逃往香港。在香港，他居住了四年，直到一九五三年二月移居北京。

香港四年，是黄永玉艺术发展的一个重要转折。他进入了收获季节，其艺术创作也达到了第一个高峰——在这里，创作形式由木刻、漫画向速写、油画等多品种拓展；在这里，他举办了一生中最初的三次画展；在这里，他得到最早而又最集中的名家嘉评与推广；在这里，他又招致来自左翼文化阵营的指责与批评……

一切都在香港四年发生。一个在抗战期间开始学习木刻的年轻漂泊者，至此，终于脱颖而出，精彩亮相。这是黄永玉的最初成功，并为他未来六十年的发展，奠定了坚实的基础。

从这一角度说，汪曾祺这一知音的出现，对于黄永玉有着特殊的历史意味。

知音高论

不过，尽管汪曾祺一开始就对黄永玉的木刻艺术评价甚高，但他并不在最初撰文予以嘉评的作家之列。据目前所搜集到的材料，一九四八至一九五一年之间，先后发表文章评论黄永玉木刻创作的名家计有萧乾、臧克家、端木蕻良、黄新波等。汪曾祺发表文章，则是在一九五一年，距他一九四七年致信沈从文已将近四年。

早在一九四七年的信中，汪曾祺已谈到有“试写论黄永玉木刻的文章”的想法，但有所迟疑。有意思的是，他倒是就约请哪些名家来写，来了一番点将，性情所至，恣意汪洋，简直就像是在傲视众人，臧否文坛，如今读来，依然情趣盎然：

我曾说还要试写论黄永玉木刻的文章，但一时恐无从着手。而且我从未试过，没有把握。大师兄王逊似乎也以给他引经据典的，居高临下的，用一种奖掖后进的语气写一篇。（我希望他不太在语气上使人过不去。——一般人对王逊印象都如此，自然并不见得对所有人都如此，我知道的。）林徽因是否尚有兴趣执笔？她见得多，许多意见可给他帮助。费孝通呢？他至少可就文化史人类学观念写一点永玉一部分作品的读后感。老舍是决不会写的，他若写，必有可观。可惜，一多先生死了，不然他会用一种激越的侠情，用很重的字眼给他写一篇动人的叙记的，虽然最后大概要教导他“前进”。梁宗岱老了，不可能再“力量力量”地叫了。那么还有谁呢？李健吾世故，郑振铎、叶圣陶大概只会说出“线条遒劲，表现富战斗性”之类的空话了，那倒不如还是郭沫若来一首七言八句。那怎么办呢？自然没有人写也没有关系。等他印一本厚厚的集子，个人开个展览，届时再说吧。——他说那些协会作家对他如何如何，我劝他不必在意，说他们合起来编一个甚么年刊之类，如果不要你，你就一个人印一本，跟他们一样厚！看看有眼睛的人看哪一本。

（一九四七年七月十五日致沈从文）

一九五一年一月六日，黄永玉将在香港思豪酒店举办为期一周的第二次个展。汪曾祺得知消息，于一九五〇年十二月四日在北京写下一文寄到香港，这是他第一次正式公开评论黄永玉。该文一九五一年一月七日发表于香港《大公报》副刊，题为《寄到永玉的展览会上》。

文章开篇，汪曾祺以他们的上海生活为背景，生动地为读者描述出一个充满活力的黄永玉：

我和永玉不相见，已经不少日子了。究竟多少日子，我记不上来。永玉可能是记得的。永玉的记性真好！听说今年春夏间他在北京的时候，还在沈家说了许多我们从前在上海时的琐事，还向小龙小虎背诵过我在上海所写而没有在那里发表过的文章里的一些句子：“麻大叔不姓麻，脸麻……”我想来想去，这样的句子我好像是写过的，是一篇什么文章可一点想不起来了！因为永玉的特殊的精力充沛的神情和声调，他给这些句子灌注了本来没有的强烈的可笑的成分，小龙小虎后来还不时地忽然提起来，两个人大笑不止。在他们的大笑里，是也可以看出永玉的力量来的。

上海的事情我是不能像永玉那样的生动新鲜地记得了，得要静静地细细地想，才能叫一些细节活动起来。

（《寄到永玉的展览会上》）

这些年来，读黄永玉的文章,听他海阔天空地聊天，常常叹服于他对往事细节和名著细节的记忆与生动讲述。在我所接触过的人中，还没有另外一个人能有他的这种超人能力。汪曾祺的文章证明，早在六十年前，年轻的黄永玉就以这种特点而活跃于人群之中，给人们留下如此深刻的印象。在汪曾祺看来，这一特殊能力，正是黄永玉的一个优势，将有助于其未来的艺术发展。在文章另一处，他这样说：“永玉是有丰富的生活的，他自己从小到大的经历都是我们无法梦见的故事，他的特殊的好‘记性’，他的对事物的多情的，过目不忘的感受，是他的不竭的创作的源泉。”黄永玉后来的绘画与文学创作，恰恰生动而丰富地诠释了汪曾祺的这一见解。

汪曾祺在评论黄永玉的艺术时，首先说上海时期的作品，如《边城》，

寄到永玉的展覽會上

汪曾祺

我與永玉不相見，已經不少日子了。究竟多少日子了，我記不上來。永玉可能是記得的。永玉的記性很好！聽說今年春夏間他在北京的時候還在沈家說了許多我們從前在上海時的瑣事，還向小龍小虎背誦過我在上海所寫而沒有在那裏發表過的文章裏的一些句子，「……臉大叔不姓臉，臉嚇……」我想來想去，這樣的句子我好像是寫過的，是一篇什麼文章可一點想不起來了！因為永玉的特殊的精力充沛的神情和腔調，他說這些句子滲注了本來沒有的強烈的可笑的成分，小龍小虎後來還不時的忽然提起來，兩個人大笑不止。在他們的大笑裏，是也可以看出永玉的力量來的。

上海的事情我是不能像永玉那樣的生動新鮮的記得了，得要靜靜的細細的想，才能叫一些細節活動起來。對於永玉的畫，木刻，也不能一閉目而彷彿如見之。造型藝術是直接訴諸感覺的東西，不能憑「記」。永玉上海時期的作品，大都給過我深刻的印象，如「跳儺」，如「鵝城」，如「生命的疲乏」……但是我是無法在紙上或是腦子裏「復現」出來的。而且，士別三日，從永玉過去的作品中來擬想這回展覽的盛況是完全不合適的。我想說，也相信，永玉已經有了很大的，好的進步了。

永玉後來的作品，我一共見過兩次，一是夢印的「開工大吉」；一是在沈家看見的小龍和小虎兩張畫像，是永玉在北京留下來的，昨天我還在那裏看了一會。從小龍的，特別是小虎的像上也是可以看出這種極大的，質的進步來的。

雖然只是一個小小的五寸見方的，即興畫成的頭像，可以看出來，第一，比以前更準確了。線得也穩，更堅牢，更沉着了。如果說永玉從前有一些作品某些地方下筆的時候有着遲疑和衝動，有可商量的餘地和年輕的悍然不顧一切的得意，從這幅畫裏我看出在這兩三年中不知多少次的折騰之後，永玉贏得了把握。永玉是一個更「職業的」畫家了，他永遠擺脫了過去面對一個創作的時候有時未可避免的焦灼之情了。用一句最普通的話來說，就是「老練」了。其次，在作風上，也必然的要更凝練，內容，思想深厚了些。另外，永玉在這幅畫裏也仍然保持一貫的抒情的調子；民間的和民族的，適當的裝飾意味；和他所特有的爽朗，樂觀，潔淨的，天真，一種童話式的快樂，一個不可損傷的笑聲，所有的這一切在他的精力充沛的筆觸中融成一氣，流瀉而出，造成了不可及的生動的新鮮的，強烈的效果。永玉的畫永遠是永玉的畫，他的畫永遠不是純「職業的」畫。

這個展覽必將是一個生動新鮮的，強烈的展覽。

永玉是有理想，生活的，他自己從小到大的經歷都是我們無法夢見的故事，他的特殊的好「記性」，他的對於事物的多情的，過目不忘的感受，是他的不竭的創作的源泉。這兩三年以來中國經歷了歷史上所未曾有過的翻天覆地的變革，又必然的會對他有所影響，直接的有所影響於他的思想方法和創作方法，直接的有影響於他的畫和木刻。我不知道永玉這次展覽的作品都是以什麼為題材的，但是相信那恐怕是一幅風景或者靜物，因為接受和表現上有所改變，一定會出新的，不同的內容和意義的。但是因為未經目睹，無從臆測，只能說說我的「形式」的意見了。

永玉的畫和木刻的方向似乎是將要向相對的，裝飾和抒情的成分減弱，或者更恰當的說是把他們變得更深厚，應在現實的和古典的因素，逐漸的成長了起來，接近了史詩的風格，更雄大，更深刻起來了。永玉的生活，永玉的愛憎分明的正義的良心都必然的使他的畫帶着原有的和特有的路，作進一步的提高。他的作品的思想性會越來越強的。這是我的，和永玉的許多朋友的希望。我們相信我們的希望一定將得到滿足。

我希望永玉的展覽得成功，希望永玉能帶他的畫和木刻回到這兒來，更多的和更好的為這個時代，為人民服務。

十二月四日北京

如《跳傩》，如《鹅城》，如《生命的疲乏》等，都给他留下深刻印象。但此时撰文的重点，却不是木刻，而是集中于两幅肖像速写新作，即，一九五〇年六月，黄永玉前往北京看望沈从文时，为沈家公子龙朱、虎雏二人所画的肖像。并且，在写这篇文章的前一天，十二月三日，还特地去沈家又看了画。由这两幅画，他看到了新的发展，“特别是小虎的像上也是可以看出这种极大的、质的进步来的”。（虎雏先生说，这两幅画毁于“文革”中。——李辉补记于二〇一〇年二月）

他具体分析说：

虽然只是一个小小的五寸见方的、即兴画成的头像，可以看出来，第一，比以前更准确了。线直得更稳，更坚牢，更沉着了。如果说永玉从前有一些作品某些地方下笔的时候有着迟疑和冲动，有可商量的余地和年轻的悍然不顾一切的得意，从这幅画里我看出在这两三年中不知多少次的折腾之后，永玉赢得了把握。永玉是一个“更职业”的画家了，他永远摆脱了过去面对一个创作的时候有时未可尽免的焦灼之情了。用一句极普通的话来说，说是“老练”了。其次，在作风上，也必然的要更凝练，内省，更深更厚了些。另外，永玉在这幅画里也仍然保持一贯的抒情的调子；民间的和民族的，适当的装饰意味；和他所特有的爽亮、乐观、洁净的天真，一种童话似的快乐，一种不可损伤的笑声，所有的这一切在他的精力充沛的笔墨中融成一气，流泻而出，造成了不可及的生动的、新鲜的、强烈的效果。永玉的画永远是永玉的画，他的画永远不是纯“职业的”画。

（同上）

汪曾祺还对黄永玉未来的艺术发展做了预测：

永玉的画和木刻的方向似乎是将要向相对的、装饰和抒怀的成分减弱，或者更恰当的说是把它们变得更深厚，囿在原有的优点中更浓重的发展了现实的和古典的因素，逐渐的接近于史诗的风格，更雄大，更深刻起来了。永玉的生活，永玉的爱憎分明的正义的良心都必然使他的画带着原有的和特有的优点作进一步的提高。他的作品的思想性会越来越强的。

（同上）

我很欣赏这句话：“永玉的画永远是永玉的画，他的画永远不是纯‘职业的’画。”说得多好。仿佛已为未来黄永玉的绘画艺术特征，早早地做了最准确的概括。这再度证明，黄永玉的知音非汪曾祺莫属。

渐行渐远的友谊

当远在北京的汪曾祺，为好友的个展写来文章表示庆贺时，正处在走进新时代的兴奋之中。他与沈从文一样，也建议黄永玉从香港到北京来。他在《寄到永玉的展览会上》结束时，以下面一句话，向黄永玉发出召唤："希望永玉能带着他的画和才能，回到祖国来，更多地和更好地为这个时候，为人民服务。"

一年多之后，黄永玉真的如他们的期待一样离开香港来到北京，满怀热情地投入到新时代。自此，以后的岁月里，当年上海"三剑客"中的两位——汪曾祺、黄永玉，生活在同一个城市。他们友谊的延续与加深，似乎有了空间与时间的可能。

然而，后来的变化却非如此。

数十年间，投身新建设、大鸣大放、反右、"文革"、改革开放……如此复杂而变化莫测的历史演变，成了所有人际关系发展变化的大背景。在中国，无一人能超然于外。特别像汪曾祺、黄永玉这样一些作家艺术家，在那个时代注定与政治密切相关，其命运浮沉，焉能摆脱必然与偶然的交叉影响？在种种主动或被动、有意或无意的情形下，热闹与沉寂，耀眼与黯淡，此一时，彼一时，谁又能预料和把握？

自上世纪五十年代初开始，汪曾祺先后在文工团和《说说唱唱》杂志工作。他停止了小说写作，转向戏曲创作。他的文学修养与造诣，以及投入与专注，使戏曲创作界多了一位高手。而正是这一特殊才能，使他能在被打成"右派分子"下放塞外农业研究所之后，又能在六十年代重回戏剧界。虽有"右派分子"的"前科"，却仍能被启用，进入到"样板戏"的主创人员行列。"文革"期间，他甚至一度风光，享有国庆节登上天安门观

《风车》，一九四六年

礼台、名字列在《人民日报》名单上的殊荣……

黄永玉一九五三年来到北京后，进入中央美术学院在版画系任教。他兴奋不已，投身新时代，希望借各种方式来拓展艺术空间。他一次又一次扎进森林写生采风，到荣宝斋向老艺人学习木版水印，以水印套色木刻《阿诗玛》等作品为代表，其艺术创作进入新的境界。六十年代初，与美术界前辈相比他显得那么年轻，却有了与他们一样的资格，成立以自己名字命名的教学工作室。在一九五七年，他没有像汪曾祺那样遭遇“反右运动”的冲击，却没有逃过“文革”的磨难。从一九六六年“文革”爆发初期的批斗与挨打，到一九七四年突如而至的“猫头鹰黑画”风波……

两位老朋友的几十年，就是这样在相同的历史背景下，以时而相似、时而不同的方式向前走着。

最初的一些年，他们的往来继续着。一同看望沈从文，一同切磋文艺。时过境迁，随着各自事业的投入，当年在上海两个人无拘无束海阔天空的日子，已不可能重现。随着偏爱、志向、生存环境的改变，彼此之间关系由近至远，甚至有所隔膜，势在必然，这似乎也在情理之中。不过，两人在“文革”结束后居然基本上中断往来，的确让人颇感意外而为之遗憾。

另一位“剑客”黄裳，自五十年代后一直生活在上海。黄永玉与他的交往，从来没有中断过。前几年，听说我在搜集黄永玉书信，黄裳陆续找出一批交我整理。这些信，成为记录他们的友谊与文化烟云的珍贵史料。在这些书信里，黄永玉时常向黄裳通报汪曾祺的消息。兹摘录几段如下：

曾祺常见面，编他的《说说唱唱》，很得喝彩。

（一九五四年六月十二日）

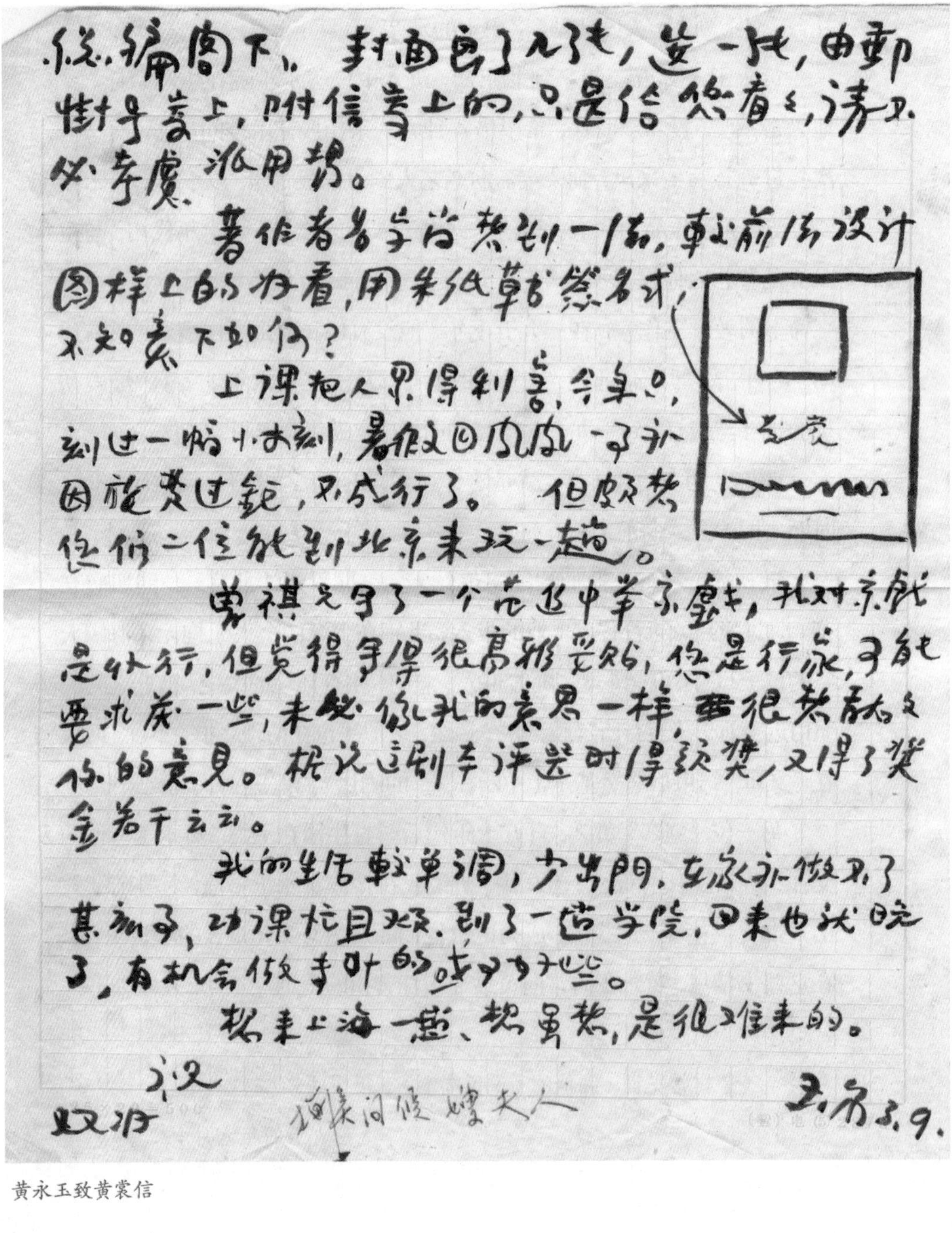

总编阁下：封面画了九张，选一张，由邮挂号寄上，附信寄上的，只是给您看看，请不必考虑采用的。

著作者名字尚想刻一个，较前信设计图样上的好看，用朱红色盖名式，不知高见如何？

上课把人累得利害，今年只刻过一幅小木刻，[illegible]，不成行了。但颇想您们二位能到北京来玩一趟。

曾祺兄写了一个范进中举京戏，我对京戏是外行，但觉得写得很高雅妥帖，您是行家，可能要求严一些，未能像我的意思一样，要很想看看你的意见。据说这剧本评选时得头奖，又得了奖金若干云云。

我的生活较单调，少出门，在家亦做不了甚么事，功课忙且难，到了一趟学院，回来也就晚了，有机会做事时的或少些。

想来上海一趟，想虽想，是很难来的。

此致
敬礼

顺候问候嫂夫人

玉 5.9.

黄永玉致黄裳信

晚年汪曾祺

曾祺有点相忘于江湖的意思，另一方面，工作得实在好，地道的干部姿态，因为时间少，工作忙，也想写东西，甚至写过半篇关于读齐老画的文章，没有想象力，没有“曾祺”，他自己不满意，我看了也不满意，也就完了。我常去看他，纯粹地挂念他去看他，谈谈，喝喝茶抽抽烟（我抽烟了），这种时间颇短的。

（一九五四年六月二十六日）

曾祺兄写了一个范进中举京戏，我对京戏是外行，但觉得写得很高雅妥帖，您是行家，可能要求严一些，未必像我的意思一样，很想听听你的意见。据说这剧本评选时得头奖，又得了奖金若干云云。

（一九五七年三月九日）

林风眠先生的文章没时间写，对这位老人的作品评介可不是玩儿，随便写，就显得很不尊重了。估计十天至十五天我还要刻一批小东西，是急活，是大师汪曾祺文集*的插画。出版社来了一位女同志，女编辑，黄胄的爱人，为这事受到批评，说她抓不紧，于是昨天来了两趟，非干不可。这样一来，文章不写了，很对不起，请为此事少生点气。其实我太懒散，早两个多月就应该写起来就好了，现在后悔也来不及了，真所谓悔之晚矣！

（一九六二年十一月十四日）

（*即为汪曾祺儿童小说《羊舍一夕》作插图和设计封面，出版时书名改为《羊舍的夜晚》。——李辉注）

曾祺未见近一月，忙！忙！

（一九六四年八月二十三日）

《羊舍的夜晚》封面及插图均为黄永玉所作

赵头牌*与曾祺已赴重庆体验红岩生活，退软卧而睡硬席，身背行军背包，大有只恨爷娘少生两条腿之感，何来上海演出之传说，也可能是B团活动。《沙家浜》我看过，传说好成这个样子，至今还觉得又惊又喜，因曾祺吾友也，至少妙处何在，望之弥高，候行家如吾兄看戏积劳成疾之人定夺，表示意见，才能相信。

（一九六五年四月一日）

（*赵头牌，即在《沙家浜》剧中扮演阿庆嫂的赵燕侠。——李辉注）

汪兄这十六七年我见得不多，但实在是想念他。真是“你想念他，他不想念你，也是枉然”。他的确是富于文采的，但一个人要有点想想朋友的念头也归于修身范畴，是我这些年的心得，也颇不易。

（约七十年代后期，七月十八日）

从这些书信片段，不难读出随着各自取向和局势的变化，黄、汪交往虽然继续着，但早在“文革”之前，关系已渐趋疏远，并在“文革”期间增加了新的不解与困惑。

汪曾祺与黄永玉的最后一次见面，是在一九九六年冬天。自一九八九年春天旅居香港后，这是黄永玉时隔七年后的首次返京，几位热心人为欢迎他的归来，在东三环长虹桥附近的德式餐厅“豪夫门啤酒”，先后举办了两次大型聚会。其中有一次，由黄永玉开列名单，请来许多新老朋友，其中包括汪曾祺。

那一天，我正好与汪先生同桌。上世纪八十年代初期，我在《北京晚报》编辑副刊时与他结识，请他为“居京琐记”专栏撰稿。后来，我偶尔去他的蒲黄榆家中，听他讲沈从文，讲萧乾，讲西南联大的往事，曾专门整理过一篇《听汪曾祺谈沈从文》，作为关于沈从文系列文章的补充。一九九〇年，江苏一家出版社策划出版一套世界名人画传，找我帮忙约请一批作者撰稿。我找到汪先生，请他写释迦牟尼传，他勉为其难后还是应允了，写出几万字的佛祖故事。一九九三年，我主编"金蔷薇随笔文丛"时，又请他加盟。他编选了一本散文集，题曰《榆树村杂记》，取居住的蒲黄榆之义。我对他没有研究，但按照丛书的体例，在这本书勒口上写了一段对其散文作品的印象点评："酒至微醺状态，他会变得尤为可爱，散淡与幽默天然合成。他的文章从不雕琢，如清风一样轻盈飘逸，读起来更让人陶醉。他不仅仅表现出一个小说家的才能，用炉火纯青的白描，描绘人与景，他也是一个学问家，散淡的文字背后，扑面而来的是浓郁的文化气息。"

那一次在豪夫门，汪曾祺的脸色看上去比不久前显得更黑，想是酒多伤肝的缘故。每次聚会，他最喜饮白酒，酒过三巡，神聊兴致便愈加浓厚。豪夫门则只有啤酒，故那天他喝得不多，兴致似也不太高。参加聚会的多是美术界人士，汪曾祺偶尔站起来与人寒暄几句，大多时间则是安静地坐在那里。那一天的主角自然是黄永玉，他忙着与所有人握手、拥抱。走到汪曾祺面前，两人也只是寒暄几句，那种场合，他们来不及叙旧，更无从深谈。

我很后悔，为何没有带相机，为他们的久别重逢、隔膜化解，留下瞬间的影像记录？

不到一年，一九九七年五月，汪曾祺因病去世。三个月后，同年八月，黄永玉在北京通州的万荷堂修建完工，他从香港重又回到北京定居。

"要是汪曾祺还活着该多好！可以把他接到万荷堂多住几天，他一定很开心！"黄永玉这样感叹。

二〇〇七年为黄裳《来燕榭集外文钞》一书设计的藏书票

“他在我心中的分量太重”

二〇〇八年岁末，在北京东郊的庭院万荷堂，黄永玉先生从容地漫谈汪曾祺：

我认识他时，他在致远中学当老师，是李健吾介绍去的。表叔来信让我去看他，就这样认识了。每到周末，我进城就住到他的宿舍。与他住在一起的是个在《大美晚报》工作的人，总是上夜班，这样我就可以睡他的床。那是一张铁条床，铁条已经弯了，人窝在那里。记得他在写给表叔的信中说过，永玉睡在床上就像一个婴儿。

有时我们和黄裳三个人一起逛街，有时就我们俩，一起在马路上边走边聊。他喜欢听我讲故事，有时走着走着，因打岔，我忘记前面讲到哪里了。他说：“那我们走回去重新讲。”多有意思。

在上海，他的口袋里有多少钱，我能估计得差不多，我口袋里有多少钱，他也能估计出来。他的小说，《邂逅集》里的作品没有结集出版前，我每篇都看过，有的段落还背得出来。

他当时学着画一点儿康定斯基的抽象画，挂在墙上。

我的画只有他一个人能讲。我刻了一幅木刻，《海边故事》，一个小孩趴在地上，腿在后面翘着。他就说，后面这条线应该怎样怎样翘上去再弯下来，我按照他的意见刻了五张。

有一次，他来封信，说在秋天的黄昏，山上有一堆茅草，一只老虎钻了进去，阳光照在上面，有茅草和老虎花纹的线条，你能刻这样一幅木刻吗？

五十年代初他和表叔都建议我从香港到北京来。我一九五三年来北京，我们常有来往。那时他在《说说唱唱》当编辑。一九五七年后他被打成右派。有一天，我打电话到他的单位找他，接电话的人问我谁，干什么，我说我是他的朋友黄永玉，请他今天晚上来我家里吃饭。半年后，他见到我，说你真大胆。原来那天他正在挨批判。

“反右”后，他被下放到张家口的农业研究所。在那里有好几年，差不多半个月一个月他就来封信，需要什么就要我帮忙买好寄去。他在那里还画画，画马铃薯，要我寄纸和颜料。

晚年惬意时

他在那里还继续写小说。写了一篇《羊舍一夕》，出书时，要我帮忙设计封面和配插图。我刻了一组木刻，有一幅《王全喂马》，刻得很认真，很好。一排茅屋，月光往下照，马灯往上照，古元说我刻得像魔鬼一样。

他没有对不起人的地方。“文革”开始后他们剧团整他，造反派们来我们美院，到关押我的牛棚来调查他的情况，把我带到外面审我。问我和汪曾祺什么关系？我说我们是朋友。“还是朋友！”他们就用手里拿着的康乐球杆捅我的腰。

后来，他参加样板戏的创作，“文革”中上了天安门观礼台。孩子们想去看《沙家浜》，找他。孩子们本来兴冲冲去的，总在外面说“我们汪伯伯是写《沙家浜》的”。我觉得，当你熟悉的人这么渴求的时候，是可以关心一下这些孩子的。

“文革”结束后，他来找过我两次。我对他很隔膜，两个人谈话也言不由衷。他还送来一卷用粗麻纸写的诗，应该还在家里。

一九九六年我回到北京，有一个大聚会，把老朋友都请来了。我也请了汪曾祺。他来了，我问他：“听说你又在画画了？”他说：“我画什么画？”这是我们讲的最后一句话。

五十年代，为了帮助我理解齐白石，他还专门为我写了一篇小文章《一窝蜂》，只给我看的，没有发表过，稿子应该还在。他没有见过齐白石，但用小说样子来写。清晨，老人听到窗户外面咣当响了一声，是有人掀开盖煤炉的盖子。老人起来，走到院子里，又拿来不同颜料调，红的，黄的。走到画案前，开始画藤萝，藤萝旁再画蜜蜂，一只蜂，两只蜂，简直是一窝蜂。

大概就是这样写的。

他死了，这样的懂画的朋友也没有了。

和他太熟了，熟到连他死了我都没有悲哀。他去世时我在佛罗伦萨。一天，我在家里楼上，黑妮回来告诉我："爸爸，汪伯伯去世了。"我一听，"嗬嗬"了两声，说："汪曾祺居然也死了。"这有点像京剧《萧何月下追韩信》中，萧何听说韩信走了，先"嗬嗬"笑两声，又有些吃惊、失落地说了一句："他居然走了。"我真的没有心理准备他走得这么早，总觉得还有机会见面。他走时还不到八十岁呀！要是他还活着，我的万荷堂不会是今天的样子，我的画也不会是后来的样子。

他在我心里的分量太重，很难下笔。

（二〇〇八年十二月十七日，与李辉的谈话）

那天晚上，万荷堂的客厅难得安静。黄永玉一边抽着烟斗，一边从容道来。语调中，有留恋，有伤感，有失落……

高山流水，远远近近，在感叹中成了记忆中的永远。

一九四八，上海的亮相与批判

作为一名艺术家，黄永玉最初引人注目的亮相，是在抗战胜利后的上海。结束八年独自漂泊，黄永玉偕妻子梅溪于一九四七年年初走进上海。此时，他还不到二十三岁，未来将翻开崭新一页。

黄永玉开始学习木刻，是在抗战爆发后就读于厦门集美学校之时。八年过去，那个走出湘西凤凰山区到南方沿海一带漂泊的少年，俨然已是中国新兴木刻运动中的新锐青年，其艺术风格颇受一些木刻前辈的青睐，并于一九四七年进入中国木刻协会担任常务理事。

最初的亮相堪称精彩。然而，令人吃惊的是，来自左翼文艺界的批判，伴随着对沈从文的猛烈讨伐，也在一九四八年朝着年轻的黄永玉袭来。

亮相

抗战胜利后，野夫在上海将《怎样研究木刻》修订，交由文化供应社于一九四八年八月出版，修订版易名为《木刻手册》——一本曾经引导黄永玉开始木刻学习的书，如今又成了他精彩亮相的舞台。

野夫在《三版增订感言》中谈到《木刻手册》的修订：

这本小册子是一九三九年夏，当浙江省“战时木刻研究会”举办的“第一期木刻函授班”时，匆促而又潦草的写成，由浙东丽水会文图书社编入写读丛书之一，印了三千册……重加修正重排付印，感激之余，便不辞炎夏的威逼，花了一个多月的时间，把它从头到尾重写一遍，添了不少章节，插图亦全部重选重制……

（一九四八年八月五日）

值得注意的是，《木刻手册》封面选用了黄永玉一九四六年创作的木刻《讲故事》。

野夫在“绪言”中谈到新兴木刻艺术的发展：“虽然在技法方面仍不免经过短时期的模仿，但总算消化得快，不像一般洋画搬到中国以后，一辈子停留在‘洋化’的窠臼，不能变为自己的东西。我们只要稍为留心一下木刻艺术发展的沿革，便很容易看得出它是很快地从‘抄袭’转变为‘自由创作’，从‘抗战八股’转为‘一般人民生活的写照’，从‘洋化’转为‘国化’。”由此看来，选择黄永玉的木刻《讲故事》作为封面，显然有着野夫的特殊用意。可以推断，在野夫看来，黄永玉的创作体现了他所说的中国新兴木刻艺术的三种转变特征。

野夫——一位多年来积极指导众多年轻学生学习木刻的木刻前辈——以这种特殊的、格外庄重的方式，把年轻的黄永玉的木刻艺术推到了人们关注的前台。对黄永玉来说，这一举荐，在他的艺术发展道路上，显然具有里程碑的意义。

除了封面选用了黄永玉的作品，在《木刻手册》第七章“木刻史话”之第二部分“中国新兴木刻运动史略”中，野夫还记载了战后在上海的木刻活动，其中涉及了黄永玉。这是目前所见关于他的艺术活动的最早文字记录：

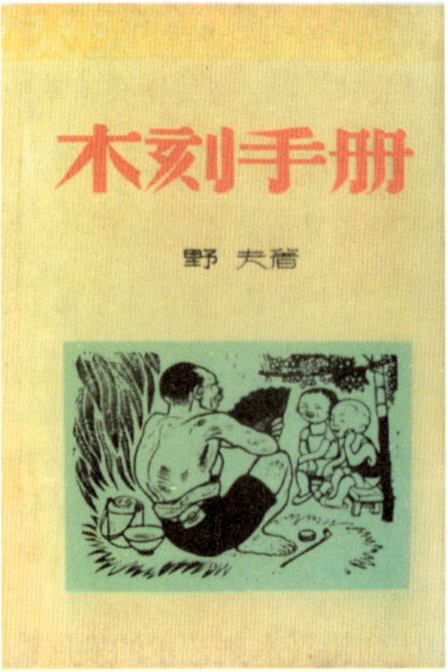

一九四六年创作木刻《讲故事》

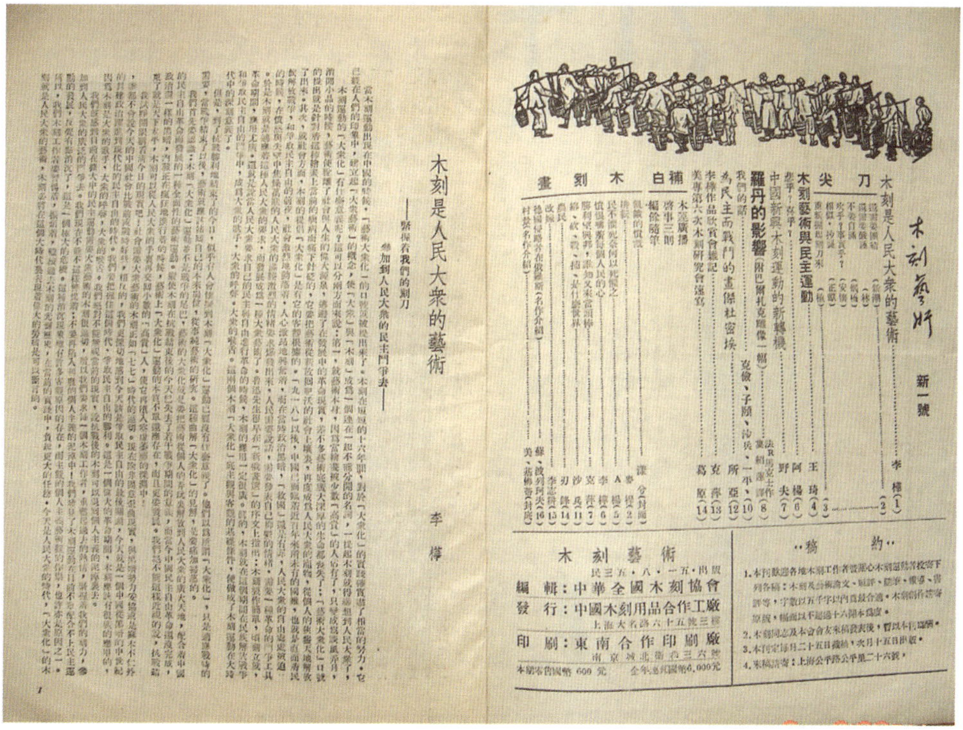

木刻是人民大衆的藝術

——緊握着我們的刻刀 參加到人民大衆的民主鬥爭去——

李樺

1

木刻藝術

新一號

木刻是人民大衆的藝術……李樺(1)

刀尖……(2)(3)

木刻藝術與民主運動……王琦(4)

中國新興木刻運動的新轉機……阿楊(6)

步乎？秋乎？……野夫(7)

羅丹的影響（附巴爾扎克雕像一幅）……法R.馬克士作 黃絹譯(8)

我們的話……克儉、子頤、沙兵、一平、(10)

為民主而戰鬥的畫傑杜密埃……所亞(12)

李樺作品欣賞會雜記……克萍(13)

美專第六次木刻研究會速寫……葛原(14)

補白

木運廣播

簡事三則

編餘隨筆

木刻畫

木刻藝術

民三五・八・一五・出版

編輯：中華全國木刻協會

發行：中國木刻用品合作工廠
上海大名路六十五號三樓

印刷：東南合作印刷廠
南京城北衛巷三六號

本期零售國幣600元　全年連郵國幣6,000元

約稿

1. 本刊歡迎各地木刻工作者暨關心木刻運動者投寄下列各稿：木刻及美術論文、短評、隨筆、報導、書評等，字數以五千字以內為最合適。木刻作品寄原版，幅面以不超過十六開本為度。
2. 木刻同志及本會會友來稿發表後，暫以本刊酬謝。
3. 本刊定每月二十五日截稿，次月十五日出版。
4. 來稿請寄：上海公平路公平里二十六號。

的……
風和技法不是成功而是依賴
爲停止生活深入的觀察而產
品給人庸俗，平淡，無味，
感覺。所以當前被好多優秀
工作者配合着客觀現實所建
的民族形式的作風，和一些
木刻工作者所產生較完整的
式，該不是作爲模仿的碑帖
身也不該是不隨客觀現實變
固定了死的形式，一定的形
定的時間性和空間性，從這
所產生完美的形式套在另一
將完全破壞其完美！

當前中國所需要的木刻作品不
民間藝術找尋樣式，也不祇
「參入」人民生活的題材，製
爲人民所能懂的作品，還不祇
於民族的形式，也不祇是單純
材」於現實，表現些窮苦的生
够了，也不祇是將客觀形象直
上畫面，它必須一面是民族性
同時是國際性的；一面爲人民
，一面能提高人民的鑑賞力；

抗戰八年木刻展作者題名

力群 丁正獻 小朋 刃鋒 王立 王流秋 王琦 王樹藝
王秉國 王式廓 平之 平尼 立熹 古元 方豪 史良猷
亦友 白塈 戎戈 西厓 江烽 石之琦 朽木 朱鳴岡
沙兵 沙清泉 沃渣 吳忠翰 克萍 克儉 迪支 阿楊
李樺 李少言 李志耕 宋肖虎 宋秉恆 邱陵 何秉國 武石
林檖 林慕漢 林仰錚 易瓊 金逢孫 莫尙宗 建菴 彥涵
馬達 胡一川 計桂森 珂田 柳村 施展 段幹青 夏風
夏子頤 夏原 烏叔養 陸田 陸地 笑俗 荒烟 梁永泰
郭鈞 陳賢隆 陳烟橋 陳叔亮 陳田頌 陳寶隆 徐甫堡 訥維
許天嘯 莊言 野明 野夫 許用保 賀鳴聲 麥非 麥稈
項飛 寒竹 焦心河 黃牛 黃榮燦 游勇 華山 黃守堡
黃永裕 傅南棣 張在民 張望 曾景初 颺野 新波 漾兮
董蕩平 萬湜思 楊志學 楊涵 楊之龍 潘仁 趙延年 趙泮濱
劉峴 劉崙 劉鐵華 賴少其 盧鴻基 謝海若 謝梓文 鏡秋
懷江 羅工柳 羅淸楨 韓尙義 酆中鐵

《跳傩》，一九四七年

《鹅城》，一九四六年

《生命的疲乏》，一九四七年

（一九四七年十二月）二十五日，“木协”召开理监事会书面改选开票。结果：可扬、野夫、麦杆、西厓、永玉、刃锋、克萍、李桦、王琦、秉恒、珂田十一人当选为理事，漾兮、蔡迪支、余白墅为候补理事，以前五名得票最多者为常务理事。……并推麦杆负责总务，可扬研究，西厓出版，野夫供应，永玉展览，珂田继任会计。

（《木刻手册》）

对于黄永玉先生，六十多年前出版的这本《木刻手册》，在其生活经历和艺术发展上，占据着举足轻重的位置。我买到这本旧书，遂请他题跋如下：

我学木刻，是从这本书开始的，以前在学校做得很盲目，刻出的板子甚至怀疑有没有白做？后来跟野夫、李桦、陈烟桥先生通

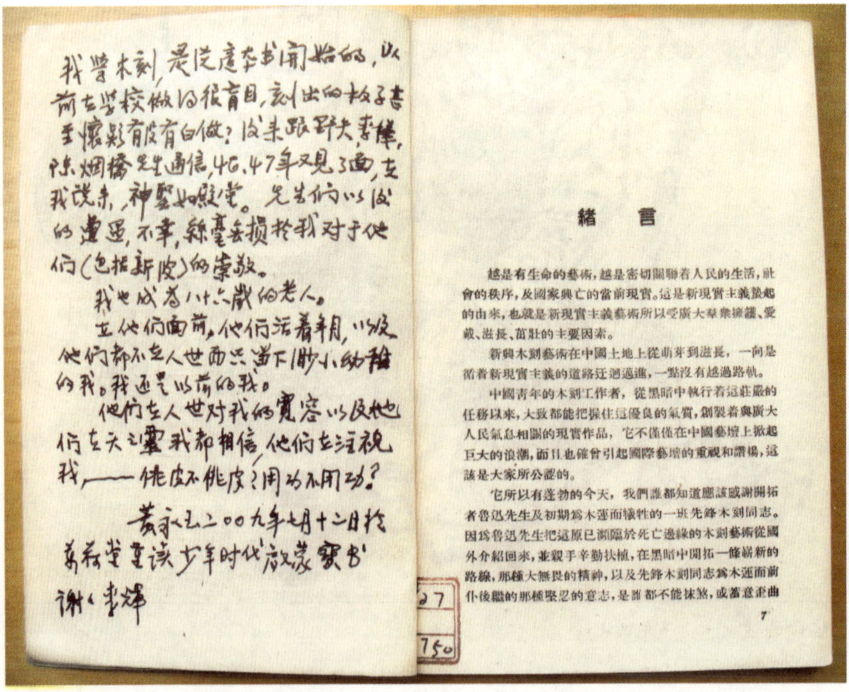

信，46、47年又见了面，在我说来，神圣如殿堂。先生们以后的遭遇，不幸，丝毫无损于我对他们（包括新波）的崇敬。

我也成为八十六岁的老人。

在他们面前，他们活着年月，以及他们都不在人世而只留下渺小幼稚的我。我还是以前的我。

他们在人世对我的宽容以及他们在天之灵我都相信，他们在注视我——调皮不调皮？用功不用功？

黄永玉二〇〇九年七月十二日于万荷堂，

重读少年时代启蒙宝书

题跋简短，却颇有历史容量，读来令人感慨无限。

最早的批判

一九九八年，钱锺书先生逝世，黄永玉先生在香港写出怀念文章《北向之痛》。文章开篇，他第一次公开提及抗战胜利后两人在上海一起受到批判的往事：

他生于一九一〇年，大我十四岁。

我荣幸地和他一起在一九四七年的上海挨一本只办了一期、名叫《同路人》杂志的骂。骂得很凶，很要命，说我们两个人在文化上做的事对人民有害，迟早是末路一条……

锺书先生是有学问的人，底子厚，他有恃无恐；我不行，我出道才几年，受不了这种惊吓，觉得在上海混生活很不容易了，不应该受到这种蛮横的待遇。害我难过了起码半年。

既然是一起挨骂，倒去找了好几本钱先生的书来读，在同辈朋友中间开始引用钱先生的隽语作为谈助。

那种动荡的年代，真正的学问和智慧往往是黑夜里的星星。

五十年代在北京和钱先生、季康夫人有了交往，也曾提起过那本《同路人》杂志，钱先生说："……老实说，我真希望今天他们福体安泰……"

（《北向之痛》）

亮相之初，黄永玉就受到上海文艺界批判的史实，汪曾祺的信和臧克家的文章可作佐证。

在新近发现的汪曾祺一九四七年七月十五日致沈从文的信中，汪曾祺汇报自己与黄永玉的初次见面，并明确提到了当时上海文艺界有人对黄永玉的木刻表示不满、嫉妒和批评：

因为他聪明，这是大家都可见的，多有木刻家不免自惭形秽，于是都不给他帮忙，且尽力压挠其发展。他参与全国木刻展览，出品多至十余幅，皆有可看处，至引人注意。于是，来了，有人批评说这是个不好的方向，太艺术了。（我相信他们真会用"太艺术了"作为一种罪名的。）他那幅很大的《苗家傩神舞》为苏联单独购去，又引起大家嫉妒。

（一九四七年七月十五日致沈从文）

臧克家则早在一九四九年公开谈到过此事。在《永玉的人和他的木

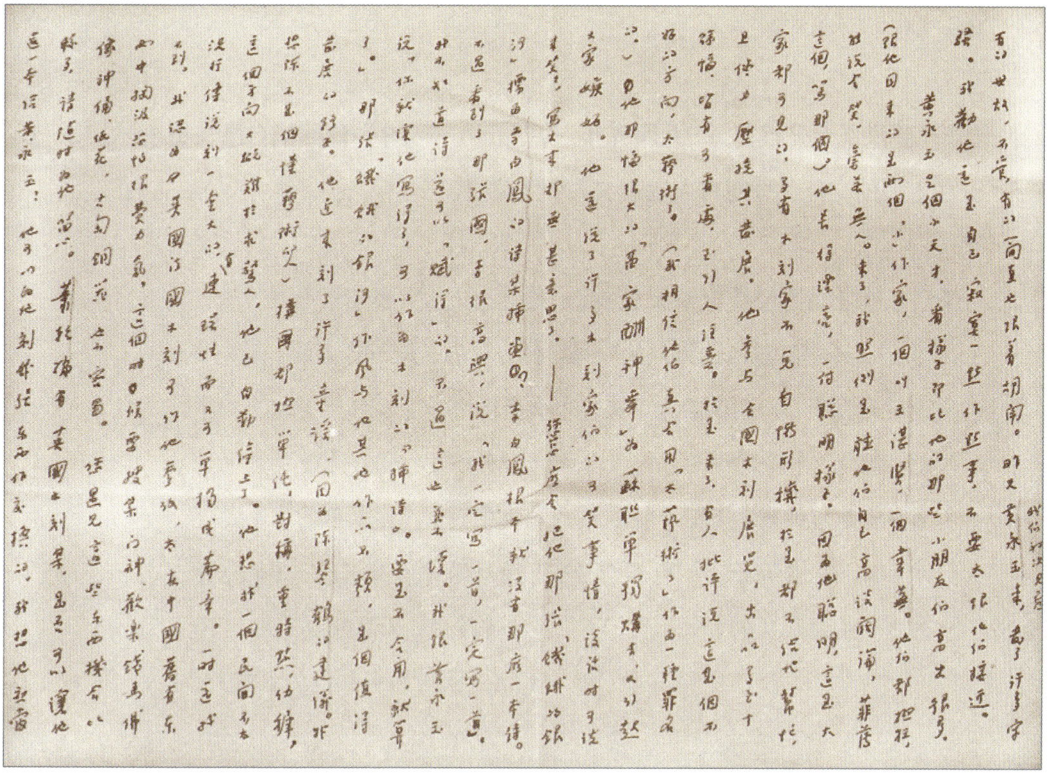

汪曾祺一九四七年致沈从文的书信

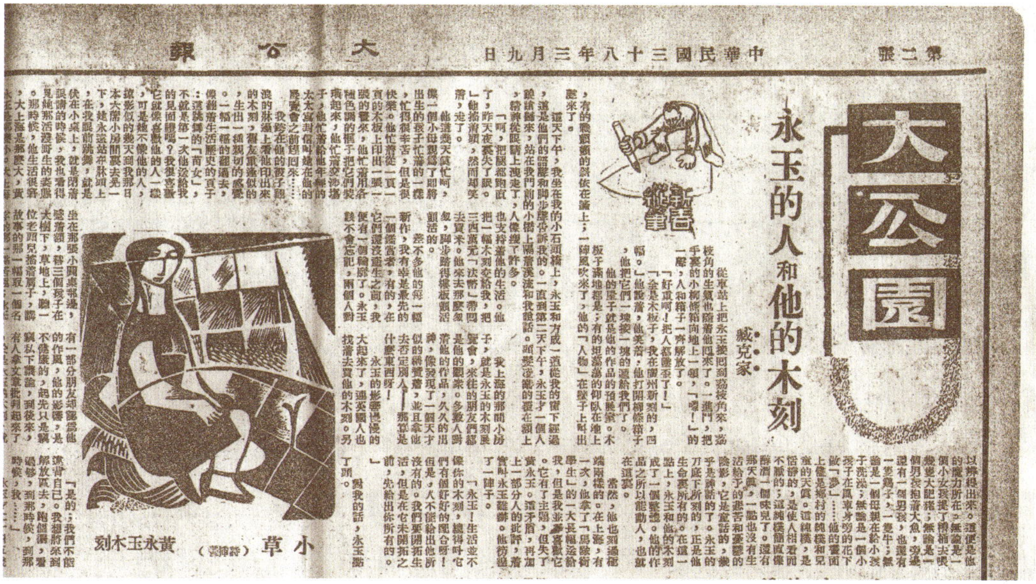

大公報　中華民國三十八年三月九日　第二張

大公園

永玉的人和他的木刻

臧克家

小草（詩歌）　黃永玉木刻

刻》(香港《大公报》,一九四九年三月九日)一文中,他回忆自己与黄永玉在上海的交往,写到有人发表文章批判黄永玉:

> 永玉的影响慢慢地大起来了,连英国人也找着去买他的木刻。另有一部分朋友却认为他的作风,他的影响,是不健康的,起先只是窃窃私下议论,到后来,有人拿文章批判起来了。于是永玉的木刻,就成了争论的中心,其实这争论的双方不过借了永玉的作品作为自己见解的表现而已。拥护派的朋友们说:"黄永玉的木刻是艺术品,不是木板子上的标语口号。"反对派的朋友们说:"黄永玉的木刻是超现实的静的画面,不但没有斗争性,而且冲淡了它。"
>
> (《永玉的人和他的木刻》)

据汪、臧所述,足见黄永玉回忆非虚。但我一直想找到黄永玉所说"骂得很凶"的那篇批评文章,更想看看那本将他和钱锺书一起"骂"的刊物。

寻找之时,正好姜德明先生出版新著《金台小集》,有幸获赠,连忙捧读。读到《"同代人"文艺丛刊》一文,欣喜地发现其中所提一九四八年四月"同代人"文艺丛刊的第一集《由于爱》,刊有对黄永玉木刻的批评文章,题为《谈黄永玉的木刻倾向》,作者署名"公孙龙子"。姜先生还写到,同期刊物上,还有对钱锺书的小说《围城》、洪深主编的《大公报》"戏剧与电影"副刊的批评。

据姜先生《"同代人"文艺丛刊》一文,可以订正《北向之痛》的回忆:批判黄永玉与钱锺书的刊物不是《同路人》杂志,而是"同代人文艺丛刊"之第一集《由于爱》;出版时间不是一九四七年,而是一九四八年;该丛

“同代人”丛刊第一集《由于爱》。

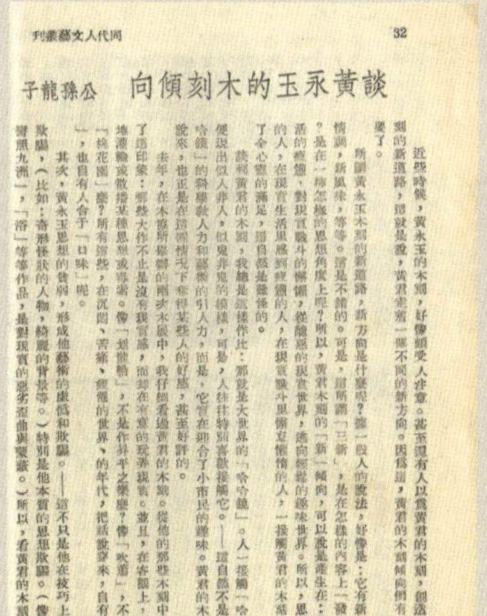
同代人文藝叢刊 32

談黃永玉的木刻傾向 公孫龍子

近些時候，黃永玉的木刻，好像頗受人注意。甚至還有人以爲黃君的木刻，創造了中國木刻的新道路，這就是說，黃君走着一個不同的新方向。因爲這，黃君的木刻傾向倒有一談的必要了。

所謂黃永玉木刻的新道路，新方向是什麼呢？據一般人的說法，好像是：它有新氣息，新情調，新風味，等等。這是不錯的。可是，這所謂「三新」，是在怎樣的內容上「發生」的呢？是在一種怎樣的思想角度上呢？所以，黃君木刻的「新」傾向，可以說是產生在：對現實生活的疲憊，對現實戰斗的懈懶，從醜惡的現實世界，逃向輕鬆的趣味世界。所以，思想力貧弱的人，在現實生活裏感到疲倦的人，在現實戰斗裏懶怠懈惰的人，一接觸黃君的木刻，便感到了令心靈的滿足，這自然是難怪的。

談到黃君的木刻，我總是這樣作比：那就是大世界的「哈哈鏡」。人一接觸「哈哈鏡」，便現出似人非人，似鬼非鬼的模樣，可是，人往往特別喜歡接觸它。——這自然不是由于「哈哈鏡」的科學較人力和藝術的引人力，而是，它實在迎合了小市民的趣味。黃君的木刻，一般說來，也正是在這種情況下奪得某些人的好感，甚至好評的。

去年，在木協所舉辦的兩次木展中，我仔細看過黃君的木刻。從他的那些木刻中，我得到了這印象：那些大作不止是沒有現實感，而却在有意的玩弄現實。並且，在客觀上，是有目的地灌輸或散播某種思想或毒素。像「賭世船」，不是作弄乎之樂麼？像「吹簫」，不是引人入「桃花園」麼？所有這些，在沉悶、苦痛、疲憊的世界，的年代，把話說穿來，自有其「作用」，也自有人合于「口味」呢。

其次，黃永玉思想的貧弱，形成他藝術的虛僞和欺騙。——這不只是他在技巧上的玩弄和欺騙，（比如：奇形怪狀的人物，綺麗的背景等。）特別是他本質的思想欺騙。（像「月亮彎彎照九洲」，「浴」等等作品，是對現實的惡劣歪曲與襲竄。）所以，看黃君的木刻，很容易

刊不止一集，而是共出三集，分别为《由于爱》、《追寻》、《扬子江颂歌》。

从姜先生处借来《由于爱》，终于读到了最早批判黄永玉木刻艺术的文章。好在文章不长，兹全文转引如下——

谈黄永玉的木刻倾向

公孙龙子

近些时候，黄永玉的木刻，好像受人注意。甚至还有人以为黄君的木刻，创造了中国木刻的新道路，这就是说，黄君走着一个不同的新方向。因为这，黄君的木刻倾向倒有一谈的必要了。

所谓黄永玉木刻的新道路，新方向是什么呢？据一般的人说法，好像是：它有新气息，新情调，新风味，等等。这是不错的。可是，这所谓“三新”，是在怎样的内容上“发生”的呢？是在一种怎样的思想角度上呢？所以，黄君木刻的“新”倾向，可以说是产生在：对现实生活的疲惫，对现实战斗的懈懒，从丑恶的现实世界，逃向轻松的趣味世界。所

《月亮弯弯照九州》，民歌插图，一九四七年

以，思想力贫弱的人，在现实生活里感到疲惫的人，在现实战斗里懈惰的人，一接触黄君的木刻，便感到了全心灵的满足，这自然是难怪的。

谈到黄君的木刻，我总是这样作比：那就是大世界的“哈哈镜”。人一接触“哈哈镜”，便现出似人非人，似鬼非鬼的模样，可是，人往往特别喜欢接触它。——这自然不是由于“哈哈镜”的科学教人力和艺术的引人力，而是，它实在迎合了小市民的趣味。黄君的木刻，一般说来，也正是在这个情况下夺得某些人的好感，甚至好评的。

去年，在木协所举办的两次木展中，我仔细看过黄君的木刻。从他的那些木刻中，我得到了这印象：那些大作不只是没有现实感，而却在有意地玩弄现实。并且，在客观上，是有目的地灌输或散播某种思想或毒素。像《划龙船》，不是作升平之乐么？像《吹箫》，不是引人入“桃花源”么？所有这些，在沉闷、苦痛、疲倦的世界、年代，把话说穿来，自有其“作用”，也自有人合于“口味”呢。

其次，黄永玉思想的贫弱，形成他艺术的虚伪和欺骗。——这不只是他在技巧上的玩弄和欺骗，（比如：奇形怪状的人物、绮丽的背景等。）特别是他本质的思想欺骗。（像《月亮弯弯照九州》、《浴》等等作品，是对现实的恶劣歪曲与蒙蔽。）所以，看黄君的木刻，很容易叫人联想到沈从文的小说，以及沈某小说里所造成的那种亲切情调。这足可以说他们思想的一致！他们艺术方向的一致！他们艺术态度的一致！

这种艺术，这种艺术态度，与这种艺术方向，我认为应该而且必须及早彻底给以批判！

卅七年元旦

作者“公孙龙子”是谁有待考证，取这一笔名，或许与战国时代那个争论“白马非马”的公孙龙的著作《公孙龙子》有关。值得注意的是文中所持严厉、无情的态度与激烈语言，字里行间火药味十分强烈，颇具口诛笔伐的特征。

同期刊载的署名“张羽”的文章，对钱锺书的批判也采用了相同的语言与气势。试摘引一段如下，供读者参照阅读：

……而少数人，钱锺书所属的那些绅士，清客及他的集团，则感到恐怖，消沉，彷徨，在这为骚乱的气氛所围绕的环境里，苦于无法解脱，只好把这颗“芳心”寄托到醇酒女人身上，想从这块小天地

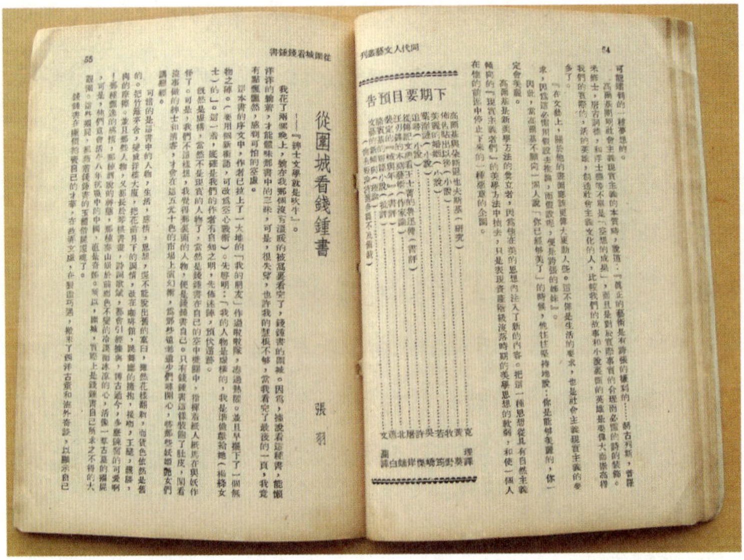
從圍城看錢鍾書

張羽

下期要目預告

批判钱锺书的文章

中，透出一口闷气，以求心灵暂时的轻松，片刻的安慰。可是这些连灵魂都冷却的绅士，他们所热衷的是金钱，洋楼，女人。而这些阿谀绅士的，抱着绅士的屁股眼亲嘴的清客们，只好捧上了这最能适合绅士的胃口的东西来献媚了。尤其是连钱锺书这样的帮闲文人，除了一副僵尸架着件玄色马褂，摇头摆尾，苦吟着世纪末的哀歌的丑角们，除了逢迎绅士，交出定制的货色而外，还能做些什么呢？

（《从围城看钱锺书》）

批判黄永玉的文章，另有一层特殊意义——沈从文与黄永玉叔侄两人第一次被捆绑在一起，都成了现实批判的对象。来自湘西凤凰的叔侄之间，早早地就有了这样一种历史联系，的确耐人寻味。

一九四七年国共内战全面爆发前后，曾有一些知识分子呼吁停战，

《花环》，沈从文小说《边城》插图

《苗舞》

《吹笛》，沈从文小说插图，一九四七年

主张在国共之间，走中立道路，随即被指责为“第三条道路”。于是，一九四八年新年伊始，在政治、思想、文化各领域，展开对主张走“第三条道路”的知识分子的批判，就成了左翼文化界的首要任务。

在文化界受到批判的人士中，沈从文格外引人注目。一九四六年开始，他在一些文章中，一方面继续坚持他的文艺观，强调作家就应该埋头于创作，作实绩来显示文学的伟大；另一方面，崇尚人性的他，认为内战是“数十万同胞在国内各处的自相残杀”，对生命的消失，他感到悲哀和忧虑。于是，作为一个文人，一个崇尚“知识和理性”的“乡下人”，他对内战双方都予以批评与贬斥。沈从文的文章一九四六年十一月在《大公报》发表，次年二月，左翼作家林默涵在《新华日报》上以杂文《“清高”和“寂寞”》予以批判。更集中激烈的批判，在一九四八年三月香港出版的《大众文艺丛刊》上展开，其中以郭沫若的《斥反动文艺》最为猛烈，也最有影响。

“同代人”文艺丛刊之一的《由于爱》，发表公孙龙子讨伐黄永玉的文章（包括同一刊物上对钱锺书《围城》的批判），与香港发起的对沈从文的批判几乎同时，由此来看，受到沈从文格外青睐的黄永玉，在刚刚精彩亮相并且积极地为沈从文的小说《边城》创作插图之时，立即招致来自左翼文艺界的猛烈抨击，就不能看成是简单巧合，也非孤立事件。除了反映美术界对其木刻作品的“形式主义”有不同看法外，更为重要的原因则是政治背景在起作用。

据姜德明先生文章所述，“同代人”文艺丛刊在一九四八年八月出版的第三集《扬子江颂歌》中，还发表了批判臧克家的小说、范泉编辑的《文艺春秋》期刊、曹辛之编辑的“诗创造丛刊”。在批判“诗创造丛刊”的文章中，作者警告：一切高唱中间路线的机会主义者，都要受到历史的

“夜嗎！”

臧克家

丈夫在監牢裏，
孩子在懷抱裏，
夜，
從眼前
慢慢地降落了下來．
牀頭上
一幅小小的畫，
畫裏的人
向濃黑的夜空
仰望着；
她的眼光
把那幾顆白點子
點亮了，
心頭沉重的念着：
「夜嗎！」

·黃永玉木刻·

为臧克家诗《“夜吗！”》配图

《黎明的企望》的书影

发表《浴》的“诗创造”之《饥饿的银河》

被批判的作品《浴》

《拾麦穗》，一九四七年

严厉裁判。作者还要求“诗创造丛刊”改变编辑方针和创作态度。作者言辞激烈地说：“如果说这个希望也是‘招降或清剿’，则这个有着无限威力要你投降的人，不是我们，而是我们大家都生存于其间的历史。”（转引自姜德明《“同代人”文艺丛刊》）

很高兴在孔夫子旧书网上买到了曹辛之编辑的“诗创造丛刊”四种，分别为第四、第七、第八、第十。其中，第四种《饥饿的银河》（一九四七年十月），刊有黄永玉的套色木刻《浴》——即公孙龙子批判文章中提到的一幅作品；第七种《黎明的企望》（一九四八年一月），刊有黄永玉为同期发表的臧克家新诗《“夜吗！”》配的插图。由此可见，他与曹辛之及“诗创造丛刊”有着良好关系，被视为同一类人予以批判，也就不难理解了。

叙述当年这些批判时，姜德明先生有段文字写得心平气和却又颇为有力。他说：“历史无情，如今这些被以历史代言人自居的苛评家们所‘招降或清剿’的黄永玉、钱锺书、范泉、曹辛之等人的作品，都已被后人接受，受到公允的评价。联系到同时期对一批国统区作家的公开批判，也许这并不是偶然的。”事实的确如此。违背客观判断、极度情绪化而又无限上纲的政治批判或文艺批判，最终会被历史证明其荒谬。凶悍之词，纵然来势凶猛，漫天飞舞，最终，不过是雨水浸泡的一地枯叶。

一九四八年的批判，对于黄永玉，其实只是一个开始。接下来几年，随着黄永玉在香港的多次展览的成功举办，对他的批判在香港从未停息过。一九五三年，在沈从文的鼓励下，黄永玉携全家离开香港，前往北京，创作初期所遭遇的风波，才告一段落。（详见《书城》二〇〇八年七月号拙文《黄永玉：黑白之间，指责与自辩》）

与后来“文革”期间遭遇的批斗和“黑画”风波的冲击相比，最初的批判自然不可同日而语。但在黄永玉八十多年的漫长生涯中，这一经历毕竟有着不可忽视的影响。当然，这一经历又不限于个人，更为我们了解一九四九年历史转折之际的社会与文化的背景，提供了一种超出艺术本身的参照。

在香港：指责与自辩

流光五十年

黄永玉的首次画展，于一九四八年年底在香港大学冯平山图书馆举行。那一年，他二十四岁。

展览期间，他拍摄了两张照片。一张是在校园的山麓间，身着西服，打一条白点深色领带，握书而坐于石凳上，神定气闲，悠然间有一种踌躇满志。另一张摄于展厅里。西装革履，坐在太师椅上，身后一张台球桌，墙上悬挂好了木刻。他想表现出潇洒，特意翘上二郎腿，平视前方。与前张照片相比，此处神情中仍可见一丝紧张——照片应是拍摄于开幕之前。虽发表作品已有数年，漂泊江湖的经历也使他早已老练成熟，但毕竟还年轻，忐忑不安自是难免。“在我，是值得纪念的个人起点。”他后来这样说。

促成此次展览的是在香港编辑《大公报》的萧乾。黄永玉回忆说：“那时候香港大学校长是英国学者施罗斯先生（Dr.D.J.Sloss），他跟我家尊敬的萧三哥萧乾是熟人。不知什么道理，好心的萧三哥认为我的木刻够资格开个人画展，并鼓励我去做这件想也不敢想的大事。”（《流光五十年》）萧乾是沈从文的弟子和朋友，本人也酷爱版画，二战期间在英国时曾搜集过

一九四八年，黄永玉第一次画展在香港大学冯平山图书馆举行

不少英国版画，一九四七年编选出版过一册精美的《英国版画集》，他欣赏和推荐黄永玉的艺术创作，对之予以关照和鼓励也在情理之中。

此次展览情形，从主编过《良友》画报的马国亮的回忆中略知一二。马国亮当时正在香港，他写道："报上经常发现有署名黄永玉的木刻，多半是少数民族题材，富有民间情调的作品。构图严谨、线条流畅。我喜欢这些作品，我把它都剪贴下来。我认识许多木刻家，例如和鲁迅先生一起拍过照的我都认识。只有这个黄永玉，我从未听说过。不久报上刊出他的画展消息。我按址前往参观。有人给我介绍这位木刻家。我意外地发现，他竟是这样年轻，和他成熟的作品很不相称。"（《关于黄永玉》）

一九四七年编辑出版《英国版画集》时的萧乾与夫人格温

萧乾所编《英国版画集》书影

萧乾所编《英国版画集》插图之一

黄永玉一九四八年在香港为萧乾创作《生之序曲》，祝贺他们夫妇喜得公子，并发表于香港《大公报》

年轻的黄永玉以这样的姿态出现在第一次画展上。

五十年后，一九九八年十二月，香港大学又一次邀请黄永玉在该校的美术博物馆举办画展，名曰“流光五十年”。重新回到五十年前的校园举办画展，人对时间流逝的感觉更为强烈。在为展览画册《流光五十年——黄永玉的绘画》所写前言中，黄永玉感慨万分：

> 时光待人，快慢各不同。抗战八年，很长；“文革”十年很短；“文革”后二十年几乎一眨眼；于是，十几岁的人一下变成七十岁的老头。
>
> （《流光五十年》）

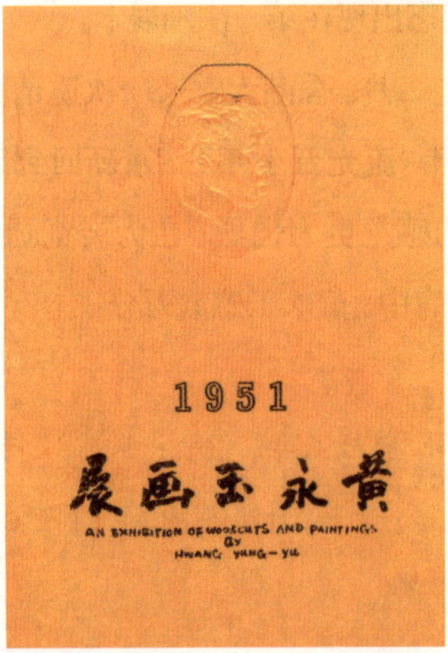

一月六日——十日(上午九時——下午六時)
香港德輔道思豪酒店畫廊

JAN. 6 TH.—10 TH. (9 A.M.—6 P.M.)
HOTEL CECIL, CHATER ROAD
HONG KONG

WOODCUTS
(木 刻)

1.	Smoking Fish 熏魚		H.K. 50.00
2.	The South 南方		100.00
3.	Tailoring (七姊妹之一)剪布	民歌插畫	50.00
4.	Weaving (七姊妹之二)紡紗	民歌插畫	50.00
5.	A Girl and Her Horse (七姐妹之三)牽馬	民歌插畫	50.00
6.	Tea-Gathering (七姊妹之四)採茶	民歌插畫	50.00
7.	A Dancing Girl (七姐妹之五)擺手歌	民歌插畫	50.00
8.	Writing (七姐妹之六)抄書	民歌插畫	50.00
9.	Auntie Wang (七姊妹之七)王大媽	民歌插畫	50.00
10.	Rice Sprouts 插秧	民歌插畫	50.00
11.	Chickens and Pigs (新村樂之一)豬和雞	民歌插畫	50.00
12.	A Farmer (新村樂之二)翻身	民歌插畫	50.00
13.	Stone Broken, Eyes Dazzled 石子碎了，眼睛花了		100.00
14.	Ancient Mariner 我在海上一輩子		100.00
15.	Kids 學習小組		50.00
16.	Thirsty 孩子渴了		70.00
17.	Nursing 哺		100.00
18.	Fish-Stealers 偷魚仔		70.00
19.	Taking A Nap 日中休憩		100.00
20.	A Ship Under Repair 修船		100.00
21.	A Flower in April 四月的花	詩插畫	100.00

一九五一年香港思豪酒店画廊黄永玉个人画展请柬

送这本画册给我们夫妇时，他在那张坐在香港大学校园的照片旁只题写了一句话：“五十年前的二十四岁的黄永玉赠。”简约有趣而令人回味。

继一九四八年成功举办展览后，一九五一、一九五二年，黄永玉在香港思豪酒店又先后举办两次展览。这位年轻的艺术家，走进了漫长的艺术生涯的第一个丰收期，而赞誉与指责，也开始与他相伴而行了。

这一匹冲出来的野马

黄永玉精彩亮相，可谓中国现代新兴木刻运动的一个惊喜。他孕育于这个木刻运动，受惠于力群、野夫、李桦、黄新波等诸位木刻前辈的熏陶，然而，起步伊始他即表现出独有的姿态。

现代木刻运动在鲁迅提倡与激励下，把珂勒惠支尊为典范，强调批判

一九四六年
在香港离岛写生

一九四六年在
香港渔村写生

现实主义的力量，关注现实政治与生活的重大题材，因而从二十世纪三十年代初开始，现代木刻运动就具有了鲜明而强烈的干预生活、反映现实、与时代同步而行的特点。抗战八年中，木刻更以其快捷、醒目的方式而充分发挥了宣传抗战的作用。黄永玉于抗战初期就读于厦门集美中学，受此热潮影响开始学习木刻，并于一九四四年走进木刻界，从此一发而不可收。抗战胜利后的一九四六年，二十二岁的他来到上海，其独特的木刻艺术立即引人注目了。

黄永玉艺术的独特性在于，其木刻作品虽也时而表现政治和社会题材，但更多的则是侧重于民俗、民风与动物世界，刀下呼之欲出的形象，是故乡湘西淳朴的山民，着力表现的是与沈从文的小说风格相接近的静穆与悠远。准确地说，他此时的木刻，不是前辈木刻家们战士一般的高歌，而是湘西翠翠、萧萧们坐在草地上听爷爷讲故事的那种牧歌境界。他刀下的线条，追求着形式的美感，其来源之一是他儿时在凤凰街头耳濡目

木刻作品《“反内战，反饥饿”游行》

染的民间艺术。以这一姿态出现的黄永玉，更接近于一个纯粹的艺术家，一个与现实政治息息相关却又另有美的间隔、另有自我陶醉的艺术家。甚至可以说，他是现代木刻运动的一个异数，在线条飞舞的木刻艺术这个黑白世界里，他是一束奇妙的光，闪烁，跳跃。这就不难理解，一九四八年前后黄永玉的木刻，深为一些文艺名家赞许。

黄新波是木刻前辈，他把黄永玉称作为一匹野马一道急流："黄永玉好像一匹充满了活力的野马，也是这野马的骑者。他是一道奔腾的河流，但也要他成为疏浚河道的工程师。……我们面对着永玉的作品，首先给予的印象是，作者多么高兴在技术上回旋，正因为这样，他才能告诉我们他在这方面的才华，使我们发现了一面正待试抹的镜子。他爱用粗劲的线条去表现一件物体，而这物体，却又经过他主观的塑造，排除了烦琐的陪

來了，那怕沒有飯吃，也誓不爲妾，這自然最好。不過，不敏如我者，却不免從此發生了疑問，姑誌於後，敬請「代表」暇時一答：

一、既然爲妾者是「願意爲妾」，那末，是否可以建議女界，索性在明年三八節時，於一切有關文件中註明「於凡願意爲妾的除外」？或者另外來一個「自愛」婦女節，以有別於不「自愛」者？

二、假如能够通過一項立法，請求權力當局將「願意爲妾的」殺乾淨，「是不是能保證」剩下的便全體都會「自愛」起來呢？又，這項立法，男士們會不會代爲力爭？萬一不爭，豈非又要「兜個圈子」，回頭從爭取「解放」爭取男女平等做「立委」開始？這是否又與「解放什麼呢」有所抵觸？

三、對那些貌觀非妾而實則爲妾，嘴上不妾而身上已妾了的女人怎麼辦呢？

四、……

五、……

不問了，當問多了，也有不「自愛」之嫌也。

板門的前面了的門。沒有人答應。毆力發得更厲心却是有點醒更迫切的需要祝。我記得我點快點！我要那時候會經這

滅了，我的眼前只留下一片黑暗。過了一會，我朦朦朧朧覺得有人在我身上搜索，我以爲有個女人要來招呼我了，我就任她把我擺佈。（但我後來已經明白，我的銀包和我的船員證件相偕失蹤了。）

等到我醒來的時候，我發現我已成了警署的「客人」。而現在，我又知道我居然成了一個殺人犯。

黃永玉的木刻

•端木蕻良•

近代中國的藝術家和文學家，都是在迫害和窮困裏而長大的。在生活上他們凝結着兩種實質，一種是強烈的悲憤，一種是對於未來的希望的渴慕和堅定。這是一種實質的兩種表現。

這種人格的典型，最好的代表就是魯迅。由於他接觸了中華民族的解放鬥爭史的全過程，所以他擔負的悲憤也就更多。另一方面，由於對於鬥爭的尖銳化，當然對於信念也就更加堅強固執。彷彿他的全生命都浸沉這鬥爭的痛苦和歡喜裏面一樣。

悲憤不止是近代的中國文化戰士的強烈感情的一種，同時也是中國傳統的暴君統治下面人民情緒的一種。在這裏粗粗的舉個例，單拿平劇的音調而論，因爲它的基調多半都是凄涼悲壯的，因而符合了人民情緒的共鳴，因而也就得到了廣大的愛。人民的熱情和愛在這種場合之下，是用壓抑的曲折的表現方法，來找尋到它的奔放的決口了。

但是無論是「悲憤」或者是「讚頌」，必然却得有它的社會實質來作它的內容的，要不然都只成了架勢和虛矯。爲甚麼，我們一翻開中國的文學史，凡是對於殘酷的統治表示激憤的，我們就會從裏面得到感動，凡是屬於讚頌的，我們就會感到肉麻呢？原因是那種抗議的激憤，是通過了人民的情緒，直接打中那暴君

一九四八年在香港写生，居中执笔者为黄永玉

衬，这说明是差不多已臻至能净化场面的境界；他能把表现的物体布置得恰当，冀图于装饰的风趣之下获取轻快的韵律。他能把物体与物体之间的空隙缝补，这技术，当然不只表现于形和线，而且给予表现于画面上的东西的整个组织力了。”（《永玉的画》）

有意思的是，除了木刻家外，对黄永玉交相称赞的颇有几位当时声名显赫的诗人、小说家，如臧克家、萧乾、端木蕻良等，另外，黄永玉的朋友、后来的文学名家汪曾祺也撰文予以赞赏。

大家似乎都很欣赏黄永玉艺术中那种独来独往的野性，阳光或闪电一般的灵感。端木蕻良说得好：“所以黄永玉不习惯那种阴郁和感伤的基调，他永远往那饱满和生动里面走。也由于他那近于波希亚米人的生活方式，把他整修地带入一种满足和欢娱里面。”（《黄永玉的木刻》）

臧克家是黄永玉一九四六年在上海结识的“比我老的老头”之一，曾十分关注与支持黄永玉的艺术发展，在其经济极为窘迫时常施以援手。他以一个诗人的感悟评说黄永玉的黑白艺术世界：“永玉的木刻，有一种特别的情调，把它放在任何地方，一眼就可以辨得出来。这便是他的魔力所在。无论是一个小女孩提了糟桶去喂几只大肥猪；无论是一个男孩抱着大鱼，旁边还有一个男孩，也还有一只鸡子，一只牛；无论是一个母亲在给小孩子洗澡；无论是一个小孩子在风车身旁的花下做“梦”……他的画面上尽是乡村的纯朴和儿童的天真。这纯朴，是恬静的，是使人相看而不厌的；这纯朴简直像醇酒一个味儿了。还有那天真，一点也没有生活给予的悲苦和忧郁的阴影，它是童话的，几简是神话的了。永玉的刀底下所刻的，正是他生命里所有的。在这一点上，永玉和他的木刻成了一个整

一九四八年在香港参加艺术活动，右二为黄永玉

二十世纪四十年代在香港写生

体。他的作品之所以能动人，也就在这里。”（《永玉的人和他的木刻》）

新走上文坛的汪曾祺，是沈从文的得意弟子，沈从文介绍他与黄永玉于一九四六年结识，在上海两人与黄裳等同辈年轻友人一起度过了艰辛而快乐的一段时光。一九五一年，得知黄永玉将在香港举办第二次画展，汪曾祺从北京写来一篇《寄到永玉的展览会上》，发表在香港《大公报》上。他从黄永玉一九五〇年在北京为沈公子虎雏所刻肖像，看到其木刻艺术的发展：“从这幅画里我看出在这两三年中不知多少次的折腾之后，永玉赢得了把握。永玉是一个更职业的画家了，他永远摆脱了过去面对一个创作的时候有时未可尽免的焦灼之情了。用一句极普通的话来说，说是‘老练’了。其实，在作风上，也必然地要更凝练，内省，更深更厚了些。另外，永玉在这幅画里也仍然保持一贯的抒情的调子；民间的和民族的，适当的装饰意味；和他所特有的爽亮、乐观、洁净的天真，一种童话似的快乐，一种不可损伤的笑声，所有的这一切在他的精力充沛的笔墨中融成一气，流泻而出，造成了不可及的生动的、新鲜的、强烈的效果。永玉的画永远是永玉的画，他的画永远不是纯‘职业的’画。”（《寄到永玉的展览会上》）

《哥在山上打石头》，民歌插图，一九四七年

《午夜》，一九四七年

《台湾按摩女》，一九四八年

《十七十八好唱歌》，民歌插图，一九四七年

这些赞誉各有见地，我更欣赏汪曾祺所说“永玉的画永远是永玉的画，他的画永远不是纯‘职业的’画”。

从这些文学家的赞誉不难看到，黄永玉从一开始就与文学结下了不解之缘。他是艺术家，但同样是文学中人，这是他与别的艺术家的一个区别。几十年后，人们会清楚地看到他在诗歌、杂文、散文、小说诸领域的成就。

指责如冷风迎面而来

“野马”或“急流”一般的黄永玉，其黑白艺术乍一亮相，给文艺界带来惊奇，却也令有的人为之诧异，引发非议、指责和公开批评。最初的指责与批评，与后来“文革”期间遭遇批斗和“黑画”风波冲击，自然不可同日而语，但在他的漫长艺术生涯中，这一经历毕竟有着不可忽视的影响。同时，这一经历又不限于个人，对于我们了解一九四九年历史转折之际的社会与文化的背景，提供了另一参照对象。

据臧克家所述，抗战刚结束后在上海期间，黄永玉的木刻艺术在赢得好评和欢迎的同时，就已经招致了对他的注重形式美的非议：“永玉的影响慢慢地大起来了，连英国人也找着去买他的木刻。另有一部分朋友却认为他的作风，他的影响，是不健康的，起先只是窃窃私下议论，到后来，有人拿文章批判起来了。于是永玉的木刻，就成了争论的中心，其实这争论的双方不过借了永玉的作品作为自己见解的表现而已。拥护派的朋友们说：‘黄永玉的木刻是艺术品，不是木板子上的标语口号。’反对派的朋友们说：‘黄永玉的木刻是超现实的静的画面，不但没有斗争性，而且冲淡了它。’”（《永玉的人和他的木刻》）

《台湾小食摊》，一九四八年

黄新波一方面肯定黄永玉的创作，但另一方面也认为黄永玉应该警惕“资产阶级颓废艺术的形式”，注意“加强生活思想的锻炼”：“他面前有两块石阻挡着他——形式和主题。我们赞同创造多样的形式去表现多方面的生活内容，纯客观的描绘，当然也失去艺术上创造的意义。资产阶级颓废艺术的形式，是奇离怪诞，歪曲形象和分解物的整体，使人走向奥秘之境，与现实划分万丈鸿沟。永玉的追求，绝不是这样的，可是由于他过于珍惜自己主题的趣味，单方面地着重于形式的发展；因此，有时似乎从窗洞内去透视世界，一件物体的外形，也足以引起他的美感，他陶醉了，他把感情宣泄于纸或木版上了。如民间形式引起他仅限于改变的冀图，台湾高山族的原始艺术加强他对比延续的兴致；一条鱼的跳跃使

黃永玉「告別」了麼？

白思

我記得去年黃永玉先生曾在思豪開過一次畫展，在同一個時候，他還在大公報上發表了一篇洋洋數千言的自我檢討，對他過去在藝術上走過的形式主義的創作路線，作了似乎很嚴厲的自我批判；還堅決地表示要向那舊的一套告別。雖然，那次畫展中仍然充滿了他要「告別」的東西。

那時，我本來要向他提一些意見。但看過他的「自我檢討」後，覺得我所要提的，他已經提了出來，而且比我知道的更多，因此，我深信他是一個自覺性很高的美術工作者。同時更相信假如有第二次畫展的話，他自我指出過的錯誤一定不會再現的。

第二次畫展果然來了，我約好幾個愛好美術的工友滿懷熱望地跑到思豪去。

在小小的畫廳中，陳列着各種各樣的畫——木刻、油畫、水彩以及據說是新嘗試的銅刻……等。首先給予觀衆一個印象：作者什麼樣的畫也會搞一下。

看完一遍，看不出什麼，再看一遍，就感到非常的失望，並不是作品太少，而是好作品太少。現在擺出來的和去年自我檢討的一樣，都是一些賣弄線條，色彩和小趣味的「燒肉」，花……等無聊的東西，這不單是技術的運用問題；而且是創作的思想問題。就算他沒存心來欺騙觀衆，但是企圖賣弄一下小趣味來炫耀自己是可以肯定的，好像人家看不懂就更顯得自己的藝術「高級」。

我們可以從部份的作品中去分析作者的意圖。首先那張特別引人注意的大型油畫「亞熱帶神話」。是我最不高興的一張；不單是我，覺得不好，同來的工友也有同感；我相信看過這張畫的人也有同樣的感覺。作者沒有眞正的把這個「神話」忠實地畫出來，每個人物只虛有其形，並不眞實有力。同來的工友說：「一個個公仔好似一條木咁」，「一隻脚長一隻脚短」，「手脚畫得好似一枝蓮藕咁」。一點也不錯，作者好像只是爲了表現線條的趣味，連最簡單的基本的技術也忽略了。

「生活賽跑」中，幾個正在賽跑的人物好像是跳舞，這大概是藝術性的誇張吧？我想這「誇張」並不是從使主題更加突出、更容易感動人的基礎上出發，而是從小趣味和形式上去着眼。這樣，怎麼能夠眞正反映「賽跑」人家的「賽跑」生活呢？我希望作者能親身到「賽跑場」上去體驗一下。

木刻「我們人多」題目是這樣告訴我，但在畫中一點人多的氣氛也沒有。並沒有眞正的表現出我們的力量來。

其次，「售票員」是所有木刻中最壞的一幅。作者把一個工人的形象歪曲了，畫成一個流氓的樣子，「冇厘神氣」。

在會場的作品中除了「到畜房去」以外，大多數是粗製濫造的東西。我眞不明白他爲什麼要開這一次畫展，我想了兩天也想不通。

他喜悦，一朵花和一根草使他留恋，异乡的风光他感觉到奇趣，孩子们的哭腔，他幻想成为一部缺乏哀愁或激扬之音的交响乐。这些，一方面固然是永玉对于生活显得空虚，然而在另一方面却教人感到他这是天真的表现，乐观的个性的抒发。我们艺术必须服务于人民，那么，我们要求于永玉的，——也可以说要求我们的艺术家，加强生活思想的锻炼。”（《永玉的画》）

比较集中的公开而严厉的批评，是在一九五二年黄永玉举办了第三次画展之后。据黄永玉当年所写检讨与自辩称，发表在香港的左翼报刊《大公报》和《文汇报》上的批评文章共四篇，作者署名分别为谈真、董今、白思、李霜白。遗憾的是，二〇〇七年七月在香港《大公报》资料室，我只查阅到白思发表于《大公报》的文章。

白思的文章题为《黄永玉“告别”了么？》，侧重于对黄永玉形式主义的批评：“我记得去年黄永玉先生曾在思豪开过一次画展，在同一个时候，他还在大公报上发表了一篇洋洋数千言的自我检讨，对他过去在艺术上走过的形式主义的创作路线，作了似乎很严厉的自我批评；还坚决地表示要向那旧的一套告别。虽然，那次画展中仍然充满了他要‘告别’的东西。”

白思写到他和几位朋友来到黄永玉的展览现场：“在小小的画厅中，陈列着各种各样的画——木刻、油画、水彩以及据说是新尝试的铜刻等。首先给予观众一个印象：作者什么样的画也会搞一下。看完一遍，看不出什么，再看一遍，就感到非常的失望，并不是作品太少，而是好作品太少。现在摆出来的和去年自我检讨的一样，都是一些卖弄线条、色彩和小趣味的‘烟囱’、花等无聊的东西，这不单是技术的运用问题；而且是创作思想问题。就算他没存心来欺骗观众，但是企图卖弄一下小趣味来炫耀自己是可以肯定的，好像人家看不懂就更显得自己的艺术‘高级’……在会场的作品中除了《到产房去》以外，大多数是粗制滥造的东西。我真不明白他为什么要开这一次画展，我想了两天也想不通。”（《黄永玉“告别”了么？》）

与黄新波专业与冷静的分析相比，白思的行文显得更接近于后来的“大批判”文风，诸如“卖弄”、“无聊”、“炫耀”、“粗制滥造”之类的语词，虽没有政治上的上纲上线，但读来仍感到其指责与讨伐气势。《大公报》等香港左翼报纸，是反映内地政治与文化的窗口，这种文风恰恰与当时内地正盛行的思想改造运动相吻合。黄永玉虽在《大公报》工作，也属于左翼文艺界人士，但同样需要经受历史转折之际的暴风雨洗礼，这一点似乎既不奇怪，也不让人感到吃惊。

检讨与辩白

针对来自左翼文艺界的批评，黄永玉先后两次在香港《大公报》上发表文章，一方面自我批判，一方面也为自己辩护。

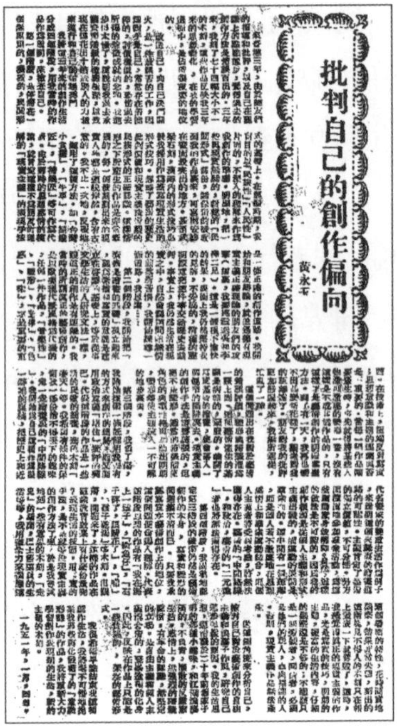
批判自己的創作偏向

黃永玉

第一篇文章《批判自己的创作偏向》写于一九五一年一月四日，发表于同月七日《大公报》。黄永玉首先承认对于他“改造自己”存在一定难度：

> 改造自己，向自己决斗开火，是一件最艰苦的工作，因为对手是自己，常常存在着侥幸的，讨价还价的，珍惜过去所得的些微成就的念头。我进步得太慢了，这说明我过去承袭资产阶级的遗毒极深，以致现在得花出十倍于别人的力量来进行和自己的这场搏斗。
>
> （《批判自己的创作偏向》）

他回顾自己不同阶段的艺术探索和存在的问题。在谈到变形与夸张的艺术把握问题时，他反省道：

这个问题出在我对于艺术的错误评价，变形与夸张混为一谈上面。这种艺术产生的基调是病态的，颓废的，离开了写实基础的绘画，便会落入一个狭窄的陷阱里去。现实主义的创作手法是需要夸张的，但绝不是变形。适当的夸张能使角色的典型性格更为凸出明朗，变形却使主题流入一个不可解的地步里去。

（同上）

一九五一年正是内地掀起知识分子思想改造高潮之际，诸多从旧时代走过来的文艺家、学者，几乎都于此时撰文自我解剖、自我鞭挞，以告别“旧我”，塑造“新我”，跟上新的社会主义时代。仅在同一时期香港《大公报》上，我先后查阅到吴宓、丰子恺、沈从文、林徽因、萧乾、马连良等文化界人士的检讨与反省文章。此乃一时潮流。尽管黄永玉尚属年轻之辈，但毕竟是在旧时代成长、发展的艺术家，他同样需要用颇为严厉甚至苛刻的词汇，来表明对自己艺术风格乃至个人思想、性格的反省。

在这篇长达数千字的自我批判文章结束时，他表示了改造思想的决心：

从这个角度来分析自己，检讨自己对于艺术创作的自由主义和浪荡子作风，研究自己进步缓慢的原因。我的生活思想，还沿袭于二十年前旧家子弟的那种小趣味，和江湖浪荡汉的，不负责，闲散的反严肃生活。感情上，无强烈的阶级爱憎，有革命的愿望，无坚定的立场。是自由主义和个人主义混合着的，登峰造极化身。因此，反映在作品上只能是一些贫弱的，架空的艺术形式。我很希望早点结束我这种创作生活，我将毫不可惜地抛弃我那些腐化发霉了的“意识形态”的作品，我将重新斩大刀学习创作表现新的生活，新的主题的木刻。

（同上）

《小草》，一九四六年端木蕻良诗插图

《邻家的女孩》

黄永玉的第二篇自我批判文章《检查我这次的画展》，发表于一九五二年八月十七日的《大公报》（未注明写作时间）。

与第一篇写作背景有所不同，上一次主要是自己主动进行反省，以跟上时代潮流，此次，是在香港《文汇报》、《大公报》相继发表文章批评他的展览之后，显然有外界压力而不得不为之的原因。因此，《大公报》在发表他的“检查”时，特意加了一大段“编者”按语：“美术工作者黄永玉先生，今年五月下旬曾在本港举行画展，展出作品包括：木刻、铜版画、水彩画、油画等。本文是他自己检查那次画展的报告。他在这篇文章里检讨了那次展出作品在思想上所犯的资产阶级艺术形式的偏向，指出：在实践上对资产阶级艺术形式的麻痹性，个人主义创作态度和在思想改造上的不够积极，是他在创作中犯错误的主要因素。他表示愿意接受批评者所指出的他作品中的缺点，纠正他在创作上的偏向和错误。接受批评、改进工作的态度是很好的。这篇文章所谈到的艺术形式、创作态度、思想改造上的具体问题，也是一般文艺工作者的切身有关问题，因此，我们特予发表。”

相对于“文革”后期遭遇的批判猫头鹰“黑画”风波，香港的最初批评仅算是一场让人觉得意外的冷雨。但是，即便一场冷雨，却也让人措手不及，紧张万分。黄永玉回忆说：

当时我熟悉的聂绀弩、臧克家他们那些人都到北京去了，感觉没有人能保护我。八年抗战，我一个人背着行李到处走，从来没有感到孤独过，虽然人不在一起，但心在一起。这时却感到孤独。我留在香港，那么卖力地工作，总想跟上时代，但却给我泼冷水。我感到很委屈。那时没有经验，还是有些害怕。

（二〇〇八年五月八日，与李辉的谈话）

为写这篇《检查我这次的画展》，黄永玉与另外两位朋友一起坐在咖啡馆里商量，他们一位是《大公报》的同事查良镛（金庸），一位是香港大学的学生、后来成为香港名医的关忾。三个年轻人被推到了一个特殊的场景中。不得不为之的同时，又有困惑与怨气。

黄永玉的检讨开篇即表示愿意接受对自己的批评：

一连在《大公报》、《文汇报》读到谈真先生、董今先生、白思先生、李霜白先生等对我这次画展的四篇批评文章，指出作品在思想上所犯的偏向，这些偏向若任其发展，就会引起不好的影响，对我以后的创作生活是有害的。我愿意接受这些意见，并作检讨，纠正自己思想上的错误，重新端正我的创作态度。

（《检查我这次的画展》）

黄永玉对自己的反省主要集中在三个方面。一，“对资产阶级艺术形式的麻痹性”；二，个人主义；三，思想改造和政治学习不够积极。他这样反省第一方面的问题：

第一点，就是对资产阶级艺术形式的麻痹性，没有提高警觉。对资产阶级的艺术创作，只本位地从个人的创作生活中去否定它；而没有从无产阶级的立场去否定它。我虽然认识到资产阶级艺术形式的颓废衰弱，画幅上无理性的点的延长，面的加工，色粉无原则地涂抹，而这些表现法却决定在一个梦呓似的主题里头……种种显示资产阶级艺术的没落的那一面。而我却没有深入地、明确地认识资产阶级的颓废艺术形式，就是新现实主义艺术的阶级的敌人。因为认识不够彻底，立场没有坚定，所以我在艺术创作中还容易受到客观环境的资产阶级艺术形式的影响。比如这一年来，我的艺术创作生活中，就存在一种这样的看法：自己是从事木刻工作的，所以在木刻这一部门的艺术创作是比较卖力气的，大部分的作品都经过组织和研究，花了很多时间，必要时也到实地去生活一些时候。但因为留在香港，接触到资产阶级艺术的作品和书本机会比较多，因此慢慢受了影响，由于这些影响的侵蚀，对资产阶级的颓废艺术的防范的警觉性也就松懈了，甚至于无形中影响了木刻的创作。

（同上）

在新时代来临之际，艺术的追求显然已被改造思想的要求所取代，这是黄永玉和所有艺术家必须面对的严峻现实，既是考验，更是挑战。在此情形下，黄永玉表示自己要加强政治学习、注重思想改造也就不足为奇了。

半个多世纪之后再读黄永玉这篇检讨长文，让我更感兴趣的尚不是这些反省和表态，而是他的自辩。他在文中一方面检讨，另一方面却又率性而言，反驳一些对自己作品的指责。

譬如，黄永玉在文章中摘录了一段董今对铜版画《生活竞赛》的批评：“……是一幅比较有点思想的作品，然而永玉君把它作了不适当的夸

此为一九四六年为陈敬容诗《逻辑病者的春天》所配的插图，这幅作品曾在“文革”初期作为“黑画”受到批判，六十年后黄永玉再题跋

《我在海上一辈子》，一九四九年

大，会令人怀疑这一群人在跳什么舞，而不是在饥饿线上挣扎与被迫害的人们。假如有人承认这是他的成功的作品的话，那么，报纸上天天刊载的更深刻与成功的作品太多了。”针对这一批评，黄永玉辩解道：

我觉得这不会是一幅“成功”的作品，但是一幅忠实于生活的作品。我不相信这三个衣衫褴褛抱紧菜篮、果盘，为了躲避捕捉，没命地向前奔逃的老头子、小孩子、背着孩子的妈妈——这样的画面，会令董先生生出“跳舞”的感情来。董先生虽没有具体提出这幅作品的哪一部分是“不适当的夸大”，但为了使表现的主题的现实性更鲜明，内容更凸出，我相信有原则的“夸大”手法是可以采用的。这种处理手法，在绘画上的例子很多，如哥耶的《集体屠

画家陆志庠像，一九四八年

杀》，如珂勒惠支的铜版画《织工罢工》连环画等都是。

（同上）

不限于具体作品的辩解，他还就指责他不应同时从事多种美术形式的创作进行辩解：

白思、谈真、董今三位先生对这次画展中作品的种类包括木刻、油画、水彩和铜版画，也是不赞成的，认为我只是在“表示什么也会搞一下”的意思。李霜白先生的意思则比较中肯，他认为我不该放下或减少搞热了的木刻，去搞油画、水彩和铜版画，增加自己创作上的负担，而不能更好地发挥所长。这种善意，是我很感激的。我觉得木刻、水彩、油画、铜版画，只是工具、材料和创制过程的不同而已，其实都属于绘画这个部门的。它们的关系也是相通的，在效果上各有其优点和缺点，若互相影响吸收，就算对木刻创作本身来说，也是很有帮助的。

（同上）

难得的自辩与固执。既满怀热情追赶时代，又不愿意轻易地与过去彻底告别；既真诚而谦恭地希望自己如他人一样进行思想改造，又倔强地珍爱艺术家的天性与追求。这才是那个从湘西漂泊而来、永远不失其“野性”的黄永玉。放在今天，这样做当然显得颇为平常，但将之放在当年的历史环境中与周围的人与事进行比较，就不难看出一个人要做到珍爱个性、挥洒性情，该是如何不易。

艺术家失去了自我，还能有什么呢？

历史转折之际的反省、检讨与自辩，是对一个人漫长一生的最好映照。黄永玉之所以后来能在文学艺术领域取得骄人成就，就在于即便在政治运动接连不断的时代，在政治思维方式与语言模式日渐渗透人们各种表达方式的日子里，他总是能执拗而巧妙地按照自己的思维方式和叙述方式来进行创作。他的绘画形式的不断变化与发展是如此，他的文学创作也是如此。仅就散文而论，《比我老的老头》、《沿着塞纳河到翡冷翠》中的作品，没有什么政治术语，也没有空洞夸大的煽情，结构之自由、句式之奇崛、文字之潇洒，常常令人拍案称绝。

人们常说黄永玉是“鬼才”。其实，还不如套用黄新波当年的评语，这是一匹从未被驯服的“野马”，一道总在跌宕起伏的“急流”。这一点，在他当年的反省和自辩中，早就有迹可寻了。

写电影的“黄笛”

六十年前在香港

黄永玉与电影的缘分，为人熟知的是《苦恋》（搬上银幕时《苦恋》改名为《太阳与人》）。一九七九年，作家白桦在拍摄黄永玉纪录片未果的情况下，改变计划而创作了《苦恋》。作为故事片，《苦恋》的艺术虚构当然已超出纪录片，但黄永玉仍可看作是主人公凌晨光的原型之一——他的早期漂泊，从香港回到大陆的过程，“文革”中的黑画事件，乃至他的一些生活细节，都成了电影中的构成元素。

电影《苦恋》剧照

《苦恋》电影的分镜头剧本

其实，早在五十多年前的香港，黄永玉就已经与电影结缘了。

一九四八年黄永玉从上海旅居香港。一九五〇年起，到一九五三年离开香港前往北京定居，三年多时间里，黄永玉在为《大公报》和《新晚报》的副刊担任业余美术编辑之外，还为长城电影公司编写剧本和编辑刊物。其中，喜剧《儿女经》被拍摄成电影，女明星石慧因在该片的表演而当选为最佳女演员；他还参与编辑《长城画报》，用文字丰富自己的文艺创作，更用画笔为那一时期的香港风景和文化风情，留下了形象记录。

由长城电影公司主办的《长城画报》，创刊于一九五〇年八月一日，主编为长城公司的经理袁仰安。编者在创刊词中写道：“在电影领域上，‘筑起我们的新的长城’！套用这句光荣的句子，本刊愿在艰巨的工程中，担任一名搬运夫；愿在无止境的进步中担任一名鼓手。”

二十六岁的木刻家黄永玉，成了香港电影的“搬运夫”和“鼓手”。

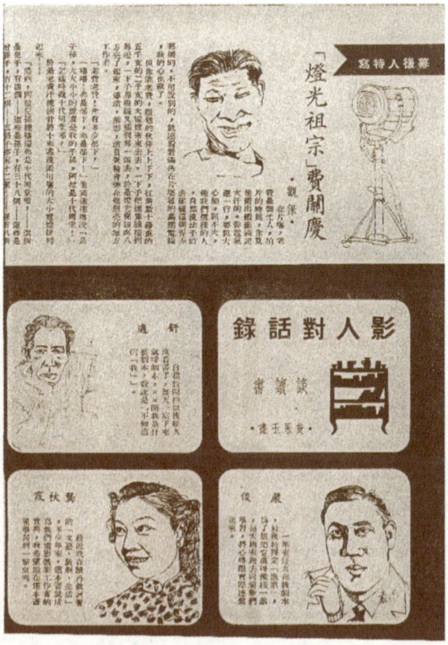

黄永玉替黎小田画速写像

为大小影星画像

当年，在《长城画报》上，黄永玉分别以“黄永玉”、“永玉”、“张观保”、“观保”等笔名，发表了数十幅速写，包括风景、演员肖像漫画、影人日常生活等内容。湾仔半山鸟瞰、坚尼地道、山居、半山小径、九龙钻石山脚木屋——一个个他居住过、活动过的场所，因这些速写而留存六十年前的景象。刘琼、龚秋霞、李丽华、顾而已、夏梦、石慧、舒适、韩非、陈娟娟、万籁鸣、万古蟾等，这些当时活跃于香港影坛的明星、导演、美术师，都成了黄永玉速写的对象。

童星黎小田值得特别一提。此时他只有六岁，《儿女经》是他出演的第一部电影。黄永玉回忆说，当时他和陶秦前去拜访作曲家黎草田，欲请黎草田为《儿女经》谱曲。谈话间，他发现坐在一旁的小田活泼可爱，颇与剧本中的小画家虎儿的形象吻合，他立即建议让小田去电影公司报名应考。黎小田果然被选中出演，他也因为在这部影片中的成功表演，成了二十世纪五十年代香港的著名童星。后来，黎小田长大后前往英国留学，

《花园道山景》

《圣约瑟书院前后》

《湾仔半山岛全景》

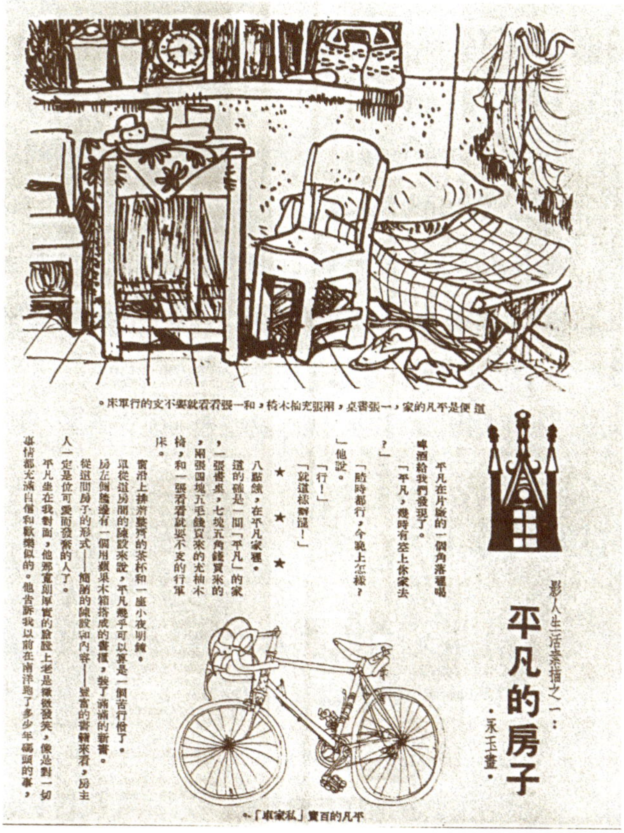

道便是平凡的家，一張書桌，兩張充柚木椅，和一張看看就要不支的行軍床。

影人生活素描之一：

平凡的房子

·永玉畫·

平凡在片廠的一個角落裏喝啤酒給我們發現了。

「平凡，幾時有空上你家去？」

「隨時都行，今晚上怎樣？」他說。

「行！」

「就這樣辦罷！」

★ ★ ★

八點鐘，在平凡家裏。

這的確是一間「平凡」的家，一張書桌，七塊五角錢買來的，兩張四塊五毛錢買來的尤柚木椅，和一張看看就要不支的行軍床。

窗沿上排着整齊的茶杯和一座小夜明鐘。

單從這房間的陳設來說，平凡幾乎可以算是一個苦行僧了。

房左側牆邊有一個用蘋果木箱搭成的書櫃，裝了滿滿的新書。

從這間房子的形式——簡陋的陳設和內容——豐富的書籍來看，房主人一定是位可愛而發奮的人了。

平凡坐在我對面，他那寬朗厚實的臉龐上老是微微發笑，像是對一切事情都充滿自信和歡樂似的。他告訴我以前在南洋跑了多少年碼頭的事，

平凡的百寶「私家車」。

转向音乐创作，回港后成为著名音乐人，上个世纪七十年代，曾在丽的电视与薛家燕主持综艺节目《家燕与小田》并发行唱片。八十年代，他先后捧红梅艳芳、张国荣、吕方等明星，二〇〇六年获香港“音乐成就大奖”。

当年，出演《儿女经》的六岁黎小田，成了黄永玉速写的对象。发表这幅速写时，《长城画报》还特地配发一张照片，他乖乖地坐在椅子上，由坐在沙发上的黄永玉速写。照片说明写道：“黎小田规规矩矩地坐着让黄永玉绘像。”或许，这是黎小田最早的肖像画。

无论风景，还是人物，六十年过后，这些速写尤显现出文献价值。

“黄笛”就是黄永玉

在香港，当一名电影的“搬运夫”和“鼓手”的黄永玉，最重要的电影作品是一九五一年创作的喜剧电影《儿女经》（另有一部作品《海上故事》未搬上银幕）。发表《儿女经》时，他用的笔名是“黄笛”。因此，除了熟悉的朋友，人们后来很难把画家黄永玉，与五十年代初期活跃于香港电影的“黄笛”联系起来。

《海上故事》虽未搬上银幕，却留下一个感人故事。黄永玉回忆说，当年前辈、电影明星费穆，同在长城公司工作，对他非常关爱，也很欣赏他的叙述故事的能力，曾一度建议他放弃美术而专职从事电影。费穆去世那天晚上，正伏案读《海上故事》的剧本，考虑将之修改为分镜头脚本。可是，他倒在剧本上，再也没有醒过来，吐出的血，就撒在稿纸上。许多年过去，每次谈到这一情景，黄永玉都感慨不已。

创作《儿女经》时，黄永玉家里还没有孩子，并无养儿育女的体验，他是根据《金陵春梦》作者唐人的家庭生活为素材而创作。一九五二年六月，《长城画报》第十七期出版了“《儿女经》专号”，其中这样界定《儿女经》：“长城电影制片公司最新巨献现实动人教育讽刺轻松喜剧。”该片制片人袁仰安，导演陶秦，主演苏秦、龚秋霞、石慧、黎小田等。

黄永玉在一九五二年五月十七日所写的《“儿女经”的由来》（署名“黄笛”）一文中，谈到他的创作经过与体会：

写这部戏的动机是来自我一位好友身上，一天到晚吵个不休，前因后果，未始不是一个复杂的社会问题？我想，弄一部以孩子教育问题为中心的戏出来一定蛮有意思的，就大胆向袁老总和一些好友提出来。

经过他们的研究结果，我得到一个十分值得感激的鼓励，我说我根本不懂得戏是怎么写的，但他们却任我怎写就怎写，还特别麻烦陶秦兄做我的私人教师，从ABC来起，教我怎样分段分场，这样那样，我非常感激他，使我除了完成一部不像话的脚本之外还多了一门没“满师”的手艺。

我写的是我亲近的朋友，有名有姓的人，他是一位有才能和值得尊敬的新闻工作者，有些地方，在感情上我无法不入迷地原原本本把他的真实生活借用过来，比如，他的阶层属性——思想生活，经济状况，文化水平……——我几乎没有改动，他的全家的一切在我写这部戏的时候占着很重要的分量。

我知道这样的做法有时是乏味的，第一就没照顾到属于电影这门学问中的渊博复杂条件，这些学问可正是我缺少的。

幸好，我得再深深感谢陶秦兄，他重新花了千百倍于我的力气，耐心地把这个不完整的东西从根挖起整修过了，把这部不像样

影人
素描
黄永玉畫

兒女經

的习作所犯的错误纠正了，对我来说，是非常有益的事。

（原载《长城画报》第十七期，一九五二年）

家庭教育，喜剧色彩，这便是《儿女经》的特点。导演陶秦在《导演的话：〈儿女经〉志》一文，开篇即以俏皮的口气写到一个细节，与电影剧本的风格颇为吻合：

有一个朋友得悉我导演《儿女经》的消息以后，曾经特地来望我一次，他的来意很简单——

“老陶，《儿女经》是不是一部怎样对付儿女的经？”他很正经地问我。

我被这个问题愣住了半天，也不敢答不是，于是我很圆滑地说：“这是一个故事，一个有了七个孩子的家庭故事，你要说它是一部经，那可说不上，不过这是经里的一段，就好像《圣经》的一段寓言，或者是一节奇迹。”

“够了”，他说：“我想问你，是不是看了《儿女经》可以帮助我怎样去管教孩子？”

（《〈儿女经〉的由来》）

陶秦无法问答这样的问题。他只是在文章最后说，朋友面带微笑的期待，鼓励他导演这部电影，但同时也让他感到“恐惧”。读导演的话，能感觉出陶秦的幽默，由他来执导另一位有幽默感的人的作品，倒是珠联璧合。

不过，黄永玉回忆，虽然电影上署名由陶秦导演，但实际上中途长城公司另换一位导演具体执导《儿女经》。结果，陶秦的导演意图和他的剧本风格，并没有很好地表现出来，至今仍为此而遗憾。

喜剧电影《儿女经》

二〇〇八年岁末，经小思女士的推荐与联系，我在香港电影资料馆查阅到《长城画报》以及《儿女经》相关资料的卷宗，其中，有电影院当年印发的一页《儿女经本事》，叙述了电影梗概：

颜兴堂在报馆工作并撰写小说。笔耕所入，仅够一家温饱。他有子女七人，妻则终日忙碌，对于子女的教育，不无疏忽。

大女大明，敏慧而性好动，就读某贵族学校初中。大明因家境清寒，常受同学歧视。同学中多以脚踏车代步，大明颇为羡慕。

創刊詞

談兒童演員

編劇者言

兒女經的由來

次子二毛喜修机械。三女三毛，好吃零食。四子四牛，性野蛮。五子虎儿，性好美术。六子龙儿，终日嬉毁。最小的女儿叫客满，尚在哺乳期内。

这里有了这么多个性不同的孩子，其喧哗嘈杂，使颜夫妇对之束手无策。

大明拟买旧脚踏车，但爸爸反对。大明感到失望，又怕同学取笑，不敢回校。后因学校查问而被父母发觉了。

兴堂有个朋友，姓张。常见兴堂为儿女所苦，很想为其分劳。这天来颜家，知大明逃学，认为大明的环境不好，主张换一间好的学校。兴堂怕多事，仅对大明训斥，送回学校了事。而大明到校后，果被同学讥笑。二毛问明原因，知女友陈露西有脚踏车，就去商借。因露西对二毛颇有爱意，故能立即得以允可。

次日，大明驶车到校，不料同学向她挑战赛车。大明求胜心切，车竟被毁。二毛奋勇代为修理，愈弄愈坏，不得已求诸修理匠，需费三十元。二毛向父母索款，兴堂只得给了。

不想这时四牛与邻居打斗，伤额昏厥，须送医院。兴堂无款，幸亏张叔叔来了，才替他们解决了困难。

兴堂也渐觉孩子非管束不可，可是又没有好的办法。那天张叔叔来和他们商讨，被一群孩子听到，深受感动。后大明改入好学校，渐改前非。返家又教育弟妹，帮助母亲理家，或做有益游戏。张叔叔在旁指导，顿时把嘈杂的家，理得井井有条。

爸爸的生辰，孩子们把省下来的糖果费，买了一支笔，作为寿礼。他们歌唱着为父母祝福，为自己的前程鼓励。

（《儿女经本事》）

当年的电影剧本已无从寻找，好在黄永玉本人当年曾亲自写过一篇电影小说《儿女经》，发表在《长城画报》此期专号上，这也是目前所见黄永玉最早的小说创作。

《儿女经》于一九五三年新年在香港隆重公映，随后，又在东南亚各地上映。时间上仿佛是一个巧合，就在公映之际，黄永玉一家离开香港，前往北京，未来的新生活从此开始。

离开香港，电影创作也随之而去，香港的电影经历，只成了黄永玉漫长艺术生涯中不大为人所知的一段插曲。

一九四九，转折之际

在香港，意外的发现

沈从文先生去世三个月后，一九八八年八月十六日，黄永玉先生在香港完成了长篇散文《这些忧郁的碎屑——回忆表叔沈从文》（简称《这些忧郁的碎屑》）。这是他继《太阳下的风景》后第二篇关于沈从文的长文。如今，这两篇散文，堪称描写沈从文的精彩文字。

在《这些忧郁的碎屑》中，黄永玉写道：

> 一九五三年以前，我住在香港，一直跟表叔有书信往来。除我自己的意愿之外，促使我回北京参加工作的有两位老人，一是雕塑家郑可先生，一个就是从文表叔。由于我对于共产党、社会主义建设的向往，也由于我对两位老人道德、修养的尊敬和信任。最令我热心沸腾的是，我已了解到从文表叔当时的处境很坏，他的来信却是排除了个人痛苦而赞美共产党和新社会。他相信我比他年轻，因而能摆脱历史的因素，为新社会贡献所长。道理十分通达易懂，真诚得比党员同志的劝谕更令我信服。可惜所有的通信，那些珍贵的蝇头毛笔行书，都在文

化大革命中烧毁了。

（《这些忧郁的碎屑》）

令人惋惜的烧毁。这就难怪《沈从文全集》书信部分百万字之多，除收录一封写给黄永玉夫人梅溪的信之外，沈从文写给黄永玉的信却无一封。我们只能根据黄永玉的转述，略为了解沈从文在历史转折之际的思想变化。不过，我一直心存侥幸，希望某一天发现新的史料，可以从中具体了解到沈从文对黄永玉人生道路选择的直接影响，从而也就为计划写作的黄永玉传记补充重要内容。

期待没有落空。

二〇〇七年七月，香港时代广场举办黄永玉先生的一个大型艺术展，以故乡凤凰为主题。主办方邀我前往，并在一次座谈会上就相关话题与香港观众交流。我欣然与黄先生同往。

位于香港铜锣湾的时代广场，一时间似乎成了凤凰与黄永玉的世界。室外场地上，由主办方精心搭建的凤凰古城的建筑景观，与陈列的黄永玉雕塑相辉映。室内二层偌大的大堂，被布置成了别开生面的展厅。室内主要为绘画作品，且大多描绘故乡风景。展板上方，特意设计成凤凰古城灰黑格调为主的屋顶翘檐，数十块展板交错排列，远处望去，恰如凤凰那一番老巷屋顶鳞次栉比景象。

黄永玉生平图片展览中，他与故乡凤凰、与表叔沈从文的关系，是极为重要的内容。站在两人的合影前，我不由得想到，这一次展览实际上有着特殊的历史意味。

黄永玉在香港举办第一次展览是在一九四八年，距此次时代广场展览正好六十年。正是在第一次展览举办之后，一个新时代的来临，让沈从文和黄永玉两代凤凰人一起站在了重要的历史转折点上。前者，旧与新以不同方式影响着他。他因过去种种而徘徊、惶恐、焦虑，随之精神失常，难以自控，竟然选择自杀方式试图摆脱痛苦。后者则始终关心与关注着表叔的一切。显然，前者的情绪发展，对未来生活道路的选择，势必影响后者的香港去留。

六十年已然过去。在此次展览的开幕式上，黄永玉迎来了他的老朋友查良镛（金庸）先生。吃饭时，黄永玉指着身旁的金庸对大家说："他比我大几个月，今年都是八十四岁。但那时我们都叫他小查。"金庸笑笑，说："现在恐怕没有几个人叫我小查了吧？"

那时——即是六十年前。原来，一九四八年后，黄永玉与金庸都在香港《大公报》工作，前者为副刊工作，后者则负责翻译外电时事报道。他们曾同在一个办公室。当时他们都是二十几岁的年轻人，如今则以各自的成就而享誉海内外，他们在《大公报》的共事经历，可算是香港文坛的一

《坚尼地道》

段佳话。可惜，尚无人以此为题将之描述出来。

黄永玉回忆说，他于一九四八年年底从台湾抵达香港后，即由左翼文化界领导安排，帮忙《大公报》副刊画插图和题花。虽非《大公报》职员，但每日均到报馆上班。后来，还参与了《新晚报》的创刊。当年，兴趣所致，除继续创作木刻作品外，他还开始撰写美术评论和散文，包括图文相配的连载等。当时编辑《大公报》“大公园”副刊的，是后来以罗孚、柳苏等笔名而著称的罗成勋先生。黄先生早就告诉过我，在一九五三年离开香港到北京之前，他曾在《大公报》及《新晚报》上以黄永玉、黄笛、椿屋大郎、张观保等笔名发表木刻、散文、美术评论、连载等。就在此次宴席上，我决定利用在香港的几日时间，去查阅一九四九年至一九五二年之间的香港《大公报》。我希望能有所发现。

在《大公报》总编辑周庆先生的关照下，承蒙《大公报》资料室的热情帮助，搬出了这几年的老报纸供我查阅。几个下午与晚上，我在故纸堆里消磨时光。幸运的是，一页一页的翻阅，竟有了不少收获。除搜集到黄先生的不少作品外，另外一个重要的意外发现，是沈从文于一九四九年七月十六日写给黄永玉的一封长信。该信以《我们这里的人只想做事》为题，发表于同年八月十一日《大公报》上。

沈从文写此信之时，距一九四九年三月二十八日他自杀获救不到四个月。据沈公子虎雏先生编撰的《沈从文年表简编》称，沈从文一九五〇年六月十二日在《光明日报》发表《我的感想——我的检讨》，“这是他一九四九年后首次发表的文章”。那么，《我们这里的人只想做事》一文的发现，无疑填补了一个空白，它应是沈从文一九四九年公开发表的唯一一篇作品，且在他的人生发生巨变之时。它是沈从文在历史转折之际的情绪与生活的特殊记录，同时，对了解黄永玉的人生轨迹变化，也有着特殊意义。

沈从文在困境中

走进一九四九年，黄永玉在香港一直牵挂着沈从文的安危。

此时黄永玉俨然已是香港左翼文艺界的一名年轻而生机勃勃的成员。他所参与工作的《大公报》，在一九四八年下半年开始放弃以往非党非派的独立性，宣布接受中国共产党的领导。如担任《大公报》社评委员的萧乾先生所说，在《大公报》名记者、中共地下党员杨刚的策动下，《大公报》宣布“起义”，成为革命阵营的报纸。

年轻的黄永玉投身于革命之中。在香港，他周围活跃着一批中共文化界领导人和著名左翼人士，如聂绀弩、楼适夷、王任叔、司马文森、张天翼、蒋天佐、臧克家等，而编辑《大公报》“大公园”副刊的罗孚，本身就是中共地下党员。在这样的文化圈子里，黄永玉为新时代的来临而兴奋，他回忆说，他当时精力充沛，有使不完的劲儿。

沈从文则截然不同，他处在历史转折重新选择的关口。左翼文化界对沈从文的批评，多年来或重或轻一直没有停止过。以前的论争大多局限于文艺观点的分歧，但一九四六年后，随着国共两党内战的爆发，沈从文发表了一些批评内战的文章，因此被左翼文化界视为“反动文人”，随着新时代的一天天接近，对他的批评就自然而然变得愈加激烈。

对沈从文的猛烈讨伐，是由香港的左翼文化界发动的，最有影响的莫过于郭沫若的檄文《斥反动文艺》。身在香港的黄永玉，当然能够感受着“山雨欲来风满楼”的氛围。

黄永玉这样描述当时的情形：

> 解放前夕，他写过不少信，给我报告北京的时事以及自己当时的

感想。他直率地表示不了解这场战争，要我用一千、一万、十万张画作来反对这场让老百姓流血吃苦受罪的战争。我觉得自己的认识在当时比他水平高一点，能分清什么是“人民战争”和其他不义战争的性质。何况打倒国民党蒋政权反动派是当时有目共睹的好事，除了共产党和解放军，谁有本领做这种事呢？说做，不就成了吗？

（《这些忧郁的碎屑》）

在《这些忧郁的碎屑》中，黄永玉凭记忆摘录沈从文写给他的一封信：“北京傅作义都已成瓮中之鳖。长安街大树均已锯去以利飞机起落。城，三四日可下，根据过往恩怨，我准备含笑上绞架……”

九十年代初，我曾就沈从文与丁玲的关系之事访问过楼适夷先生。在谈到一九四九年前后的情况时，他曾说道：“当时我和黄永玉都在香港，听说沈从文害怕将来无路可走后，就要黄永玉写信告诉沈从文：共产党不会对他怎么样。”(一九九〇年五月十八日与本文作者的谈话)

黄永玉的来信无法使沈从文摆脱历史转折之际的困惑与惶恐。正在此时，一九四九年春天，一件意料不到的事情，加重了他的病情。同在北京的汪曾祺这样回忆当时的情形：

一天，北京大学贴出了一期壁报，大字全文抄出了郭沫若的《斥反动文艺》。不知道这是地下党的授意，还是进步学生社团自己干的。……这篇壁报对先生的压力很大，沈先生由神经极度紧张，到患了类似迫害狂的病症(老是怀疑有人监视他，制造一些尖锐声音来刺激他)，直接的原因，就是这张大字壁报。

（《沈从文转业之谜》）

突如其来的这种阵势，让沈从文害怕到了极点。一生中他经历过许多磨难，但眼前发生的情况却是他从未见识过的，他不知道他这片被卷起的枯叶，会飘向何处。他显然更加恐惧在解放军进城之后，自己的未来更加难以预料。他逐渐出现汪曾祺所提到的精神失常现象。在家里，站在窗前，望着胡同里来往的人，他会紧张地说："他们来抓我来了。"

据《沈从文年表简编》，沈从文于一九四九年一月中旬病情发展成精神失常。三月二十八日，他选择了自杀，遇救后送入精神病院。

沈从文的病情和自杀细节，张兆和在几天后写信告诉沈从文的大姐和大姐夫：

> 上次我信中曾提到二哥这几个月来精神不安的现象，但是这种不安宁，并不是连续的，有时候忽然心地开朗，下决心改造自己，追求新生，很是高兴；但更多的时候是忧郁，悲观，失望，怀疑，感到人家对他不公平，人家要迫害他，常常说，不如自己死了算了。因为说的太多，我反倒不以为意。他那种不近人情的多疑，不单是我，连所有的朋友都觉得他失之常态，不可救药。不想他竟在五天以前，三月二十八的上午，忽然用剃刀把自己颈子划破，两腕脉管也割伤，又喝了一些煤油，幸好在白天，伤势也不太严重，即刻送到医院急救，现在住在一个精神病院疗养。
>
> （一九四九年四月二日，《沈从文全集》十九卷）

不幸中之万幸，沈从文遇救后病情好转得很快，情绪也日趋稳定。

杨刚

杨刚来访

沈从文自杀获救一个星期后，一九四九年四月五日，一位老朋友前来探望。这一天，也许可看作他的精神好转的一个标志。

来访者是杨刚。杨刚原名杨缤，是上世纪三十年代初燕京大学的学生，是萧乾的好朋友。经萧乾介绍，她与沈从文认识，颇受后者器重。在二十世纪中国文坛，杨刚堪称一位奇女子。她是名记者，同时也从事小说和诗歌创作，其诗充满奔放豪爽的阳刚之气。燕京大学期间，她与萧乾一起帮助美国记者斯诺编选中国当代小说选《活的中国》，该书曾请鲁迅作序。在此过程中，斯诺特地请杨刚用英文创作一篇自传体小说，反映一九二七年大革命前后的变化。斯诺在介绍“杨刚”这个笔名时写道：“这是一位中国女作家的笔名，她出生于湖北的一个高贵门第，父亲是省政府要员。作者敢于运用社会题材来表现解放，这一定会使那些深信中国文艺家不能同过去决裂而走上革命道路的人大吃一惊。”

在一九四八年下半年成功策动香港《大公报》起义后，杨刚被调到了天津，这里是《大公报》的发祥地和本部所在地。中共获得平津战役胜利后，天津《大公报》已易名为《进步日报》，杨刚前来担任副总编辑。三十年代时，沈从文曾担任过天津《大公报》文学副刊的编辑，后来由他介绍萧乾进入《大公报》，接替他的工作。因此，他与《大公报》有着很深的渊源。对于大病初愈的沈从文来说，由杨刚这样一个具有多层关系和意义的老朋友前来探望，显然更容易接受和感动。

一九四九年四月初，第一次全国妇女代表大会正在北平（此时尚未更名为北京）召开，想必杨刚是出席这一大会才得以有机会探望沈从文。这位早就“同过去决裂而走上革命道路”的友人，走进精神病院，看望获救后的沈从文，希望给他以精神鼓励和安慰。

情况也正如此。据沈从文第二天所写杂感，杨刚来看望他时，特地为他带来了《人民日报》和《进步日报》等几份报纸。他说，正是读了这些报纸上的文章，他豁然开朗，精神为之一振，仿佛走出了阴影，可以与往事干杯告别了。

一九四九年四月六日，沈从文这样写道：

> 昨杨刚来带了几份报纸，可稍知国家近一星期以来的种种发展。读四月二日《人民日报》的副刊，写几个女英雄的事迹，使我感动而且惭愧。写钱正英尤动人。李秀真也极可钦佩。这才是新时代的新人，和都市中知识分子比起来，真如毛泽东说的，城里人实在无用！乡下人单纯和健康。同时也看出文学必然和宣传而为一，方能具教育多数意义和效果。比起个人自由主义的用笔方式说来，白羽实有贡献。对人民教育意义上，实有贡献。把我过去对于文学观点完全摧毁了。无保留的摧毁了。搁笔是必然的，必须的。
>
> （《沈从文全集》十九卷）

人民日報
與洪水搏鬥
記治河女工程師錢正英
劉白羽
堅持敵後鬥爭的
女英雄李秀真

一九四九年四月二日《人民日报》第四版版面，上为刘白羽所写关于钱正英的通讯

经查，一九四九年四月二日《人民日报》第四版，并非标明为副刊，但为了配合正在召开的妇女代表大会，集中刊载了一组妇女先进人物的通讯。四篇通讯分别是：《女司令刘虎成》（无作者署名）、《与洪水搏斗——记治河女工程师钱正英》（署名：刘白羽）、《坚持敌后斗争的女英雄李秀真》（署名：晓鲁、勇进、韦英）、《合作英雄张秋林》（署名：韦荧）。这些作者中，刘白羽早在二十世纪三十年代抗战爆发前就开始文学创作，沈从文不陌生，故在日记中以“白羽”称之。

沈从文还写道：

从这几篇文章中，让我仿佛看到一个新国家的长成，作家应当用一个什么态度来服务。这一点证明了延安文艺座谈会记录实在是一个历史文件，因为它不仅确定了作家的位置和责任，还决定了作家在这个位置上必然完成的任务。这一个历史文件，将决定近五十年作家与国家新的关系的。上期有萧参著《坚决执行文艺为工农兵的方针》一文，可惜没有见到。从推想说，一定是对当前和未来能完全配合得极密切的。

（同上）

此处所提“萧参”应是“萧三”之误。估计沈从文书写时将“三”写成繁体“叁”，整理者不察而误为“参”。查阅此日专版，见版面左下角刊登了一则不起眼的《启事》：“上期刊所载萧三之《坚决执行文艺为工农兵的方针》一文，待下期续完。”沈从文在日记中提到此事，足见他阅读之细。这也从另一侧面反映出他对杨刚的来访十分重视。可以相信，像杨刚这样一位老资格、有影响力的党员和朋友来看望他、关心他，对处在失落、幻灭中的沈从文无疑会感到温暖与鼓舞。

阅读四月二日的报纸，对沈从文产生的最大影响，莫过于他开始转而从群众即工农兵的角度反省自己，进而否定他所说的“个人自由主义的用笔方式”，这一点在这一天的日记乃至随后写给黄永玉的信中都可以看到。

譬如，沈从文提到刘白羽所写钱正英的通讯感触很深。这篇通讯以采访方式，报道钱正英（后来担任过水电部部长和全国人大常委会副委员长）如何投身革命，参加解放区的水利工程建设，但作者突出的是主人公对群体力量的推崇：

钱正英笑着告诉我：“只要和群众站在一起，就有了无穷的力量。”

钱正英经历无数斗争，终于成了一个人民的工程师了，她现在是山东省河务局副局长。当我访问她时，她谦虚地告诉我：“真正

一九四九年七月来北平出席第一次文化会的朋友到沈从文家中拜访，左起：沈从文、巴金、张兆和、章靳以、李健吾

的工程师是人民，是中国共产党。”这句话是十分深刻的。她不愿说她个人的事情，她推荐她斗争中的战友……更多的是从淮河、浑河到黄河的千百万劳动者，她推荐他们的劳绩。

（《与洪水搏斗——记治河女工程师钱正英》）

触动沈从文的显然是这样一些表述。

几天后，杨刚于一九四九年四月八日又给沈从文写来一信。她说，她已将他的近况转告了北平的文化教育接管委员会，他们对沈“决心向人民中间走的意思”很感动。负责人之一沙可夫已决定，请吴晗最近几日去看沈。吴晗是沈从文三十年代初在中国公学教书时的学生，与张兆和同窗，抗战期间在昆明西南联大与沈从文也是同事。此时，吴晗担任北平军管会副代表，参与接管北京大学、清华大学，正是权威日隆之时。请吴晗这样一位与沈从文有着特殊关系的领导人前来探望并商量工作安排，可谓杨刚和沙可夫等人用心良苦。

在信中杨刚最后还这样开导与告诫说：

> 精神的转变不是一件简单的事。能经由痛苦而从头检讨自己，认识自己的过去和现在，反而是最好的。这可以看得更透，认得更明，站立得更坚定。这比较轻松容易的变化更好。尤其是对于一个有良心的知识分子是最有益。我和许多朋友都相信你最终是属于人民的。
>
> （《沈从文全集》十九卷）

由此看来，杨刚对沈从文在历史转折之际的变化，起到了举足轻重的作用。

不过，杨刚后来的遭际却没有沈从文幸运。抗美援朝战争爆发后，杨刚于一九五〇年十月调任周恩来总理办公室主任秘书，后担任中宣部国际宣传处处长及《人民日报》副总编辑。一九五七年反右运动开始后，她因遗失一个重要笔记本等原因，陷入类似于沈从文一九四九年春天时的精神状态。十月七日，身为《人民日报》副总编辑的杨刚自杀身亡。一代奇女子竟如此结束生命！沈从文获悉杨刚噩耗时，想必会为之痛惜而落泪。他应该不会忘记一九四九年四月五日杨刚的来访和随后的精心安排。杨刚陷入精神困境时，正值反右斗争风云变幻人人自危之际，有人如她当年援助沈从文一样向她伸出过援助之手吗？无法得知。

且回到一九四九年四月。自杨刚来访后，沈从文及全家的生活渐趋正常。五月，张兆和进入华北大学学习；六月，沈从文应邀在北平文化教育接管委员会办公处与丁玲会见；其后，丁玲曾邀何其芳同到家中看过他；会见中丁玲劝他“抛掉自己过去越快越多越好”。以后他和张兆和也曾去丁玲在东总布胡同的住处回访；六月，解放军苗族将领、他的凤凰旧友朱早观（时任中共中央军委办公厅副主任）来家中看望，鼓励他振作精神为新社会工作；七月，来京参加第一次全国文代会的巴金、李健吾、章靳以等朋友到家中看望他。（参见《沈从文年表简编》）

据巴金回忆，此次在北京开会一个多月，他曾多次前去看望沈从文。巴金等均是沈从文三十年代初结识的老朋友，他们的来访，对他也是莫大的安慰。

生活趋于正常，情绪逐步稳定，思想发生转折性变化，正是在此时，沈从文于一九四九年七月十六日给黄永玉写出了一封重要书信。

“我们这里的人只想做事”

黄永玉说，当时收到沈从文这封长信，看到表叔走出了自杀阴影，心情骤然明朗且对工作充满热情，不由得兴奋不已。心里一直悬挂着的石头，也随之落地。他当即把信交给罗成勋等几位朋友传阅，他们都为之高兴。他们商定，全文发表这封信。一方面可以让海内外牵挂沈从文安危的友人和读者放心；另一方面，作为一家已经接受中共领导的报纸，更有必要借此展示新时代的活力与感染力。

沈从文这封写给黄永玉的信，发表于《大公报》“大公园”副刊时，

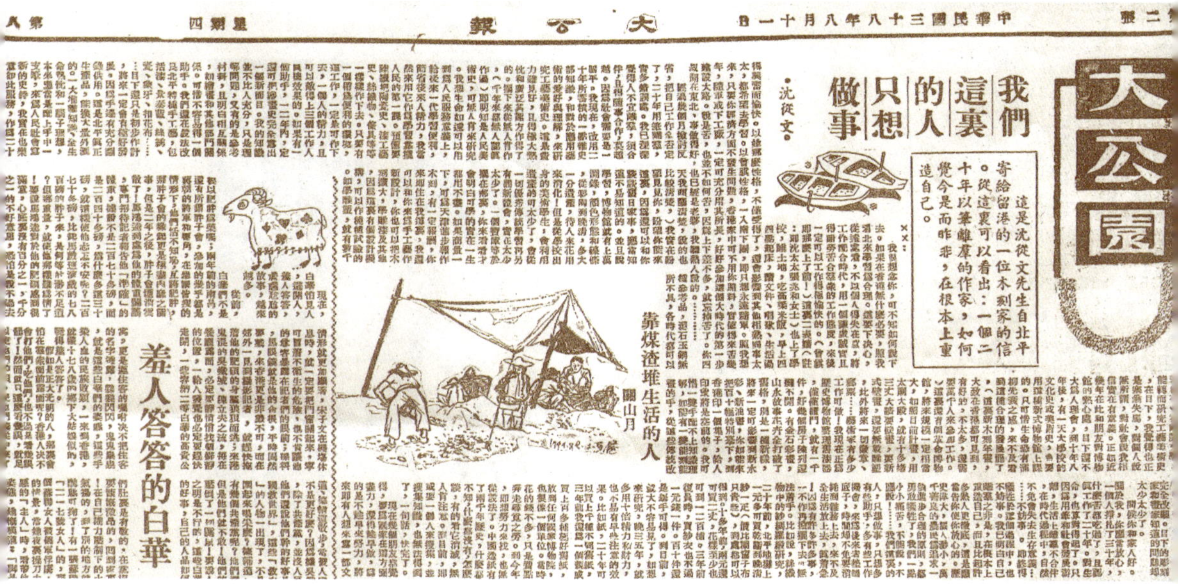
中華民國三十八年八月十一日 大公報 星期四 第八版

大公園

我們這裏的人只想做事

·沈從文·

這是沈從文先生自北平寄給留港的一位木刻家的信。從這裏可以看出：一個二十年以筆離群的作家，如何覺今是而昨非，在根本上重造自己。

靠煤渣堆生活的人

關山月

羞人答答的白華

发表沈从文书信的《大公报》版式

报纸尚采用中华民国纪年，为中华民国三十八年八月十一日（星期四，第八版，即公元一九四九年八月十一日），距他信末注明写信日期“七月十六”不到一个月。

此信在“大公园”作为头条发表。收信人姓名隐去，以××代替，标题《我们这里的人只想做事》，署名“沈从文”，由编者拟定，并加框写一说明：“这是沈从文先生自北平寄给留港的一位木刻家的信。从这里可以看出：一个二十年以笔离群的作家，如何觉今是而昨非，在根本上重造自己。”标题下面配以题花。题花为两条小船，寓漂泊之舟找到了栖身港湾之意。这题花正是由黄永玉亲笔所绘。文中还发表有一幅速写《靠煤渣堆生活的人》，作者为画家关山月。此画与沈从文信中内容无关，似是因为副刊版面美术设计需要所致。

黄永玉说，《我们这里的人只想做事》发表后，应该给表叔寄去过报纸。编辑《沈从文全集》时，可能没有发现这篇文章。

读《我们这里的人只想做事》，可以参阅沈从文一九四九年七月左右另外一封写给友人刘子衡的信（《沈从文全集》十九卷第四十五页），其情绪、思路及表述均相似。突出的一点是，沈从文强调自己“与群游离”，在

一九五〇年沈从文与香港来的黄永玉在家门前

新时代中被毁废是不可避免之事。将个人以往完全抛弃，无条件地消融于群体之中，这是沈从文在历史转折之际走出幻灭后得出的一个结论——且不管他是否真的能做到。

根据黄永玉回忆，在七月十六日这封信之后，沈从文还有来信。由于原信已毁去，只能在他的《这些忧郁的碎屑》中读到转述的片段。如沈从文于一九四九年八月工作被安排至历史博物馆，他在信中这样告诉黄永玉：

……解放军进城，威严而和气，我从未见共产党军队，早知如此，他们定将多一如我之优秀随军记者。……可知解放广大人民之不易……你应速回，排除一切干扰杂念速回，参加这一人类历史未有过之值得为之献身工作，……我当重新思考和整顿个人不足惜之足迹，以谋崭新出路。我现在历史博物馆工作，每日上千种文物过手，每日用毛笔写数百标签说明，亦算为人民小作贡献……我得想象不到之好工作条件，甚欢慰，只望自己体力能支持，不忽然倒下，则尚有数万数十万种文物可以过目过手……

（《这些忧郁的碎屑》）

沈从文写给黄永玉的信，总是充满投入新时代的热情，并为新的北京描绘出勃勃生机。他详细描述准备转向工艺美术史研究的计划，鼓励黄永玉从香港到北京来，与他一起开始新的生活。表叔的召唤，令黄永玉为之向往。

一九五〇年三月二日，沈从文进入华北大学，不久，随建制转入华北人民革命大学。这一年夏天，黄永玉、张梅溪夫妇从香港来京探望。这是他们夫妇第一次来到北京。他们一方面要探望表叔，一方面也是要实地感受北京，以便决定是否离开香港到北京来。

黄永玉在《太阳下的风景》中这样记述此次的北上：

解放后，他是第一个要我回北京参加工作的人。不久，我和梅溪背着一架相机和满满一皮挎包的钞票上北京来探望从文表叔和婶婶以及两个小表弟了。那时他的编制还在北京大学而一人已在革命大学学习。记得婶婶在高师附中教书。两个表弟则在小学上学。

我们呢，年轻到了家，各穿着一套咔叽布衣服。充满了简单的幼稚的高兴。……表叔的家在沙滩中老胡同宿舍。一位叫石妈妈的保姆料理家务。我们发现在北方每天三餐要吃这么多面食而惊奇不止。

我们在北京住了两个月不到就返回香港，通信中知道表叔已在“革大”毕业，并在历史博物馆开始新的工作。

（《太阳下的风景》）

第一次来到北京，带有相机的黄永玉与梅溪游遍北京名胜，拍摄了一批风景照，更为难得的是他与沈从文的合影，为我们留下了此时他们的影像记录。

北京之行与表叔一家团聚，亲身感受新时代的兴奋，黄永玉做出了以后来北京生活的决定。返回香港后，他们写信把这一想法告诉了沈从文，沈从文于一九五〇年九月十二日给梅溪写去一封约三千多字的长信，这封信有幸被保留下来，收录在《沈从文全集》中。了解沈从文与黄永玉转折之际的变化，这封信值得参阅。

沈从文在回复梅溪的信中说，他们的来访为自己一家带来了快乐：

> 你俩小夫妇来，给孩子们真带来一份永久的春天！到现在，我们和石妈总还是把你们的善良和活泼，当成一个“漫谈”说下去的。……永玉为孩子们作的画相（像），看到的朋友都觉得自己如被画一下，十分幸运。因为几个专家也认为是“杰作”的。都欢喜的，可惜不为我画一个。
>
> （《沈从文全集》十九卷）

得知他们已有计划将到北京来生活，沈从文尤为兴奋。他说，愿意将自己的经验传授给黄永玉，还为他们两位从文学和艺术两方面设计发展方向，鼓励他们以自己的创造而尽快融于新的社会。半个多世纪后读此信，仍然可以强烈感受到沈从文似乎全然抛弃旧我之后的镇静与从容。他这样写道：

> 读你们的来信，说到将来会来北京住下去，我是如何高兴！趁

一九五〇年雕塑家郑可为黄永玉所作浮雕肖像

我头脑还能得用时来，有些对于工作的本质理解，有些看法，有些未能完成的理想，有些具发展性和延续性的工作经验，一定会对于永玉有用处的。

……

正如毛主席在文件所说，共产党到了都市，一年来有些事都闲下来了，有些事生疏了，有些新事又得重新学习。你们这一代最要更加深加强学习的，似乎应分是一种完全新的东西，但其实这个新还是离不了从‘对于人类前途的热忱’和‘工作的虔敬态度’出发，有关这一点，北来是一定会有收获的。国家一切工作的推进，都要从这二点出发，才可见功。

（同上）

沈从文甚至还向黄永玉提出了具体的建议：

永玉将来还得到东北去走走，西北走走，看看云冈敦煌，和黑龙江的黑土，鞍山大铁矿，以及内蒙古包中的大小蒙古人，这一切对你们都需要，学画和文学全需要。可得先有个准备条件，即把身体弄好。你们两人都得在健康上也努点力。

加强学习，是爱国家（的）一个条件。国家事情多，要一个人敌（抵）十个人用。要鼓励永玉多作（做）点事，这也就是你的创作的一部分。我两年来写信能力全丢失了，不知可说得对不对。

（同上）

收到此信，一年零五个月后，一九五三年二月，黄永玉带着妻子梅溪和刚刚七个月大的儿子黑蛮，离开香港，前往北京。

火车抵达位于前门的北京火车站。年过半百的沈从文，一个人站在月台上迎接他们。至此，沈从文和黄永玉叔侄两人的历史转折都已结束，他们即将一起生活在同一座城市里。

胡风在一九四九年历史转折之际，曾发表过一首轰动一时的长诗《时间开始了》。“时间开始了”——一个富有激情也富有历史感的表述。对于在北京二月寒冷中重逢于前门火车站月台上的两代凤凰人——沈从文与黄永玉——来说，时间真的重新开始了。

刚刚来到北京的黄永玉，真的如沈从文所建议的，去了东北小兴安岭森林，并率先以《人民日报》特约记者的身份，在《人民日报》上发表一组摄影照片。后来，又陆续发表相关文章。

森林小学

黄永玉

我是第三次来到森林了。

在森林里我有許多工人朋友。采伐場常搬家，我每次都得費好大勁才找得到他們的場子。大家重新見面是非常高兴的，他們的性格是那样的豪放，有时甚至不能不用当胸几拳来表示他們对我的友誼。

森林的变化很大。前几年，任务緊的时候，白天晚上地干，人們的眼睛充滿血絲，嗓子沙啞，动不动就光火生气。現在呢？任务紧的时候也是白天黑夜地干，但却是开着电灯輪着早晚班干的。星期天有休息。食堂附設小卖部。同志們，別以为小卖部卖香烟糖果是平常事，你得考虑这是在大森林里，走几天几夜才到得了的地方。过去吃飯，老是豆子、豆腐湯、豆腐花、炒豆腐、煎豆腐、煮豆腐、凍豆腐……現在呢，山上有甚么，这兒就有甚么。不希罕了。

过去，人們脾气躁是有心事，想家，想山外的老婆孩子。年青的就担心这样干下去，几时才討得了老婆？

現在不怕了，伐木場到哪里，老婆孩子就跟到哪里，哪里也就盖上家屬房子。沒有老婆的呢？因为家屬一多，媒人也就多了，問題也不大了。

現在麻煩的是孩子們讀書的問題。

看着孩子一天天長大起来了。沒人管教，成天在林子里跑来跑去，像个小野熊似的。

工人們有意見了：

"好啦！好啦！我們这些'老盲'扫掉了，'小盲'又出来了！"

森林采伐工作很特殊，流动性大，一兩年或几年搬一次家；又分得散，有时人多有时人少，这样情况怎样建得校舍？离开城市又远，四、五岁大的孩子，怎么能送到百里外去念書？

孩子是重要的，有的是因为孩子念不到書回乡种庄稼去的工人。

記得去年我上森林来的时候，就碰見一个赤着脚在林子里跑来跑去的孩子，十一、二岁了，会玩，会說会笑，就是認不得字，他父亲要他搭火車上百里外的地方去念書，帶了錢，过不几天，花完錢光着身子回家来了。做父亲的气得狠狠地揍了一頓，又給了一些錢，又是花完了錢光着身子回来。今年我沒有見到这对父子，听說已經回乡生产去了……

但是，这个問題今年順利地解决了，并且弄得非常之好。

从我的窗口望出去，朝南的那間原来做浴室的小木屋，現在是森林伐木場的小学校了。从里头不时傳出讀書和唱歌的声音。中午，孩子們排着队从屋里出来，小鴨子似地，回家屬宿舍那边吃午飯去。

在森林里办小学，錢沒有問題。但不知道該怎么办？沒有老师，規模又小，学生少，弄不出个名堂。像这样形式的学校还从沒有見过，也沒有先进經驗可学。办这种学校不能按照办学校的規矩的，建校舍，請教員，买校具甚么的，这都沒啥用处；学生人数又不一定，有时是三个，有时又是十一个。……

根据森林采伐队的特点，办法到底给想出来了。

"先别想建校舍，买教具請教員吧！找个地方先上課再說！"这兒的領导同志这么說，說完就干，事情也就成了。

書是从森林外的一間"大小学"里要的，先生呢！麻煩了一下，后来才想起家屬中有念到小学畢業的人，这不就好極了嗎？

过去先生怎么教她，現在她就怎么教好孩子，她上午上課，下午仍然管家务事，孩子們很喜欢她，家長們也覚得由她来教导孩子們讀書是很能胜任的。

我从来沒有見过这样朴素这样有勇气的学校，連个上下課鈴噹也沒有，"好！下課啦！"老师总是这么說完就下課。

这有甚么关系呢！重要的是学校办起来了。

森林小学幼兒班（木刻）　黄永玉

抗　联

密林深处
树木是一重重關鎖
闪光的白楊連成一片
高大的紅松
像是牽起手来的山峰……

在这里，就在这里
抗联的英雄們
會用战刀、用手指头
开出来一塊小小的軍田

它生过金黃金黃的谷子
它也長过火紅火紅的高
在那困苦的岁月里

活躍在小興安嶺上

爲了有計劃地供應國家建設所需要的大量木材，各地都在進行森林資源的調查和復查工作。

在貯木場上堆積如山的木材，即將運往全國各地。

運載木材的小火車，來往森林和貯木場之間。

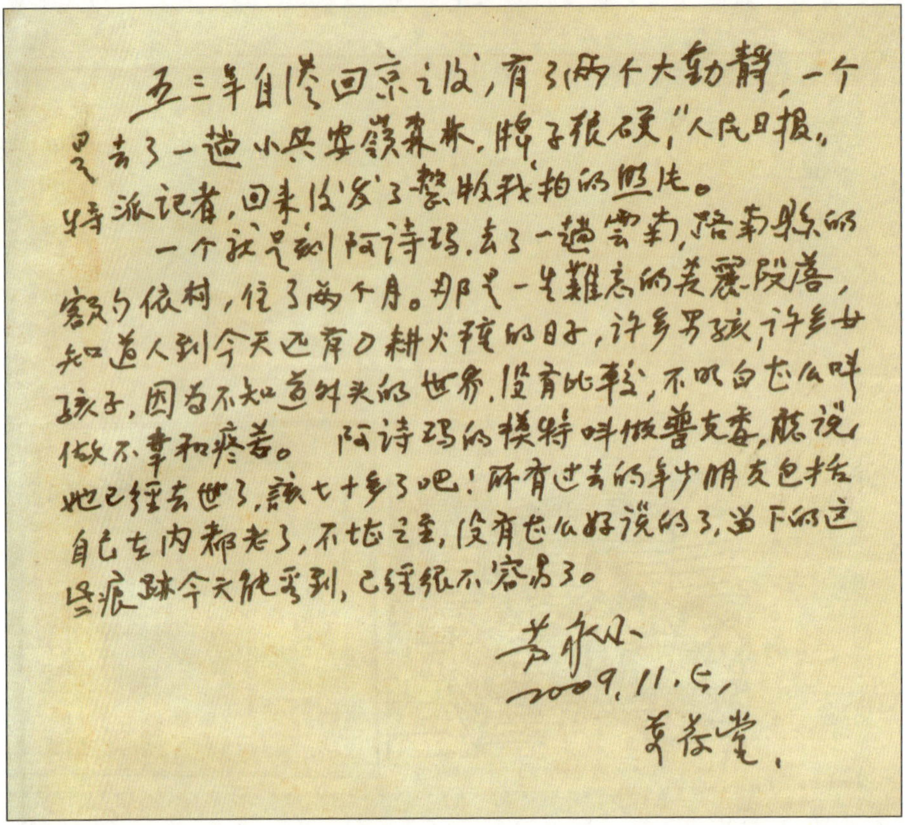

五三年自港回京之后，有了两个大动静，一个是去了一趟小兴安岭森林，牌子很硬，"人民日报"特派记者，回来后发了整版我拍的照片。

一个就是刻阿诗玛，去了一趟云南，路南县的额勺依村，住了两个月。那是一生难忘的美丽段落，知道人到今天还有刀耕火种的日子，许多男孩，许多女孩子，因为不知道外头的世界，没有比较，不明白什么叫做不幸和疼苦。阿诗玛的模特叫做普支委，听说她已经去世了，该七十多了吧！所有过去的年少朋友包括自己在内都老了，不堪之至，没有什么好说的了，留下的这些痕迹今天能看到，已经很不容易了。

黄永玉
2009.11.5.
万荷堂

五三年（一九五三年）自港回京后，有了两个大动静，一个是去了趟小兴安岭森林，牌子很硬，"人民日报"特派记者，回来后发了一整版我拍的照片。

一个就是刻阿诗玛，去了一趟云南，路南县的额勺依村，住了两个月。那是一生难忘的美丽段落，知道人到今天还有刀耕火种的日子，许多男孩，许多女孩子，因为不知道外头的世界，没有比较，不知道什么叫做不幸和疼苦。阿诗玛的模特叫做普支委，听说她已经去世了，该七十多了吧！所有过去的年少朋友包括自己在内都老了，不堪之至，没有什么好说的了，留下的这些痕迹今天能看到，已经很不容易了。

黄永玉
2009.11.5
万荷堂

上世纪五十年代的阿诗玛模特普支委

上世纪五十年代，黄永玉的一个重要艺术作品是套色版画《阿诗玛》

阿诗玛

《阿诗玛》插图——吹口弦

《阿诗玛》插图——织布

二十世纪五十年代为冯雪峰的《寓言》设计的封面与插图

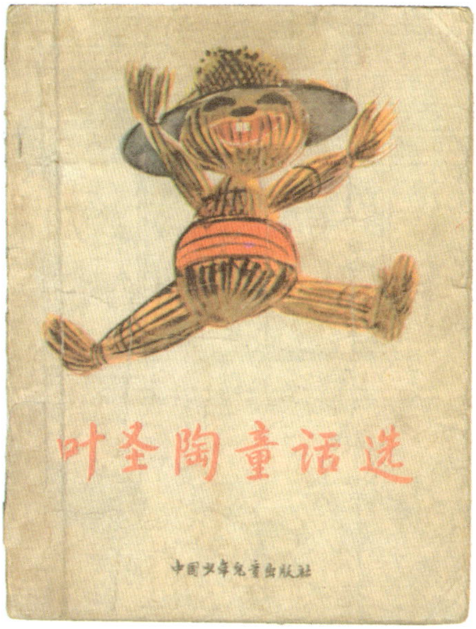

为叶圣陶的童话设计的封面

上世纪六十年代木刻代表作之一《葫芦信》

上世纪六十年代木刻代表作之一《春潮》

拼贴风中碎片

美术界造反派编印的各种刊物

必要的追寻

写完《追寻“黑画事件”始末》，本以为已将“始末”轮廓大致勾勒出来，再一想，其实未必。

发生于一九七四年左右的“黑画批判”，作为历史事件，当然不是空穴来风，突兀而至。既然主事者把所谓“黑画”纳入“反击文艺黑线回潮”的范畴之内进行批判，本身说明它们早就经历过被讨伐批判的冲击，如今应该“反击”的不过是那些“黑画家”的故态重萌，“死灰复燃”。

一位朋友对我说：“你应该继续展开，写得更充分，更具历史完整性。”

于是，我的追寻目光继续向远去的历史场景延伸，停留在“文革”风暴乍起的一九六六年。在中国美术界遭遇的第一次大规模冲击中，我看到了一九七四年被批判的诸多“黑画”作者，如丰子恺、林风眠、李可染、李苦禅、黄永玉、黄胄等人，最初被羞辱、被讨伐的尴尬身影。并且，在他们之外，还多了叶浅予、张乐平、潘天寿、傅抱石、蔡若虹、华君武、罗工柳、张仃、邵宇、石鲁等这样一些人们熟悉的名字。令人诧异的是，甚至齐白石虽已去世多年，竟然也成了主要的笔伐对象。美术界被彻底砸烂，一时间大小碎片在风中漫天飞舞……

四十年过去，欲想系统而全面地还原当年情景，几乎已不大可能。动荡无序之时，诸多史料灰飞烟灭，无从完整搜集。但是，进一步的追寻却十分必要。

于是，在故纸堆里，我拾取风中散落的碎片将之拼贴。或散点，或线状，点与线的组合，或许可以勾勒出当年风云变幻的轮廓，美术史的叙述也将因此而显出其历史脉络。同时，对黄永玉先生"文革"期间生活状态与身边世界的描述，也由此能呈现出较为广阔的背景。

中央美院“画室制”首当其冲

说到“文革”，全称为“无产阶级文化大革命”，这一点早成定论。不过，阅读一九六六年上半年的《人民日报》，才发现这一运动的名称，其实有一变化过程。在这一称谓的变化之中，对“文艺黑线”的批判渐次展开，并波及诸多画家，从而，也就为一九七四年的风波埋下了伏笔。

当年中国，在批判吴晗的新编历史剧《海瑞罢官》的高潮中进入一九六六年。这场批判，最初叫作“文化革命”。进入新的一年，对吴晗的批判，很快增加了两人：邓拓、廖沫沙。“三家村”遂成为五月间报纸上铺天盖地的讨伐对象。此时，这场运动，也由“文化革命”，改叫作“社会主义文化大革命”。

据我所查，“无产阶级文化大革命”的提法，第一次正式出现于《人民日报》一九六六年六月一日社论《横扫一切牛鬼蛇神》。该社论首句写道：“一个无产阶级文化大革命的高潮，正在占世界人口四分之一的社会主义中国兴起。”这一社论的发表，一般视为“文革”的正式开始。在随后的报纸上，只有六月四日在一则消息的副题中出现过一次“社会主义文化大革命”提法。六月十一日转发的《红旗》杂志第八期的社论，标题明确为《无产阶级文化大革命万岁》。于是，来势凶猛的这场运动，之后统一称作“无

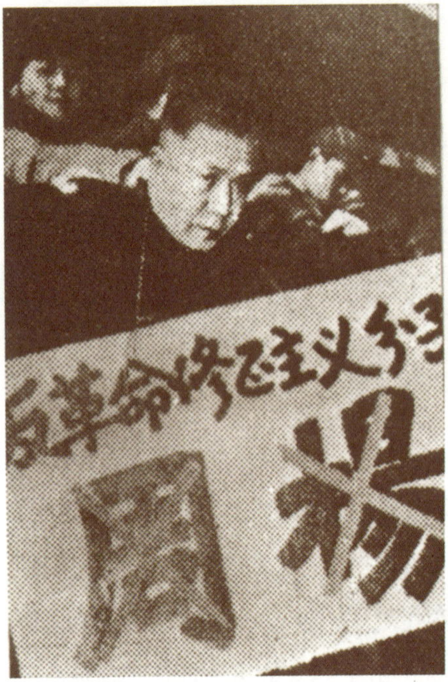

受批判时的周扬

版画家古元（左）和画家刘迅

黄新波（右）与特伟

版画家力群（右）与张仃

版画家王琦

黄永玉在“文革”陋室里

高举毛泽东思想伟大红旗 向周扬为首的文艺黑线开火

——大字报选——

编者按：今天本报又发表几篇揭露周扬反党反社会主义丑恶面目的大字报。从这些大字报中，我们再一次看到，周扬这个文艺界黑线的总头目，真是恶行累累，恶贯满盈。

周扬的魔爪伸得太长了，只要一有机会，他就到处放毒。他利用职权发号施令，不让群众文化工作馆、站宣传毛泽东思想。他妄图霸占农村文化阵地，用演鬼戏，演帝王将相、才子佳人等坏戏，麻痹劳动农民的思想。他借口学"文化"、长"知识"，引诱青年农民脱离政治，不去学习毛主席著作。

周扬的魔爪长期抓住戏曲这个阵地不放。他猖狂反对戏曲改革，反对演革命现代戏，使神戏、鬼戏、洋戏、古戏等乌七八糟的东西，充满戏曲舞台，把我们的戏曲界搞得不象个样子。

周扬的魔爪伸到哪个艺术院校，那里的牛鬼蛇神就拍手称道，大肆贩卖封建主义、资本主义、修正主义的黑货。

周扬在文化艺术界的活动最广，遗毒特多，为害非浅。我们现在把他抓住了，非把他彻底批垮、斗臭不可。

"革命的大字报是暴露一切牛鬼蛇神的照妖镜"。广大的工农兵群众、革命干部、革命的文艺工作者，一定要高举毛泽东思想伟大红旗，更充分运用革命的大字报这个有力武器，横扫周扬一伙黑帮，横扫一切牛鬼蛇神。

斩断周扬伸到群众文化工作阵地的魔爪

——选自文化部群众文化办公室的大字报

周扬这个黑帮头子的手特别长，老早就把他的反党反社会主义的黑手伸到了群众文化工作方面来，大肆进行阴谋活动。

周扬极力反对毛泽东思想。他所制订的关于文化馆、站工作的指示，是一个彻头彻尾的修正主义纲领。

一九五三年十二月，文化部发布了《关于整顿和加强文化馆、站工作的指示》。这个"指示"，是周扬亲笔修改、定稿，并以"周字"文号下达的。

文化馆、站的根本任务，是向广大工农兵群众宣传马克思列宁主义、毛泽东思想，宣传党的路线、方针、政策；组织和辅导工农群众学习毛主席著作；组织和辅导工农群众进行社会主义的业余文艺活动，以巩固和扩大社会主义的思想文化阵地，不断提高人民群众的社会主义和共产主义的思想觉悟。而周扬这个资产阶级修正主义的阴谋家，在这个"指示"中，把文化馆、站这一根本任务给否定了，砍掉了，从头到尾，只字未提。

一九五三年，我们党的过渡时期总路线已经颁布了，广大农村掀起了轰轰烈烈的互助合作运动高潮。在这种大好形势下，文化馆、站应该大力宣传毛泽东思想，宣传党的过渡时期总路线，宣传互助合作的方针、政策及其优越性。但是周扬在这个"指示"中，却强调："文化馆、站的一切活动，均必须尊重当地的风俗习惯和民族、民间的固有传统。"

谁都知道，在"民族、民间的固有传统"中，有很多封建主义、资本主义糟粕。毛主席早就教导我们，对民族民间的传统要取其精华，去其糟粕。而周扬却要文化馆、站在"一切活动"中，尊重和继承这些糟粕，其目的是反对毛泽东思想，千方百计地使文化馆、站变成搞资本主义复辟的工具。

在周扬的资产阶级、修正主义黑线影响下，许多地方的文化馆、站不去宣传毛泽东思想，不去宣传党的总路线，不去宣传互助合作的方针政策，不去组织和辅导群众学习毛主席著作，而热中于搞业余剧团，演古戏，不演革命现代戏；演帝王将相、才子佳人，不演工农兵，散布封建主义、资本主义的毒素，使那些反动的、淫秽的、封建迷信的牛鬼蛇神到处泛滥，毒害人民。这个祸根，就是周扬。

周扬还极力阻止和反对农村俱乐部组织和辅导群众学习毛主席著作。

一九六三年三月，河北省文化局召开了农村俱乐部工作座谈会。这个时候，全国农村群众性的活学活用毛主席著作运动已经开展起来，并取得了显著效果。在这种情况下，农村俱乐部应该把组织和辅导广大群众学习毛主席著作放在一切工作的首位。农村俱乐部的文艺活动，应当演革命现代戏，歌颂英雄人物，表扬好人好事。而周扬却极力反对和限制农村俱乐部这样做。他在这次座谈会上说："毛主席著作怎么组织青年学，也要研究一下。""学习毛著小组，人不一定很多。"在广大群众迫切要求学习毛主席著作的大好形势下，周扬对俱乐部组织毛主席著作学习，竟还"要研究一下"，还说参加毛主席著作学习小组的人"不一定很多"。看，周扬就是这样狡猾地阴险地反对和限制群众学习毛主席著作。

周扬一面反对和限制群众学习毛主席著作，一面射出资产阶级"读、写、算"的毒箭。他说："读书是可以的，而且是基本的。文化基础是读、写、算，这是基本的能力，是一切文化的基础，所有的人都应该会读、会写、会算。"周扬就是用这种阴险的手法，来欺骗和毒害农村广大青年。

一九六四年二月二十六日，他在遵化县对中央农村文化工作队全体队员讲话时说："所谓文化，主要是读书识字，知识多少主要是读书多少。工农分子知识化，基本上是书本知识化。"

第二天，他又在遵化县六区新店子公社周桥大队还乡参加农业生产的知识青年代表座谈会上说："所谓文化，主要是读书识字，学知识。大知识分子就是读书多，知识多；小知识分子就是读书少，知识少。"

周扬就是这样妄图用学文化、长知识的手段，反对和限制农村青年学习毛主席著作。

周扬的魔爪伸得太长了，我们做群众文化工作的同志，一定要斩断他的魔爪。我们一定要高举毛泽东思想伟大红旗，在群众文化工作阵地上把周扬的黑线连根拔掉。

周扬的"自由化"毒化了中央美术学院

中央美术学院版画系革命师生

长期以来，窃取文艺界领导权的周扬等党内资产阶级代理人，始终拒绝执行毛泽东同志的文艺路线，顽固地坚持和推行资产阶级、修正主义的文艺黑线。

一九五六年，周扬在美术家协会秘书长扩大会议上，极力否认社会主义社会有阶级斗争。接着就抛出一个与无产阶级文艺相对抗的资产阶级自由化方案。他鼓吹要"放手自由竞赛"，说什么"不要把政治理解得太狭隘"，"不是只画工农兵才能为工农兵服务，这种观点不但把艺术看得太狭隘，也把政治看得太狭隘。"

一九五九年，周扬在全国文化工作会议上的讲话，紧密地配合右倾机会主义的进攻，向党发出了又一支毒箭。在这个报告里，重弹了他的修正主义老调，提出"全民文艺"的口号，进而要求我们的"剧目成为世界的共同剧目"。原来周扬提倡的"全民文艺"，只不过是西方资产阶级提出的"世界艺术"的翻版而已。

周扬还恬不知耻地与现代修正主义一唱一和，把"个人幸福"作为最高的理想，并进一步提倡文艺要描写"爱和死"的主题，胡说这是"永恒的主题"。周扬把描写爱情至上，宣扬资产阶级个人主义的《茶花女》和《白蛇传》，吹捧为"坚贞不二，自我牺牲的精神"。反过来又诬蔑我们的文学是"虚伪"的，提出"写真实"的反动理论。

一九六二年，国际上出现了反华大合唱，国内刮起一股反党、反社会主义的黑风。这时，周扬一伙黑帮也急急忙忙抛出了一个彻头彻尾的修正主义文艺纲领，极力歪曲"百花齐放、百家争鸣"的方针，责备某些党员干部简单粗暴，独断独行，自以为是，妨碍了艺术的"自由探讨"。又说"对文化生活上的需要，是多种多样的。……"只要能"扩大人民的眼界"，"提高人民的审美能力和欣赏水平，都是为工农兵所需要，都是为工农兵服务，为社会主义服务的"。

在周扬等一伙提出了这个彻头彻尾的修正主义文艺纲领之后，文艺界出现了资产阶级自由化的倾向。在美术学院，形形色色的资产阶级、封建阶级艺术大泛滥，过去不敢拿出来的毒草，统统奉为鲜花。在版画系画室中，公开贩卖马蒂斯、毕加索的野兽派艺术。在画室外又成立小沙龙，以二十世纪没落的资产阶级艺术为追求的榜样。一整套资产阶级的教学方向，教学体制，教学内容，教学方法，在周扬等提出"稳定教学秩序"的指示下，一点也不能更改。他们对中央美术学院，实行了资产阶级专政。

正是在这条修正主义文艺路线的影响下，美术学院院务委员会集中了大批牛鬼蛇神。在版画系全面推行了画室制，在画室里完全由"专家、权威"说了算，上上下下都排除了党的领导，实现了右派分子所未能实现的教授治校。难怪有的资产阶级专家兴高采烈地欢呼："好极了！应该立个碑，以后再不要变了！"现在事实俱在，铁证如山，不管周扬这个变色龙多么阴险狡猾，也逃脱不了革命人民对你的审判。

周扬还企图使各协会变为裴多菲俱乐部，取消党的领导。他曾经倡议美协应该是排斥党的领导的"独立性的组织"，领导机构中，共产党只能作为一个方面参加，非党人士必须超过半数。这是彻头彻尾反对党的领导的资产阶级右派言论。

我们一定要把以周扬为首的反党反社会主义反毛泽东思想的文艺黑线和文艺黑帮统统打倒，彻底清除周扬的修正主义黑线在文艺界的影响，把无产阶级文化大革命进行到底！

不准周扬压制革命现代戏

——选自文化部艺术局的大字报

十几年来，周扬在戏曲工作上，执行了一条反党反社会主义的修正主义黑线。他百般歪曲和攻击毛主席提出的"百花齐放，推陈出新"的方针，一贯压制革命的现代戏，反对戏曲推封建主义、资本主义之陈，出社会主义之新。每当戏曲革命的关键时刻，他都在所谓"多样化"和适应观众"各方面的需要"的幌子下，竭力维护封建主义、资本主义的东西，把戏曲变成反党反社会主义的工具。

一九五二年，文化部举行第一届全国戏曲会演，演出了《小女婿》《罗汉钱》《女教师》《新事新办》等现代题材剧目，这是建国初期戏曲艺术为工农兵服务的初步成果，理应大加扶植。但是，周扬在会演的总结中，却攻击这些现代戏不"真实"，违反了"艺术的最高原则"。他并且进一步规定："凡目前尚不适合于表现现代生活，而只适合于表现历史和民间传说的题材的，就不要强求它立刻表现现代生活，以致损害它固有的优点和特色。"他用这样一条绳索，捆住戏曲工作者大搞革命现代戏的手脚，公开同毛主席的文艺思想唱反调。毛主席在《在延安文艺座谈会上的讲话》中说："对于过去时代的文艺形式，我们也并不拒绝利用，但这些旧形式到了我们手里，给了改造，加进了新内容，也就变成革命的为人民服务的东西了。"大家知道，为广大工农兵观众所热爱的京剧《红灯记》，不就是打破了原来的京剧形式，而又加以发展和创造，才成为革命的现代戏的吗？正是由于周扬的压制，全国戏曲界在很长的时间内没有产生好的革命现代戏。相反，一些善于表现现代生活的剧种，例如沪剧、评剧、曲剧等等，都大演起才子佳人戏了。

一九五八年，在大跃进的形势鼓舞下，全国兴起了大演革命现代戏的热潮。这时，周扬不敢公开反对，于是耍了一个花招，在当年七月文化部召开的现代戏曲座谈会上，提出"一方面提倡戏曲反映现代生活，一方面重视传统；一方面鼓励创造新剧目，一方面继续整理、改编旧有剧目"的"双管齐下"方针，为封建的传统戏曲剧目争地位，再一次把大演革命现代戏的热潮压了下去。

一九六〇年四月，当时戏曲界在一九五九年反右倾、鼓干劲的基础上，又来了一个跃进，大演革命现代戏。当时的文化部为形势所迫，举行了小型现代戏曲会演。本来这次会演应该是大力提倡革命现代戏的。但是，周扬等一伙又把一九五八年提出的"双管齐下"方针加以发展，变成了现代戏、新编历史戏和传统戏的"三者并举"的方针。其目的就是用新编历史剧和传统剧目，再一次把革命现代戏挤掉。周扬等一伙所谓的"三者并举"，实际是封建主义和资本主义的货色并举。所以这次会演后，现代戏越来越少。到一九六二年底，据全国二十六个重点戏曲剧团上演剧目的统计，现代戏只占全部上演剧目的千分之三，几乎都被挤光了。

特别应该指出的是一九六二年九月党的八届十中全会上，党中央和毛主席提出"千万不要忘记阶级斗争"的伟大号召，毛主席又对文化工作中的方向性错误，提出了一系列的批评。但是，周扬对毛主席的这些批评，一直采取抗拒的态度。一九六三年九月，他在中宣部召开的首都戏曲工作座谈会上说："不能光演现代戏，不演历史剧和传统剧。"与此同时，文化部抛出六十出传统剧目的所谓"样板戏"推行全国。其中包括《强项令》《团圆之后》《打金枝》等这样一些歌颂帝王将相、才子佳人的坏戏四十二出。

周扬之所以如此仇视革命现代戏，目的是反对戏曲去表现社会主义革命和社会主义建设的斗争生活；反对社会主义时代的工农兵英雄形象成为舞台的主人。

周扬反对革命现代戏，也就必然对封建时代的传统戏视为至宝。在这方面，他竭力主张全盘继承的方针。

如何对待古代文化遗产问题，毛主席在《新民主主义论》中曾经教导我们："……清理古代文化的发展过程，剔除其封建性的糟粕，吸收其民主性的精华，是发展民族新文化提高民族自信心的必要条件；但是决不能无批判地兼收并蓄。必须将古代封建统治阶级的一切腐朽的东西和古代优秀的人民文化即多少带有民主性和革命性的东西区别开来。"

在这个问题上，周扬是竭力反对毛主席的指示的。

从一九五二年第一届全国戏曲会演，到一九五六年文化部第一届戏曲剧目工作会议，周扬在他的两次讲话中，在戏曲剧目工作的具体方针上，公然提出一个违背毛泽东思想的所谓"人民性"的修正主义的谬论。所谓"人民性"，概括起来有三：一是剥削阶级也有所谓的"好人"。他说："统治阶级与人民之间可以有相通的东西。"他认为"封建道德也有人民性。"胡说什么"封建的政治哲学，伦理哲学，君臣父子之道，等等，与今天有共同点。"这不是赤裸裸地给剥削阶级涂脂抹粉吗？在他的谬论影响下，大批的帝王将相，牢固地保留在戏曲舞台上。二是鼓吹资产阶级的爱情至上。他说："《梁山伯与祝英台》和《白蛇传》……简直可以说，他们的爱战胜了死"。在这个修正主义思想指导下，使得形形色色的才子佳人充塞了舞台。三是宣扬封建迷信。他主张所谓"不肯屈服于命运的鬼神，如李慧娘、敫桂英等这些舞台上的鬼魂，都是应该肯定提倡的。"这个谬论，成了后来舞台上大批鬼戏的护身符。

由此可见，周扬所鼓吹的"人民性"，就是为了使大量的帝王将相、才子佳人、妖魔鬼怪，长期地占领戏曲舞台，以代替社会主义的新戏曲，向人民群众散布毒素，为复辟资本主义作舆论准备。

周扬在舞蹈学校贩卖了什么黑货？

——选自中国舞蹈学校的大字报

毛主席教导我们："我们的文学艺术都是为人民大众的，首先是为工农兵的，为工农兵而创作，为工农兵所利用的。"

周扬却说："我们的文艺不是少数人的文艺，是全民的文艺，我们的文化是全民的文化。"

这是公然篡改文艺的工农兵方向，明目张胆地同毛主席的文艺思想唱反调。

周扬的门徒狂热地宣扬周扬的"全民文艺"论，把它全盘地搬到了舞蹈学校。十二年来，把舞蹈学校办成了"天鹅王子"学校，"少爷小姐"学校。在"舞蹈是为一切人欣赏"的口号下，在所谓"遵守舞蹈规律"的幌子下，我校为所有封建主义的、资产阶级的、修正主义的大毒草开绿灯。十二年来，我校演出和创作了很多坏节目，如《天鹅湖》《鱼美人》《春江花月夜》等，这是被周扬一伙胡说成"间接为政治服务"的代表作。

周扬的"全民文艺"，就是这样以其最鲜明的反动阶级性，来向无产阶级文艺进行挑战和为资本主义复辟服务的。

在我国经济遭受暂时困难时期，周扬一伙的反党反社会主义的活动达到了顶峰。在他们的指挥下，文艺界掀起了一股修正主义、资产阶级"自由化"的妖风，牛鬼蛇神纷纷出笼。

恰恰在这三年里，我校被周扬一伙搞得乌烟瘴气。他们提出了"稳定教材"的口号，企图把整套资产阶级货色用文字稳定下来，在全国推广和放毒。他们扼杀了《刘胡兰》、《黄继光》等革命现代舞剧；他们宣扬资产阶级"人道主义"、"爱情至上"等反动思想；甚至还准备拍摄更加荒唐的舞剧《白娘子》和排演反动的鬼戏《李慧娘》。他们得意忘形，反党反社会主义猖狂到了极点！

周扬借"借鉴、继承"之名，行崇洋复古之实。他利用当时音乐舞蹈工作者中严重存在的"以洋为祖"的思想，说："我们对外国的吸收还很不够，对外国遗产只要不是'硬搬'就行。"面对"死人"统治着的舞台，周扬说："哪个新事物都是从旧事物中产生的，应当给封建文化一定的历史地位。"在周扬这一"大红伞"下，他的门徒跟着叫嚷要总结中国古典舞基本训练的十年经验，叫喊要大学封建帝王将相、才子佳人的流派，大搞什么"敦煌派"、"规律派"等等，但是唯独不表现今天工农兵的斗争生活。

周扬在一九六三年的文艺教育会议上说："破是扫清道路，扫清基地，但是不能扫成一片荒凉，不能光破不立。"这是周扬的黑话！

毛主席教导我们：一切旧事物的消灭，新事物的生长，都是先破后立，破字当头，立在其中。而周扬却说"不能扫成一片荒凉"，"不能光破不立"，其目的就是要反对毛泽东思想，反对大破资产阶级思想，反对无产阶级专政，反对我们斗倒他们这些大黑帮。这也就是说，我校的这套资本主义、修正主义和封建主义大杂烩的教材不要破它，不要革它的命，而要稳定它，维护它，继续用这套反动教材来培养资产阶级接班人，使我们在这条修正主义文艺路线下逐渐地"和平过渡"，为资本主义复辟效劳。

产阶级文化大革命”。

“横扫一切牛鬼蛇神”，画家自然包括其中。《人民日报》七月一日首次公开点名批判周扬，随后，连续多次以整版篇幅发表各单位的大字报。周扬长期担任文艺界领导，对他及其“文艺黑线”批判的全面展开，也就意味着画家们的厄运也降临了。

不过，与文学、戏剧、电影等领域相比，在最初展开的对周扬的所谓“文艺黑线”的批判中，美术并不是重点。在《人民日报》发表的大量批判周扬及其“文艺黑线”的文章中，我只找到一篇与美术界有关的大字报：《周扬的“自由化”毒化了中央美术学院》（刊于一九六六年七月十六日第三版），作者署名“中央美术学院版画系革命师生”。这是《人民日报》最早公开发表的对美术界的批判文章。

黄永玉先生时任版画系教授。对于我这个正在撰写黄永玉传记的作者来说，与之有关的这一大字报的发现，无疑值得重视。

据黄永玉回忆，上世纪六十年代初，中央美院推行成立以各教授为主导的画室教学方式，版画系当时由李桦、古元、黄永玉、王琦等人任教授，均各有自己的画室。这张大字报对画室这一相对个性化、专业化的教学形式，以及教授们的思想倾向、艺术口味，进行猛烈批判。其中写道：

> 在美术学院，形形色色的资产阶级、封建阶级艺术大泛滥，过去不敢拿出来的毒草，统统奉为鲜花。在版画系画室中，公开贩卖马蒂斯、毕加索的野兽派艺术。在画室外又成立小沙龙，以二十世纪没落的资产阶级艺术为追求的榜样。一整套资产阶级的教学方向，教学体制，教学内容，教学方法，在周扬等提出“稳定教学秩序”的指示下，一点也不能更改。他们对中央美术学院，实行了资

产阶级专政。

正是在这条修正主义文艺路线的影响下，美术学院院务委员会集中了大批牛鬼蛇神。在版画系全面推行了画室制，在画室里完全由“专家、权威”说了算，上上下下都排除了党的领导，实现了右派分子所未能实现的教授治校。难怪有的资产阶级专家兴高采烈地欢呼：“好极了！应该立个碑，以后再不要变了！”

（《周扬的“自由化”毒化了中央美术学院》）

在一场大风暴袭来之际，版画系的画家教授居然成了中国美术界首当其冲的对象，恐怕出乎许多人的意料。对“文艺黑线”的美术领域的批判，为何率先发表中央美院版画系的大字报，并从讨伐“画室制”开始，这是报社编辑在选择大字报时的不经意而为，还是深思熟虑后的特殊考虑，有待考证。

对画室制的批判后来仍在继续。在一九六七年出版的造反小报之一《红卫兵文艺》上，刊有一篇由中央美院红卫兵撰写的文章《美院稀烂了》，其中以“资产阶级专政的活标本”为小标题，又一次集中批判“画室制”：

一九六二年，在中国赫鲁晓夫“不要怕资本主义泛滥”的号召下，在美院实现了全盘“巴黎化”和“莫斯科化”的“画室制”。

在画室中，毛泽东思想和无产阶级专政被他们呵斥为“非艺术领域里的东西”而大加排斥。他们装出“和平天使”的腔调，甜蜜蜜地唱什么“我们学院早已没有阶级斗争了！”

我们在教室里挂毛主席语录，被他们说成是“破坏学习环境”，但却叫我们去背石涛和尚的语录！背中美合作所特务叶浅予的语录！是可忍、孰不可忍？

寒冬腊月，工人在雪地里穿着单衣，而教授们穿戴着皮靴、皮袄、皮帽，这是在画“阳光作业”。酷热的盛夏，他们让五十多岁的老工人头戴皮帽，身穿棉衣，在烈日下做着吃力的动作，而“专家”“权威”们打着阳伞、摇着蒲扇，大画其“阳光作业”。当模特工人被冻得浑身发抖、晒得头昏脑涨的时候，那些“教授”“权威”的腰包里早塞满了成百上千元的稿酬！

“画室制”实现后，刘少奇的狐群狗党们喜形于色，兴高采烈地发表什么《画室宣言》。

这个宣言上写着“本画室以裸体为主，以室内为主，以静物为主”。

那个宣言上写着“本画室以继承俄罗斯的艺术精神为主”。

有的宣言上仅写了唯一的一句政治语言：“本画室拥护社会主义。”

画室制！彻头彻尾地实现了右派分子们多年来梦寐以求的资产阶级“专家治校”！

画室制！完完全全地实现了美术学院的资产阶级专政！

（《美院稀烂了》）

黄胄
——第一个被公开批判的“黑画家”

回到一九六六年七月。

黄胄成了全国美术界第一个被公开点名批判的画家。一九六六年七月二十八日，《解放军报》以醒目的通栏标题，发表了《彻底揭露“三家村”黑画家黄胄的反革命嘴脸》一文。

黄胄这一年四十一岁，他擅长人物画和动物，尤以画驴而著称，故在画界一直有“驴贩子”之戏称。黄胄在军队系统的军事博物馆工作，这就难怪率先由《解放军报》刊文予以批判。

黄胄在美术界率先被批，主要因为他与邓拓关系密切。二十世纪五十年代后期，邓拓因屡次受到最高领袖批评，遂从《人民日报》总编辑位置调至北京市委，在过去晋察冀根据地的老领导彭真的领导下，担任书记处书记之一，负责文教方面的领导工作。六十年代初以来，邓拓在撰写说古论今的《燕山夜话》杂文之余，与书画家开始频繁往来。他喜欢赋诗作画，热衷于字画鉴赏与收藏，因为这一缘故，他与交游广泛的黄胄成了挚友。“文革”初起之时，邓拓及“三家村”首当其冲，猛烈讨伐铺天盖地而来。在此情形下，黄胄自然成了军队文化界众矢之的。

读黄胄之妻郑闻慧回忆录《炎黄痴子》，可以感受到黄胄夫妇在风雨欲来风满楼之际的艰难处境：

到了1966年的5月份，气氛更不对了。报上批判邓拓的《燕山夜话》。刚一开始的时候我并没有觉得有什么危险，只是觉得邓拓的《燕山夜话》可能是不突出政治，夜话夜话，就是随便说一说的杂文，邓拓也可能由于文章不够严肃吧！而且要黄胄交代和邓拓的关系，我就更不理解了。黄胄断断续续地说出他和邓拓什么时候到琉璃厂，买过什么字画，看过什么字画，到过什么地方，并把这些一五一十地写出来交上去。可别人说他不老实，讲的都是鸡毛蒜皮的事，把严肃的政治问题搞成一本烂豆腐账，还说他避重就轻想蒙混过关。创作组经常来家训斥他。这时我们家笼罩着一片阴影，黄胄满脸愁容，一点笑意都没有，想出去玩一玩根本不可能了。

到了6月份，情况就更加不妙了，邓拓上升为敌我矛盾，院子里开始贴了黄胄的大字报，说他和邓拓是一丘之貉，要他交代，而且天天要他去开会。回到家他就把自己关在屋子里抽烟，叫门他只哼一声，他谁也不见了。

（《炎黄痴子》）

七月二十八日——最猛烈的公开批判降临了。据郑闻慧回忆，《解放军报》发表批判文章当天，中央人民广播电台摘要广播了文章内容。如果叙述准确的话，那么，应该在这一天，全国每个角落都知道了“黄胄”这个名字。她这样写到当天的细节：

> 7月28日，院子里高音喇叭里边播送当天的“新闻和报纸摘要”，突然广播出“打倒三家村的反革命黑驴贩子黄胄”。我听到后，吓得两腿不由自主地发抖。黄胄这下子可算出了大名喽，可以说宿舍院无人不晓了。可我只是害怕，还自己安慰自己，黄胄是个小人物，不可能在中央的电台上广播，这不是真的。所以我特别想看看报纸上登的黄胄的罪行到底是什么。我向别人借报纸，别人说我是装蒜。我被吓得魂不附体。后来有人问我：你听了广播有什么感想？我说嗡嗡的听不清，我很想看看到底黄胄的罪行是什么。他们请示了组织，给我找了一份7月28日的《解放军报》，并说快看，最多不能超过半小时。我接到报纸一看，天哪！真了不得，通版黑体字的大字标题是：《彻底揭露“三家村”黑画家黄胄的反革命嘴脸》，作者是个化名。我一面看一面手脚打哆嗦，看着看着一下子泪水模糊了我的眼睛，我擦了一遍又一遍，愈看愈糊涂。直到收报纸的人来催我，头脑才清醒了一点儿。
>
> （同上）

《解放军报》的批判长文《彻底揭露“三家村”黑画家黄胄的反革命嘴脸》，发表于七月二十八日第四版，文章约八千字，占了一个整版。作者署名“韩卫东”，估计是笔名，取“捍卫毛泽东思想”之义。版面右上角，加框刊登了一段毛主席语录："帝国主义者和国内反动派决不甘心他们的失败，他们还要作最后的挣扎。在全国平定以后，他们也还会以各种方式从事破坏和捣乱，他们将每日每时企图在中国复辟。这是必然的，毫无疑义的，我们务必不要松懈自己的警惕性。"选用这一言辞激烈果断的语录，一下子就将批判上升到了一个相当严厉、不容缓和的地步。醒目的大标题下方，还加框以黑体字发表了"编者按"，其中说："伟大的无产阶级文化大革命运动，彻底揭露了邓拓反革命黑帮，也揪出了他们的走狗黄胄，清除了'三家村'藏在我军美术工作队伍里的一条毒虫。"火药味之强烈，言辞之犀利，如今读来恍若隔世。

对黄胄的公开点名批判，无论从版式、标题、内容、行文风格，乃至传播手段，都是相当严厉和激烈，这就难怪当事人和相关者会不寒而栗。直截了当的政治批判暂且不提，仅就绘画题材与风格的批判而言，其火药味之浓烈、分析之牵强无理，也令人啼笑皆非。

一个多月后，九月十二日，《人民日报》在第四版"报刊批判摘编"中，摘发了《解放军报》的这篇批判长文，原标题经压缩为《"三家村"的黑画家黄胄》，仔细对照，摘编文字与原作相比做了多处修改。兹转引《人民日报》刊发的部分文字如下，以供今日读者了解一二：

> 黄胄是邓拓反党反社会主义美术纲领的忠实执行者。他经常和邓拓密切合作，从反革命的政治要求出发，用黑画配邓拓的黑诗，对党对社会主义进行恶毒的谩骂和污蔑。例如当一小撮右倾机会主义分子刮起"三自一包"的黑风时，黄胄积极配合，抛出了描绘"自由市场"所带来"欢快"气氛的《赶集图》（后来做贼心虚地改名为《载歌行》）。邓拓在这幅黑画的题词中，就叫嚷这是

帝国主义者和国内反动派决不甘心于他們的失败，他們还要作最后的挣扎。在全国平定以后，他們也还会以各种方式从事破坏和捣乱，他們将每日每时企图在中国复辟。这是必然的，毫无疑义的，我們务必不要松懈自己的警惕性。

毛泽东

彻底揭露“三家村”黑画家黄胄的反革命嘴脸

韩卫东

编者按：毛主席经常教导我们，意识形态领域里的阶级斗争，是一条极为重要的战线。革命者和反革命都很重视意识形态的作用。我们重视发展无产阶级的意识形态，来推动社会的前进；敌人也在搞意识形态，搞上层建筑，搞精神方面的东西，为他们的反革命复辟准备舆论。“三家村”反革命集团从反动的政治立场出发，不仅抓学术，抓教育，抓报刊，抓出版，而且一直在抓文艺。他们把文艺当成反党反社会主义、变无产阶级专政为资产阶级专政的工具，当成复辟资本主义的手段。他们无孔不入地使用了各式各样的“黑话”、“黑戏”、“黑诗”直到“黑画”，疯狂地进行反革命活动。

今天我们发表了韩卫东同志的《彻底揭露“三家村”黑画家黄胄的反革命嘴脸》的文章。文章以大量确凿的事实告诉我们，被邓拓、吴晗等反革命黑帮吹捧起来、喧嚣一时的“名画家”黄胄，原来是“三家村”黑店的一个忠实走狗，是混入革命部队的一个反革命分子，是一个利欲熏心、唯利是图的“驴贩子”。在他画出的成千上万的“毛驴”和“女人”后面，是反党反社会主义的反革命匕首和炸弹。他的“艺术创作”和“社会活动”，是为邓拓黑帮反党反社会主义反毛泽东思想的罪恶目的服务的。他是这批反革命黑帮在意识形态领域里向我们进行斗争的一个无耻的爪牙。

伟大的无产阶级文化大革命运动，彻底揭露了邓拓反革命黑帮，也揪出了他们的走狗黄胄，清除了“三家村”藏在我军美术工作队伍里的一条毒虫。这一事实再一次地告诉我们：一切阶级敌人都是不甘心失败和死亡的。他们总是要千方百计地以多种多样的方式来向无产阶级进攻，总是梦想恢复他们已经失去的资本主义“天堂”。我们一定要遵照党中央的指示，念念不忘阶级斗争，念念不忘无产阶级专政，念念不忘突出政治，念念不忘高举毛泽东思想伟大红旗。把无产阶级文化大革命进行到底，把一切牛鬼蛇神都揪出来，彻底清除一切反革命分子！

黄胄是“三家村”反革命集团的一条走狗，是邓拓一伙插在美术界的一面黑旗，是反党反社会主义黑帮体进攻事的一个爪牙。

邓拓黑帮不仅篡夺了前北京市党政机关许多部门的领导权，把持了《前线》、《北京日报》、《北京晚报》等报刊；而且把魔爪伸到美术界和人民军队内部，伙同美术界某些资产阶级“权威”，以美术当作阵地，猖獗地进行反党反社会主义的反革命罪恶活动。他们开设了一个“三家村”黑画店，黄胄就是掌管这个黑画店的大管家。

黄胄和邓拓是一丘之貉

邓拓是个叛徒，曾经为蒋家王朝出谋献策。他的爪牙之一黄胄，也是个反革命分子。黄胄出身于官僚地主家庭，参加过三青团和国民党，并曾积极发展反动组织，进行反共宣传。直到全国解放，他先后在蒋介石嫡系部队和伪“文化”机关干着反共反人民的勾当。他担任过蒋匪三十八集团军特别党部的上尉干事，参加过国民党在西安等地举办的“戡乱漫画展览”，曾经为美帝国主义侵华工具——“救济总署”效劳，和军阀、官僚、地主、豪绅打得火热。解放后，他混进人民军队，对党对社会主义怀着刻骨仇恨，一贯坚持反动立场，咒骂我们党的干部是“蝎子”，叫嚣“共产党的天下就得骂，不骂出不了山”。他和邓拓一唱一和，一起诬蔑我们热爱毛主席的同志“没有骨气”，攻击全国人民大学解放军是“实行军国主义”、“实行军人专政”。

黄胄投靠邓拓，邓拓赏识黄胄，共同的反革命的政治阴谋使他们勾结在一起。反右派斗争后，邓拓和黄胄都因为站在资产阶级右派一边向党进攻，受到了批判。他们不甘失败，妄想东山再起，一个在收罗党徒，一个要卖身投靠。这两个摘帽右派，一见如故。邓拓偶一不见黄胄就投书表露“殊觉怅惘”。黄胄更把邓拓这个有“地位”有“名气”的人物当做自己的靠山。当国内外一切牛鬼蛇神纷纷出笼，妄图利用我国暂时的经济困难来颠覆党的领导、颠覆无产阶级专政的时候，黄胄、邓拓之间的明来暗去愈加频繁。黄胄甚至整夜地呆在邓拓家里。黄胄说，邓拓也“常到我家里来”，“我们平起平坐”，“很知己”。他们这种关系绝不是什么“书画朋友”，而是招降纳叛、结党营私的政治勾结。这里有邓拓题赠黄胄的一首黑诗为证：“军中十载话从头，往事烟云眼底浮，血火山川今再造，京华翰墨足千秋。”他们“从头”回顾了“往事”，发誓要“再造”“山川”，重创他们的“千秋”大业。看，这一对黑帮分子反党反社会主义猖狂到了什么地步！

邓拓黑帮为了全面推行他们反党反社会主义反毛泽东思想的计划，几年来，他们不顾部队党组织的反对，利用职权，大肆吹捧黄胄，把他树立为美术界反党反社会主义的一面黑旗。

邓拓广泛利用展览、出版和报刊等阵地，为黄胄大吹大擂，并安排黄胄抛头露面：作报告，传经验，拍电影，做表演，收门徒……四处活动。把他说成是“有成就的”、“与工农兵相结合的”“青年画家”，厚颜无耻地把他列入近百年“中国名画家”名单之内，让他充当“全国文代会代表”、“全国文艺座谈会代表”，甚至把他塞进全国政治协商会议，当上“列席代表”，为他捞取政治资本。

邓拓黑帮还异想天开，要让黄胄再“扬名国外”。他们费尽心机，将黄胄的作品送到国外展览，并积极活动，企图让他出国访问。

邓拓黑帮还极力想方设法，为黄胄窃取一块共产党员的光荣称号。我们部队的党组织怎能让这样一个坏蛋混入党内呢！当他们的阴谋遭到失败的时候，邓拓黑帮就扬言黄胄要是不在部队“早就入党了”，诬蔑部队党组织“有宗派情绪”。

在邓拓黑帮这样的栽培、活动下，黑帮分子黄胄“骑驴”直上，成了一个“暴发户”。他在地方，扛着“部队画家”的招牌招摇撞骗；对部队，又以他的“社会地位”要求额外照顾。这样，他就成了一个具有双重身份的特殊人物。黄胄将其主子为他安排的一所独门独院的住所，作为他们聚会密谈之地，作为“三家村”黑画店的店址。黄胄名为部队的美术工作者，实际上是“三家村”黑画店的大管家。

黄胄是“三家村”的一条走狗

黄胄没有辜负邓拓的栽培和赏识，他不遗余力地效忠于邓拓反革命黑帮，是邓拓反党反社会主义的美术纲领的忠实执行者。

“三家村”黑画店的活动，是有纲领、有组织、有目的、有计划的。其纲领的核心，就是邓拓化名左海，在《鉴赏新罗山人作品的感受》等文章中，所反复鼓吹的“用自己的画笔”，“通过自己的作品，去洗刷世间的尘垢，而使江山的面目一新”，“这一种很不平凡的抱负”。他明目张胆地提倡什么“反抗精神”，咬牙切齿地咒骂我们的党是“山精木魅”、“人间鬼魍魉”，狂妄叫嚣要“全部扫尽”、“踩却”，使我们的社会主义江山改变“面目”，变成地主资产阶级的“自由天地”。但是，他们深知在无产阶级专政的条件下，反革命勾当是不能搞得太露骨的。必须“学习”新罗山人的“富有创造性的”、隐晦、曲折等“艺术表现手法”，把他们对党对社会主义的刻骨仇恨倾注于“十分可爱”的画面之中，使他们反革命的政治阴谋在人们不知不觉中得逞。

黄胄这个“三家村”的狗腿子，就是完全按照邓拓这个“纲领”、“策略”、“手法”行事的。

一、用黑画配黑诗，直接攻击党和社会主义。黄胄经常和邓拓密切合作，从反革命的政治要求出发，针对当前形势，出题绘画，绘画题词，诗画结合，对党对社会主义进行恶毒的攻击和污蔑。当一小撮右倾机会主义分子刮起“三自一包”黑风的时候，黄胄积极配合，抛出了描绘“自由市场”所带来的“欢乐”气氛的《赶集图》。邓拓就情不自禁地为这幅画题词说：“余极喜之”，说什么这是一股“春风”，叫嚷“生活而今胜旧时”，大吹“自由市场”，攻击人民公社制度。后来因为右倾机会主义分子遭到了党和人民的迎头痛击，他们害怕露出马脚，便改名为《载歌行》，继续放毒。黄胄还秉承邓拓的旨意，别有用心地一画再画《春兰》（又名《绣腊红》），露骨地对被罢了官的右倾机会主义分子表示“一缕情丝系”，对他们发誓“心事终无二”。一九六一年，我国经济生活遇到暂时困难的时候，“三尼公司”联合反华，一切牛鬼蛇神以为形势“大好”，纷纷出笼。黄胄作画、邓拓配诗的《依鞍女郎》（原作如此），便道出他们“好风吹梦下天山”的欢欣欲狂的心情。他们公开表示“心在平林浅水间”，怀念历史上在平林、浅水这两个地方进行夺权篡位活动的野心家，妄图效法封建王侯在宴会上“放鹞犬”谋害政敌的手段，阴谋煽动反革命复辟。

黄胄还在自己的作品中，竭力歪曲党的政策，丑化革命人民，攻击人民军队。他所作的以人民解放军和西藏人民一起平息西藏反动农奴主叛乱为背景的《途中投诚图》，竟画的是西藏劳动人民向解放军缴枪投降，将我军平息一小撮反动农奴主的叛乱，解放百万农奴的正义斗争，污蔑为镇压西藏人民的行动！在他的作品中，我军的战士，大都被他丑化成斜眼歪鼻，不男不女，缺胳膊少腿，象国民党反动军队中的兵痞流氓一样。守卫在祖国海防前哨飒爽英姿的女民兵，也被他画成披头散发、长脖细腰的幽灵！黄胄的这些反动透顶的大毒草，都得到了邓拓黑帮的“崇高的评价”。

二、大量地制名为“无害”实有剧毒的“作品”，和无产阶级争夺美术阵地；腐蚀革命人民的斗志，推行“和平演变”。黄胄平日“不断地”“翻来复去地”“愈画愈多”的是“毛驴”和“少女”。他把这类画到处推销。他企图用那些游手好闲、飞眼吊膀的丑恶形象，来代替我们社会主义社会里的勤劳勇敢、朴实健康的各族劳动人民和革命战士；用那些歌舞、绣花、梳洗、喂奶等等个人身边琐事，来排斥我们热火朝天的革命斗争生活；用剥削阶级色情、颓废、甚至歇斯底里的精神状态，来对抗无产阶级崇高、豪迈、意气风发的革命情感。他在画农村劳动妇女“歇晌”的时候，也歪曲她们的形象，故意把她们画成卖弄风情的女人。他把这些地主资产阶级的货色，塞进我们的展览会和画店，企图夺取无产阶级的文艺阵地。黄胄画这类作品最积极、倾销得最多的时候，也正是邓拓黑帮以《燕山夜话》、《三家村札记》向党向社会主义进攻最疯狂的时候。黄胄的一幅作品和邓拓的一篇“燕山黑话”一样，都是彩色“糖衣炮弹”，都是进行“和平演变”的腐蚀剂！

三、利用其它各种活动，大量散布地主资产阶级、修正主义的毒素，腐蚀干部，毒害青年。

黄胄在邓拓黑帮的引导下，广泛进行社交活动，到处招摇撞骗。这个文化流氓，对古画本来只一知半解，却竭力模仿其主子邓拓的伎俩，自封为“古画鉴定家”，积极宣扬“山水花鸟无害”论，大量推荐“古画”，提倡“文人画”，并装腔作势地说这是“最好的文化休息”，通过看画、评画、送画、买画等一系列圈套，勾引一些人玩物丧志，蜕化变质。

黄胄依靠邓拓黑帮给他所作的广告，公然开山室、收门徒，以教画画、传经验为名，跟我们无产阶级争夺青年一代。他以资产阶级成名成家、个人奋斗等一套反动的人生哲学，“开导”青年人，宣扬什么“一着先、吃遍天”，“少说话、多画画”，“先学传统、后谈创新”等等反动观点，妄图把青年人引上不问无产阶级政治，脱离革命斗争的邪路上去。有的青年人就因此被其腐蚀，对黄胄宙日崇拜，把黄胄的黑话编成“语录”，作为“座右铭”，亦步亦趋，逐步堕落下去。

大量的事实证明，黄胄的“艺术创作”和“社会活动”，是在邓拓黑帮的指挥下，有纲领、有组织、有目的、有计划地进行的。他十分卖力地执行邓拓反党反社会主义的意旨，是一个不折不扣的反革命黑画家！

黄胄是一个反动、卑劣、腐朽、糜烂透顶的家伙

黄胄在政治上是极端反动的。他在解放前是反共反人民的，在解放后是反党反社会主义的。黄胄画的毛驴最多，他所在的工作单位中国人民革命军事博物馆，要他画一幅抗日战争时期革命根据地人民用毛驴为八路军运送给养的画，他先推后拖，消极怠工，三年过去了仍不见画影。可是，他在邓拓家里，一个晚上就画出了一幅《百驴图》长卷，献给他的主子。他的毛驴不为革命驮公粮，只为反革命运黑货。一九五九年以来，他为军事博物馆所“创作”的画，只有一幅半，就连这一幅半，也画得很不象样子，根本不能用。但是，在这个期间，据不完全统计，他却画了一千多幅商品画和三百多幅交际画。黄胄根本不为工农兵群众服务，不为社会主义服务，而是积极地为“三家村”反革命集团，为资本主义复辟服务。一九六二年蒋匪叫嚣“反攻大陆”，地富反坏右大肆蠢动的时候，黄胄就画出了《春风吹又生》和《晨曲》等“速写”。在他的笔下是：尽管铁丝网围得森严，也拦不住遍地野花迎风重开，禁不住成群小鸟雀跃欢唱。他这种心情，在《守望者》中表现得更为露骨。在这幅画里，他无限深情地刻划了一个簪花佩珠的深闺少妇，盛装孵坐于芭蕉树下，寄意思于海外，盼望久别的亲人归来。这完完全全是黄胄的“变天”心理的写照。黄胄向来以“写我爱、我憎、我情、我意”自命，他在这里所表达的不过是地主资产阶级的孝子贤孙的反动本性而已。

黄胄的品质是极端卑劣的。他是一个利欲熏心、唯利是图的“驴贩子”。他有一套“唯驴变钱法”。他的人生哲学是“时间就是画，画就是钱”。他不仅画驴骗钱，还进行投机倒把活动，伙同邓拓之流大量倒卖古字画，非法牟取暴利。其中有一幅以一百五十元买进，却以一千元高价卖出。另一幅以四十元购进，转身就以五百元高价卖给在同一条街上的另一个画店。直到现在，黄胄还囤积着宋、元、明、清古字画五六十件，阴谋倒卖出去。其中有些画，是国家文物单位曾出万元收购的“孤本”，但是黄胄就是不拿出来，妄图哄抬物价，大发横财。黄胄原来是一个坑蒙拐骗、无恶不作的大骗子手，是一个满身铜臭、五毒俱全的文化奸商！

黄胄的艺术是极端腐朽的。他的作品不是黑色的就是黄色的。以一九六四年出版的《黄胄作品选集》为例，全部二十幅画中，共计有人物六十一个，其中女人即占五十二个，毛驴三十一头。这些作品无非是黄胄在国民党的“戡乱漫画展览”中的作品的翻版。解放前，他画的是毛驴、女人等等；解放后，大肆贩卖的还是这些破烂。邓拓吹嘘他的作品“充满着鲜明的时代特点”；其实，还是他在国民党统治时期搞的那一套，翻来复去都是些地主资产阶级的玩意。

黄胄在生活上是极端糜烂的。他过的完全是地主资产阶级的生活，衣食住行，奢侈无度，影响极坏。他每次外出，人还未回，群众的检举信就寄来了。他在下连当兵期间，行军要马骑，还要别的战士给他牵着。尤其令人气愤的是，就在这个时候，他还和远在北京的某画店经理书信往还，作成了一笔古字画交易，赚了一大笔钱。请看这种丑恶行径，哪有丝毫革命者的气味！

“三家村”黑帮连续反扑
遭惨败，黑画家黄胄和他的主
子原形毕露

对于黄胄的反动立场和恶劣行径，部队的党
和同志们，早有察觉，在历次政治运动中，一直与
行着严肃的斗争。但是，邓拓黑帮和其他某些黑
物，却百般包庇，拼命给他撑腰。在伟大的
主义教育运动中，黄胄再次受到批判。邓拓黑帮
保住他们精心栽培的这个爪牙，纠集整个黑帮
行，竟横加干涉，疯狂地破坏和抗拒伟大的社会
教育运动。

一、我们越斗，他们越捧。一九六三年当部
党组织将黄胄在社会主义教育运动中被揭露出来
题，通知了有关方面，建议暂不出版、刊用和发行
的作品的时候，邓拓黑帮却同黄胄密谋对策，
计。这时，黄胄的作品反而到处出现，大量倾销。
甚至针锋相对地出版了《黄胄作品选集》，并于其
黄胄登象片，立小传，发表令人肉麻的介绍文
时，还着手为他再出一本木刻水印的画集。随后
在某画报上，以整整三页的篇幅套印黄胄的旧作
拓还写了一大篇吹捧文章，胡诌什么黄胄的“作
有“三新”，“号召”人们“要系统地总结黄胄
的创作经验”，向黄胄“学习”。简直把黄胄捧
天。变本加厉地把他打扮成美术界的“名家”，
此来和部队组织对抗。

二、黑帮头子，赤膊上阵，“营救”黄胄
黄胄的问题已经败露，邓拓害怕斗争的烈火烧到
家村”头上，便气急败坏，亲自出马，质问部队
领导。他蛮横跋扈，拍桌瞪眼，诬蔑揭发黄胄的
是“阶级异己分子”，攻击部队“有狭隘宗派主
有嫉妒心理”，指责部队“搞过火了”，恐吓
“要考虑后果”等等，力图保住“三家村”在部
这条毒虫。

三、邓拓、吴晗一起出马，为黄胄打气壮胆。
胄被部队批判和斗争的时候，除邓拓外，“三家
的又一员主将吴晗，也披挂上阵，以北京市副市长
份，出面邀请黄胄为人民大会堂老北京厅画画，请
赴宴。然后又盗用职权，企图通过组织手段，强
胄所在的单位接受这个无理要求。当他们的阴谋
破，遭到部队严正拒绝后，竟由邓拓派人把黄胄
幅现成作品拿走，扬言一定要把它挂到人民大会
去，为他的走狗打气壮胆。

四、“三家村”黑帮，且战且走，妄图让黄
移阵地。当他们所有的阴谋都遭到失败以后，“
村”黑帮又施出“故技”：“三十六计，走为上
由邓拓唆使黄胄坚决要求转业，邓拓还三番五次
面要求部队领导批准黄胄转业，由他负责安排工
以便使黄胄逃避批判和斗争，转移阵地，跟随邓
起，继续搞反革命活动。

尽管邓拓黑帮诡计多端，仍然无法逃脱革命
雪亮的眼睛，他们的阴谋一一被粉碎了。当无产
文化大革命，以前所未有的规模、声势到来的时
“三家村”黑帮的一切罪恶活动终于完全暴露于
化日之下，其走狗黄胄也就彻底现出了原形。

毛主席告诫我们：“在拿枪的敌人被消灭以
不拿枪的敌人依然存在，他们必然地要和我们作
的斗争，我们决不可以轻视这些敌人。”黄胄和
主子就是这样的敌人，他们一直在和我们进行拼
斗争。我们一定要高举毛泽东思想伟大红旗，把
千臭、斗倒，彻底揪出大小“三家村”，横扫一
鬼蛇神，把无产阶级文化大革命进行到底，不
胜，决不收兵！

社址：北京市平安里三号 电话：总编辑室 663.7126 夜班 663.7077 通讯联络处 663.7777 发行科 663.7396 定价：每份四分 每月一元一角二分 上期北京开印时间 7时55分

“一股春风”，“生活而今胜旧时”，大肆攻击人民公社制度。黄胄在他的许多黑画中，竭力歪曲党的政策，肆意丑化革命人民和解放军战士形象，攻击人民军队。例如他的以平息西藏反动农奴主叛乱为背景的《送子投诚图》，画的竟是西藏劳动人民向解放军缴枪投降，将我军解放百万农奴的正义斗争，污蔑为镇压西藏人民的行动。

黄胄画得最多的是“毛驴”和“少女”。他企图用那些游手好闲、飞眼吊膀的丑恶形象，来代替我们社会主义社会里勤劳勇敢、朴实健康的各族劳动人民和革命战士；用那些歌舞、绣花、梳洗、喂奶等个人身边琐事，来排斥我们热火朝天的斗争生活；用剥削阶级色情、颓废、甚至歇斯底里的精神状态，来对抗无产阶级崇高、豪迈、意气风发的革命感情。这个“文化奸商”对革命工作毫无感情，对他的主子邓拓却拼命巴结，曲意奉承。有一次，他所在的工作单位——中国人民革命军事博物馆，要他画一幅抗日战争时期革命根据地人民用毛驴为八路军送给养的画，他三年也没有画出来。可是，他在反党分子邓拓家里，一个晚上就画出一幅《百驴图》长卷，献给他的主子。这个“驴贩子”的毛驴，不为革命驮公粮，只为反革命运黑货。

（《“三家村”的黑画家黄胄》）

一个画家，即便性情爽朗豁达如黄胄者，做梦也不会想到事情忽然间到了这个地步。

当然，这不会只是一个人的故事。自黄胄被点名批判之日起，“黑画家”这个特定时期的特殊称谓，开始广为人知，并将陆续戴在更多艺术家的头上。

“黑画店”荣宝斋更名

在黄胄被公开点名批判后不到一个月，八月十八日，北京真正变为了一个狂热的海洋。百万红卫兵汇聚天安门，接受毛泽东的接见。正在走向一生权力巅峰的林彪，发表了他著名的讲话：“我们要大破一切剥削阶级的旧思想、旧文化、旧风俗、旧习惯，要改革一切不适应社会主义经济基础的上层建筑。我们要扫除一切害人虫，搬掉一切绊脚石！”

破除“旧思想、旧文化、旧风俗、旧习惯”——后来简称为“破四旧”。这一号召迅即由首都红卫兵付诸实施。第二天，北京城顿时燃烧起来。据有关历史书籍记载，年轻的红卫兵们涌上了街头，所有历史传统的东西，被视为“四旧”而招致摧毁与破坏。老字号牌匾被砸毁，换上革命的称谓。

在废除老名称、更换新名称的一夜旋风中，著名画店“荣宝斋”，成为红卫兵群起而攻之的第一批目标。

荣宝斋位于北京南城琉璃厂，是中国美术界赫赫有名的老字号。其前身松竹斋创办于一六七二年，迄今已有三百年历史。一八九四年改名为“荣宝斋”，意为“以文会友，荣名为宝”。百年来，荣宝斋在书画收藏、木版水印、书画销售等方面名震海内外，成为中国最为知名的画店之一。

上世纪五十年代公私合营后，由许麟庐经营的位于东城王府井大街的和平画店，合并于荣宝斋，成为荣宝斋第二门市部，故北京当时有南城荣宝斋、东城荣宝斋之分。荣宝斋一九五七年先在南城本店设立“画家之家”，一九五九年，“画家之家”移至东城荣宝斋。由此，东城荣宝斋成为京城书画家的雅集之所。“文革”爆发前，邓拓是这里的常客，与黄胄等人在此欣赏文物，题诗作画。有此背景，红色高潮席卷之际，荣宝斋受到冲击，自然也就不让人诧异了。

八月二十三日，这一天的《人民日报》，头版破天荒地同时发表两篇社论。一篇是《工农兵要坚决支持革命学生》，一篇是《好得很》。社论都为自十九日以来在北京出现的“破四旧”狂潮而欢呼。头版上还发表了新华社的一则消息，领题为：无产阶级文化大革命浪潮席卷首都街道；标题为：“红卫兵”猛烈冲击资产阶级的风俗习惯；副题为：广大革命群众最热烈最坚决地支持“红卫兵”小将的革命造反精神。

新华社的消息，突出报道了两天来发生在北京大街小巷的变故：

> 八月二十日以来，首都“红卫兵”纷纷走上街头，到处张贴革命传单和大字报，到处集会演说，向一切旧思想、旧文化、旧风俗、旧习惯发动了猛烈攻击。一些带有封建主义、资本主义和修正主义思想色彩的商店字号，在他们的宣传、帮助下，已经更换为具有革命意义的名称。他们向各学校革命师生倡议，迅速改掉一些毫无政治意义的学校名称。他们还向广大服务行业的革命职工倡议，决不再给某些顾客理怪发、做奇装异服、出售和出租黄色书刊。他们要把北京彻底改造成为一个非常无产阶级化、非常革命化的北京。“红卫兵”的造反精神和革命行动，得到了广大革命师生、革

人民日報

1948年6月15日创刊　第6619号　1966年8月23日　星期二　夏历丙午年七月初八

文化革命既然是革命，就不可避免地会有阻力。这种阻力，主要来自那些混进党内的走资本主义道路的当权派，同时也来自旧的社会习惯势力。这种阻力目前还是相当大的，顽强的。但是，无产阶级文化大革命毕竟是大势所趋，不可阻挡。大量事实说明，只要群众充分发动起来了，这种阻力就会迅速被冲垮。

（中国共产党中央委员会关于无产阶级文化大革命的决定）

社论

工农兵要坚决支持革命学生

毛主席亲自主持制定的关于无产阶级文化大革命的决定，指明了胜利前进的正确道路，纠正了错误路线，扭转了错误方向。

党中央这个决定发表后，人心振奋，斗志昂扬，无产阶级文化大革命的又一个新高潮开始了。

无产阶级文化大革命的洪流，正在冲击着种种阻力。毛泽东同志说，“钟不敲是不响的，桌子不搬是不走的”，“扫帚不到，灰尘照例不会自己跑掉”。那些顽固地走资本主义道路的当权派，必然会采取种种办法，种种手段，抵抗十六条，压制群众运动，破坏文化大革命。他们除了继续挑动学生斗学生以外，还煽动少数工人农民斗学生，来转移斗争的目标。

那些走资本主义道路的顽固派，荒谬地把自己本单位的领导，同党中央，同整个党等同起来。他们利用广大工农兵群众对党的热爱，利用一些群众不明真相，提出什么保卫本地区、本部门的党委的口号，如有革命学生批评他们，起来造他们的反，就被说成是什么“反党”、“反党中央”，说成是什么“反革命”。有的地方，有少数工人农民和机关干部受了蒙蔽和欺骗，参加了对革命学生的斗争。

用这种口号煽动一些工人农民去斗争革命学生的做法，是极端反动的，是完全违背党的路线的。

任何一个地区，任何一个单位的党组织，都必须无条件地走群众路线，接受群众的监督和批评，决不允许以任何借口拒绝和压制群众的批评，更绝对不允许把批评自己的群众打成“反党”、“反党中央”的“反革命分子”。党中央就是党中央，一个地区，一个单位的党组织，就是一个地区，一个单位的党组织。任何一个地区，一个单位的党组织，如果违背了以毛泽东同志为首的党中央的正确领导，违背了毛泽东思想，为什么批评不得？为什么反对不得？为什么人家一批评，就叫做“反党”，“反党中央”，“反革命”？

广大工农兵群众，决不要听那些走资本主义道路的老爷们的胡说。

广大革命学生起来闹革命，反对走资本主义道路的老爷们，是件大好事。他们贴大字报，是好事，大鸣，大放，大辩论，是好事。他们有上街游行示威的权利，有集会、结社、言论、出版的权利。他们敢于用毛泽东思想批评本单位党委和上级党委的错误，正好可以端正那些党委的领导。至于那些死顽固，死不悔改的，垮了也没有什么了不起，也是好事。

革命的学生们组织“红卫兵”、“红旗战斗小组”等等革命组织，是无产阶级专政下的合法的组织。他们的行动，是革命的行动，是合法的行动。谁要反对革命学生的革命行动，就直接违背了毛主席的教导，违背了党中央的决定。

广大工农兵群众，是无产阶级文化大革命的主力军，是革命学生的强大后盾。我们一定要坚定地站在革命学生一边，最热烈最坚决地支持革命学生的革命行动。

广大工农兵群众，最听党的话，最听毛主席的话，最拥护毛泽东思想。党中央决定的十六条，是毛泽东思想的最新的体现。一切违背十六条的，危害无产阶级文化大革命的错误领导，都要坚决抵制，坚决反对。

革命学生在斗争中，也可能有一些缺点。我们一定要看到他们大方向是正确的，应当满腔热情地支持他们，帮助他们，相信他们会在斗争当中，自己能够分清哪些是对的，哪些是不对的，应当怎样做，不应当怎样做。相信他们在斗争中会锻炼得更加坚强，更加敢于革命，善于革命。

广大工农兵群众，广大革命学生，要更高地举起毛泽东思想伟大红旗，紧密地团结起来，擦亮眼睛，千万不要受坏人的挑拨，千万不要上坏人的当。工人，农民，解放军战士，人民警察，由于所处情况不同，岗位不同，他们可能不了解那里学校的情况，不明真相，就不要去参加学校的辩论。

我们伟大的党，用毛泽东思想武装起来的党，一直是信任人民群众，依靠人民群众。同样的，广大人民群众，根据自己的切身经验认为，必须信任党的领导，依靠党的领导，才能完全解放自己。正是因为这样，党和人民群众心连心，不论有什么曲折，有什么风波，我们的党和人民群众，终归会横扫一切牛鬼蛇神，斗垮那些走资本主义道路的当权派，取得无产阶级文化大革命的伟大胜利。

社论

好得很！

我们为北京市“红卫兵”小将们的无产阶级革命造反精神欢呼！

毛主席说：“马克思主义的道理千条万绪，归根结底，就是一句话：‘造反有理。’”

“金猴奋起千钧棒，玉宇澄清万里埃。”“红卫兵”小将们以毛泽东思想为武器，正在横扫一切剥削阶级的旧思想、旧文化、旧风俗、旧习惯的灰尘。

北京解放已经十七年了，可是，在修正主义的前北京市委长期把持、压制下，许多地方的名称，商店的字号，服务行业的不少陈规陋习，仍然散发着封建主义、资本主义的腐朽气息，毒化着人们的灵魂。广大革命群众，对这些实在不能再容忍了！

扫帚不到，灰尘照例不会自己跑掉。千千万万“红卫兵”举起了铁扫帚，在短短几天之内，就把这些代表着剥削阶级思想的许多名称和风俗习惯，来了个大扫除。

这是破旧立新的革命行动。闪耀着无产阶级革命精神的新名称、新风俗、新习惯，为我们伟大的首都，为无产阶级革命的中心，增添了无限的光彩。

处处是革命的标志和文字，处处是革命的语言和歌声。每个街道，每个商店，每个行业，都要成为学习毛泽东思想的学校，成为宣传、执行和捍卫毛泽东思想的阵地。毛泽东思想正在照亮每一个角落。

这是振奋人心的大事，这是大快人心的喜事。

“红卫兵”的革命精神，将使我们的国家和人民永葆革命的青春。

“红卫兵”的革命行为，是任何顽固的旧势力也阻挡不了的洪流。

“红卫兵”的无产阶级革命造反精神好得很！

北京荣宝斋画店的橱窗和墙壁上张贴了大字报和对联，这家画店被改名为“人民美术出版社第二门市部”

命职工和街道居民的最热烈、最坚决的支持。

（《"红卫兵"猛烈冲击资产阶级的风俗习惯》）

这一消息中，特地提到了红卫兵对荣宝斋的冲击，所摘录的中央美院红卫兵的大字报，把荣宝斋与已经被公开批判的邓拓、黄胄，紧紧地绑在了一起：

在"荣宝斋"的玻璃橱窗里，挂着中央美术学院附中"红卫兵"送的一张大字报。这张大字报说："荣宝斋是个黑画店，几十年来盘剥劳动人民的血汗，为资产阶级小姐少爷太太老爷服务，为封建地主阔佬阔少服务，为资产阶级反动学术权威服务。

"一句话，就是不为社会主义服务，不为工农兵服务。反党反社会主义反毛泽东思想的黑帮头子邓拓就是你们的大老板，老主顾！黑画家'驴贩子'黄胄也是你们的后台，你们这里已经成了黑帮画家的交易所了。我们就是要把荣宝斋打个身败名裂！！"

（同上）

为配合这一报道，报纸还发表了一组照片，其中，"荣宝斋"的牌匾被摘下，换成了"人民美术出版社第二门市部"的招牌（应是位于王府井大街的荣宝斋营业部）。从照片上看，大门两旁还贴了一副对联："为革命彻底砸烂旧××，为人民坚决创立新××"，人头攒动，遮住了上下联的最后两个字，推测大概是"文化"或"世界"之类的名词。

荣宝斋改名了，与之一起成为北京街头新景象的还有很多：长安街→"东方红大街"；东交民巷→反帝路；全聚德→北京烤鸭店；协和医院

批判黑画的“文革”小报

邓拓为荣宝斋题写的对联

→反帝医院；同仁医院→工农兵医院；亨得利钟表店→首都钟表店；东安市场→东风市场……

对荣宝斋的批判仍在继续。

我搜集到一份一九六七年十月的“文革”小册子，系由人民美术出版社的两个造反派组织——门市部燎原兵团和红小兵战斗兵团——编印的《把黑诗黑画揪出示众》，其中有两个专页主要针对荣宝斋。

邓拓曾为荣宝斋题写过一副对联：“疆场无敌手，艺苑发奇光”。在题为《反党老手邓拓的黑对联、黑词》的文章中，这样写到邓拓与荣宝斋之间的关系：

物以类聚，从反革命分子邓拓给荣宝斋题的这副对联："疆场无敌手、艺苑发奇光"，可以看来荣宝斋这个臭名远扬的裴多菲俱乐部，是受到邓拓之流的何等欣赏。

荣宝斋在旧中宣部、旧文化部、旧北京市委的直接控制下，一面用木版水印大搞复古，一面为牛鬼蛇神提供了最方便的放毒条件。在这个领域里，为中国的赫鲁晓夫复辟资本主义制造舆论准备方面，可说"无敌手"。这一切，在邓拓眼里，荣宝斋这个在"艺苑"中的"三家村"小分店，确"发"了修正主义的"奇光"，是不足为怪的……

（《反党老手邓拓的黑对联、黑词》）

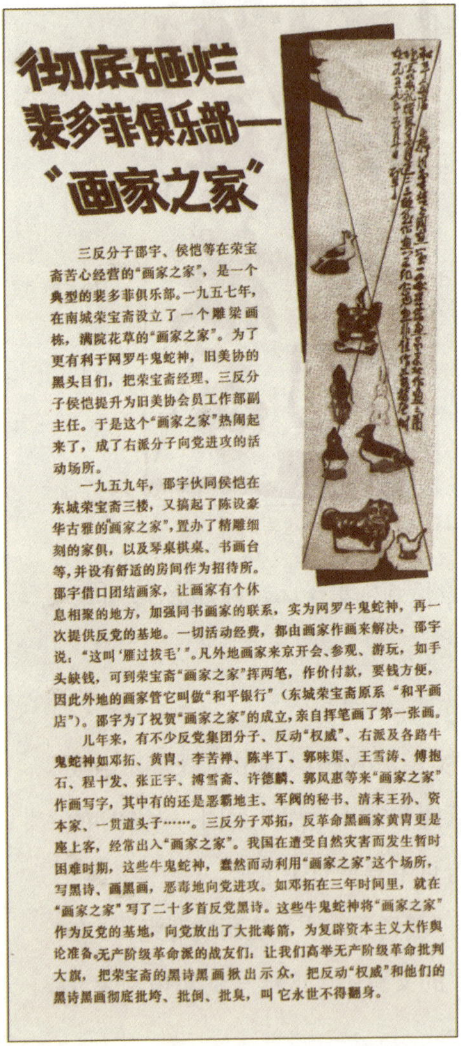

彻底砸烂裴多菲俱乐部——"画家之家"

三反分子邵宇、侯恺等在荣宝斋苦心经营的"画家之家"，是一个典型的裴多菲俱乐部。一九五七年，在南城荣宝斋设立了一个雕梁画栋，满院花草的"画家之家"。为了更有利于网罗牛鬼蛇神，旧美协的黑头目们，把荣宝斋经理、三反分子侯恺提升为旧美协会员工作部副主任。于是这个"画家之家"热闹起来了，成了右派分子向党进攻的活动场所。

一九五九年，邵宇伙同侯恺在东城荣宝斋三楼，又搞起了陈设豪华古雅的"画家之家"，置办了精雕细刻的家俱，以及琴桌棋桌、书画台等，并设有舒适的房间作为招待所。邵宇借口团结画家，让画家有个休息相聚的地方，加强同书画家的联系，实为网罗牛鬼蛇神，再一次提供反党的基地。一切活动经费，都由画家作画来解决，邵宇说："这叫'雁过拔毛'"。凡外地画家来京开会、参观、游玩，如手头缺钱，可到荣宝斋"画家之家"挥两笔，作价付款，要钱方便，因此外地的画家管它叫做"和平银行"（东城荣宝斋原系"和平画店"）。邵宇为了祝贺"画家之家"的成立，亲自挥笔画了第一张画。

几年来，有不少反党集团分子、反动"权威"、右派及各路牛鬼蛇神如邓拓、黄胄、李苦禅、陈半丁、郭味蕖、王雪涛、傅抱石、程十发、张正宇、溥雪斋、许德麟、郭风惠等来"画家之家"作画写字，其中有的还是恶霸地主、军阀的秘书、清末王孙、资本家、一贯道头子……。三反分子邓拓，反革命黑画家黄胄更是座上客，经常出入"画家之家"。我国在遭受自然灾害而发生暂时困难时期，这些牛鬼蛇神，蠢然而动利用"画家之家"这个场所，写黑诗、画黑画，恶毒地向党进攻。如邓拓在三年时间里，就在"画家之家"写了二十多首反党黑诗。这些牛鬼蛇神将"画家之家"作为反党的基地，向党放出了大批毒箭，为复辟资本主义大作舆论准备。无产阶级革命派的战友们：让我们高举无产阶级革命批判大旗，把荣宝斋的黑诗黑画揪出示众，把反动"权威"和他们的黑诗黑画彻底批垮、批倒、批臭，叫它永世不得翻身。

另有一专页集中批判荣宝斋所设立的"画家之家"，文章题为《彻底砸烂裴多菲俱乐部——“画家之家”》。批判文章这样描述“画家之家”及其活动：

> 一九五九年，邵宇伙同侯恺在东城荣宝斋三楼，又搞起了陈设豪华古雅的“画家之家”，置办了精雕细刻的家具，以及琴桌棋桌、书画台等，并设有舒适的房间作为招待所。……
>
> 几年来，有不少反党集团分子、反动“权威”、右派及各路牛鬼蛇神如邓拓、黄胄、李苦禅、陈半丁、郭味渠（应为“蕖”——引者）、王雪涛、傅抱石、程十发、张正宇、溥雪斋、许德麟、郭凤惠等来“画家之家”作画写字……三反分子邓拓，反革命黑画家黄胄更是座上客，经常出入“画家之家”。我国在遭受自然灾害而发生暂时困难时期，这些牛鬼蛇神，蠢然而动利用“画家之家”这个场所，写黑诗、画黑画，恶毒地向党进攻。如邓拓在三年时间里，就在“画家之家”写了二十多首反党黑诗。这些牛鬼蛇神将“画家之家”作为反党的基地，向党放出了大批毒箭，为复辟资本主义作舆论准备。无产阶级革命派的战友们：让我们高举无产阶级革命批判大旗，把荣宝斋的黑诗黑画揪出示众，把反动“权威”和他们的黑诗黑画彻底批垮、批倒、批臭，叫它永世不得翻身。
>
> （《彻底砸烂裴多菲俱乐部——“画家之家”》）

此篇文章，提到了诸多如今听来如雷贯耳的名字。剔除言辞中的激烈而粗暴的时代色彩，我们倒是可以从中看到荣宝斋的当年风光。

因此，论及中国百年美术史，荣宝斋的风吹草动，云聚云散，兴衰起伏，不应错过也。

叶浅予和他的日记

就在《人民日报》刊发荣宝斋被更名的照片的同一天，一九六六年八月二十三日，中央美院的校园里，发生了一场震动全校的大事——叶浅予、罗工柳、黄永玉三名教授，集体被批斗，并被打得浑身鲜血淋淋。这是风暴到来之后，中央美院第一次出现的极端行为。

叶浅予时任中央美院国画系主任。早年他以漫画走进画坛，所创作的“王先生”漫画形象，风靡一时，影响广泛。二十世纪二十年代后期他开始主编《上海漫画》、《时代漫画》等刊物，吸引了众多艺术家，培养了丁聪、黄苗子等年轻画家。后来，他又从事国画创作，尤以人物速写和人物画而著称，故被安排担任国画系主任。

据叶浅予回忆，在“文革”开始的大批判中，他被说成是国画界的“祖师爷”、“南霸天”、“不倒翁”，因为抗战期间，他曾领导一批画家参加盟军的抗日宣传，遂又被打成“美帝国主义特务”。对其作品的批判也就五花八门了。譬如，一九五三年创作的《中华民族大团结》，画面上各族代表依偎在毛泽东身边，被说成是“牛鬼蛇神包围毛主席”；一九六二年创作的《沈家门即景》，画中的一个渔民，被说成是台湾派来的“空降特务”；一九六二年中印爆发边界战斗，正好此年叶浅予创作过

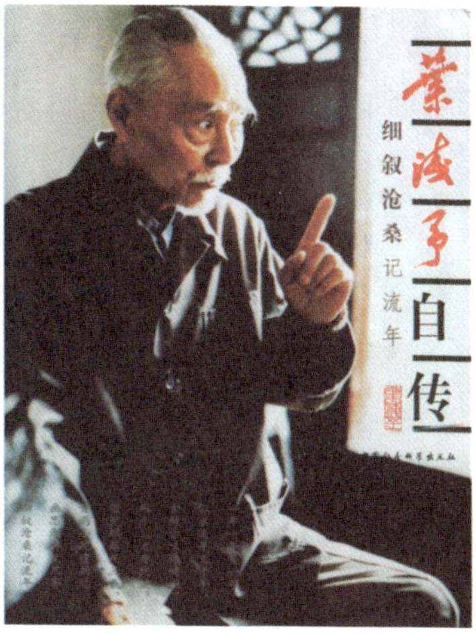

一九七九年的叶浅予

一幅《印度献花舞》，上面钤了一个题为“寄情”的印章，便被说成对敌人充满感情。

得感谢红卫兵的命令——每个星期叶浅予必须上交一次日记，名曰《改造日记》，他连续写了两年。令他欣慰的是，一九八一年，上交的《改造日记》退还回来，使他在八十年代撰写回忆录时有了重要的第一手文献。一九六六年八月二十三日，挨打之后的叶浅予在日记中写道：

> 今天早晨我面临的这场风暴，对我是一次非常重要的教育。我的罪行激怒了群众，挨了打，但群众仍然是有分寸的。不然，即使把我打死，也解不了恨。这一打，更深一层认识我的罪行的严重性，使我的头脑更清醒些，对待运动的态度摆得更正确些。我坚决相信党，相信群众，准备迎接任何考验，相信党和群众会给予我自新的机会。
>
> （转引自《叶浅予自传：细叙沧桑记流年》）

日记不可能详尽地记录细节，但在字里行间仍可读出当时的恐惧气氛和画家承受的巨大心理压力。在解释这则日记时，叶浅予这样说：

> 这天挨了打，挨得不轻，背上衬衣血渍斑斑，后脑勺打了个洞。日记上却不敢如实描写。为什么？怕暴露不满情绪，引来更重的惩罚；日记后段又写得如此超脱，如此光明磊落，标榜自己站在革命立场看待这场惩罚。假使我是一个精明的造反派，一定会发觉叶浅予这个胆小鬼在耍花招愚弄革命群众，千万不能上当受骗。叶浅予真是在耍花招欺骗造反派吗？他哪敢！实际是他被打懵了，而当天的日记又不能不有所反映，于是硬着头皮写了那么一段漂亮门面话。
>
> （同上）

叶浅予回忆说，那天一起挨打的有三个人：叶浅予、罗工柳、黄永玉。三人分属国画系、油画系、版画系。批斗地点在“黑画展览”会场。他这样回忆批斗细节：

> 23日那天上午，黑画展刚布置好，头一个被拉去的是罗工柳，因为他画了一幅油画，画的是“独立寒秋，湘江北去……”那首诗的词意。造反派说他歪曲毛的词意，让毛孤零零一人站在一只小艇上，漂泊在茫茫大水中。一面批，一面用皮带抽他。等他从会场出来，把我叫去，红卫兵押着我走进一间教室，里面挂满我的画稿和生活照片：正中是毛泽东的肖像草稿，四周挂着其他画稿和照片……我一到，罚我面对那幅毛泽东肖像草稿下跪，由一个红卫兵发号令，喊口号：
>
> “叶浅予丑化革命领袖罪该万死！”

“叶浅予丑化劳动人民罪该万死！”

“叶浅予毒害青年罪该万死！”

“大混蛋叶浅予里通外国，该死该死！”

四五个身穿绿色军装的中学生红卫兵，手握皮腰带，站立两厢，随着口号声，一阵一阵揍打。这时我被推翻在地，背上一阵一阵发烫，发麻，发辣。喊口号的那位执刑官，喊到后来，没词儿了，便只顾喊：“打！打！打！”皮腰带的铜扣扣碰到后脑勺，感到有点痛，不知道脑袋开了花。皮肉受罪，头脑还算清醒，心里在想，不知是哪个混蛋在喊口号，抬头瞄一眼，是个陌生脸，拿皮腰带的也是陌生脸，自己班上的学生一个也不露面，他们大概不好意思下此毒手，故意躲在暗里指挥。在这生死关头，我心里明白，要有骨气，决不吭声，由你们这些小刽子手们行凶。

叶浅予画作《中华民族大团结》也成了被批判的对象

打着打着，大概看到我背上头上出血，怕真打出人命来，便住了手，一声令下：“滚蛋！”我挺起腰杆，走出刑场，几个红卫兵跟出来，来到操场，叫我躺在地上，由一个红卫兵在我肚子上踏上一只脚，另一个红卫兵拿起照相机，咔嚓一响，留下一张珍贵的历史纪念照，体现《湖南农民运动考察报告》那句话：打倒土豪劣绅并且踏上一只脚。事后有人告诉我，这张照片在美国的画报上发表了。也好，叶浅予活在这世界上，总算留下了一件大可纪念的历史文献。照完相，还罚我在操场上拔草。

（同上）

被殴打的叶浅予，回到被关押的“牛棚”，由李可染、李苦禅等人帮忙擦去血迹，第二天，他仍穿着这件血衣继续接受批判。他没有想到，这些举动仍然被揭发，遂不得不在另一天的日记中进行自我批判：

关于李可染给我擦背上的红药水，记得还有一次是李苦禅，一次是艾中信，都是因为汗出得多，自己擦不着，叫他们帮我擦。当时曾考虑该不该这样做？自己的回答是：反正他们都知道我挨过打，背上贴了好几块纱布，几天没擦汗，请人帮忙擦一擦，一次这样做了，二次、三次也就认为没什么问题了。今天经人一检举，才认识到影响极坏，的确像故意拿伤疤给人看。别人对我的怀疑是出于革命的警惕性，对我这样一个严重的牛鬼蛇神，应该如此，我愿意接受大家的监督。

（同上）

“文革”结束后叶浅予（中）与黄苗子（左）、丁聪在一起

中央美院的画家们，不仅要接受批判，还要参加劳动，分组分工包干全院的环境卫生。国画系四个年纪大的教授是叶浅予、李可染、李苦禅、郭味蕖，他们四人编为一组。叶浅予后来画过一幅漫画《从来没有这么干净过》，画面中两位老头正在打扫厕所，其中一位左手拿拖把，右手提水桶，形象颇似他本人。另外一位手持扫把，不知是另外三位中的哪一位。叶浅予回忆说，四人中，他的体力较强，干活总是抢在前头，结果另外三人有怨言，怪他干得太多，故意不让他们干，剥夺了他们的劳动权利。这些讨论当着红卫兵的面进行，也许彼此做做样子而已。叶浅予在一则“改造日记”中写道：

我们四人开了半小时会，首先谈谈对劳动的态度，彼此展开了一点批评，李苦禅批评我打扫厕所时把主要的活都占了，一味照顾他，他认为是缺点。经他一提，我立刻认识到，这是我参加劳动以来很不对头的态度。正确的态度应该对各人的劳动应该互相严格监督，不能有一点点温情，我对李苦禅的照顾，不是真正帮助他，而是在他改造道路上设置障碍。

（同上）

自责读来令人心痛。

从叶浅予的情况看，当年中央美院接受批判的画家们，应该都上交过“改造日记”。不知后来是否都退还给本人？希望它们尚在人间。如果能够搜集齐全并整理成册，那该多好！

蔡若虹、华君武被推到前台

继黄胄之后，美术界又有两人在报纸上被公开点名批判，他们是蔡若虹、华君武。他们被点名，首先不是因为他们各自的作品，而是因为他们所担任的职务，前者任中国美协副主席，后者任中国美协党组书记兼秘书长，将他们推到前台，意味着对整个美术界的批判全面展开。

在“文革”前的十七年间，中国美协先后有三任主席。第一位是徐悲鸿，于一九五三年去世；第二位是齐白石，于一九五七年去世；第三位是何香凝，“文革”爆发时仍健在，于一九七二年去世。何香凝女士是廖仲恺的夫人，她在齐白石之后担任中国美协主席，象征意义显然更大于实际意义，何况，“文革”风暴来临时，身为美协主席的何香凝是被保护的著名人士，不把她推到前台也在情理之中。蔡若虹、华君武则不同，两位均来自延安鲁艺（即鲁迅艺术学院），是周扬在美术界最器重的人士，他们从五十年代就担任中国美协的领导职务，并主持日常工作，在批判周扬的“文艺黑线”高潮中，从他俩入手来“清算”美术界，同样也在情理之中，丝毫不让人感到奇怪。

一九六七年，新年伊始，蔡若虹和华君武两人被公开点名批判。一月十一日，《人民日报》在第六版以整版篇幅，推出了题为“粉碎蔡若虹、华

一九七九年蔡若虹（左）与江丰（右）、吴作人在一起

君武在美术界的资产阶级专政”的批判专页。

专版分别由编者按和三篇文章组成。文章依次为：1.《为复辟资本主义效劳的美术纲领》（作者：朝辉）；2.《华君武是炮制反党黑画的老手》（作者：红雨）；3.《蔡若虹是美术界反党的罪魁祸首》（作者：辛兵）。除此之外，还在左下角配发了一幅宣传画。宣传画无题目、无标题，一位戴着袖章的造反派雄赳赳地手握巨大钢笔，笔尖挑起三个被丑化的漫画人物，吊带上写着“旧美协”三个字。

“编者按”写道：

蔡若虹、华君武是周扬埋在美术界的两颗定时炸弹。他们在美术界大搞资产阶级专政，招降纳叛，结党营私，千方百计地反对毛主席的文艺路线，推行周扬反革命修正主义的文艺黑线，煽动美术界的牛鬼蛇神兴风作浪，向党向社会主义猖狂进攻。在他们把持下的美术家协会，实际上已经沦为匈牙利裴多菲俱乐部式的反革命团体。

粉碎蔡若虹、华君武在美术界的资产阶级专政

编者按：长期隐藏在美术界的反革命修正主义分子蔡若虹、华君武，被革命群众揪出来了，揪得好！

蔡若虹、华君武是周扬埋在美术界的两颗定时炸弹。他们在美术界大搞资产阶级专政，招降纳叛，结党营私，千方百计地反对毛主席的文艺路线，推行周扬反革命修正主义的文艺黑线，煽动美术界的牛鬼蛇神兴风作浪，向党向社会主义猖狂进攻。在他们把持下的美术家协会，实际上已经沦为匈牙利裴多菲俱乐部式的反革命团体。

十多年来，蔡若虹、华君武等人顽固地站在资产阶级的反动立场上，利用美术这个工具，利用他们所掌握的各种报刊的美术阵地，举办各种美术展览会，大肆诬蔑、讽刺、攻击无产阶级专政，大量散播封建主义、资本主义、修正主义的毒素，流毒全国，危害极大。

一九六三年以来，蔡若虹、华君武等人在旧中宣部、旧文化部的包庇下，抗拒毛主席对文艺界多次极关重要的批示，继续玩弄反革命两面派的手法，压制革命群众对美协反党罪行的揭发和对他们反革命的黑文黑画的批判。但是，纸是包不住火的，狐狸的尾巴是藏不住的。现在他们反党反社会主义反毛泽东思想的真面目终于被揭露出来了。

砸烂美协这个“裴多菲俱乐部”，揪出美术界的反党头目蔡若虹、华君武，这是美术界无产阶级文化大革命的胜利。我们必须乘胜追击，彻底粉碎蔡若虹、华君武等在美术界的资产阶级专政，肃清他们的恶劣影响。在伟大的毛泽东思想的指引下，我们一定能够在美术界建立和巩固无产阶级的领导权，创造出光辉灿烂的无产阶级新美术。

为复辟资本主义效劳的美术纲领

朝 辉

反革命修正主义分子蔡若虹和华君武，一贯反对毛主席提出的文艺为工农兵服务的方向。他们肆意歪曲“百花齐放，百家争鸣”的方针，妄图从根本上篡改党的文艺政策，实行资产阶级的自由化。

不为工农兵服务，而为资本主义复辟效劳

蔡若虹、华君武一贯鼓吹反“题材决定”论。华君武曾到处叫嚷：“不要分什么主要、次要，画人也好，画花也好”，否则，“就容易形成艺术的单调。”他们还在提倡所谓“个人风格”的幌子下，主张大开个人画展，认为是“家”都能展出，来者不拒，不必审查。这就不但在理论上，而且在组织上为资产阶级“权威”、牛鬼蛇神大开门户。

一九六二年，是毛主席《在延安文艺座谈会上的讲话》发表二十周年。周扬反革命集团配合国内外阶级敌人的进攻，打起纪念《讲话》的旗帜，在文艺界大反毛泽东思想。美协当时举行了全国性的纪念美术展览会。经过蔡若虹、华君武等人精心策划，一些根本不拥护《讲话》的封建余孽们的陈货和已经成为历史垃圾的资产阶级破烂也展出了。什么柠檬、樱桃、死鲶鱼，簪花仕女、伏虎罗汉等等乌七八糟的东西大量塞进了“纪念美展”。在同时举行的“纪念”座谈会上，蔡若虹、华君武等打出“不拘形式自由交换意见”的幌子，煽动反动资产阶级“权威”、牛鬼蛇神大放其毒。会上有的狂热鼓吹“变形”，有的高叫出新“首先要拿掉陈”，有的还叫嚣“现在的问题还是‘放’得不够，应当提倡大胆尝试”。有的竟然说“画炼钢、割麦子，同过时了一样，没人爱看；而画荷花、美人、戏曲才是艺术。”

提倡游山玩水，反对和工农兵结合

毛主席教导我们：“中国的革命的文学家艺术家，有出息的文学家艺术家，必须到群众中去，必须长期地无条件地全心全意地到工农兵群众中去，到火热的斗争中去，到唯一的最广大最丰富的源泉中去……”。可是华君武等人千方百计地抵制这个指示，他们不是强调美术创作的特殊性，就是散布“到处有生活”的谬论。甚至以“走马看花”为名，不惜大量挥霍人民血汗，恣意满足那些资产阶级“权威”们的享乐要求。有两个资产阶级“名画家”到东北去写生，华君武亲自向当地要求特殊照顾，甚至连他们嗜好什么酒也都作了指点。这两个家伙游长白山时，竟有整卡车的物资尾随供应，还有各种人员左右服侍。不仅如此，华君武还在协会会员工作中大搞休养所、“沙龙”（美术茶座）、游园会、郊游会、读画会、读书会等活动，进一步扩大美术工作者和工农兵的距离。

名利攻心，瓦解无产阶级美术队伍

培养和造就红色的无产阶级美术队伍，这是关系到我国革命的艺术事业成败的头等大事。蔡若虹、华君武这一伙反革命修正主义分子却反其道而行之。他们在工作中惯用高薪、高稿酬和“自由化”等攻心战术，腐蚀青年美术工作者，瓦解革命的美术队伍。早在一九五六年，华君武就卖力地推行周扬提出的“职业化”，办“同人刊物”两项反党方案。后来蔡若虹、华君武在美协又制定具体计划，要在三年之中，把“全国各机关团体内从事美术创作的干部逐步取消薪金制度，按照‘按劳取酬’的原则过渡到以创作为专业”，妄想使美术工作者脱离党的领导、脱离群众，变成特殊化的精神贵族。反右派斗争打乱了这一套自由化的阴谋。但是，蔡若虹、华君武并不死心，他们在周扬的保护和支持下，继续以新的手法，把美术事业推向资本主义道路。什么大办个人展览，什么标价出售展品，什么由名人定画捧场等等，推行的都是资产阶级的货色。

蔡若虹、华君武对培植美术界的黑标兵——反革命分子黄胄也十分出力。当黄胄投机倒把贩卖古字画受到组织批判时，华君武还要送他的《载歌行》出国展览，并亲临黄家别有用心地进行离间说：“人怕出名，猪怕胖，你又有名又胖，要当心。”黄胄租了一所豪华的画室，觉得租金太贵，华君武又安慰说：“没关系，我帮你推销‘毛驴’”。

压制和排斥工农兵掌握美术武器

蔡若虹、华君武不仅不组织专业美术工作者为工农兵服务，而且也不让工农兵自己掌握美术的宣传武器，对工农兵的美术创作一贯采取轻蔑的态度。蔡若虹污蔑大跃进时期群众的美术作品是“简单化”、“粗制滥造”。华君武也攻击大跃进以来的美术创作是“只顾群众，不顾专家”，叫嚷“专家不画，出不来好作品”，还攻击党的各级领导“不懂艺术，叫画什么就得画什么”，攻击在美术创作中走群众路线是“多、快、省，并不好。”他们还利用职权，一贯排斥工农兵群众，却把资产阶级的“专家”、“权威”和牛鬼蛇神大批拉进协会。据统计：全国美协一千一百多会员当中，工农兵只有四十六人；一百一十二个理事中，工农兵仅五人。在我们社会主义国家中，美术界的印把子，实际上是掌握在资产阶级分子的手中。

在伟大的无产阶级文化大革命中，我们一定要夺过印把子，把美术界的反革命修正主义分子彻底打倒。

华君武是炮制反党黑画的老手

红 雨

华君武是制作反党黑画的老手。他的所谓内部讽刺漫画，从三十年代到六十年代贯穿着一条又粗又臭又长的黑线。每当阶级斗争激化，他认为形势对他有利时，就乘机大放毒箭。有时他张牙舞爪，赤膊上阵，有时他又隐晦曲折，旁敲侧击。但不论是明枪或是暗箭，其攻击的矛头都是指向党的。一九三五年以后，正是国内外阶级斗争激烈的年代，华君武不积极表现反帝反封建的斗争，却为肖像买办资产阶级服务。他在上海《时代漫画》上大画特画《露茜小姐的曲线生活》等宣扬资产阶级腐朽生活的作品；他还为《学生运动余味录》专栏画评蔑学生爱国运动的反动漫画。一九三八年，华君武抱着投机的目的跑到了革命圣地——延安。一九四二年在日寇和国民党造成的严重困难面前，华君武就乘机蛊惑人心，散布对党的不满情绪。他透过资产阶级的有色眼镜到处搜寻所谓“黑暗面”，把延安描画得“乌七八糟”，“一无是处”。同年他伙同蔡若虹等举办“讽刺画展”，其中他画的《军民关系》、《摩登装饰》、《路线问题》、《我参加了大会》等反党黑画，就是与丁玲、王实味的反革命活动相配合，向党的领导恶毒攻击的集束毒箭。

全国解放后，他的资产阶级反动立场一直没有改变。到了一九五六年和一九五七年，国内外阶级斗争尖锐化的时候，他又上窜下跳，煽风点火，鼓动右派“鸣放”，大搞反党活动。他还用漫画作为反党工具，画了《气象学》、《风信鸡》、《老鹰捉小鸡》等反党的毒草。一九六一年，当我国遇到暂时困难期间，国内外阶级敌人一起兴风作浪，掀起反华反共高潮的时候，华君武和周扬、邓拓等反革命修正主义分子密切配合，大画反动的“内部讽刺漫画”。

一九六一年，华君武画的《只顾拿舵，不顾看风》，配合国际上帝国主义和现代修正主义掀起的反华反共的浪潮，配合国内牛鬼蛇神刮起的黑风，以航船为比喻，含沙射影地攻击我们的伟大舵手毛主席，狂妄地要我们党顺着修正主义黑风使舵，改变前进的方向。他的另一棵大毒草《不对头》，画的是舞龙灯，但引龙人不领龙头却领龙尾，以此来骂我们党的领导“瞎指挥”，把大方向都搞错了。在《春蚕象赞》里，他又挖空心思地借“作茧自缚”的“春蚕”来攻击我们党的领导。华君武生怕别人不懂，还写了一首黑诗，辱骂我们的领导是“有我发言，没你讲话”的“孤家”寡人。他画的《蜘蛛无耻》、《断线风筝》、《无效劳动》等都是攻击总路线、大跃进和人民公社的大毒草。不仅如此，华君武还经常以讽刺文艺创作中墨守成规，缺乏创造为名，而实际上是疯狂地反对毛泽东思想。

华君武的反党漫画是周扬、邓拓等反革命集团的一个组成部分。华君武黑画的矛头指向哪里？反动主题是什么？我们都可以从周扬的文章和讲话中，从邓拓的《燕山夜话》和《三家村札记》中找到答案。可以说，华君武的漫画是这些文章和黑话的插图，而周扬、邓拓的黑文黑话又是华君武漫画的注解和说明。

周扬诬蔑党对文艺的领导是“行政干涉”、“简单粗暴”和“垄断”，华君武就画《科学分工》，用一人吹笛别人跳的形象来咒骂党对文艺创作的领导是“粗暴干涉”，是“占据一切，包代替一切”。周扬说我们的反修斗争扩大化了，华君武就画《杜甫检讨》，用“‘兵车行’乃和平主义思想”这句恶毒的噱头来讽讽反修斗争。

邓拓诬蔑毛主席关于“东风压倒西风”的科学论断是“空话”，是“陈词滥调”，咬牙切齿地要党的领导“下台去休息”，华君武就十简画《该休息了》，咒党的领导是躺在床上的病人，患的“陈腔滥调”和“老生常谈”症。一个文一个用画，腔调完全一致。当吴晗的《海瑞罢官》大毒草出笼后，“三家村”的大将廖沫沙祝贺吴晗“打破‘史’‘戏’这两家的门户”，鼓励他“再写一个海瑞”时，华君武便立即抛出黑画《何不下楼合作》，叫嚷“史”家和“戏”家“合作”大写反党毒草。华君武的《矛盾》与廖沫沙的《怕鬼的“雅谑”》配台，诬蔑站在反帝反修最前列的英雄的中国人民，是“口称不怕鬼而实际怕鬼怕得要死的人。”够了！仅从以上列举的事实，就充分证明正当国际上帝国主义和现代修正主义和各国反动派掀起反华大合唱之时，国内牛鬼蛇神纷纷出笼之日，华君武和周扬、邓拓等反党分子串通一气，充当了反党的急先锋。黑画俱在，罪证累累，是抵赖不了，逃脱不掉的。

蔡若虹是美术界反党的罪魁祸首

辛 兵

美术界的反党头子蔡若虹，是周扬反革命修正主义集团栽培起来的。十多年来，在他所盘踞的中国美术家协会里，大搞资本主义复辟，干了许多反党的勾当。

恶毒攻击三面红旗，美化现代修正主义

蔡若虹对党的社会主义建设总路线、大跃进、人民公社怀着刻骨的仇恨。他破口辱骂：“这也多快好省，那也多快好省，到处乱套”。他攻击人民公社搞糟了，污蔑说：“人民公社成了小王国，越丰产越没有东西”。他对于现代修正主义却拼命地加以美化，胡说赫鲁晓夫上台后“正在纠正斯大林的错误，做了许多好事”。甚至无耻地称赞铁托这个老牌的修正主义是“反法西斯游击战的英雄”。在美术创作上，他还鼓吹要向修正主义“艺术家”的反动创作方式学习。

篡改文艺为工农兵服务的方向，反对文艺工作者与工农兵结合

蔡若虹一贯反对毛主席的文艺路线，篡改文艺为工农兵服务，为无产阶级政治服务的方向，极力兜售周扬的“全民文艺”。他经常以强调“造型艺术的规律、特点”为名，否定美术创作必须结合党的中心任务，反映阶级斗争。他说：“现代的阶级斗争，不符合造型艺术规律，不好表现”，还说“很难说有人看了一幅革命斗争的画，然后就革命去了。”他反对描写英雄人物，说“不一定非画英雄人物不可。”他主张只要是能“给人以美的感受的”就能画，竭力提倡“有益无害”的作品。

在美协工作中，蔡若虹一方面散布“到生活中去是不容易的，到工厂去，工人都在做工；到农村去，现在合作化了，（农民）也不像过去那样容易接近”的谬论，一方面找出种种借口，组织美术家去“游山玩水，走马看花”，一面宣扬“画家与画家、诗人交朋友，益处很大”等等谬论，来抵制毛主席关于文艺工作者深入生活，参加火热斗争，与工农兵结合，进行脱胎换骨的思想改造等指示。

贩卖周扬修正主义文艺黑货，大搞资产阶级自由化

蔡若虹曾参加周扬反革命修正主义集团的《文艺十条》的起草工作，并在美术界积极贯彻。

一九五七年蔡若虹在广州公开宣扬“所谓社会主义，就必须包括多种主义……。”一九五九年，他又说“在意识形态领域中，无产阶级与资产阶级的斗争，谁战胜谁的问题已经解决了”。一九六二年，在他的大毒草《方向已定，道路必广》一文中，又胡说为工农兵服务的方向问题已解决，当前的首要问题是扩大题材，并鼓吹“多多吸取古人的经验，凡是古人用过的题材和体裁，我们不妨拿来试试看”，企图为资本主义复辟制造舆论。一九六四年，他又指令发出关于举办三百六十行创作展览的一封公开信，明目张胆地把为工农兵服务篡改成为不分阶级的三百六十行服务，推行周扬的“全民文艺”。

崇洋复古，宣扬封建主义、资本主义、修正主义的文艺

蔡若虹对欧洲资产阶级的“印象派”“野兽派”名家十分崇拜，屡次举行“观摩会”，借口“开阔眼界”，实际上是大放其毒。对于中国封建阶级的石涛、八大山人、扬州八怪等人的作品，他都奉为至宝。一幅无聊的古画《群仙祝寿图》，竟使他“观摩三次，感触万千”。他还特别提倡封建阶级的遗老遗少和资产阶级反动“权威”的作品，对他们画的山水风景、残荷败柳，推崇备至，指令《美术》杂志要专门加以评论。

他号召人们拿起画笔去表现：吃螃蟹的钟进士，坐着的金龙和跪着的王宝春，《红楼梦》里的贾政和赵姨娘在谈话，王熙凤的那种外表很讨人喜欢、内心却尖酸毒辣的性格。一九五九年他还为中国革命博物馆设想了一个概括中国革命的雕塑：“一个骨瘦如柴的母亲躺在地上，快要死的样子……身旁一个小孩子在拼命的吃奶。”公开宣扬“战争恐怖”，反对“火药味”。

蔡若虹对三十年代的文艺十分留恋，曾经主张出版《版画三十年》，以配合周扬等人为三十年代文艺之翻案。蔡若虹本人也是三十年代的人物，他所画的《苦从何处来》，就是站在资产阶级反动立场丑化和歪曲劳动人民的代表作。以上就是蔡若虹要的“各式各样”、“多种主义”！拆穿来看，也就是提倡封建主义、修正主义、资本主义的毒草占领社会主义的美术阵地。

蔡若虹长期把持美协领导权，是美术界修正主义集团的罪魁祸首。在这场伟大的无产阶级文化大革命中，我们一定要彻底把他斗倒、斗垮、斗臭！

本报社址：北京　电报挂号3838　电话中继线556361、551531　读者来信组555842　广告科552598　定价每月一元五角　今日六版　零售每份五分

……

砸烂美协这个“裴多菲俱乐部”，揪出美术界的反党头目蔡若虹、华君武，这是美术界无产阶级文化大革命的胜利。

（《人民日报》编者按）

批判中诸多内容不必再一一转述，但有一点颇为有趣，对今天的人们来说也许不可思议，不妨略为提及。这就是对他们所谓“压制和排斥工农兵掌握美术武器”的批判。文章称，蔡若虹和华君武只重视美术界的权威和专家，“一贯排斥工农兵群众，却把资产阶级的‘专家’、‘权威’和牛鬼蛇神大批拉进协会”。文章举了一个有意思的统计数字：“全国美协一千一百多会员当中，工农兵只有四十六人；一百一十二个理事中，工农兵仅五人。”由此，得出结论：“在我们社会主义国家中，美术界的印把子，实际上是掌握在资产阶级分子的手中。”在提倡和号召“工农兵”占领一切阵地的时候，美术界也应为“工农兵”让路，自然成了天经地义之事。在后来的一些年里，户县农民画、阳泉工人画等被推到美术前台，画家地位一落千丈，传统中国画受到前所未有的贬低。关于这一点，后面还会有所叙述。

华君武是上世纪三十年代初期在上海开始创作、抗战期间在延安得到进一步发展的漫画家，相比蔡若虹而言，华君武受到的批判更为具体，署名“红雨”的批判文章的标题中，即明确地出现了“黑画”字样。

对他的批判，从延安整风运动之前的讽刺漫画入手，突出其“老手”的历史渊源。另一批判重点则是其“文革”之前的作品。其中写道：

一九六一年，华君武画的《只顾掌舵，不顾看风》，配合国际

一九七九年，华君武（左）与方成在做掰手腕游戏，江苏的国画家亚明当裁判

上帝国主义和现代修正主义掀起的反华反共的浪潮，配合国内牛鬼蛇神刮起的黑风，以航船为比喻，含沙射影地攻击我们的伟大舵手毛主席，狂妄地要我们党顺着修正主义黑风使舵，改变前进的方向。他的另一棵大毒草《不对头》，画的是舞龙灯，但引龙人不领龙头却领龙尾，以此来骂我们党的领导"瞎指挥"，把大方向都搞错了。在《春蚕象赞》里，他又挖空心思地借"作茧自缚"的"春蚕"，来攻击我们党的领导。华君武生怕别人不懂，还配了一首黑诗，辱骂我们党的领导是"有我发言，无你讲话"的"孤家"寡人。他画的《短笛无腔》、《断线风筝》、《无效劳动》等，都是攻击总路线、大跃进和人民公社的大毒草。不仅如此，华君武还经常以讽刺文艺创作中墨守成规，缺乏创造为名，而实际上是疯狂地反对毛泽东思想。

（《华君武是炮制反党黑画的老手》）

一九七九年劫后重逢，左起：华君武、黄苐、黄永玉、金尧如

砸烂“美术之霸”——华君武

推行反革命修正主义文艺黑線的
尖干家——华君武

反革命修正主义分子华君武，是美术界的一个黑司令。长期以来，他窃踞
国美术家协会党组副书记、秘要职务，把持美术界，干尽了反党反毛
东思想的罪恶勾当。

华贼，无锡人，一九一五年生，三五年，华在上海《时代漫画》上大
《露西小姐的曲线生活》《性的级腐朽生活、低级趣味的坏作品。一
三八年混进革命队伍后，在延安伙、王实味向党进攻。解放后变本加
，五七年反右期间，华支持工艺美可、祝大年。三年困难时间，华又
“三家村”的黑帮合作，开设美术界向党射出了一支支毒箭。文化革命开
，又搞假批判、真包庇，还企图利用压制革命群众造反。

他的毒画是量多质毒。如《不对头》《该休息了》，是影射党该休息了；《毛厕里的石
——又臭又硬》公然将“茅”字改成“毛”，指向我们心中的红太阳；《第四页上就睡着
》，画了四卷毛选，一个人躺在第四页上睡大觉，而第四页正是《中国社会各阶级分析》；
热心过度》讽刺党管得太宽；《她为什么以喊口号的姿势唱歌》污蔑社会主义的文艺都是
标语口号”；《给孔夫子戴干部帽》攻击我们不要历史、“数典忘祖”。

华君武是美术界十恶不赦的大恶霸，今天是我们向他清算的时候了。

显然，一九六七年一月十一日批判专版的出现，意味着美术界被风暴完全撕成了碎片，预示着铺天盖地的全国性美术批判的来临。

以华君武为例。在随后出版的“文革”小报中，不少直接或间接地涉及他。

一份由“首都出版界革命造反总部”编辑出版的《风雷》（一九六七年八月二日），八开四版，在第二版头条发表了题为《华君武反革命罪行必须彻底清算！》，作者署名“工代会人民美术出版社革命造反团红旗战斗队”。文章还配发了一幅批判漫画。

一份由江苏省文艺界红色造反司令部等三组织编印的《推行反革命修正主义文艺黑线的实干家——华君武（文艺界三十年代黑线人物批判资料之七）》（一九六七年十二月），十六开小册子。文章篇幅更多，但仍延续着最初的批判基调。这一小册子中，除文章外，还配发了多幅华君武本人作品，以及丑化他的批判漫画。

天津人民纸制品厂革命造反者联合会与天津人民美术出版社革命造反委员会，联合出版过一份《红画兵》，第七期“大批判刊头漫画专辑”（一九六七年九月）上，发表了一组约七十人的肖像漫画，几乎囊括了当时受到冲击的各界领衔人物。美术界只选了两位，一位是齐白石，另一位则是华君武，可见其受重视的程度。

即便在批判他人的文章中，由于其特殊的美术界领导人的身份，华君武经常被捆绑出现。譬如，在由“上海美术界大批判资料编辑部”出版的《打倒齐白石》专辑中，有一篇文章题为《旧美协黑帮是齐白石的孝子贤孙》，就是集中批判华君武等人与齐白石的关系，连华君武帮助齐白石安排画室、卧室、会客室的设计方案，也成了一大罪状。在这篇文章中还提到六十年代初期发生的一件往事：

> 经济困难时期，夏衍对华君武说：“文化界应想点点子到香港去搞些外汇。”齐燕铭就出主意说：“可以搞一百部《金瓶梅》去销。”华君武等也出点子搞了一百部手拓《齐白石印谱》运到香港去推销。
>
> （《旧美协黑帮是齐白石的孝子贤孙》）

不限于文字上的批判。对于蔡若虹和华君武，他们还将如叶浅予、黄永玉、罗工柳等人一样，一次又一次被带到群众大会上接受公开批斗。一本“文革”小报《美术风雷》所刊发的“简讯”，为我们提供了这样一个信息：

一九六七年五月，为了纪念《在延安文艺座谈会上的讲话》发表二十五周年，北京的八十多个造反组织曾联合主办了“毛泽东思想胜利万岁革命画展”，展览于五月二十八日在中国美术馆开幕。简讯称：“在开幕前夕，筹办画展的工农兵和红卫兵近千人，在美术馆前开了誓师大会。大会揪斗了美术界的黑头目蔡若虹、华君武之流……”

我特别想知道的是，除蔡若虹和华君武之外，所谓“之流”中，还有哪些我们熟悉的画家？

《美术风雷》与一次大会

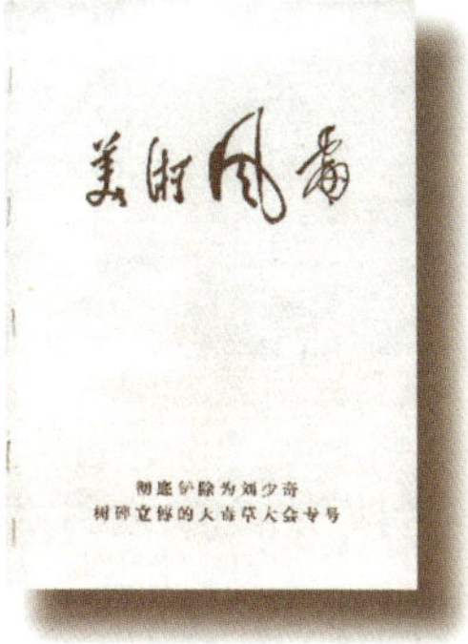

前面提到的《美术风雷》，创刊于一九六七年六月，由北京美术界各单位的造反派联合编辑。创刊号为十六开，印制简陋，仅有二十二页。这恐怕是“文革”中美术界的一个重要的刊物。

参与组成《美术风雷》编辑部的有美术界的若干造反派组织，几乎涵盖了美术界的方方面面：中央美术学院班系大联合代表会、中国美术研究所文革代表小组、红代会中央美术学院燎原战斗团、北京画院毛泽东思想战斗团革命委员会、红代会中央工艺美术学院东方红公社、人民美术出版社红小兵战斗兵团、中学红代会中央美术学院附中反修兵团、人民美术出版社门市部燎原兵团、全国美协红色造反队、中央美术学院雕塑创作室万山红兵团。《美术风雷》编辑部设在北京东城反帝医院（原名协和医院）前街中央美术学院院内。

这是我目前在史料中所见到的美术界造反派组织最为齐全的集体亮相。

《美术风雷》第一期为“彻底铲除为刘少奇树碑立传的大毒草大会专

受到批判的侯一民的油画《刘少奇与安源矿工》

号”。据《美术风雷》的“编者按”所述，六月六日北京美术界举行了一次批判大会：“6月6日下午，工代会、解放军及美术界革命造反派近千人在中国革命博物馆主办《斩断刘少奇伸向美术界的黑手——彻底铲除为刘少奇树碑立传的大毒草大会》，愤怒声讨中国的赫鲁晓夫刘少奇伙同其党羽陆定一、周扬、齐燕铭等一伙反革命修正主义分子利用美术阵地疯狂进行篡党篡军篡政的反革命复辟活动的滔天罪行。”据“编者按”，被押至大会现场进行批判的人员有：齐燕铭、徐平羽、王冶秋、蔡若虹、华君武、邵宇、李兆炳、徐彬如、陈沛等。他们均是文化部、全国美协及美术出版社、博物馆系统的领导人。

大会重点批判“文革”前影响较大的描绘刘少奇形象的三幅美术作品。其一：侯一民的油画《刘少奇与安源矿工》；其二：李琦的肖像画《同志》（即《刘少奇与时传祥》；其三：王德威的油画《刘主席在林区》。此三位画家是否也被押至现场，未见“编者按”提及。

《美术风雷》发表了大会上的几篇批判发言，并附录了由中央美院班系大联合文革代表会、红代会《燎原》战斗团等组织所写的批判文章。

配发被批判的作品时，则做了相应处理。两幅油画模糊一团，基本看不清楚。《同志》原作上面，两位主人公的头部都被打上叉叉。不仅如此，在发表批判李琦的文章时，编者还特地配发了四幅漫画，极力丑化李琦在创作这一作品的过程中，与刘少奇、王光美、陆定一见面的情景。

对《刘少奇与安源矿工》和《同志》的批判，很快见之于《人民日报》。一九六七年八月六日，《人民日报》第四版发表了署名“中央美术学院、中央美术学院附中全体革命师生员工”的文章《两幅篡改历史的黑画》。不过，见报时既未公开点出两位画家的名字，“刘少奇”也以“×××”代替，因为此时对刘少奇的批判在正规报刊上均以“中国的赫鲁晓夫”或“党内最大的走资本主义道路当权派”代指。

《美术风雷》发刊词值得重视。这一火药味浓烈、歇斯底里的发刊词，列出了一批美术界人士的名字，甚至包括已经去世的齐白石、黄宾虹。名单依次为：江丰、邵宇、米谷、齐白石、黄宾虹、黄胄、吴作人、郭味蕖、张仃、叶浅予、黄苗子、张正宇、张光宇、胡考、郁风、丁聪、郑可等。在提及这些人的时候，发刊词还根据每个人的具体情况，加上了诸如“大地主”、“叛徒”、“大右派”、“黑画家”之类的限定词，并这样说：“一伙牛鬼蛇神，把美术界的机关、团体、院校变成了‘裴多菲俱乐部’，变成了‘二流堂’。他们窃取了美术界的领导权、专了我们的政。”

从这一名单的阵容，以及所用的“限定词”，可以强烈感受到当时美术界风暴的声势之大、范围之广、气氛之凝重。同时，从中也可以看出，对某个画家的单独批判，已经延伸至对某一特殊群体或派别的讨伐。

值得关注的当然是已经被提及的“二流堂”——这个在抗战期间形成的文艺家群体，在经历过一九五七年的一次大冲击之后，如今，又将卷入旋涡，全军覆没。

“二流堂”这些人

“彻底砸烂‘二流堂’！”——《美术风雷》“创刊词”中喊出了一系列“打倒”之类的口号，最后一个便是针对“二流堂”。由上及下，由政治到美术，由众多当权者蔓延至一个文艺家群体，北京的美术风云如火如荼。

《美术风雷》发表的一则“简讯”，为我们提供了当时的批判动态：

> 六月初，中央美术学院班系大联合代表会、红代会美院燎原《大批判兵团》经过周密的调查研究，开始向文艺界的大裴多菲俱乐部——“二流堂”猛烈开火！
>
> 所谓“二流堂”者，就是文艺界四十年代初在重庆的一些自称“社会二流子”的败类所组成的大“沙龙”。堂长是臭名昭著的旧文化部副部长夏衍。其主要成员还有：潘汉年、阳翰笙、唐瑜、吴祖光、张仃、叶浅予、黄苗子、张光宇、张正宇、龚之方、胡考、盛家伦、郁风、文怀沙、艾青、吕恩、王人美、丁聪、郑可、冯亦代、戴浩等。
>
> （《美术风雷》简讯）

人民日报

粉碎中国的裴多菲俱乐部“二流堂”

以伪装出现的反革命分子，他们给人以假象，而将真象荫蔽着。但是他们既要反革命，就不可能将其真象荫蔽得十分彻底。

毛泽东

“二流堂”是王明和中国赫鲁晓夫投降主义路线的产物

“二流堂”的政治纲领是颠覆无产阶级专政

“二流堂”对党和社会主义发动的三次猖狂进攻

反革命修正主义分子夏衍是“二流堂”的黑主帅

一九六七年《人民日报》刊发批判“二流堂”的整版文章

“二流堂”——这个在抗战期间形成的文艺家群体，在经历过一九五七年的一次大冲击之后，如今，又将卷入旋涡，全军覆没。

这里有必要将“二流堂”的来龙去脉略加叙述。

“二流堂”这一特殊的文艺家群体，在中国文艺界早就闻名遐迩。它最初形成于1943年抗战期间的重庆。

没有唐瑜的热心慷慨，就没有所谓的“二流堂”。因此他被戏称为

“二流堂”堂主。唐瑜是缅甸华侨，上世纪三十年代初逃婚到上海。在上海，他结识了潘汉年、夏衍和孙师毅，并在潘汉年和夏衍的领导下主编《电影新地》、《小小画报》、《联华画报》等电影画刊。唐瑜性情豪爽，看重友谊，喜欢文人间无拘无束、自由自在的气氛。其胞兄是缅甸一位富商，对他常常予以慷慨资助。抗战期间，从香港、桂林流亡到重庆的文人，大多穷困潦倒，衣食住行一时成为最大困难。唐瑜见到来到重庆的朋友愈来愈多，索性自己绘图设计，亲自监工建造，盖起了一间可以住十多人的屋子。用夏衍的话来说，唐瑜“呼朋引类”，让当时没有房子住的朋友都住了进去。

唐瑜新盖的房子，大客厅里专门砌了一个漂亮壁炉，在当时的重庆，这样的建筑并不多见。起名“碧庐”，取“壁炉”谐音。碧庐建成，曾举行过一次舞会庆贺，重庆文化界名流云集，中共方面的人士如乔冠华也和几位朋友前来助兴。从此，碧庐成了重庆文化界的一个热点。先后在碧庐住过的有吴祖光、吕恩夫妇；金山、张瑞芳夫妇；以及戴浩、盛家伦、方菁、萨空了、沈求我等。经常来此的则有丁聪、黄苗子、郁风、叶浅予、张光宇、张正宇、冯亦代等人。夏衍和他们有着密切关系，无形之中成为“二流堂”的主心骨。

由于职业缘故，住进这里的艺术家大都习惯于自由散漫的生活。“二流堂”名称的产生，与来自延安的秧歌剧直接有关。吴祖光回忆说：

给大家较深印象的是从延安来了一个小型的秧歌剧表演，演出的节目是《兄妹开荒》，两个演员是欧阳山尊和李丽莲，这种表演形式大家都未之前见，感觉十分新鲜。在剧中的对话里，听到一个很新鲜的未之前闻的陕北名词，就是妹妹送饭，原在开荒的哥哥假

一九四四年摄于南京，他们大多是“二流堂”的成员，前排左起：盛家伦、高集、郁风、×××、黄苗子；后排有浦熙修（左四）、张瑞芳（中）、丁聪（右四）、金山（右一）等

装在地里睡觉，妹妹生气了，骂哥哥是“二流子”，就是光吃不干的懒汉。这个有趣的名词把大家打动了。文艺工作者生活大都没有规律，夜里不睡，早晨睡懒觉，吃饭不定时都是常事。尤其是盛家伦，生活太没规律，而且读那么多的书，却一个字又不写，大家说他“光吃不拉”，叫“二流子”是从他开始的。

有一天郭老(郭沫若)和徐冰同志等到碧庐来，听见大家在互称二流子。郭老说：“好，给你们取个堂名吧，就叫二流堂好不好？”大家都说好。徐冰叫大家拿纸笔来，请郭老当场题字做匾。但是找了半天，无笔无墨，更无大张宣纸，只得作罢。但是“二流堂”这个名字却从此叫开了。

（《“二流堂”奇冤大案》）

“二流堂”部分成员与文化界其他友人上世纪九十年代在北京相聚，沿扶梯站立者由前至后为：吴祖光、丁聪、杨宪益、黄苗子、郁风、沈峻、潘耀明等；依墙而站者由前至后为：范用、华君武、姜德明、宋琦、邵燕祥等

这便是重庆时期“二流堂”的由来。

五十年代初，“二流堂”其中的一些人来到北京，沿袭往日习惯，他们又一起住在东单栖凤楼胡同的一个院落里，是为“北京二流堂”。唐瑜颇为自豪地说过：这个“北京二流堂”的地方，谈笑有鸿儒，往来无白丁——齐白石、老舍、梅兰芳、程砚秋、欧阳予倩、洪深、阿英、阳翰笙、田汉、叶恭绰、胡风、章泯、吕骥、宋之的、叶浅予、张正宇、吴雪、金山……上海、广州、香港各处来人，如潘汉年、夏衍、黄佐临、张骏祥、柯灵、于伶、张瑞芳等，也都往栖凤楼跑。

“二流堂”的魅力依旧。在这里，没有客套，没有拘谨，更没有彼此之间的利害冲突。大家完全可以抛弃掉或多或少的种种顾虑，在这样一个

二十世纪九十年代中期，“二流堂”人士在夏衍家中聚会，缅怀夏衍，左起：吴祖光、黄苗子、唐瑜、张仃、丁聪、郁风

小天地里感受艺术、学术、人情的愉快。当然，相互之间也会有矛盾，也会有争吵，但那是与政治、与公务无关的领域，纯属个人生活的范畴。

随着一九五五年潘汉年被捕，“二流堂”的热闹转瞬即逝，其中不少人被先后打入另册。据吴祖光回忆，同年，文化部就曾经做出过一个《关于“二流堂”组织活动情况的报告》，这个报告曾将之定性为“反革命政治嫌疑小集团”。一九五七年，吴祖光、丁聪、黄苗子、高汾、冯亦代等“二流堂”成员均被打为“右派分子”。其中，前四位一起被流放至北大荒劳动，直到六十年代初才相继回京。

从此，栖凤楼那个小院落，人走楼空，有着十几年历史的“二流堂”不复存在。

未曾想十年之后，一九六七年，随着“文革”进一步深入，美术界风

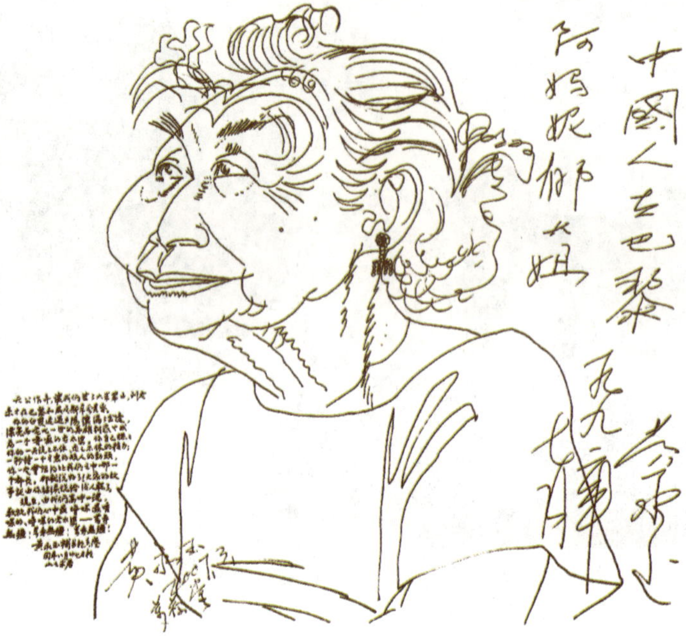

黄永玉画郁风

云突起，“二流堂”又成了众矢之的。

与前面提到的《美术风雷》相呼应，一九六七年十月，人民美术出版社造反组织“红小兵”的小报《红小兵》，与天津南开大学的造反组织“卫东”的小报《卫东》，以“联合版”形式出版了一期批判“二流堂”的专号。

专号为八开四版，用将近三个整版的篇幅，发表长文《彻底砸烂反革命裴多菲俱乐部——“二流堂”》。第三版上方，又以将近半个版的篇幅，发表《打倒“二流堂”的黑老板夏衍》。以上两篇文章均未署名。第四版上方，发表《夏衍和“二流堂”的一出丑剧》，文后署名为“中央美术学院批判‘二流堂’战斗组”。

最为重要的文章无疑是这是一篇充满讽刺、挖苦、丑化、谩骂语调的长文，一批成就斐然、个性鲜明的艺术家，在文章中完全成了一群“乌合之众”。文中对重庆时期“二流堂”的描述，颇为典型地反映出其拙劣文风。

这篇文章经修改后，又以整版篇幅发表于一九六七年十二月十三日《人民日报》第五版，题目改为《粉碎中国的裴多菲俱乐部“二流堂”》。作者署名“南卫东”，应是“南开大学红卫兵”“卫东”的缩称。和“联合版”所发表的文章相比，“南卫东”的文章语调少了几分粗野和谩骂，删除了一些原来较为刺眼的字眼。在公开点名上也显得慎重。除夏衍、吴祖光外，其余“二流堂”人士都没有被点名。

一九六八年四月，南开大学红卫兵《卫东》编辑部出版了《向文艺黑线猛烈开火》一书，列为“《卫东》大批判丛书之二”，其中收录了《彻底

二十世纪六十年代初，刚从北大荒劳动改造回到北京的（左起）吴祖光、丁聪、黄苗子合影于丁聪家中

砸烂反革命裴多菲俱乐部——“二流堂”》一文，是全书中唯一与美术界有关的文章。这一次，作者署名为“南开大学卫东031支队”。

批判“二流堂”的专号，在发表文章的同时，还发表了“二流堂”的堂章和堂徽，并对所谓“堂徽”批判道：

> “二流堂”的堂徽，是一张木刻的年画，名字叫“玩儿不厌”。吴祖光把它裱起来，挂在门口过道上，并说：“这张‘玩儿不厌’是我们‘二流堂’的标志。”这张画，画的是一个穿袍戴冠的公子哥儿，手里拿的和地上放的全是些好玩的东西。用吴祖光的话来说，似乎“二流堂”都是那么一些吃喝玩乐、“游戏人间”的人们集团，这张画就是它的象征。
>
> （《彻底砸烂反革命裴多菲俱乐部——“二流堂”》）

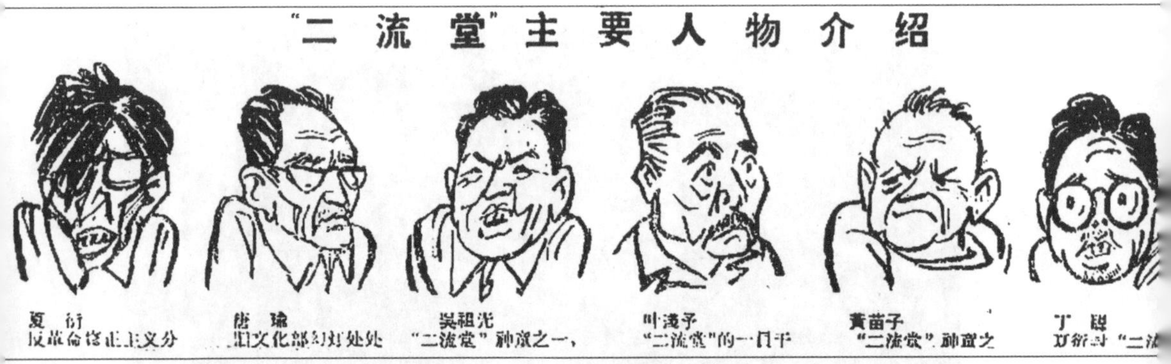

黄苗子回忆，这幅年画，由张光宇选定，堂章也出自张光宇之手。

另有一组肖像漫画，题为《“二流堂”主要人物介绍》，六人分别是夏衍、唐瑜、吴祖光、叶浅予、黄苗子、丁聪。漫画未署作者，不知出自何人之手，虽竭尽丑化之能事，但在捕捉人物形象特征上的确也反映出作者

人民日报
1967年12月13日 星期三 第五版
粉碎中国的裴多菲俱乐部"二流堂"
南卫东
以伪装出现的反革命分子，他们给人以假象，而将真象荫蔽着。但是他们既要反革命，就不可能将其真象荫蔽得十分彻底。
毛泽东
衛东
红小兵
南开大学卫东红卫兵
人民美术出版社红小兵
一九六七年十月 北京
联合版
最高指示
过去说是一批单纯的文化人，不对了，他们的人钻进了政治、军事、经济、文化、教育各个部门里。过去说他们好象是一批明火执仗的革命党，不对了，他们的人大都是有严重问题的。他们的基本队伍，或是帝国主义国民党的特务，或是托洛茨基分子，或是反动军官，或是共产党的叛徒，由这些人做骨干组成了一个暗藏在革命阵营的反革命派别，一个地下的独立王国。
《关于胡风反革命集团的材料》按语
彻底砸烂反革命裴多菲俱乐部——"二流堂"
一九六七年十月 第四版
夏衍和"二流堂"的一出丑剧
衛东红小兵
中央美术学院批判"二流堂"战斗组
堂章和堂徽
"二流堂"主要人物介绍
夏衍
唐瑜
吴祖光
叶浅予

具有一定功力。

近二十年来，我和“二流堂”的老人们时常聚会，一次，当我把搜集到的这份专号递给他们看时，他们都哈哈大笑。那次聚会，有唐瑜、丁聪、黄苗子、郁风四位。他们指着漫画，评说“这幅像”、那幅“不太像”，如同闲谈着与己无关的往事。他们甚至猜测，作者可能是叶浅予的某位学生。我请他们分别在自己的漫画像上签名，他们也笑而为之。“专号”上提及郁风时，只用了一句这样的介绍：“黄苗子的老婆，现在美协。”她看了，一笑，题上三个字：“没错儿！”

我很后悔，夏衍、叶浅予、吴祖光三人健在时，没有请他们也在这期专号上签名。

据一九七九年中共北京电影制片厂领导小组《关于吴祖光同志1957年划为“右派”的改正决定》，一九七〇年，周恩来也就“二流堂”问题发表过谈话。《改正决定》写道：

> 所谓“二流堂”是林彪、“四人帮”矛头对准周总理的阴谋诡计。1970年5月9日周总理明确指出：“二流堂”不是一个组织，“它没有正式手续，不像‘哥老会’、‘青红帮’有个手续，就是一些知识分子吃吃喝喝……不是凡是和‘二流堂’沾一点儿边的人就是坏人罗。”并严正指出：“这次文化大革命中有人利用所谓‘二流堂’整无产阶级司令部的所谓黑材料，那不行!”
>
> （《关于吴祖光同志1957年划为“右派”的改正决定》）

上层围绕“二流堂”到底发生了哪些事情，恐怕永远是个谜。对于因“二流堂”而在“文革”中蒙受打击的人员来说，重要的是悲剧命运注定要降临其身。据当年专案组成员回忆，当时凡与“二流堂”有关的重要人员，都分别成立了专案组，如唐瑜专案组、黄苗子专案组、郁风专案组，这些专案组又与周扬专案组、夏衍专案组相互交叉。特殊时代的特殊产物、特殊方式，就这样决定着一代文人们的命运。

丰子恺的窘状

漫画天生具有幽默、讽刺、针砭现实的特征，因此，漫画家在美术风云中无一幸免，全军覆没。前面几章所列写在北京受到冲击的美术家中，漫画家即占了很大比例，如叶浅予、华君武、蔡若虹、丁聪、黄苗子、张光宇、张正宇等，均是漫画家或者曾经从事过漫画创作。黄永玉是木刻家，可他招致冲击的作品则是“动物短句”图文系列，仍可归属为漫画。

漫画家可谓命运多舛！在此情形中，堪称中国现代漫画鼻祖、担任美协上海分会主席和上海画院院长的丰子恺，首当其冲地成了上海美术界的讨伐重点。

我搜集到一份一九六七年出版的《打丰战报》，出版方为“上海市无产阶级革命派打倒美术界反动学术权威丰子恺专案小组”，八开四版小报。所载联系地址为：上海市美术学校革筹会《红旗》、上海中国画院《红旗》（办公地址）。“编者的话”称“我们排除了种种阻力，第一期《打丰战报》与大家见面了”，该报后来是否继续出版，有待搜集和求证。

据该报头版所发消息，一九六七年八月十六日，由该专案小组组织召开了批斗丰子恺大会。消息未说明批判大会地点所在，但通过现场描写，可以了解到丰子恺和上海其他画家此时的窘状：

打丰战報

上海市无产阶級革命派打倒美术界反动学术权威丰子愷专案小組

毛主席语录

对于我們的国家抱着敌对情緒的知識分子，是极少数。这种人不喜欢我們这个无产阶級专政的国家，他們留恋旧社会，一遇机会，他們就会兴风作浪，想要推翻共产党，恢复旧中国。这是在无产阶級和资产阶級两条路綫，社会主义和資本主义两条路綫中間、頑固地要走后一条路綫的人。

论革命的大批判

（报刊社论文稿摘编）

毛主席指出：无产阶級的文艺是无产阶級整个革命事业的一部分。革命文艺队伍是一支爭取民族解放和人民解放的軍队，是一支夺取政权的軍队。

戚本禹：《沿着毛主席的革命文艺路綫闊步前进》

为了战胜阶級敌人的反革命复辟活动，无产阶級必須运用无产阶級专政去同敌人进行斗爭。在无产阶級专政条件下进行的这場复辟和反复辟的斗爭中，意識形态是一个先头陣地。革命的和反革命的力量首先在意識形态这个陣地上交鋒。

《同上》

对于腐朽的、落后的、反动的封建主义化和资本主义化，也即"傳統文化"中的糟粕，我們的确要彻底摧毀。不摧毀它們，資本主义就要复辟，修正主义就要泛濫，无产阶級革命事业就要失败。不摧毀它們，新的无产阶級革命文化就不能建立。

《同上》

毛主席近几年經常說，革命的誰胜誰負，要在一个很长的历史时期內才能解決。如果弄得不好，资本主义复辟将是随时可能的。我們的同志絕不能掉以輕心。我們一定要保持高度的警惕。我們一定要团結一切可以团結的力量組織起浩浩蕩蕩的革命大軍，以毛澤东思想为武器，以阶級斗爭为綱，打一場广泛深入的大批判的人民战爭。

《北京日报》社論：《革命大批判的模范》

无产阶級革命派联合起来，投入革命的大批判、大斗爭——这是我們当前的战斗口号，是我們的战斗綱領。

《人民日报》評論員：《无产阶級革命派联合起来》

彻底批判反革命修正主义文艺黑綫及其总后台，完成本单位的斗、批、改，这是放在文艺界无产阶級革命派面前的艰巨任务。无产阶級革命派联合起来，爭取这个任务的胜利完成！

《文汇报》社論：《做文艺界革命大联合的模范》

在偉大的革命斗爭中，認清敌人，記住敌人，是头等重要的大事。記住了敌人，就記住了大方向；忘記了敌人，就忘記了大方向，就会走錯路，就会敗坏我們的事业。在无产阶級文化大革命中，尤其是这样。

《解放日报》社論：《在革命大批判的旗帜下团結起来》

对党內一小撮走資本主义道路当权派，仅仅从組織上打倒是還遠不够的，还必須从政治上、思想上、理論上，对他們进行一場大批判、大揭露、大斗爭，对他們这些腐朽的垃圾堆来一个彻底的大扫除。

《人民日报》发表空軍司令部紅尖兵文章时的按語

高举毛泽东思想伟大紅旗，展开群众性大批判大斗爭

工农兵狠斗狠批美术界反动学术权威丰子愷

"六月天兵征腐恶，万丈长缨要把鲲鹏缚"

本报讯】　八月十六日，上海市无产革命派打丰专案小組，高举毛澤东偉大紅旗，在市革命委員会政宣組接領导下，联合广大工农兵群众，兵小将，美术口的革命派战士，胜开了"高举毛澤东思想偉大紅旗，打倒美术界反动学术权威丰子愷"大会，向上海美术界最大的反动学威丰子愷以及他的总后台——反革正主义文艺黑綫的总根子刘少奇发声势浩大的攻击。

大会在庄严的"东方紅"乐曲声中。

海港革命委員会的工人代表，川沙命委員会合庆公社的貧下中农代表軍同志，交通大学反到底兵团，美校《紅联》的紅卫兵小将，上海中院《紅旗》战士，以及美术口的革海市旧文艺界、旧美协党內一小撮"走資派"徐平羽、陈其五、孟波、方行、沈柔坚，也被押了上来，上海美术界的反动学术权威張乐平、王个簃、唐云、賀天健、蔡振华、程十髮、張充仁、吳大羽、謝稚柳……等，以及大右派刘海粟，都被揪出来示众。

在斗爭大会上，工人同志和貧下中农同志憤怒揭发了反动学术权威丰子愷秉承中国的赫魯曉夫刘少奇以及大大小小的閻王的意旨，在我国三年自然灾害期間，配合帝国主义和国內反动派，向毛主席向党发动了猖狂进攻，抛出毒画"有头有尾"，"船里看春景"的滔天罪行。海港指揮部工人代表以海港如何在毛澤东思想指引下，在大跃进中发生了翻天复地的变化的生动事例，有力地駁斥了丰子愷把大跃进的偉大成就說成是只有头尾骸骨，沒有魚身的恶毒污蔑。川沙县合庆公社貧下中农代表以人民公社的成績是"临水种桃花，一株当两株"是吹牛，是虛假的恶毒誹謗。解放軍同志严厉地駁斥了丰子愷恶毒地攻击我們无产阶級专政是"很大的鉄鎖，""很粗的鉄鍊条，"是"人間羞耻的象征"……等无耻污蔑，並列举解放十七年来新中国的偉大成就，广大工农兵群众热情地歌頌偉大領袖毛主席热烈贊揚新生的社会主义制度，热爱欣欣向荣的新中国的无可辯駁的事实，給丰子愷等的一切阶級敌人以无情的打击。上海市美术学校革筹会《紅联》和上海中国画院《紅旗》战士的发言，也均列举生动事实，有力地駁斥了丰子愷对毛主席革命文艺路綫的攻击，对党的"百花齐放"方針的歪曲和污蔑。

通过以上大量事实的揭发和从政治上、思想上、理論上的有力批駁，使这个反党老手丰子愷不得不低头認罪，党內"走資派"和大大小小的牛鬼蛇神，

海輕工业学校破私立公楼紅卫兵8，2兵团，南京軍区卫生学校紅色造反总部空軍政治干部学校紅色造反兵团的賀电都使这次会議，得到了极大的鼓舞力量。最后，会議就在怒吼般的"打倒刘少奇"！"打倒周揚"！"打倒丰子愷"！的口号声中，和响彻云霄的"无产阶級专政万岁"！"毛主席的革命文艺路綫胜利万岁"！"光焰无际的毛澤东思想万岁"！"偉大的領袖毛主席万岁"，万岁！万万岁！！"的口号声中胜利結束。

会議結束后，为了使广大革命派战士和革命群众更清楚地看出丰子愷的丑恶面貌，还放映了丰子愷毒画和痛打反动学术"权威"丰子愷的漫画幻灯片，每幅毒画，都配以明晰有力的批判詞句，对观众进一步了解丰子愷的反动本質，起了很好的效果，群众反映极佳。

这次会議，为斗爭美术界反动学术

晚年丰子恺

披着“中国现代漫画鼻祖”外衣的丰子恺，被红卫兵小将押了上来，上海市旧文艺界、旧美协党内一小撮“走资派”徐平羽、陈其五、孟波、方行、沈柔坚，也被押了上来。上海美术界的反动学术权威张乐平、王个簃、唐云、贺天健、蔡振华、程十发、张充仁、吴大羽、谢稚柳等，以及大右派刘海粟，都被揪出来示众。

……

会议结束后，为了使广大革命派战士和革命群众更清楚地看出丰子恺的丑恶面貌，还增放了丰子恺毒画和痛打反动学术“权威”丰子恺的漫画幻灯片，每幅毒画，都配以明晰有力的批判词句……

（《工农兵狠斗狠批美术界反动学术权威丰子恺》）

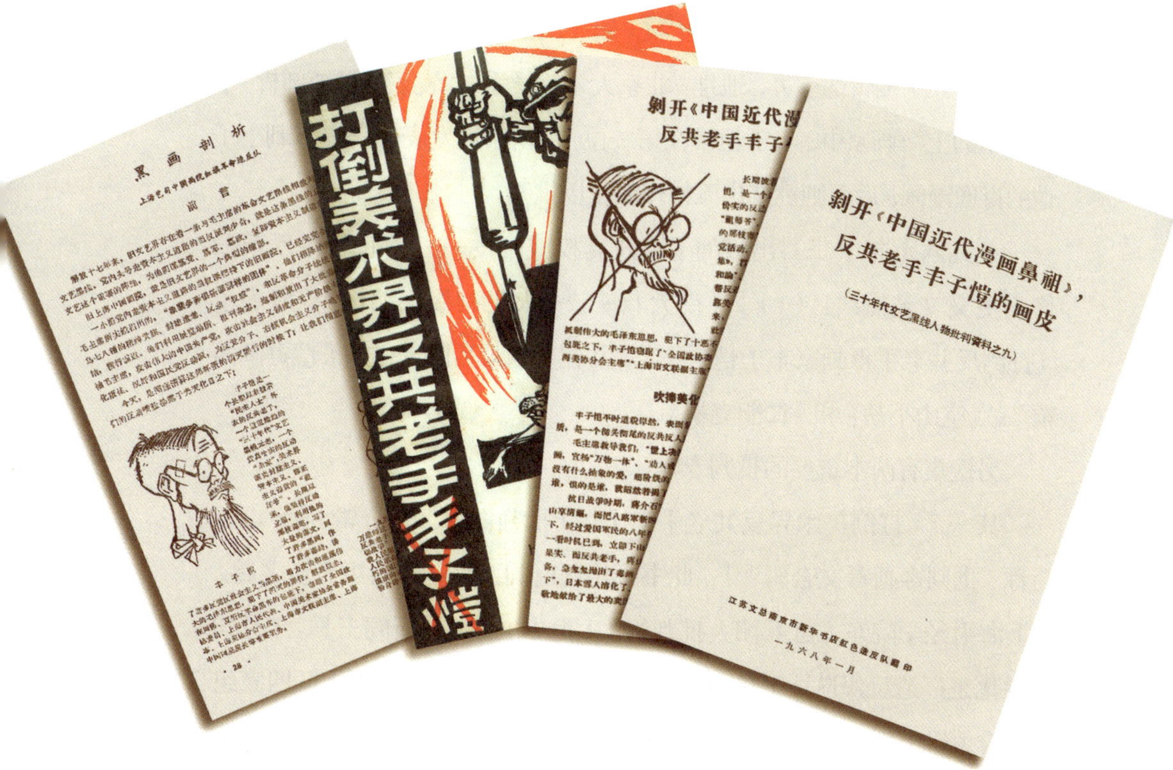

《打丰战报》除发表大会的发言外，还在第三版以整版篇幅批判丰子恺不同时期的漫画作品，通栏标题为《把丰子恺的反党毒画拿出来示众》，选发七幅作品，每幅作品均打上大叉子，还配以短评。参照上述引文，这些作品和批判文字，可能来自大会上播放的漫画幻灯片。

第四版右上角，醒目地开设了“砸烂丰子恺漫画专辑”，共发表三幅作品，其中，第一幅《“古诗”+“新画”=炮弹》，可以看作是对丰子恺创作模式的概括性批判。

《打丰战报》报道批判丰子恺大会的消息，最后说道：“这次会议，为斗争美术界反动学术权威，揭开了序幕。”此言不谬，对丰子恺的批判随后见诸各地小报上。

一九六七年八月出版的《文化革命通讯（第十六期）》（新北大《文

化革命通讯》编辑部主办，地址：北京大学哲学系），发表《黑画剖析》，被列举的上海画家中，丰子恺排在第一位，并醒目地发表了一幅讽刺丰子恺的肖像漫画，后面则挑选出五幅作品予以批判。

一九六七年十二月出版的《撕开臭权威画皮——彻底砸烂反革命修正主义文艺黑线！（1）》（南大八·二七大批判战联编辑），发表了《打倒反共老手毒画家丰子恺》一文，并在刊物最后附发“丰子恺毒画两幅”：《空山小劫》和《仁能克暴》。

另搜集有两本重要的批判专辑。

其一，《打倒美术界反共老手丰子恺（批判毒画毒文合辑）》（以下简称“批判毒画毒文合辑”）。此书无出版时间，似应在批斗大会之后，由上海财经学院东方红兵团大批判组、上海中国画院《斩阎王》、工总司高桥化工厂造反纵队、工总司冶金系统联络站上海铁合金厂大队四家组织联合编辑出版。彩色封面，铅印，三十二开，四十二页，分为“抗日战争时期”、“解放战争时期”、“解放以后”三辑，每一部分前面均有一“引言”作为综述，后面则选发相关作品，配以讨伐点评。

其二，《剥开〈中国近代漫画鼻祖〉反共老手丰子恺的画皮》（三十年代文艺黑线人物批判资料之九），由江苏文总南京市新华书店红色造反队翻印，一九六八年一月，铅印，十六开。从内容看，大致与前书相同。

这些“文革”小报，对丰子恺的漫画作品的批判甚多，这里仅摘录“批判毒画毒文合辑”中的两则，以供读者了解当年批判思路和文风之一瞥。

其一，对一九五六年十一月《城中好高髻》的批判：

> 丰子恺借古讽今，以《后汉书》中“长安城中谣”：“城中好高髻，四方高一尺。城中好广眉，四方且半额。城中好大袖，四方

全匹帛”为题，画了三个奇形怪状的古装女人……以此来影射党中央决定的政策，下面地方上的各级党政领导就变本加厉地盲目执行，不切实际地加以浮夸，弄得“奇形怪状”。丰子恺还唯恐人家看不懂，又加上解释。画上题：“改政移风，必有其本，上之所好，下必甚焉”。矛头直指党中央和我们伟大的领袖毛主席……

（《城中好高髻》）

其二，对一九六〇年《船里看春景》的批判：

画中房子上写着“人民公社好”五个字，村头临水种了一枝桃花，倒影映在水里，而画中题诗曰：“船里看春景，春景像画图；临水种桃花，一株当两株。”丰子恺污蔑人民公社的光辉景象就像坐在船里看春景，只不过像图画一样，是虚假的。此外又把具有无限强大生命力的人民公社比喻为轻薄、短命的桃花（有古诗云：“三月桃花一场空”，“轻薄桃花逐水流”），讽刺人民公社是“镜中之花”“水中之月”，就像临水种的桃花一样一枝当二枝罢了（连影子算在里面），是浮夸的，一冲就会垮的。

（《船里看春景》）

丰子恺不仅仅是著名画家，还以随笔写作而著称，其《缘缘堂随笔》影响了几代读者。因此，在批判漫画作品的同时，也没有放过丰子恺的文学创作。在“批判毒画毒文合辑”一书中，受到批判的有《为青年说弘一法师》、《代画》、《元旦小感》、《我作了四首诗——在上海第二次文代会上的讲话》、《阿咪》等。批判文章在前，书后则附录这些作品原文。

以对《阿咪》的批判为例。《阿咪》发表于一九六二年八月的《上海文学》，丰子恺生动地叙述家里所养小白猫的故事，如他所叙，十五年前，他曾描写过自己的一只大白猫“白象”，此次沿袭过去散淡、从容而不乏幽默的风格，于严峻艰难的生活之中，从小动物那里获取心灵的轻松，为读者带来情趣与快乐。丰子恺说得好：“猫的确能化岑寂为热闹，变枯燥为生趣，转懊恼为欢笑，能助人亲善，教人团结。即使不捕老鼠，也有功于人生。那么我今为猫写照，恐是未可厚非之事吧？”《阿咪》一文当年发表后，受到广泛好评，被认为是《缘缘堂随笔》多年后的又一杰作。只是，丰子恺没有想到，在美术风云袭来时，对《阿咪》的讨伐，远远超出了他的“厚非”之忧。

一九六七年十一月，福建省文联出版的《文艺风雷》第一期，在《文艺界在大批判中》报道了全国各地的动态。其中，上海文艺界初步列为重点批判的对象，包括《收获》杂志、电影《早春二月》、散文《阿咪》等，由此可见丰子恺此篇作品受重视的程度。

且看看如何讨伐《阿咪》一文。“批判毒画毒文合辑”中发表了《丰子恺反革命狰狞面目的大暴露——评〈阿咪〉及其插图》一文，认为丰子恺写两只猫——小白猫“阿咪”和黄猫“猫伯伯”——“是在影射和攻击，是在借题发挥”，“竟至于疯狂到影射、攻击伟大的毛泽东思想”。丰子恺写到，他给黄猫起了个名字“猫伯伯”，并且加注道：“伯伯不一定是尊称。我们称鬼为‘鬼伯伯’，称贼为‘贼伯伯’，称皇帝为‘皇帝伯伯’。”这下子怎么得了？批判者“联系起来一思索”，于是发问：“丰子恺究竟要影射谁，不是很清楚了吗？”

丰子恺为《阿咪》画的一幅插图，也受到讨伐：

画着一个“身材魁梧奇伟”然而“背颇有些驼”的青年人，竟和颜悦色地让这个凶狠的“猫伯伯”骑在脖子上，心安理得、温和顺从地喝着白开水。这是一段毒透了的黑文和一张毒透了的黑画。

（《丰子恺反革命狰狞面目的大暴露》）

在转发《阿咪》原文时，批判者在文后加有一则“附注”：

丰子恺在《阿咪》清样上，于“鬼伯伯、贼伯伯”句下又补加“称皇帝为皇帝伯伯”一句，此句在文中更是起了“画龙点睛”的影射作用，经与《上海文学》编辑部核实，此句当时因版子已排还无法插入，故未在刊物上印出。

（同上）

可见，为批判《阿咪》，批判者做了很细致的工作。他们专门查阅了《上海文学》当年的发稿清样，从中发现了丰子恺的修订。批判文章中所指“皇帝伯伯”的所谓影射，其实是基于清样，而非公开发表的文本。这一校勘，对于编辑丰子恺全集来说，倒是提供了《阿咪》的文本变化，这可算是批判者无意之中立下的一个功劳。

丰子恺校订过的《阿咪》清样，如今安在?

张乐平和“三毛”形象

在上海，另一位重要的漫画家张乐平与丰子恺一样，此时也陷入了美术风云的旋涡。

自二十世纪三十年代起，张乐平独创的“三毛”人物，把孩子眼中的生活万象，幽默地表现出来。那个光头上只翘着三根毛的儿童形象，显然要比其他一些漫画形象更容易吸引读者，特别是少年儿童，他们一直把“三毛”作为自己中间的一员，一起笑，一起难过。

黄永玉说过，他当年就是看张乐平的漫画长大的。他回忆道：“‘三毛’不同。‘三毛’完全跟我们一样。人欺侮人，穷、热、冷、累，打架，他成天卷在里头混，我们也成天卷在里头混。他头发虽然少了点，关系不大的。他比我们长得好！他可爱！像我们，满脑壳头发有卵用！”（《我少年青年暮年心中的张乐平》）

如今，美术风云漫卷，“三毛”和“三毛之父”难逃厄运了。在一九六七年八月上海举行的那次批斗丰子恺的大会上，张乐平被押上台陪斗。对他的文字讨伐，也就随之展开。

我搜集一本批判张乐平专辑《揪出黑画家张乐平，砸烂大毒草〈三毛流浪记〉》（文艺界三十年代黑线人物批判资料之四），一九六七年十月

出版，由江苏省文艺界红色造反司令部、江苏新华印刷厂红色造反队、南京市新华书店红色造反队编印，铅印，十六开。该专辑发表三篇文章：《张乐平是“进步画家”吗？三毛是“劳动人民儿童代表”吗？——剖析张乐平及其黑画的反动性》（作者署名：上海市文艺界高举毛泽东思想红旗批判文艺黑线联络站美术分站）；《彻底砸烂大毒草〈三毛流浪记〉》（作者署名：上海市财革会宣传组红色橱窗小分队）；《〈三毛——在迎接解放的日子里〉是蒋介石妄图窜犯大陆的反革命动员令》（作者署名：上海工人美术革命造反兵团工司教、红画兵）。

一九六八年一月，南大“八·二七”大批判战联出版的《撕开臭权威画皮——彻底砸烂反革命修正主义文艺黑线（2）！》，发表有《张乐平是“进步画家”吗？》一文。另有一本刊物——《何等货色——〈砸烂文艺黑线〉第一集》（无编辑部门，无出版时间，所收文章均针对上海文艺界人士，似应是上海的出版物），刊有一篇长文《三毛形象的反动实质》（以下简称《三毛形象》）。这些文章的来源应是前面一本专辑。

《三毛形象》一文分四个方面对张乐平进行批判。四个小标题分别

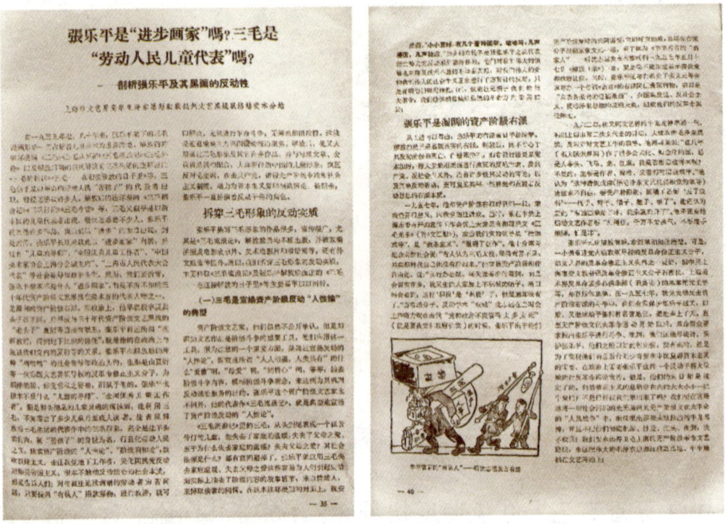

張乐平是"进步画家"嗎？三毛是"劳动人民儿童代表"嗎？

——剖析張乐平及其黑画的反动性

拆穿三毛形象的反动实质

(一)三毛是宣扬资产阶级反动"人性論"的典型

是：第一，典型地宣扬了资产阶级反动的“人性论”；第二，三毛鼓吹投降主义；第三，三毛贩卖“活命哲学”；第四，三毛是国内外反动派反革命大合唱中的急先锋。乍读此文，寒气扑面，其批判矛头之锋利、语词之激烈、角度之刁钻、用心之险恶，堪称美术批判的典范之作，值得详加引述。不然，事过境迁，纸墨黯淡，再提及如此“经典”，恐怕更加无法令人相信其真实存在了。

对所谓“人性论”的批判，是相当长一段时间里中国文艺界、学术界的重要主题。凡优秀的艺术形象，总是以丰富的人性感动读者，三毛这样一个漫画形象，也不例外。这自然也是他的一大罪状。《三毛形象》批判道：

> 《三毛流浪记》里的三毛，从头到尾表现一个孤苦伶仃的儿童，他失去了家庭的温暖，失去了父母之爱。至于为什么失去家庭的温暖，失去父母之爱？其社会根源是什么？都回避掉了。张乐平就是用三毛失去家庭温暖，失去父母之爱这些容易为人们引起同情而实际

上抽去了阶级内容的故事情节，来以情动人，来骗取读者的同情。在这本连环漫画的封面上，就安排这样的画面：三毛呆呆地望着母羊对小羊的母爱而深思，下面接二连三的画面出现的是鸟妈妈如何爱护小鸟，母鸡如何爱护小鸡，母狗与小狗怎么亲昵，用以衬托三毛孤苦伶仃的遭遇，说明作者道道地地地在宣扬反动的“人性论”。

（《三毛形象的反动实质》）

在强调造反精神和革命的年代，三毛的弱者形象被批判为“鼓吹投降主义”：

《三毛流浪记》中的三毛，是一个掺杂着流氓习气和小市民意识的武训式人物。他不受精神创伤，丝毫没有反抗精神，他一切听天由命，安之若素，对反动派剥削阶级低声下气，唯命是从，不敢做面对面的斗争，并且以阿Q式的精神胜利法取代斗争，作自我安慰。……

请看，当收留三毛的渔夫被反动派投入河中，他只会哭哭啼啼（《争渡行凶》）；三毛被资产阶级的狗腿子打倒，头部因仰天与地碰击而长起了一个皮肉发紫的乌青大疙瘩，他还故作没有什么了

> 不起的，大摇大摆地走，以精神胜利取代反抗，自我安慰（《出口冤气》）……
>
> （同上）

向往过上安稳、舒服生活的三毛，被扣上了“贩卖活命哲学”的帽子：

> 在《三毛流浪记》中张乐平塑造的这个三毛，一心只想追求舒服，企求活命。他梦寐以求的就是能遇到好心人收留他，有吃有住有穿，这就是幸福。……几次三番出现在画面，是描写吃的问题，如《吃个痛快》、《已吃够了》、《请吃大饼》等等，追求安逸，能够活命，吃好、穿好、住好、玩好，就是一切。
>
> （同上）

如果说，以上批判尚可视作基于理论与思想分歧的剖析，那么，对一九六二年新三毛的批判，则是欲置张乐平于死地而后快的致命一击。

与许多画家一样，走进新时代的张乐平，一直在努力适应新时代、歌

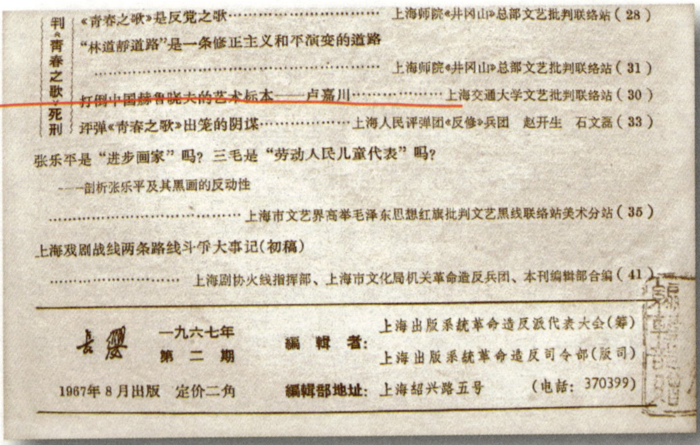

判《青春之歌》死刑

《青春之歌》是反党之歌……………………上海师院《井冈山》总部文艺批判联络站（28）

“林道静道路”是一条修正主义和不演变的道路……………………上海师院《井冈山》总部文艺批判联络站（31）

打倒中国赫鲁晓夫的艺术标本——卢嘉川……………………上海交通大学文艺批判联络站（30）

抨弹《青春之歌》出笼的阴谋……………………上海人民评弹团《反修》兵团　赵开生　石文磊（33）

张乐平是“进步画家”吗？三毛是“劳动人民儿童代表”吗？
——剖析张乐平及其黑画的反动性
……………………上海市文艺界高举毛泽东思想红旗批判文艺黑线联络站美术分站（35）

上海戏剧战线两条路线斗争大事记（初稿）
……………………上海剧协火线指挥部、上海市文化局机关革命造反兵团、本刊编辑部合编（41）

长缨　一九六七年　第二期

1967年8月出版　定价二角

编辑者：上海出版系统革命造反派代表大会（筹）
上海出版系统革命造反司令部（版司）

编辑部地址：上海绍兴路五号　（电话：370399）

颂新时代，他笔下的三毛形象也随之发生变化，赋予了更多的革命元素。一九六二年，张乐平在《解放日报》连载长篇连环漫画《三毛——在迎接解放的日子里》，即是他的刻意求新之作。他借三毛故事，来试图反映国共内战时期的中国现实，从而歌颂革命的胜利。因此，无论从题材到基调，应该说都是张乐平的与时俱进之举，似乎无可挑剔。

可是，批判者却另有特殊的逻辑、嗅觉与联想。据《三毛形象》所述，张乐平发表新三毛的时间，正是中国遭遇三年自然灾害、国际敌对势力攻击中国、台湾的蒋介石大喊“反攻大陆”之际，如此一来，张乐平歌颂共产党新中国诞生的作品，却倒显得另外藏有玄机。下面试摘录文中对一幅画面的分析，从中即可见深文周纳的特点：

> 这时候张乐平抛出《三毛——在迎接解放的日子里》，是迎接谁来解放，不是很明显吗？……第一幅画《黄浦怒吼》就明目张胆地代表了这种反华思潮。画面有以上海市人民委员会的大厦建筑物为背景，突出地表现了黄浦江的怒涛滚滚冲向上海市人委大厦，接着又是表现一群情绪愤怒的举着“反饥饿，反迫害”等标语大旗的示威游行群众队伍冲向上海市人委大厦。矛头指向很清楚，是暗示人们要避开所谓“社会主义的灾难”，过所谓“幸福日子”，非推翻无产阶级专政的人民政府不可，以便让帝、修、反蒋来“解放”接管。
>
> （同上）

多么丰富奇崛的联想！在这样的讨伐面前，一个人纵有张仪苏秦口辩之才，恐怕也难辞其咎。那么，张乐平当年最好的方式，大概只能是“低头认罪”，将三毛画稿扔进纸篓，忍痛告别。如此而已，岂有它哉？

“美人画”沧桑

在近现代中国的美术发展过程中，除漫画外，上海另有一个具有全国性影响的画种，则是包括月份牌、年画、广告画在内的招贴画，后又称作宣传画。丁聪的父亲丁悚曾以擅长绘制此类作品而著称，在他之后的张光宇、叶浅予、丁聪等也擅长此道，并在抗战期间，成功地将招贴画发展为抗战宣传画。

被美术评论家归纳为海派风格的招贴画，其中一个重要特征，是以“美人像”吸引人眼球的。从鸳鸯蝴蝶派刊物的封面，到上世纪三十年代的《良友》封面（以人像摄影替代绘画），再到产品广告以及月份牌，万变不离其宗，描绘精致、色彩斑斓的美女形象，成了一种传统。当然，在工农兵形象成为宣传画主角的时代开始之后，所谓海派风格的美人画一时凋零，趋于衰亡，似也是历史演变的应有之义。

不过，一九五九年之后数年里，“美人画”在上海忽有电光突现景象，海派风格招贴画的演变，由此多了一段柔美插曲。谱写此曲的，是擅长宣传画创作的哈琼文，其代表作为《毛主席万岁》(另题为《祖国万岁》，“文革”批判时，则简称为《万岁》)，发表于一九五九年，是上海美术出版社为迎接中华人民共和国成立十周年庆典而组织哈琼文创作的。

哈琼文的画面一改数年来宣传画以工农兵形象为主的面貌，为一位美丽恬静的女子，鲜花簇拥，少了粗犷、豪爽，多了柔情与华美。在全力配合政治的作品中，算得上独居匠心之作。

作家冰心当年看到这幅作品，颇为欣赏，一九六〇年一月十六日，她写下《用画来歌颂》一文在《北京晚报》发表，向读者予以推荐。开篇她写道："大约有几个月以前了，我看见过一幅宣传画：是一个年轻的母亲，肩上掮着一个高举着花朵的孩子，两个人都抬头仰望。画上写着'毛主席万岁'。画笔十分生动，看过就不能忘怀。"冰心作品以柔美恬静见长，画面的风格自然让她喜欢。她这样以自己的体味，细致地为读者描述画面：

我们还能想象到这幅画面的前前后后。比方说：这个年轻的母

亲，和北京的六百万人民一样，从一早起，就满怀欢欣地来迎接这个幸福的节日，她把她的小宝宝——她一定有个很有意义的名字，还是不替她起为妙——细心妥帖地打扮好，衣服和鞋袜的颜色，都配得很调和，最后在她的很细的小辫上，结上一根小缎带。小宝宝也许叫着说："妈妈，我也要拿一把花！"临时哪去找花束呢？妈妈一眼看到院子里栽的玫瑰花，便去摘下一朵大的，递给小宝宝的手里，顺便也把一朵小的，插在自己随意挽成的发髻上。然后她自己穿上深色的素净的衣服，戴上绿玉的别针和耳环，这节日的装饰，使她显得更加精神，更加俏丽……

（《用画来歌颂》）

极力赞赏这幅宣传画的冰心，甚至还建议将它印成美术明信片，“逢年过节，当我们在这上面给国外的朋友们写上三言两语的贺词的时候，也让人家欢喜地感染到我们生活里和平幸福的气氛”。

冰心的建议，后来果然被采纳，并推广至多种形式。据“文革”的批判材料称：“这幅画在品种、印数上达到了空前惊人的地步。从一九五九年出笼到一九六四年的五年中，它不仅作为宣传画，而且又以年画、小画片、年历卡等形式，大量印行，甚至还选入高级画册。前后重版二十多次，以各种品种发行的印数高达二百六十多万，它几乎流入社会的各个角落……报纸杂志纷纷转载，各行各业争相引用。珠宝商店把此画剪裁加工，在画中女人颈上挂了一串项链，陈列在橱窗里，大做广告；眼镜店还给画中女人戴上一副时髦的眼镜招揽顾客。甚至在热水瓶、日历、铅笔盒子上也印了此画。一时《万岁》流毒遍及全国。”由此可见这一新的“美人画”当年风靡一时的盛况。

披露这一出版发行数据和风靡全国盛况的，是美术风云迭起时的一

批判“美人画”的刊物和文章

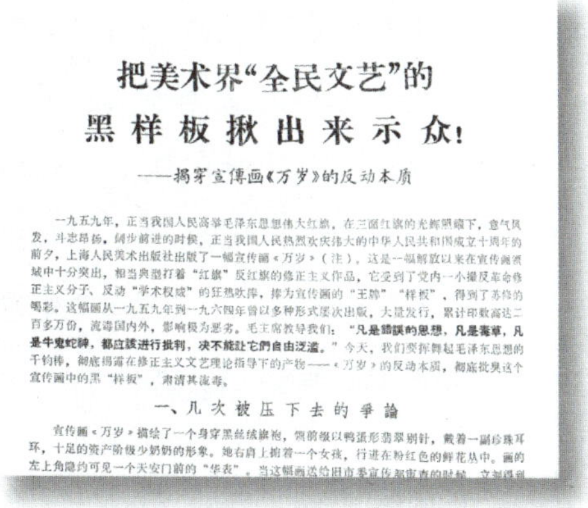

把美术界“全民文艺”的
黑样板揪出来示众！

——揭穿宣傳画《万岁》的反动本质

一九五九年，正当我国人民高举毛泽东思想伟大红旗，在三面红旗的光辉照耀下，意气风发，斗志昂扬，阔步前进的时候，正当我国人民热烈欢庆伟大的中华人民共和国成立十周年的前夕，上海人民美术出版社出版了一幅宣传画《万岁》（注）。这是一幅解放以来在宣传画领域中十分突出，相当典型打着“红旗”反红旗的修正主义作品，它受到了党内一小撮反革命修正主义分子、反动“学术权威”的狂热吹捧，捧为宣传画的“王牌”“样板”，得到了苏修的喝彩。这幅画从一九五九年到一九六四年曾以多种形式屡次出版，大量发行，累计印数高达二百多万份，流毒国内外，影响极为恶劣。毛主席教导我们：“**凡是錯誤的思想，凡是毒草，凡是牛鬼蛇神，都应該进行批判，决不能让它們自由泛濫。**”今天，我们要挥舞起毛泽东思想的千钧棒，彻底揭露在修正主义文艺理论指导下的产物——《万岁》的反动本质，彻底批臭这个宣传画中的黑“样板”，肃清其流毒。

一、几次被压下去的爭論

宣传画《万岁》描绘了一个身穿黑丝绒旗袍，领前缀以鸭蛋形翡翠别针，戴着一副珍珠耳环，十足的资产阶级少奶奶的形象。她右肩上掮着一个女孩，行进在粉红色的鲜花丛中。画的左上角隐约可见一个天安门前的“华表”。当这幅画送给旧市委宣传部审查的时候，立刻得到

篇批判长文。该文把画名简称为《万岁》，没有公开点出画家哈琼文的名字，题为《把美术界“全民文艺”的黑样板揪出来示众！——揭穿宣传画《万岁》的反动本质》（以下简称《示众》），署名“上海人民美术出版社夺权兵团”，刊载于《何等货色》刊物。

据《示众》一文称，在《万岁》的“制作进程”中，作者被“安置在高楼深院，多方提供方便，并为作者雇用了一名旧社会的舞女，作为‘模特儿’，鼓励作者按这个舞女的形象进行创作”。在批判者看来，在这种环境和思路下的创作，怎能不走老上海“美人画”的老路？怎能不与时代精神背道而驰？

与许多当时的大批判不同，此篇文章尽管也有无限上纲的抨击，但难得的是，它较为重视史实的叙述，虽然出发点是揭发批判，却无意之中为人们了解历史背景提供了诸多细节。

《示众》这样写道：

由于党内一小撮走资本主义道路当权派在美术界树起了《万岁》这快黑“样板”。便把素以战斗性著称的宣传画创作引向了脱离政治，脱离阶级斗争，一味追求“票房价值”，迎合资产阶级和小市民口味的所谓“大头画”（即“大美人画”），有人公开提出，宣传画创作要像《万岁》那样构思含蓄、形象美好、色彩大胆的所谓“海派”特色。……一时间，宣传画坛乌烟瘴气。继黑样板《万岁》之后，充满资产阶级情调的美人画《鲜花朵朵颂英雄》、《红色的种子》、《把青春献给祖国》、《祖国处处是家乡》、《百花齐放、春满大地》等等便接踵而来。宣传画的创作从此被引入歧途。

（《把美术界“全民文艺”的黑样板揪出来示众》）

说是歧途，其实无法否认的是，在人们承受三年灾害带来的生活艰辛和政治斗争的精神压力之时，甜美的“美人画”以其特殊的视觉效果，显然为他们带来了愉悦。《示众》从批判角度举例说明《万岁》如何消磨读者斗志。所举事例，颇为有趣，恰恰证明了当年新“美人画”的感染力：

> 在广大的工农兵读者中产生了极为严重的危害。有一个战士说：“看了这幅画，满脑子都是女人、孩子、幸福、和平、花呀、鸟呀，昏懵懵没有劲，消磨斗志。”……
>
> 有一个读者完全被画面上那个卖弄风骚的资产阶级少奶奶迷住了，作诗配画，以抒发自己的“感情”。……有的青年，把这张画贴在床头，朝夕观摩，想入非非。
>
> （同上）

几年前，上海举办过“珍藏的记忆——哈琼文宣传画展”。时任上海市美协副主席的朱国荣先生，在《珍藏的记忆——哈琼文宣传画作品展》的“前言”中回忆说，他在学生年代曾认真临摹过哈琼文的另一幅宣传画《做一颗红色的种子》，画中的女青年形象，是他们那一代知青心中的“美人”。

由此看来，《示众》所述，并非完全是空穴来风、夸大其词。

特殊时期产生特殊文章。如此文章，一旦纳入历史视野，也有其不可替代的价值。

是非齐白石

“文革”初期风云迭起之时，有两位艺术大师，尽管已经逝世，同样也被推到了历史前台接受讨伐。美术界齐白石是一九五七年去世的，戏剧界梅兰芳是一九六一年去世的。

齐白石成为讨伐对象，是在一九六七年五月。一篇“文革”小报文章称，此年五月，红卫兵和造反派发现了毛泽东一九六五年七月十八日关于绘画使用模特儿问题的批示，并将之第一次披露出来。文章说：“……对伟大领袖毛主席的指示怕得要死，恨得要命，千方百计地进行歪曲和抗拒，一直不予传达，直至今年五月才被红卫兵小将和革命派查出，公布出来，竟扣压两年之久，是可忍，孰不可忍！”（《陆定一、周扬一伙贬低徐悲鸿，吹捧齐白石，用心恶毒》，载《打倒齐白石》专辑）

一九九六年，中央文献出版社出版的《建国以来毛泽东文稿》第十一册，根据手稿刊印了毛泽东的这一批语（未用“批示”一词）。据编者注释，这是毛泽东在中央美术学院教员闻立鹏、王式廓、李化吉一九六五年五月十二日关于美术学院使用模特儿问题给江青的信上写的批语。批语为两部分，分别写在来信的首页与末页：

一

定一、康生、恩来、少奇、小平、彭真同志：

此事应当改变。画男女老少模特Motel是绘画和雕塑必需的基本功，不要不行，封建思想，加以禁止，是不妥的。即使有些坏事出现，也不要紧。为了艺术学科，不惜小有牺牲。请酌定。

毛泽东　一九六五年七月十八日

二

齐白石、陈半丁之流，就花木而论，还不如清末某些画家。

中国画家，就我见过的，只有一个徐悲鸿留下了人体素描，其余如齐白石、陈半丁[之]流，没有一个能画人物的。徐悲鸿学过西洋画法，此外还有一个刘海粟。

《建国以来毛泽东文稿》第十二册（一九九八年出版），还公开发表了毛泽东另外一个牵涉到齐白石的批语，即一九六七年八月四日《对张际春关于美术院校使用模特儿问题来信的批语》：

画画是科学，就画人体这问题说，应走徐悲鸿素描的道路，而不应走齐白石的道路。

中央文革小组传阅，存办公厅秘书局。

毛泽东　八月四日

这一批语写于齐白石批判高潮迭起之时，当年有可能没有公开，故未见小报提及。不过，张际春却因为此事受到打击。《建国以来毛泽东文

齐白石与李可染

稿》的编者注释提供了与美术界有关的重要历史信息，特转引如下：

这个批语写在原中共中央宣传部副部长、国务院文教办公室主任张际春一九六七年七月二十七日写给毛泽东并中央的信上。张际春在信中谈了几年来一些美术院校使用模特儿进行人体素描的情况，申诉了他的一贯看法，以及他对毛泽东过去有关批示的认识和理解。他说，要画人体，不写实、不用模特儿当然不行。但使用模特儿，似不一定要从社会上专门雇请，可考虑用别的办法代替。信中最后写道："我没有说'主席批了也不能执行'的话。我是主张要模特儿的，只是就解决的办法提出了一些新意见。"在"文化大革命"中，张际春受到错误批判，于一九六八年被迫害致死。一九七九年一月，中共中央为他彻底平反昭雪。

（《对张际春关于美术院校使用模特儿问题来信的批语》注释）

且回到一九六七年五月。

此时，与毛泽东一九六五年的批示一同在小报上被披露出来的，还有另一个引人注目的谈话，即一九六四年十月二十五日江青与中央美术学院三名老师的谈话。发表《与美术学院教员的谈话》时，小报上只写到当时有中央美术学院的“一些教师、干部、学生，曾给毛主席和党中央写信，反对该院修正主义党委”，未说明三名老师的身份，他们是谁？是否同为次年写信反映模特问题的三位老师，还是另为他人？该谈话是根据美院老师的记录自行披露，还是江青本人整理后授权发表？有待进一步考证。

江青的谈话中直接涉及美术的内容如下：

“题材无主次”，这个调调和文学上是一个调子。

陈半丁的画各地都是，齐白石的一把葱、两头蒜、几个虾米说得那么好？很奇怪，怎么捧起来的？齐白石反对土改，身上挂一串钥匙，守财奴！

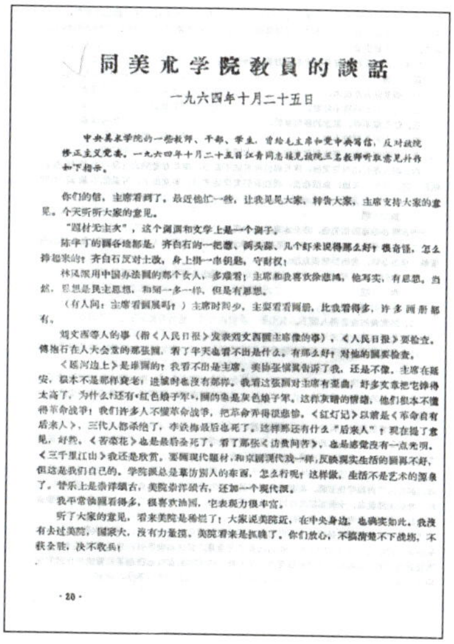

同美术学院教員的談話

一九六四年十月二十五日

中央美术学院的一些教师、干部、学生，曾给毛主席和党中央写信，反对该院修正主义党委。一九六四年十月二十五日江青同志接见该院三名教师听取意见并作如下指示。

你们的信，主席看到了，最近他忙一些，让我见见大家，转告大家，主席支持大家的意见。今天听听大家的意见。

“题材无主次”，这个调调和文学上是一个调子。

陈半丁的画各地都是，齐白石的一把葱、两头蒜、几个虾米说得那么好？很奇怪，怎么捧起来的？齐白石反对土改，身上挂一串钥匙，守财奴！

林风眠用中国办法画的那个女人，多难看！主席和我喜欢徐悲鸿，他写实，有思想。当然，思想是民主思想，和闻一多一样，但是有思想。

（有人问：主席看画展吗？）主席时间少，主要看看画册，比我看得多，许多画册都有。

刘文西等人的事（指《人民日报》发表刘文西画主席像的事），《人民日报》要检查。傅抱石在人大会堂的那张画，看了半天也看不出是什么，有那么好？对他的画要检查。

《延河边上》是谁画的？我看不出是主席。美协张仃冀告诉了我，还是不像。主席在延安，根本不是那样衰老；进城时也没有那样。我看这张画对主席有歪曲，好多文章把它捧得太高了，为什么？还有《红色娘子军》，画的象是灰色娘子军，这样灰暗的情绪，他们根本不懂得革命战争；我们许多人不懂革命战争，把革命弄得很悲惨。《红灯记》以前是《革命自有后来人》，三代人都杀绝了，李铁梅最后也死了，这样那还有什么“后来人”？现在提了意见，好些。《苦菜花》也是最后杀死了。看了那张《访贫问苦》，也是感觉没有一点光明。《三千里江山》我还是欣赏，要画现代题材，和京剧现代戏一样，反映现实生活的画再不好，但这是我们自己的。学院派总是模仿别人的东西，怎么行呢？这样做，生活不是艺术的源泉了。音乐上是崇洋颂古，美院崇洋颂古，还加一个现代派。

我平常油画看得多，很喜欢油画，它表现力很丰富。

听了大家的意见，看来美院是稀烂了！大家说美院近，在中央身边，也确实如此。我没有去过美院，阻滞大，没有力量搞，美院看来是抓晚了。你们放心，不搞清楚不下战场，不获全胜，决不收兵！

· 20 ·

钥匙，守财奴！

林风眠用中国办法画的那个女人，多难看！主席和我喜欢徐悲鸿，他写实，有思想。当然，思想是民主思想，和闻一多一样，但是有思想。

……

刘文西等人的事（指《人民日报》发表刘文西画主席像的事），《人民日报》要检查。傅抱石在人大会堂的那张画，看了半天也看不出是什么。有那么好？对他的画要检查。

《延河边上》是谁画的？我看不出是主席。美协张慎真告诉了我，还是不像。主席在延安，根本不是那样衰老；进城时也没有那样。我看这张画对主席有歪曲，好多文章把它捧得太高了，为什么？……要画现代题材，和京剧现代戏一样，反映现实生活的画再不好，但这是我们自己的。学院派总是模仿别人的东西，怎么行呢？这样做，生活不是艺术的源泉了。音乐上是崇洋颂古，美院崇洋颂古，还加一个现代派。

我平常油画看得多，很喜欢油画，它表现力很丰富。

（《与美术院校教员的谈话》）

该讲话发表之时，除齐白石、徐悲鸿、傅抱石外，其余被提及的画家陈半丁、林风眠、刘文西等，均健在。

除江青外，点名批评齐白石的还有陈伯达和康生。“文革”期间的《美术界两条路线斗争大事记》（载《铲除美术界的修正主义黑线》专号），公开披露了他们在一九六四年的几次谈话如下：

1964年×月，陈伯达同志对旧美协黑党组一成员批评道：“你们怎么老搞齐白石、黄宾虹那些人的画，不要搞了吧！”

1月3日，康生同志在一次文艺座谈会上讲："陈半丁不满社会主义制度，很反动，但很隐晦。以前军阀陈调元给他六万两黄金，让他放高利贷。现在有些人把他捧上天了，尊称他'陈半老'。"

康生同志在天津看画时谈到"齐白石的画有什么了不起！"

（《美术界两条路线斗争大事记》）

江青、陈伯达、康生三人，都是"中央文革领导小组"的成员，他们的谈话将本属于艺术风格的喜好，转变成了政治批判。该谈话的公开发表，无疑大大刺激了美术界齐声讨伐齐白石的声势。被吹捧、反对土改、守财奴——江青对齐白石的三点指责，自然也就成了众口一词的高喊。哪怕去世十年的齐白石，早已不可能听见了。

我所搜集的批判齐白石的小报有如下几种：

一、《风雷》（第十三期），一九六七年八月二日，首都出版界革命造反总部，地址：北京市朝内大街137号科学出版社内，八开四版。头版文章整版并转第三版：《齐白石——周扬竖起的一面大黑旗》，作者：工代会人民美术出版社革命造反团。发表该文时，还配发了一幅丑化漫画，一支巨大的尖锐笔尖，挑起齐白石、陈半丁两人，身下写着"反党、反社会主义毒草"字样。

二、《红画兵》（7，大批判刊头漫画专辑），一九六七年九月，天津人民纸制品厂革命造反者联合会、天津人民美术出版社革命造反委员会编辑，八开四版。二、三版为《革命大批判漫画参考资料》人物漫画肖像约七十幅，包括美术界两人：齐白石、华君武。

三、《撕开臭权威画皮》(1)，一九六七年十二月，南大八·二七兵团大批判战联编印，十六开三十八页。刊文《美术界的武训——齐白石》，无作者署名。

四、《撕开臭权威画皮》(3)，一九六八年一月，十六开三十页。刊文《反动画家齐白石及其作品的反动性——美术界反动霸头齐白石批判之二》，无作者署名。

五、《打倒齐白石》(美术批判资料8)，上海美术界大批判资料编辑部，联系地址：上海中国画院（汾阳路150号），无出版时间，十六开六十页。参加单位：十八家，其中包括上海中国画院《新画院》革命造反队、北京批判齐白石联络站、上海美术学校革命委员会(筹)、打“丰”专案小组等。定价：三角一分。（此书由许宏泉兄提供，谨致谢）

对齐白石的讨伐首先侧重于政治鞭挞和人格贬斥，进而，齐白石作品所体现的中国画的传统笔墨与韵味，也成了所谓“有闲阶级”的“点缀品”。譬如，一篇文章以下面文字评点齐白石的《荷乡清暑》：

> 《荷乡清暑》是士大夫在开满荷花的池园里赏荷、沉湎于闲情逸致、反映齐白石腐朽寄生生活的黑画；苏修点中此画，大肆订货。

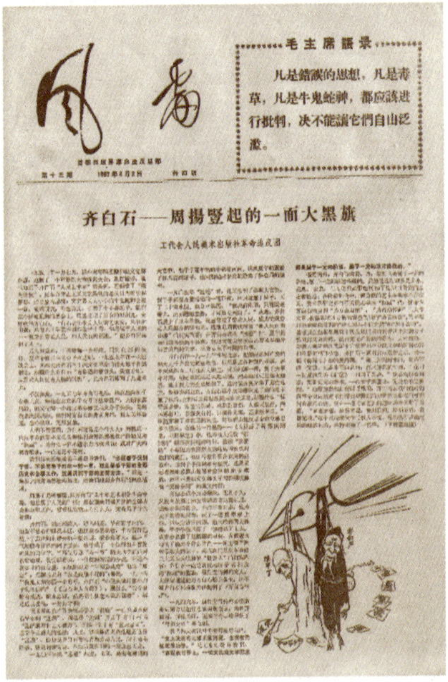

毛主席语录

凡是错误的思想，凡是毒草，凡是牛鬼蛇神，都应该进行批判，决不能让它们自由泛滥。

齐白石——周扬竖起的一面大黑旗

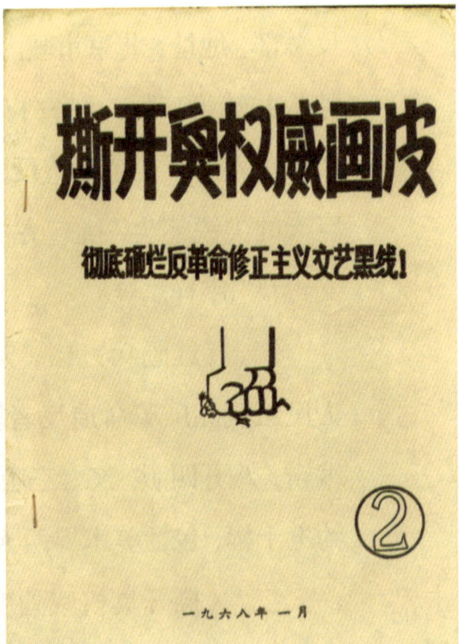

撕开臭权威画皮

彻底砸烂反革命修正主义文艺黑线！

②

一九六八年 一月

《大寿图》则是宣扬封建迷信的四旧毒草，三年自然灾害时竟成了“可以作为祝寿的礼品”。这种“全民文艺”的出版物究竟为谁服务，不是一目了然了吗？至于那些不题字和诗的花卉草虫鱼虾作品，则是齐白石寄生生活写照，更是有闲阶级消闲生活的点缀品。

（《反动画家齐白石及其作品的反动性》）

在这几种小报中，文章最为集中、资料最齐全的是第五种——《打倒齐白石》专辑。书上未注明出版时间，似应在讨伐齐白石高潮掀起之后，即一九六七年秋冬之际。

《打倒齐白石》在扉页刊登两段“毛主席语录”，一是《应当重视电影〈武训传〉的讨论》中的一段话，一是一九六五年关于模特批示中涉及齐白石、陈半丁的批语（此处时间错印为“一九六四年”）。

此书中批判文章大同小异，多为政治鞭挞和人格谩骂，今天读来，感

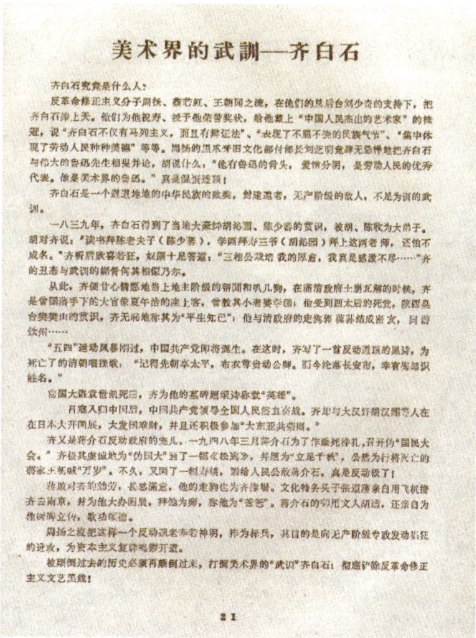
美术界的武訓——齐白石

齐白石究竟是什么人？

反革命修正主义分子周扬、蔡若虹、王朝闻之流，在他们的黑后台刘少奇的支持下，把齐白石捧上天。他们为他祝寿、授予他荣誉奖状，给他戴上“中国人民杰出的艺术家”的桂冠，说“齐白石不仅有马列主义，而且有辩证法”、“表现了不屈不挠的民族气节”、“集中体现了劳动人民种种美德”等等。周扬的黑爪牙旧文化部付部长刘芝明竟肆无忌惮地把齐白石与伟大的鲁迅先生相提并论，胡说什么：“他有鲁迅的骨头，爱憎分明，是劳动人民的优秀代表。他是美术界的鲁迅。”真是混蛋透顶！

齐白石是一个道道地地的中华民族的败类，封建遗老，无产阶级的敌人，不足为训的武训。

一八三九年，齐白石得到了当地大豪绅胡沁园、陈少蕃的赏识，被胡、陈收为大弟子。胡对齐说：“读书拜陈老夫子（陈少蕃），学画拜寿三爷（胡沁园）拜上这两老师，还怕不成名。”齐听罢欣喜若狂，奴颜十足答道：“三相公栽培我的厚意，我真是感激不尽……”齐的丑态与武训的媚骨何其相似乃尔。

从此，齐便甘心情愿地当上地主阶级的帮闲和叭儿狗，在满清政府土崩瓦解的时候，齐是曾国藩手下的大官僚夏午诒的座上客，曾教其小老婆学画；他受到西太后的死党，陕西臬台樊樊山的赏识，齐无耻地称其为“平生知己”；他与清政府的走狗郭葆荪结成密友，同游钦州……

“五四”运动风暴刚过，中国共产党即将诞生。在这时，齐写了一首反动透顶的黑诗，为死亡了的清朝唱挽歌：“记得先朝享太平，布衣尊贵动公卿。而今沦落长安市，幸有乌鸦识姓名。”

窃国大盗袁世凯死后，齐为他的墓碑题颂诗称赞“英雄”。

日寇入侵中国后，中国共产党领导全国人民浴血奋战。齐却与大汉奸胡汉卿等人在在日本大开画展，大发国难财，并且还积极参加“大东亚共荣圈。”

齐又是蒋介石反动政府的宠儿。一九四八年三月蒋介石为了作垂死挣扎，召开伪“国民大会。”齐极其虔诚地为“伪国大”画了一幅《松鹰》，并题为“立足千秋”，公然为行将灭亡的蒋家王朝喊“万岁”。不久，又画了一幅寿桃，赠给人民公敌蒋介石，真是反动极了！

蒋政对齐的效劳，甚感满意，他的走狗也为齐捧场。文化特务头子张道藩亲自用飞机接齐去南京，并为他大办画展，拜他为师，称他为“爸爸”。蒋介石的御用文人胡适，还亲自为他树碑立传，歌功颂德。

周扬之流把这样一个反动老东西奉若神明，捧为标兵，其目的是向无产阶级专政发动猖狂的进攻，为资本主义复辟鸣锣开道。

被颠倒过去的历史必须再颠倒过来，打倒美术界的“武训”齐白石！彻底铲除反革命修正主义文艺黑线！

21

觉可笑、可恶，复令人无奈，似可不必过多转述或摘录。在“黑线人物吹捧齐白石黑话摘编”一节中，摘录以下人士文字：蔡若虹、王朝闻、力群、于非闇、叶浅予、李可染、郭味蕖、张仃、傅抱石等九人。由此可见，把业已去世的齐白石拉出来，无非是为了在美术风云席卷之时，进一步强化对中国美术界的集体批判。

除文章外，还刊有《打倒齐白石》漫画一组，共二十一幅。

在“这是为地主画家齐白石树碑立传的黑画”一节中，选发了三幅画家所创作的齐白石画像。其中第一幅为黄永玉一九五三年创作的套色木刻作品（这里发表时为黑白）。

黄永玉一九五二年从香港来到北京定居后，与李可染一家同住在大雅宝胡同的一座大院里，往来密切。经李可染引见，一九五三年，黄永玉得以多次拜访齐白石，并获允许，为之创作一幅肖像木刻。作品完成，在荣宝斋彩色印拓后，黄永玉约上齐白石的几位弟子李可染、李苦禅、许麟庐及郑可一起，将作品送至老人家中。画面上，老人斜倚床榻，面容饱满丰润，神情自然、平静而从容，显出黄永玉对齐白石的敬重和理解，也表现出作

一九五三年黄永玉和齐白石老人在一起

者刀法之细腻而沉稳，颇见其功力。齐白石看后颇为欣赏，兴致勃勃地为黄永玉在作品上题写："齐白石像永玉刻又倩白石老人加题年九十四矣。"这幅经齐白石题写的彩色肖像木刻，黄永玉珍藏至今，悬挂在卧室里。

不过，当年黄永玉的这幅作品作为"毒草"发表时，被狠狠地画上了一个大黑叉。此乃当时普遍做法，如今原样刊登，供读者了解，且为历史立此存照。

读此批判专辑，另有一处同样让我特别感兴趣，即同样作为"毒草"转发自苏联报刊的文章《保卫画家齐白石》。为转发此文，专辑特地在前面发表了一篇火药味极为浓烈的檄文《苍蝇的抽泣 可悲的哀鸣——驳苏修〈苏维埃文化报〉的〈保卫画家齐白石〉一文》。

《保卫画家齐白石》的作者为阿·吉士可夫，文章发表于《苏维埃文化报》一九六七年六月八日，由中国美术研究所文革小组翻译。感谢当年的无名译者，也感谢批判专辑的编选者，在众口一词的日子里，以"附毒文"的方式，让人们听到了来自异域的不同声音，更以此而为美术史留下了珍贵资料。

《苏维埃文化报》在发表吉士可夫的文章时，加了这样一段编者按语，为读者提供阅读的背景。该按语也为我们提供了一定的历史信息：

> 不久前，江青否定了全世界著名的中国画家齐白石的创作。据红卫兵的报纸报导，江青声称说，她已经研究了好几年齐白石的画，认为齐的作品是不值得那样印刷出版的。去年秋天，齐白石的作品从画廊里拆除了，许多完美精致的复制品也从公众场合摘了下来。北京郊区齐白石墓地上的碑石被推倒了，并且写上了侮辱性的字样。
>
> 江青质问："是谁把齐白石封为'艺术大师'的？"今天我们

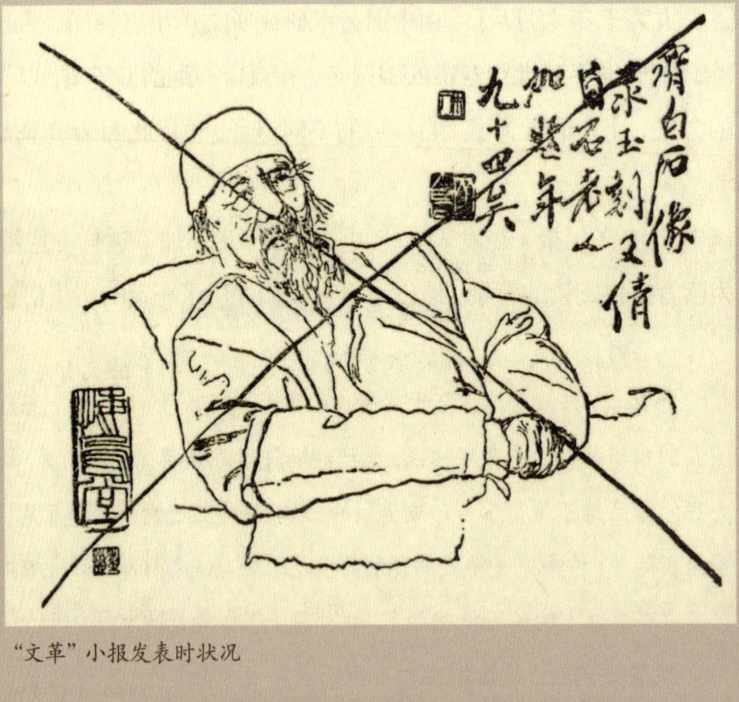

“文革”小报发表时状况

发表一篇叙述这位伟大的中国画家的文章。

（《保卫画家齐白石》）

从行文看，作者吉士可夫是一位深谙中国文学和艺术的专家，对齐白石的生平和创作了如指掌，其艺术分析和历史评价也颇为确当。下面一段对齐白石赠送给老舍的著名作品《蛙声十里出山泉》的描述，即可见作者学识与鉴赏力：

著名的中国作家、“文化大革命”的牺牲者老舍，收藏了许多齐白石的画，老舍特别引以为荣的是画家本人赠送他的一张作品。用水墨画出的岩石中，滚出急流的小溪，溪中游动着六只蝌蚪。“怎样？”——主人一边向我提问：“你听到了远处青蛙的叫声吗？这叫声和山间的水声交织成一片……你理解了真正的中国画的实质了吧？”

观察这张画，你就可以理解，尽管齐白石的画很简练，但每张画中都包含着深刻的内容，这根源来自画家对故乡大自然的无限热爱。

（同上）

从作者所述口气看，他可能访问过中国，并直接访问过老舍，听过老舍充满感情的解说。显然，写此文时，吉士可夫已经获悉老舍一九六六年八月的自杀消息，他对齐白石的高度评价和奋力捍卫，无疑也寄寓了对老舍的悼念之情。

中国的艺术大师，毕竟没有被忘记，毕竟有人为之辩诬，虽然是在远方的莫斯科。这也可算是不幸中齐白石之万幸。

既然连齐白石也未能逃脱被讨伐的命运，其他一些国画家的遭际也就不难想象了。于是，人们将看到，中国画一时间名家跌落，落叶翻飞。

中国画落叶飘零

随着齐白石也被推到前台接受讨伐，传统中国画的地位恐怕是遇到了前所未有的挑战。与之相呼应的，便是几乎所有著名的国画家，无论擅长山水人物者，抑或擅长花鸟动物者，一时间如落叶飘零。

陈半丁是与齐白石一起被点名的大画家，可是，我尚未发现有批判陈白丁的专号，在散见的小报中，涉及他的文章也不多见。目前，仅在由“上海美术界大批判资料编辑部”编印的“美术批判资料”之三的《铲除美术界的修正主义黑线》上，发现一篇《把反革命分子黑画家陈半丁揪出来示众》。

该文无作者署名，配文发表七幅讽刺漫画。文章的侧重点是对陈半丁的历史进行政治批判和丑化，即便提及其绘画作品，也是火药味浓烈的大字报语言。譬如，这样批判陈半丁的几幅国画：

> 1960年陈半丁画了柳塘荷花，题诗是：“红白莲荷开共塘，两般颜色一般香。恰似汉殿三千女，半是浓妆半淡妆。”宣传“合二而一”、阶级调和思想。陈半丁画过不少红白花同幅的画，寓言是险恶的。他以红花代表无产阶级，白花代表资产阶级，说两个阶级

一样“香”，要两个阶级和平共处，实际是为资产阶级争权夺地，妄图达到他们的反革命复辟的罪恶目的。

1962年蒋匪叫嚣窜犯大陆，陈半丁迫不及待地画了一幅《独立望江帆》，画中一个矮小老头像他自己的模样，负手向天水远处翘首企望，透露出他盼望蒋匪反攻大陆，妄想变天的反革命急切心情。

陈半丁还画了一幅花卉，画上题的诗句有：“莫道西风便萧瑟，秋容偏在野人家。”其意是指帝、修、反并不萧瑟，而是非常繁荣的。用以恶毒攻击毛主席的“东风压倒西风”的英明论断。

（《把反革命分子黑画家陈半丁揪出来示众》）

一九五六年，中国美协曾为陈半丁举办过一次个展。该文以“一次黑展览”为小标题予以贬斥：

1956年10月，旧美协给陈半丁开了一次个人展览会，共展出作品110件。这些作品的内容几乎都是充满封建意识、陈旧不堪和隐晦曲折地流露对党对社会主义不满的毒草，在这110件作品除了三件非卖品，其余都标价，当场定售，共计售价一万三千八百元。最小的一幅册页亦定价60元，蔡若虹、华君武就是以就价来抬高陈半丁的身价。

（同上）

林风眠是另一位被江青点过名的画家，不过，既没有发现关于他的批判专号，更没有发现单篇批判文章，颇让人感到奇怪。

林风眠既画油画，也从事国画创作，因此，在批判中国画的文章中，则有涉及他的内容。《铲除美术界的修正主义黑线》专号上，刊有一篇《把“全民文艺”的黑样板——“上海花鸟画展”砸个稀巴烂》，其中，重点批判了林风眠参展的两幅国画作品《秋鹜》和《夜枭》：

资产阶级专家林风眠在这个黑画展中画了好几幅黑画，其中最恶毒的要算《秋鹜》和《夜枭》两幅。《秋鹜》是一幅带风景的花鸟画，一大片迷蒙阴暗的秋气笼罩着整个画面，表现得萧索寒冷，沉闷忧郁，使人看了透不过气来；五只水鸟拼命向前冲去，好像在冲破黑暗似的。当时我们正遭受三年自然灾害，国内外反动派把我们说成漆黑一团，在这种情况下出现这幅画，其用意不是很明显而又恶毒的吗？《夜枭》是一只阴森可怕的猫头鹰，灰黑的羽毛，碧绿的眼睛，对着观众，对着社会，正象征着这些牛鬼蛇神自己，表示着它（他们）对我们的极端仇恨，一等时机到来，随时要张牙舞

李可染（左）与戏剧画家关良（右）相见，中为刘海粟

爪地出来捣乱。

（《把“全民文艺”的黑样板——“上海花鸟画展”砸个稀巴烂》）

与陈半丁所遇到的情况一样，中国美协因一九六三年举办林风眠个展而受到批判：

旧美协举办“林风眠画展”，林画充满了孤独、低沉、颓废情调，这是林风眠反动情绪的大暴露。工农兵看了之后万分愤慨，一针见血地指出：这是没落阶级的感情。纷纷写信质问、批判。旧美协竭力压制。当华君武“请求”周扬，“有人说林风眠的画不好”时，周扬马上说：“不可一概而论。”并指着华君武墙上挂的《梨花小鸟》说“不是很好嘛，反映出欣欣向荣”，“可以在《美术》上发表”。于

李苦禪的黑画《芭蕉白鸡》

国画界的反动“权威”李苦禅，在这张茶余饭后发泄反党情绪的黑画《芭蕉白鸡》上，题了这样一首黑诗：“人道我落后，和处亦自然，等到百年后，或可留人间”。落款是“苦人”。

李苦禅解放以来，一貫堅持自己的资产阶级世界观、艺术观，大画周扬所鼓吹的所谓“有益无害”的花鸟画。这幅画上的芭蕉白鸡，说明他忠实的继承了腐朽的仕大夫阶级文人画的衣钵。诗中露骨的表达了对党、对革命群众对他的反动言行的监督和批判，采取恶恨恨的抵制和抗拒的态度。后二句扬言用他的黑画，等将来“百年后”，他的后台主子，中国的赫鲁晓夫实现了资本主义复辟阴谋，为他翻案，和我们“秋后算账”。这是痴心妄想！伟大的无产阶级文化大革命，使这些反动“权威”的黄梁美梦作到了头。至于名子题了“苦人”二字，与他的资产阶级生活相对照，正是他反党心声的自白。

李可染为什么画賈岛？

反革命修正主义分子邓拓，在他的反党黑文《燕山夜话》里，不是在介绍中唐诗人贾岛的所谓“创作态度”时，煞气腾腾的大谈“磨剑试刃”的诗吗？不是大讲贾岛的所谓“苦吟”吗？就在这篇黑文抛出不久，美术界资产阶级“权威”李可染，步邓拓之后尘，画出了这幅《贾岛夜吟》黑画，积极与邓拓黑文配合。

画上李可染题了“两句三年得，一吟双泪流”的所谓贾岛“苦吟”的名句。诗的后面两句“知音如不赏，归卧故山秋”虽未题上，但也是人所共知了。这张黑画，很明显，李可染这个拿着国家高额工资不上班，在家养尊处优，大画越黑越不嫌黑的黑山水画，突然抛出这张凶丑不堪的贾岛夜吟的人物画，完全是借古讽今，毒恶的攻击党对知识分子的政策，直接攻击社会主义制度，并借画扬言要不干了——要“归卧故山秋”了。这充分暴露了他的反动的阶级立场和与“三家村”的政治联系。

是，《美术》上又选刊了两幅精致彩色画页。

（《美术界两条路线斗争大事记》）

没有被江青等人点名的其他几位著名国画家——潘天寿、李可染、李苦禅、关山月等，也没有逃脱厄运。

一九六七年十月，人民美术出版社门市部燎原兵团、红小兵战斗兵团编印一份《把黑诗画揪出示众》，活页，异型窄三十二开，十二页。

在通栏标题《打倒黑画家李可染》一页上，刊发李可染的贾岛人物画。讨伐者发问："李可染为什么画贾岛？"连中国画以墨见长的"黑"，也成了讥讽对象：

画上李可染题了"两句三年得，一吟双泪流"的所谓贾岛"苦吟"的名句。诗的后两句"知音若不赏，归卧故山秋"虽未题上，但

李可染与李苦禅

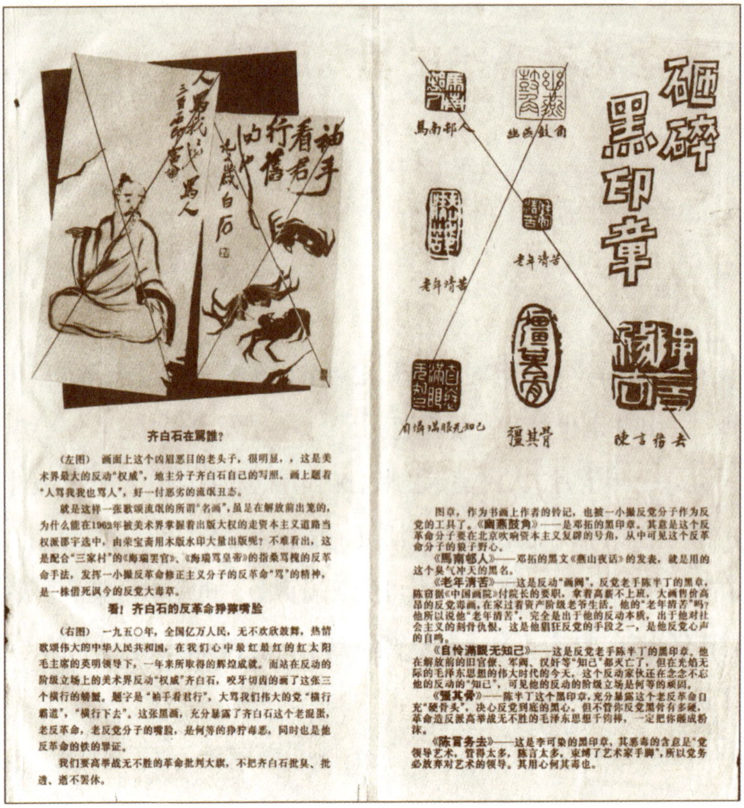

齐白石在駡誰？

（左图） 画面上这个凶眉恶目的老头子，很明显，，这是美术界最大的反动“权威”，地主分子齐白石自己的写照。画上题着“人骂我我也骂人”，好一付恶劣的流氓丑态。

就是这样一张歌颂流氓的所谓“名画”，虽是在解放前出笼的，为什么能在1962年被美术界掌握着出版大权的走资本主义道路当权派邵宇选中，由荣宝斋用木版水印大量出版呢？不难看出，这是配合“三家村”的《海瑞罢官》、《海瑞骂皇帝》的指桑骂槐的反革命手法，发挥一小撮反革命修正主义分子的反革命“骂”的精神，是一株借死讽今的反党大毒草。

看！齐白石的反革命狰狞嘴脸

（右图） 一九五〇年，全国亿万人民，无不欢欣鼓舞，热情歌颂伟大的中华人民共和国，在我们心中最红最红的红太阳毛主席的英明领导下，一年来所取得的辉煌成就。而站在反动的阶级立场上的美术界反动“权威”齐白石，咬牙切齿的画了这张三个横行的螃蟹。题字是“袖手看君行”，大骂我们伟大的党“横行霸道”，“横行下去”。这张黑画，充分暴露了齐白石这个老混蛋，老反革命，老反党分子的嘴脸，是何等的狰狞毒恶，同时也是他反革命的铁的罪证。

我们要高举战无不胜的革命批判大旗，不把齐白石批臭、批透、誓不罢休。

砸碎黑印章

图章，作为书画上作者的钤记，也被一小撮反党分子作为反党的工具了。**《幽燕鼓角》**——是邓拓的黑印章。其意是这个反革命分子要在北京吹响资本主义复辟的号角，从中可见这个反革命分子的狼子野心。

《馬南邨人》——邓拓的黑文《燕山夜话》的发表，就是用的这个臭气冲天的黑名。

《老年清苦》——这是反动“画阀”，反党老手陈半丁的黑章，陈窃据《中国画院》付院长的要职，拿着高薪不上班，大画售价高昂的反党毒画，在家过着资产阶级老爷生活。他的“老年清苦”吗？他所以说他“老年清苦”，完全是出于他的反动本质，出于他对社会主义的刻骨仇恨，这是他疯狂反党的手段之一，是他反党心声的自鸣。

《自怜满眼无知己》——这是反党老手陈半丁的黑印章。他在解放前的旧官僚、军阀、汉奸等“知己”都灭亡了，但在光焰无际的毛泽东思想的伟大时代的今天，这个反动家伙还在念念不忘他的反动的“知己”，可见他的反动的阶级立场是何等的顽固。

《彊其骨》——陈半丁这个黑印章，充分暴露这个老反革命口充“硬骨头”，决心反党到底的黑心。但不管你反党黑骨有多硬，革命造反派高举战无不胜的毛泽东思想千钧棒，一定把你砸成粉沫。

《陈言务去》——这是李可染的黑印章，其恶毒的含意是“党领导艺术，管得太多，陈言太多，束缚了艺术家手脚”，所以党务必放弃对艺术的领导。其用心何其毒也。

也是人所共知了。这张黑画，很明显，李可染这个拿着国家高额工资不上班，在家养尊处优，大画越黑越不嫌黑的黑山水画，突然抛出这张凶丑不堪的贾岛夜吟的人物画，完全是借古讽今……

（《打倒黑画家李可染》）

另一个被讨伐的对象，是素有“齐白石弟子”之称的李苦禅。在题为《李苦禅的黑画〈芭蕉白鸡〉》一文中，极其粗暴地把花鸟画与政治挂钩，并将文人画艺术传统一并贬斥：

国画界的反动“权威”李苦禅，在这张茶余饭后发泄反党情绪的黑画《芭蕉白鸡》上，题了这样一首黑诗：“人道我落后，我处亦自然，等到百年后，或可留人间。”落款是“苦人”。

李苦禅解放以来，一贯坚持自己的资产阶级世界观、艺术观，大画周扬所鼓吹的所谓“有益无害”的花鸟画。这幅画上的芭蕉白鸡，说明他忠实地继承了腐朽的士大夫阶级文人画的衣钵。

（《李苦禅的黑画〈芭蕉白鸡〉》）

国画家在其作品上钤印，是中国画不可或缺的特色。别具一格的印章，与画面相呼应，彼此相得益彰，方构成一幅完整的作品。越是优秀的画家，越是追求其钤印艺术效果。于是，在讨伐国画家时，作为中国画有机构成部分的印章，也与之相伴而行了。《打倒齐白石》的专辑上，曾专页刊载过齐白石多个印章，每一个都被画上黑叉。在《把黑诗画揪出示众》中，“砸烂黑印章”单页也列出了陈半丁、李可染的图章。

陈半丁的图章“自怜满眼无知己”，被说成是“念念不忘他的反动‘知己’”。“疆其骨”，被说成是“反党黑骨”。对“老年清苦”的点评尤为无情：

这是反动“画阀”，反党老手陈半丁的黑章，陈窃取中国画院副院长的要职，拿着高薪不上班，大画售价高昂的反党毒画，在家过着资产阶级老爷生活。他的“老年清苦”吗？他所以说他“老年清苦”，完全是出于他的反动本质……

（《把黑诗画揪出示众》）

李可染毕生推崇“陈言务去”的艺术宗旨，努力走创新之路，为此，他有一枚“陈言务去”的图章。批判者则将之说成是李可染有其政治目的：

这是李可染的黑印章，其恶毒的含意是“党领导艺术，管得太

批判潘天寿的刊物

多，陈言太多，束缚了艺术家手脚”，所以党务必放弃对艺术的领导。其用心何其毒也。

（同上）

当北京的国画家瞬间飘零时，身在杭州的另一位国画大师潘天寿，和他的同行们一样，也成了众矢之的。

搜集到一本《美术大批判》创刊号，浙江工农兵美术大学革命委员会《美术大批判》编辑部编，铅印本，彩色封面，其中主要批判杭州的两位画家：潘天寿、赵延年。封面上一支巨大钢笔笔尖上，挑起一串被丑化的画家，最醒目者即是潘天寿。该刊未标明出版时间。刊物发表有《毛主席对文艺工作的重要指示（1942—1967）》一文，其中截止时间为一九六七年一月，因此，具体出版时间似应在该年上半年。

在杭州美术界，担任浙江美术学院院长、全国美协副主席的潘天寿，无疑是首当其冲的讨伐对象。批判文章题目为《打倒国民党大特务潘天寿》，对他的界定用了这样一段话："中国腐朽的封建主义文艺的末代师爷，近代国画界的黑霸头潘天寿，是一个从二十年代到八十年代中外艺坛上举足有声的'大人物'。"书中配文刊有另外一幅潘天寿的漫画肖像，

对潘天寿完全是政治讨伐，无一处涉及艺术范畴。一九四五年二月二十八日，时任国立艺术专修学校校长的潘天寿及全体员工二百四十七人，在纪念美国对日宣战与中国结为盟国三周年之际，曾致电美国驻华大使馆表示崇高敬意，称"本校特集毛诗以周代文字篆就颂辞"予以装裱，请大使馆转交美国政府"作一最有光荣历史之纪念"。这一历史电文，如今却成了潘天寿一大罪状，被猛烈批判，并将电文作为附件发表。

另在旧书网上还见到过一本《潘天寿批判资料》，浙江工农兵大学工宣队、革委会革命大批判组编，油印本，注明为"初稿，内部参考"。据一张目次图片显示，该书至少七十八页，内容分为五辑：潘天寿的黑画；潘天寿的黑话；潘天寿的黑诗黑印章；苏修及其他资本主义国家对潘天寿的吹捧；潘天寿与周扬。

在广州的关山月，也是被批判对象之一。

在《铲除美术界的修正主义黑线》专号中，刊有《陶铸的黑画家关山月——评关山月的黑画》一文，无作者署名。文中列举了关山月的几幅作品，对之进行无情的政治批判，有些针对中国画特点所做的随意发挥与解读，在对中国画的批判中颇具代表性，有必要摘录如下：

在"三家村"所谓"大地很快就要解冻"、"春季就可以大干"的政治气候下，他又炮制了《解冻》的阴暗作品：两只老鸦在灰暗苍

茫的天际回旋，然而冰河开始解冻了，流冰蠢蠢欲动，河边被冻住的三个水车只要一“解冻”就可以大干一场了。由于这张画的政治目的太露骨了，害怕被群众发现，于是在展览后出版时加上“黄河”二字，改成《黄河解冻》，真是此地无银三百两！“解冻”是苏修反斯大林同志的反革命黑话，“三家村”看中了它，关山月也同时看中了它，真是一丝不差！他们梦寐以求“解”无产阶级专政之“冻”，以便他们大干一场，实现资本主义复辟。在这种思潮的触动下，他又画了一幅公开鼓吹反革命复辟的黑画《山雨欲来》：满纸紧张的气氛，暴风大作，黑云汹涌，画中山脉也滚动着向纵深发展，右下角有一座危桥，一座危楼，一个士兵正匆匆牵马过桥。关山月毫不隐讳地向人说过：“画一个通讯员出发送信，预示着战斗的暴风雨就要来临！”什么战斗暴风雨呢？我们没有忘记，当时正是蒋匪帮叫喊“反攻大陆”，国内外敌人摩拳擦掌，《山雨欲来》也摆出这付气势汹汹的厮杀架势，什么样的“战斗暴风雨”不就是非常清楚的？“山雨欲来风满楼”，这就是反革命复辟的前奏！

打着“红旗”反红旗也是关山月黑画特点。1963年7月1日，我们党的生日那一天，关山月画毛主席的《咏梅》词意《报春图》一画：一株老朽的梅花从悬崖长出来，但又立刻碰到崖壁，倒挂下来。中国民间绘画的惯例是不好画倒梅的，倒梅就是“倒霉”。《咏梅》是我们伟大的领袖毛主席的一首具有强烈战斗性的诗篇，关山月的《报春图》恶毒地歪曲毛主席词意，矛头直指我们党的革命事业，肆意攻击我们的“碰壁”、“倒霉”。

1965年他又画毛主席词意《十六字令——山》，画面一片凄

凉、惨淡，在山下几个无精打采的战士牵着马，走下坡路，山顶上的红军战士面临悬崖勒马的绝境。同样是恶毒地歪曲毛主席的词意，疯狂地咒骂我们事业“走下坡路”，要我们“悬崖勒马”！王匡一发现这张黑画，欣喜若狂，马上下令《广东画报》抽去一版歌颂三面红旗的内容，发表这幅黑画。

（《陶铸的黑画家关山月》）

与北京一样，上海也拥有星光灿烂的国画家群体，上海中国画院与北京画院南北呼应，支撑起中国画的大厦。如今，在美术风云吹打下，这座大厦千疮百孔，瓦砾满地。

这里有必要，将京沪两地中国画院的历史略作勾勒。

京沪两地中国画院的成立，源于一九五六年二月陈半丁、叶恭绰在中国人民政治协商会议第二届全国委员会上共同提交的《继承传统，大胆创新，成立中国画院》的提案。据《北京画院、上海画院五十年》一书介绍，陈半丁、叶恭绰的这一提案得到时任总理的周恩来等领导人的重视，当年六月周恩来总理主持国务院工作会议，通过了文化部提出的“北京与上海各成立一所中国画院”的报告。文化部指派李长路会同中国美术家协会的华君武、上海美术家协会的赖少其分别筹建北京中国画院（后易名为北京画院）和上海中国画院。无疑，京沪两地中国画院的创立，主要是为了汇集优秀国画家，振兴中国画的创作。

一九五七年五月北京中国画院率先成立，此时仍健在的齐白石出任名誉院长，叶恭绰任院长，陈半丁、于非闇、徐燕孙、崔子范任副院长。画院另成立有院务委员会，除前面几位外，出任副主任的还有叶浅予、胡佩衡、王雪涛、张仃、石鲁等。

上海中国画院一九五六年八月成立筹备委员会，赖少其为主任委员，傅抱石、潘天寿、唐云、王个簃、谢稚柳、吴湖帆、贺天健、刘海粟等十二人为委员。这一名单中，除上海画家外，还包括了南京的傅抱石、杭州的潘天寿，可见最初有意使上海画院汇集沪宁杭三地画家，这也可能与当时行政区划中仍设立华东局有关。

上海中国画院的正式成立是在一九六〇年，丰子恺任院长，王个簃、贺天健、汤增桐任副院长。此时，华东局已撤销，故傅抱石、潘天寿均不在此列，画院也就成了真正意义上的上海中国画院。

据我有限了解，上海美术界的“文革”小报的编辑出版比北京等地更为系统，如前文曾涉及的关于丰子恺、齐白石的专辑，均出自上海。除此以外，从旧书网上见到过上海出版有一本直接针对上海中国画院的批判集《砸烂黑画院——毒画毒文毒诗毒章批判专辑（第五集）》（上艺司上海中国画院红旗革命造反队、工总城建局水泥成品厂工人革命造反大队、上海市业余大专院校革命委员会《业革会》编印），即直接针对上海中国画院。彩色封面上，一只大手挥舞一支毛笔。

遗憾的是，我未获得此专辑。不过，这一缺憾，在另外一本刊物上得到弥补。由新北大《文化革命通讯》编辑部出版的该刊物第十六期（一九六七年八月）上，发表了一组《黑画剖析》，其作者为参与编辑《砸烂黑画院》一书的上海艺司中国画院红旗革命造反队，相信彼此之间有相似之处。

《黑画剖析》集中讨伐上海中国画院，从院长丰子恺，到画院其他重要人物，如王个簃、唐云、贺天健、吴湖帆、程十发等，少有幸免。关于丰子恺，前文已有专章叙述，这里主要摘录对另外几位国画家批判的文字。

王个簃是副院长，《黑画剖析》针对他的《扫尘图》写道："一九六五年筹备国庆画展的观摩会上，王个簃抛出此毒画，当时群众就纷纷提出意见，才使此画未正式展出。王个簃为什么把扫帚与毛选放在一起？"

这样介绍唐云："是国画界的新老头子、画院业务室主任。"刊出他的《白眼小鸡》并写道："唐云向以研究明末画家石涛八大自负，极力宣扬和歌颂他们的所谓'故国之思'、'亡国之痛'和'傲岸不屈，磊落不羁的个性'以及'对当时统治阶级的对抗情绪'，这幅仿八大画法的'小鸡'图,个个都是白眼向上,怒目而视,充分暴露了唐云对社会主义现实生活的极端阴暗的心理和刻骨的仇恨。"

这样介绍贺天健："一个极其狂妄的'老子天下第一'的资产阶级'权威'老爷，画院副院长。"刊出他的《目送飞鸿图》并写道："三年自然灾害期间，国内外反动派蠢蠢欲动，贺天健炮制了大量的宣扬封建士大夫腐朽、没落、情调糜烂的毒画，什么李白、杜甫'诗意'，什么《隔墙传曲》、《手弹五弦目送飞鸿》……厚古薄今，借古非今，麻痹人民革命斗志。……还为他开了个展。"

这样介绍吴湖帆："清朝两广总督吴大澂的孙子，上海美协副主席。"

刊出他的《又红又专》并写道："他抛出了这幅毒画，极尽了污蔑之能事。……咒骂又红又专的人才，都像烧焦的红砖头一样，是没有灵魂的。"

程十发是画院业务室副主任，但在《黑画剖析》中，除丰子恺之外，他的作品刊发数量最多，为四幅，并分别予以批判。针对《讳病忌医》写道："与邓拓'唱一个调子'，'有病不承认'，'日久难治疗，只因病根深'来诅咒我们伟大的党已病入膏肓，无可救药了。"针对连环画《李秀成》批判其"叛徒哲学"："你看，在程十发笔下，李秀成这个大叛徒的形象是多么'完美'，多么'高大'！"针对连环画《海瑞的故事》写道："画面上的这个威风凛凛的'海青天'正在高唱：'将我罢职理不公，有一日再居官重振纪纲。'反革命气焰何等嚣张！"针对《调甥钟馗》写道："程十发以画'钟馗'著称，称得上是一个'鬼画家'。鼓吹阶级斗争熄灭论。"

在《铲除美术界的修正主义黑线》专号上发表的《把"全民文艺"的黑样板——"上海花鸟画展"砸个稀巴烂》，这样批判贺天健、王个簃、唐云、朱屺瞻等人的画作：

从来以山水画专家自封的反动学术"权威"贺天健，竟也为了达到他不可告人的目的，丢掉他的"专业"，大画其蔬菜。小品《霜下隽腴》被美术界党内走资派吹捧为"清腴引人"的可口之物，但给观众看到的只是两棵有干有叶、久经风霜摧残的白菜。这是出于市场蔬菜较紧张之际的毒画，其含意又不是很能引人深思吗？

《春光》是老吸鬼、反动学术"权威"王个簃的作品，画面上几株残落的蚕豆花和油菜花，据他自己说是代表新中国的大跃进，背景衬托着一枝红艳的桃花，人们有"三月桃花一时红"之说。王个簃把我国伟大的大跃进用短命的桃花来作比，其用心又何其毒也！

就在这个画展里出现了资产阶级学术“权威”唐云的一幅残荷——《红莲翠羽》，被捧为“婀娜里透出新生峭拔的气势”，真是欺人之谈。唐云为了反对表现欣欣向荣的时代精神，大画其“残荷败柳”，说什么“从侧面描写有生命力的残荷”，这与他学八大山人，画“白眼看青天”的禽鸟小鸡，厌恶人世的反动本质没有什么两样！

大资本家老剥削鬼朱屺瞻的《杜鹃花》上，特意题上唐人“杜鹃花发鹧鸪啼”的反动诗句，借民间传说中的鹧鸪啼血，来为他们失去的“美丽天堂”而哀鸣，真是反动透顶！

（《把“全民文艺”的黑样板——“上海花鸟画展”砸个稀巴烂》）

对上海中国画院的批判，不限于创作领域，日常外事活动也包括在内。一九六八年三月，上海出版《外事批判》第七集为“坚决肃清文艺黑线在外事工作中的流毒”专号（发行组地址：上海巨鹿路845弄1号），十六开，铅印。其中发表《揭开旧上海画院在接待外宾工作中的黑幕》一文，作者署名“新画院革命造反队”。文章集中批判上海中国画院历年接待外宾的活动，这样写道：

自1956年开始，国画院还在筹建阶段，就开始接受接待外宾的任务，并列为对外开放的重点单位。1960年正式成立以来，接待的外宾先后不下四十次之多。接待的对象主要是资本主义和修正主义国家的所谓“专家”、“权威”……

旧画院……在院内专门设立了一个外宾接待小组。接待小组组长就是画院第一号走资派、反革命修正主义分子程亚君。组员中有……

紧跟毛主席的伟大战略部署

毛主席说：你们要关心国家大事，要把无产阶级文化大革命进行到底！

高举毛泽东思想伟大红旗
彻底摧毁资产阶级司令部

军民团结如一人 试看天下谁能敌

大批判刊头漫画专辑

红画兵

7

1967年9月

天津人民纸制品厂革命造反者联合会
天津人民美术出版社革命造反委员会

“文革”小报《红画兵》

程十发，……吴湖帆，……孙××。主要接待人员有……丰子恺，……王个簃，……唐云，等等。一般接待人员中，除有时拉一两个青年同志作为陪衬外，其余的都是一些反动“权威”、封建遗老……请同志们看一看，这是一支多么触目惊心的“接待队伍”！（每位画家前面的修饰语过于冗长且不堪入目，恕在此省略——引者）

在接待时由我方人员进行“作画表现”……在所谓“作画表现”中，除掉宣扬封建主义、士大夫文人那套笔墨游戏的创作方法以外，所画内容都是些没有一丝一毫社会主义生活气息的东西，如唐云画“竹枝麻雀”、“竹笋”，王个簃画“石榴花”、“芙蓉”、“菊花”，朱屺瞻画“老少年”，吴××画“古装仕女”，程十发画“小孩”、“羊”、“傣族少女”等等，使之大量地流毒到国外。（此处“吴××”不知是否为吴湖帆——引者）

（《揭开旧上海画院在接待外宾工作中的黑幕》）

“文革”中被当作“样板”的油画《毛主席去安源》

齐白石

吴湖帆

贺天健

丰子恺

王个簃

程十发

唐 云

叶浅予

丁 聪

黄苗子

“文革”小报上被丑化的书画家形象

彻底否定画院的日常活动，将画院中的各位画家悉数拉出来亮相，是贬斥中国画的自然延伸,也是全国铺天盖地批判“文艺黑线”的高潮在美术界的重要表现。

走笔至此，至少有两个问题的历史脉络，在我的追寻中逐渐变得清晰。

第一，中国画与油画的历史地位的替换。

在当代美术风云席卷之下，传统的中国画，尤其是山水画、花鸟画，由于不能直接塑造伟人形象和工农兵形象，反映现实生活，因此，因齐白石受到高度评价而使国画家一度显赫风光的景象，在“文革”期间转瞬间化为乌有，甚至中国画特有的笔墨技巧，也因其“黑”而被贬斥。与之形成强烈反差的，则是油画特别是人物画（包括中国画的人物画），却受到前所未有的重视，得到了全国性的普及与推广。

此种状况，恐怕与江青在与中央美院教员的谈话中的一句话有着直接关系。她说：“我平常油画看得多，很喜欢油画，它表现力很丰富。”当年情形的确耐人寻味。在数年时间里，油画独领风骚。譬如，一幅刘春华的油画作品《毛主席去安源》，风靡全国，把一个画种与一个时代的需求推到了极致。这里被推崇的油画艺术，当然既不是凡·高、莫奈之类的印象派，也不是列宾的现实主义，备受重视的是油画塑造领袖伟大形象和英雄人物形象的宣传功能。“文革”期间举办的一系列美术展览，也大多突出人物画的创作，政治功能明显大于艺术性。

历史往往也有意外收获。在美术风云席卷的年代，油画功能的被青睐，则为众多青年带来了研习的契机。从工厂到学校，从城市到乡村，不少年轻的美术爱好者是从临摹伟人肖像、设计宣传墙报，开始踏上美术行程，为未来的发展做了铺垫。近三十年来，一些颇有成就的油画家，大都得益于当年的这一美术氛围和历史机遇。

第二，“文革”初期批判“文艺黑线”时中国画遭遇的窘状，为一九七四年的“黑画事件”埋下了伏笔。

我在写《追寻“黑画事件”始末》中谈到，“黑画事件”的直接起因主要有三点：

一、香港《七十年代》杂志，一九七三年发表了新访问大陆的旅美华人教授赵浩生的专访《李可染、吴作人谈齐白石》，二人以崇敬和怀念的心情回忆与齐白石的交往，高度评价齐白石的中国画艺术成就，其基调显然与美术风云席卷时对齐白石的批判截然不同。

二、也在一九七三年，上海工艺美术公司为出口而出版了《中国画》样本予以推广，其中入选的画家，几乎囊括了曾被讨伐过的所有重要中国画画家，如李可染、潘天寿以及上海中国画院的“黑画家”们。

三、与此同时，在北京，从“干校”回来的一批画家，在一九七三年前后重新受到青睐，被请到北京饭店和国际俱乐部，创作一批新作品供饭店陈列。

以上三件事情均在同一年发生，此时距美术风云告一段落的一九六八年，仅仅五年时间。中国画的地位又发生了逆转，曾被极力贬斥的画家们，似乎一下子又风光起来。对于在美术风云中呼风唤雨、如今又酝酿开展批判“文艺黑线回潮”的人来说，把矛头重新对准中国画，实在是顺理成章的选择。五年伏笔，终于有机会浮出水面了。当代中国美术风云的一段历史，如此这般，衔接延伸。

未想到，“追寻‘文革’初期美术风云”，前前后后竟然一共写了十三章。由于搜集材料有限，又缺乏遍访当事人，我的叙述远没有呈现历史全貌，更缺乏深入的系统归纳和分析。这只是一个美术圈外人的偶然拾掇，故将之称作《拼贴风中碎片》。

虽是碎片，却有可能拼贴起个人视野中的历史画卷。

追寻“黑画事件”始末

报

六　夏历甲寅年三月初七

毛主席语录

全世界各国人民的正义斗争，都是互相支持的。

深入批林批孔　反击修正主义文艺黑线回潮

本市召开工农兵批林批孔反击修正主义文艺黑线回潮大会

大会指出，对大毒草《三上桃峰》和一批黑画、坏画的批判，是文艺战线上一场尖锐的阶级斗争和路线斗争。我们一定要旗帜鲜明，积极投入战斗，彻底揭发批判

本报讯　在深入开展批林批孔的高潮中，最近，本市召开了工农兵批林批孔反击修正主义文艺黑线回潮大会。参加大会的有来自各条战线的一万三千多人。会上发言的同志联系当前文艺战线阶级斗争、路线斗争的实际，狠批了林彪宣扬孔孟之道，效法孔老二“克己复礼”，妄图复辟资本主义的罪行，对国内外一小撮阶级敌人妄图否定无产阶级文化大革命的反动思潮和修正主义文艺黑线回潮，进行了有力的回击。

市委和市革委会的负责同志出席了大会。市革委会负责同志在会上讲了话。

大会在《三大纪律八项注意》歌声中开始。

首都钢铁公司炼钢工人尚凤武首先发言。他说，经过无产阶级文化大革命，文艺战线同其他战线一样，形势大好。以革命样板戏为标志的无产阶级文艺革命蓬勃发展，文艺舞台上呈现一派繁荣兴旺景象。这一切都是毛主席革命路线的伟大胜利，是无产阶级文化大革命的丰硕成果。但是，阶级斗争的规律告诉我们，阶级敌人是绝不甘心于他们的失败的，总是千方百计地妄图利用文艺作品进行反革命翻案复辟活动。为刘少奇翻案的大毒草《三上桃峰》的出笼，以及最近从北京某些饭店、宾馆揭发出来的一些人画的一批黑画、坏画，就是例证。我们工人对于歌颂党和毛主席，歌颂无产阶级文化大革命和社会主义新生事物的文艺作品热烈欢迎，坚决支持，而对那些反党、反社会主义，妄图为刘少奇、林彪修正主义路线翻案的黑戏、黑画，就要狠揭狠批，绝不留情。谁要是妄想复辟资本主义，开历史的倒车，我们工农兵就要和它斗到底！

北京大学工农兵学员于虹、海淀区东升公社党委副书记金淑英，在发言中，以大量事实揭发和批判了大毒草《三上桃峰》。于虹说，《三上桃峰》是否定无产阶级文化大革命，为刘少奇翻案，为刘少奇、林彪反革命的修正主义路线翻案的大毒草，是“克己复礼”的黑标本。《三上桃峰》的炮制者在剧中描绘了一个没有阶级，没有斗争，人人“相亲相爱”的“君子国”。他们鼓吹的这个“君子国”，就是让走资本主义道路的当权派作威作福，扶植地、富、反、坏、右上台。《三上桃峰》的炮制者和支持者，用一匹患有“脑迷症”的病马含沙射影地攻击总路线、大跃进、人民公社。又故意让象征着资本主义复辟的“大红马”上台，赢得满台的喝采，这就充分暴露了资本主义复辟势力大搞“克己复礼”的反革命心理。金淑英愤怒声讨了反革命黑戏《三上桃峰》对抗农业学大寨的滔天罪行。她说，无产阶级文化大革命取得了伟大胜利，大寨式的县、社、队象朵朵红花开遍全国，大量歌颂“农业学大寨”的文艺作品搬上银幕、登上舞台。可是，在有人支持，有人批准的情况下，《三下桃园》改成《三上桃峰》，重新复活反革命的“桃园经验”，更加明目张胆地对抗大寨红旗，这不是复辟翻案是什么！我们亲眼看到过大寨红旗，也知道“桃园经验”是什么东西，这真是两条路线两重天啊！一条是金光大道，一条是鬼门关。大寨的道路是毛主席指给咱贫下中农的金光大道，大寨执行的路线是毛主席为我们制定的党的基本路线，大寨是我们社会主义新农村的缩影。而反革命的“桃园经验”，是刘少奇反革命的修正主义路线的黑样板，是“兴灭国，继绝世，举逸民”的活标本。在当前深入开展批林批孔的运动中，我们一定要牢记党的基本路线，深入开展农业学大寨的群众运动，用抓革命、促生产的新成绩，反击修正主义文艺黑线的回潮。

北京市美术创作人员赵志田等在发言中，批判了最近从北京某些饭店、宾馆揭发出的一些人画的一批黑画、坏画。他们说，这些黑画、坏画的炮制者把在无产阶级文化大革命中已被革命群众批判过的修正主义货色又拿来上市，这是明目张胆否

主义新生事物层出不穷的大好形势，却别有用心地歪曲时代面貌，攻击社会主义制度，对无产阶级文化大革命和社会主义新生事物进行恶毒攻击。但是，不管阶级敌人如何攻击谩骂，也阻挡不住历史车轮的滚滚向前和社会主义事业的胜利前进。

北京卫戍区某部六连战士阎志国和北京评剧团演员张淑桂在发言中，联系文艺黑线回潮的大量事实，狠批了孔老二、林彪“克己复礼”的反动纲领。阎志国指出，以《三上桃峰》和美术界一批黑画、坏画为代表的修正主义文艺黑线的回潮，就是为林彪的“克己复礼”制造舆论，妄图拉历史的车轮倒转。这场斗争是保卫无产阶级文化大革命成果、坚持无产阶级专政下继续革命、反对复辟倒退的大是大非问题，是一场你死我活的阶级斗争。张淑桂说：为刘少奇翻案的大毒草《三上桃峰》，以及美术界一批黑画、坏画的出笼，决不是孤立的、偶然的事件，它们是修正主义文艺黑线回潮的典型表现，是复辟和反复辟斗争在文艺领域的反映，是以孔孟之道为代表的剥削阶级意识形态在无产阶级强大攻势面前负隅顽抗的丑恶表演。它们恶毒攻击无产阶级文化大革命和革命的新生事物，千方百计为一小撮被打倒的党内机会主义路线头子翻案，恶毒攻击党的基本路线。这些，都是为林彪“克己复礼”的反动纲领服务的。我们一定要保持清醒的头脑，密切注意文艺界阶级斗争的新动向、新特点，深入批判林彪“克己复礼”的反动纲领，彻底粉碎修正主义文艺黑线的回潮，保卫无产阶级文化大革命的伟大成果。

大会指出，对大毒草《三上桃峰》和一批黑画、坏画的批判，是文艺战线上一场尖锐的阶级斗争和路线斗争，是一场反对倒退，坚持进步，反对复辟，坚持革命的严重的政治斗争，是批林批孔运动联系实际的一个重要内容。我们一定要旗帜鲜明，积极投入战斗，彻底揭发、批判修正主义文艺黑线回潮。工农兵要成为斗争的主力军。要抓住林彪“克己复礼”的反动纲领深入批判。在斗争中，要联系现实的阶级斗争和两条路线斗争的大是大非问题，解决正确对待无产阶级文化大革命的问题，揭发批判林彪及其死党阴谋复辟的罪行，巩固和发展无产阶级文化大革命的伟大成果。要认真学习马、列著作和毛主席著

总统

统一阵线
共和国总统

见。

“黑画事件”之谜

时间每日消逝，往事渐行渐远，旧时场景与细节随之也就容易越来越模糊，若想还原现场完整性，几乎不大可能。不过，历史叙述因而也就有了更大空间。搜集史料，捕捉细节，辨析记忆——在这样的过程中，你会感到历史的诱惑。

追寻一九七四年轰动一时且波及久远的“黑画事件”始末，正是这样一个过程。

“黑画事件”更像一场政治风波。其风起于青萍之末，个中政治原因、政治背景错综复杂，耐人寻味却也令人费解；其风突兀而来，顿时黑云压城，险象环生，令受波及者不知所措，忧虑或恐惧；其风转瞬之间却又意外戛然而止，偃旗息鼓，最终不了了之。在“文革”十年之间大起大落的政治大动荡中，它不过是一个插曲，风波过后，纷繁往事日渐成为个人回忆中的话题，其间内幕和谜团依然扑朔迷离，莫衷一是。如果不是由于美术收藏日趋热闹的特殊关系，以及受冲击的几位画家的地位越来越显赫，成为媒体经常关注的对象，人们也许早就把这一风波淡忘了——这很容易，君不见，当年的许多重要事件不是早就无人提及了吗？

这些年，关于“黑画事件”的著述不少，但大多是亲历者的回忆，或泛泛而谈，或概而言之，常常侧重于当年的个人印象与感受。这样的回忆，其价值在于提供一种历史氛围，却无法作为历史叙述的引证。

对“黑画风波”始末的叙述较为完整的，要算吴继金先生的《“四人帮”批“黑画”运动始末》一文。作者写到了举办所谓“黑画展”的情况：

> 1974年2月15日，批“黑画”展览在中国美术馆和人民大会堂展出，名曰“批林批孔联系美术战线实际”，共展出18位画家的215幅作品。这些所谓的“黑画”都是“四人帮”派人去全国十几个省、市，去国际俱乐部、北京饭店、荣宝斋、文物商店、北京画院、美术学院等处连骗带诈收罗来的。
>
> 《黑画展前言》这样写道：“这批黑画严重歪曲了社会主义新面貌，丑化了工农兵形象。有些不断含沙射影，是恶毒攻击社会主义制度的毒草，有的甚至公开为叛徒林彪翻案，而它们的产生是得到某些人公开鼓励和支持的。至于作者情况也不尽相同，有些是有严重政治历史问题和对社会主义心怀不满的人，有些是没有改造好的知识分子，还有些是崇拜资产阶级专家，盲求野、乱、怪、黑的青年人。这些坏画作为刘少奇、林彪修正主义文艺黑线的典型事例被揭发出来，说明在大好形势下美术领域两个阶级、两条路线、两种思想的斗争仍十分尖锐激烈。反动阶级并不甘心退出历史舞台，他们在拉拢腐蚀美术队伍，争夺思想阵地等方面，向无产阶级发动进攻，这是一场无产阶级和资产阶级之间占领和反占领、复辟和反复辟的斗争。而这一切是发生在‘无产阶级文化大革命’取得胜利的今天，特别值得我们深思。”
>
> （《“四人帮”批“黑画”运动始末》）

不过，即便此篇专论，如果再加求证，仍有疑问存在。

譬如，文中提到，当时公开发表过“初澜”的一篇重要批判文章《坚持文艺革命，反对复辟倒退——反击美术领域文艺黑线回潮》：“接着，江青卵翼下的写作班子以‘初澜’的笔名，发表了一篇题为《坚持文艺革命，反对复辟倒退——反击美术领域文艺黑线回潮》的文章，赤裸裸地说：‘值得注意的是，这些反动倾向十分露骨的黑画，竟然得到了某些人的鼓励和支持，为之开绿灯。’”文中摘录有批判文字，想必源自确凿的白纸黑字。“初澜”是当年文化部系统写作班子的主要笔名之一，其重点文章几乎都发表在《人民日报》上，可是，我查遍了一九七四年的《人民日报》，却始终没有找到这篇“初澜”的文章。

那么，需要弄清楚的是，“初澜”是否写过这样一篇批判文章？如果写过，是否公开发表过，发表于何处？

还有关于所谓公开点名批判黄永玉等人的问题。

陈岩先生在《往事丹青》一书中，回忆黄永玉与“黑画事件”的关系：“过了没多久报上点名了，利用‘黑画’反党、反社会主义，李可染、黄永玉首当其冲，在劫难逃。‘查、批、斗’，‘批黑画’运动的熊熊大火就这样烧起来了。”王焕林编撰的《黄永玉年谱》写道：“江青在北京、上海、西安等地都炮制过‘黑画展览’，《人民日报》也曾于头版展开过声势浩大的批判攻势，共有一百多名画家受到了牵连。”张玲所著《画家宗其香传》（山东美术出版社，一九九五年二月），其中也写到宗其香曾被公开点名批判：“配合这次黑画展，北京正式印刷发行的报纸和校园街头宿舍门前‘大字报’上，大批判的文章铺天盖地，批判的用语似利剑钢刀。宗其香更成了《北京日报》公开点名批判的对象。”他们都说得言之凿凿，但却需要查阅当年的报纸方能证实。

“黑画事件”堪称千年美术史上最荒唐、最匪夷所思的一次闹剧，对受牵连的诸多著名画家，也是他们漫长人生中一次极为重要的起承转合。对这一历史事件和人生环节，有必要四方求证，在现有条件下尽可能地搜集难得的文献史料，方能为一些生动的个人叙述，填补翔实的细节。对于我，这是费时十余年的一次追寻。

福兮祸兮猫头鹰

自开始走上艺术之路那天起，黄永玉就注定与猫头鹰有着不解之缘。

目前所见黄永玉最早发表的木刻作品，是一九四四年为儿童文学作家贺宜的作品《野旋童话》所作的插图，巧的是，其中第一幅就是《猫头鹰》。当时他只有二十岁。从此，他爱画猫头鹰，乐此不疲。不仅如此，还由猫头鹰延伸到众多鸟类和动物，它们成了他的绘画创作的重要组成部分。

不限于他，不少画家，如齐白石、林风眠、张光宇等，都曾画过猫头鹰。甚至他的朋友、作家汪曾祺业余画画，也对猫头鹰颇有兴趣。对这一老鼠的天敌，文艺家们都很喜爱，包括属鼠的黄永玉。他看百科全书，知道一只猫头鹰一年大概可食一千只老鼠，为人类节约一吨粮食，故喜欢根据所画猫头鹰数量，题上“一吨”、“五吨”的字样。不过，他没有想到，喜爱画猫头鹰却两度引火烧身。

第一次发生一九六六年“文革”风暴来临时。在此之前，黄永玉赴河北农村参加“社会主义教育运动”（即“四清运动”），空闲时他忽发奇想，采取画配文形式集中创作一组“动物短句”（因当时他家住北京罐儿胡同，故后来出版时书名为《罐斋笔记》）。所画动物中，包括猫头鹰，其短句为：“白天，人们用恶毒的语言诅咒我，夜晚我为他们工作。”这些闲情逸致之作，显露出机智和幽默才能。“文革”爆发后，这些作品却被知情者揭发检举，指责它们是“反党反社会主义”的毒草，甚至还把黄永玉押至中央美术学院开会批斗。

黄永玉没有想到，八年后，又一次的随意之作《猫头鹰》，再度引火烧身，且比第一次来势更为凶猛，处境更为险恶，前途也更加渺茫。

一九七三年，结束在河北“五七干校”的数年劳动生活，黄永玉回到了北京。此时，北京饭店在靠王府井大街位置修建了新楼，据各方回忆，时任总理的周恩来亲自做出指示。安排一批画家为北京饭店新楼进行美术装饰。对于被打入“另册”并息笔多年的这些画家来说，这的确是一个令人高兴的转机。黄永玉应邀前来，具体负责整座新楼的美术布展设计。同时，中央大厅将有一幅围绕四周的新长江万里图大画，由袁运甫、吴冠中、祝大年和黄永玉四人负责。于是，一九七三年十月，黄永玉有了一次从北京到上海、

《猫头鹰》，创作于1944年

一九六四年“动物短句”中的《猫头鹰》：“白天，人们用恶毒语言诅咒我，夜晚我为他们工作。”

苏州周游，然后再溯江而上直至三峡写生的旅行。

启程之前，一个偶然机会，黄永玉在老朋友、画家许麟庐的家中，应邀随手在一个册页上画了一幅猫头鹰，风波由此埋下了伏笔：

> 许家和我京新巷的家只拐两个小弯，相距不到五十米远，有时甚至端着茶杯，穿着拖鞋去的。三两天去一次或是一天去三两次都是有的。这天，老许拿出一本册页，说是一位名叫宋文治的南京画家放在这里的，请他顺便约请朋友为他画点画。我那天因为在准备旅行的杂事，心情不安定，怕画不好。许说，你就随便来两笔猫头鹰吧！于是我就真的“随便地”来了这么一张以后要了我老命的、邵宇一个多月后拿来“进贡”的这幅东西。
>
> 我们四个人到了南京、上海、南通、庐山、黄山，然后沿汉口坐轮船溯江而上，经夔门、万县到达重庆，在重庆过的旧历年除夕。该是一九七四年的二月了吧？
>
> 在重庆和重庆美术家协会的朋友有过几次接触。临返北京的前两天，听到一点风声：北京正在开展一个“批黑画”的运动，且扩大到全国追查“黑画”，“由江青同志亲自挂帅”，其中主要的“黑画”是一张猫头鹰……我听了之后居然一点都不在乎，还懒洋洋地说：“唉！画一张猫头鹰算什么呢？我不是也常常画猫头鹰的嘛！”
>
> 没料到，一回北京就明白了：正是我！
>
> （《邵宇和“猫头鹰事件”》）

“黑画事件”按说主要是针对为北京饭店新楼创作的一些作品，黄永

二十世纪七十年代初黄永玉（左）与儿子黑蛮在一起

玉似乎不应被牵连其中，因为他的工作是负责整体布置设计，并不提供作品，他在宋文治册页上所画的《猫头鹰》，只是私人间的应酬之作。可是，恰恰是他的这幅作品，意外地在“黑画展”中排在了第一名，并受到公开批判。其中缘由，一直到“文革”结束后，他有机会看到了一批相关档案，才了解到。最初决定批判“黑画”并把《猫头鹰》列入其中的时间，是在一九七三年十一月二十三日晚上，此时一个会议在北京的友谊宾馆召开：

1973年11月23日晚——友谊宾馆。一次小会虽只有几个人，却决定了使全世界发生兴趣的“黑画事件”。

1973年底中国大陆是个什么症状呢？

周恩来总理的病情急剧恶化，江青一伙豺狼对他的逼害却决不手软。9月起搞起所谓“儒法斗争”影射文章，把原来的“批林整风”扭转成“批林批孔”，对周恩来作残酷的“病床围剿”。但是还嫌不够生动，不够普及，不够响亮。如何不止在“理论”上，而且在最引人注意的文化艺术上作一些突破，成为他们迫切的心情。

在这个重要的小会上，邵宇提出了“黑画”问题。发表了相当长的一席“揭发”。首当其冲地被具体提出来的罪证，就是我在画家宋文治册页上作的一幅《猫头鹰》（有趣的是，邵宇不提我早先在他家为他画的那张）。

与会的有当时美术部门的负责人高景德，古姓的版画家，以及“四人帮”安插在文化部门的“罗刹女”王曼恬诸人。

会场气氛浓烈，王曼恬兴奋得坐立不安，“马上要去向首长汇报。”邵宇乘势又说了几句：“反动美籍华人教授赵洛生在香港反动刊物《七十年代》发表访问李可染，吴作人的文章，内容十分恶毒……”

王曼恬说：“好！好！马上去给我找来，我有用！”（邵宇很快从荣宝斋某人手上找到这本杂志，送交王曼恬。）

邵宇的这一下无疑启发和扩大了“四人帮”攻击周恩来总理的想象力，取得了重要的突破口。1973年11月23日晚在友谊宾馆的小会提出猫头鹰的“黑画”之后，即积极进行全国性的“黑画”追查活动。

（同上）

正可谓：福兮祸兮猫头鹰！

大幕拉开

“黑画事件”大幕拉开了。

一九七三年十二月十五日，即在友谊宾馆会议召开二十多天后，《人民日报》发表了署名“初澜”的文章——《要重视文化艺术领域的阶级斗争》：“要发动广大群众自觉地起来抵制坏戏、坏书、坏歌、坏画的传播，用社会主义文艺去占领阵地，这样，才能有效地捍卫和发展无产阶级文化大革命的胜利成果。”这里最早透露出了风暴即将来袭的信息。

再过半个月，一九七四年一月二日，姚文元在上海严厉批判《中国画》画册，这被认为是“黑画事件”的正式开始：

> “四人帮”在美术界制造的所谓的批“黑画”运动是从批判《中国画》画册开始的。
>
> 《中国画》这本画册是根据周恩来的指示精神，为了出口宣传的需要，由当时的外贸部门印制的一本出口画样本，作为工艺品出口的广告。这样做，对于扩大中国在世界的影响、促进外交工作、增加出口创汇等都是有利的。《中国画》不仅收录了一些知名的国画家当时创作的绘画作品，而且还收录了他们以前的一些代表性作品。

一九七四年被批判的上海《中国画》封面

1974年1月2日，姚文元首先在上海发起了对《中国画》的批判。在上海市委的一次会议上，姚文元拿着这本画册，蛮横地指责是“黑山黑水”、“复辟逆流”，说它是什么“迎合西方资产阶级和修正主义的货色，是一本地地道道的‘克己复礼’画册”。画册里有一幅题为《迎春》的图画，画的是迎春花前引颈高鸣的公鸡，画面充满盎然生机。对此，姚文元居然写下了这样的批示：“这幅画在画幅的上端画了几枝淡淡的迎春花，整幅画突出地描绘了一

·2· 1974年3月20日 星期三 文汇报

一本地地道道"复礼"、翻案的画册

——评《中国画》

陆 民

近，我们看到了一本题为《中国画》的画册。这业品进出口公司上海市工艺品分公司某些人新这本画册的出现，是政治上那股妄图否定无文化大革命的翻案风在美术领域的表现，是美中修正主义文艺黑线回潮的一个典型。林彪所孔老二的"克己复礼"，在美术领域中得到某共鸣。事关路线，就得认真对待，彻底揭露批判。

（一）

f画册，我们就会看到一段大约属于"编者的的文字。好在不长，照录于后：

国画是一个有悠久历史传统的古老画种，形独特的艺术风格和笔墨技巧。新中国诞生中国画作者在毛主席'古为今用，洋为中'百花齐放，推陈出新'的方针指引下，批判发扬了中国画传统，使作品具有新思想、新风格，颇受国内外中国画爱好者欢迎。"

这段奇文，我们不禁要问："新中国诞生产阶级文化大革命以前，美术界究竟是贯彻主席的革命文艺路线和方针，还是被一条修艺黑线统治着？难道不经过无产阶级文化大批判修正主义文艺黑线，就能"使作品具有新内容和新风格"了吗？这些作品究竟受到的"国内外中国画爱好者"的"欢迎"呢？不能不首先辩论清楚。

领袖毛主席在一九六三年就曾经指出："各式——戏剧、曲艺、音乐、美术、舞蹈、电文学等等，问题不少，人数很多，社会主义多部门中，至今收效甚微。许多部门至今还'统治着。"一九六四年，毛主席又进一步最近几年，竟然跌到了修正主义的边缘"。这产阶级文化大革命前十七年中，包括中国画艺界的一个结论。那时，文艺界的大权被周

事实都化成了乌有。在画册编印者看来，似乎在中国的大地上，根本没有存在过一条被无产阶级文化大革命的滚滚洪流所摧毁的修正主义文艺黑线，更不要讲这条黑线专了我们十七年的政，也根本没有发生过一场伟大的无产阶级文化大革命，更不要说承认这场革命的"完全必要"和"非常及时"了。这种对修正主义文艺黑线"笃信好学，守死善道"的恭敬相，不是明目张胆地在为这条黑线翻案又是什么呢?!不是气焰嚣张地在否定无产阶级文化大革命的伟大胜利又是什么呢?!

在这里，值得引起我们注意的是这样一个事实：在毛主席作了关于文学艺术的批示后的一九六四年五月九日，林彪这个什么学问也没有的大党阀、大军阀，却跳出来大谈其文艺问题来，他胡说什么当时的文艺领域"获得了很大成绩"，"文艺方向对头"，而闭口不谈文艺界被一条反党反社会主义的黑线专了政的事实，公然对抗毛主席的批示。今天，林彪篡党夺权的阴谋早已破产了，他自己也早已去朝见他的"至圣先师"孔老二了。举国上下，批林批孔的烈火冲天而起，而画册的编印者却还在那里"笃信好学"林彪的一套，大谈无产阶级文化大革命前十七年中国画园地上的"新思想、新内容和新风格"，这又是为了什么呢？这个问题，应该由编印者自己回答。

（二）

也许画册的编印者会说，画册嘛，主要还是看画，不要只看文字说明。好吧，让我们打开这本画册，看看编印者到底选了哪些所谓"新思想、新内容和新风格"的中国画。

这本画册，除了选进少数几幅比较健康的作品作为点缀以外，其他大量充斥在画册里的，都是些在无产阶级文化大革命中早被扫进了垃圾堆的封、资、修的破烂货。人物画里，根本没有无产阶级英雄人物的光辉形象，有的是变相的仕女美人，才子佳人，山水

着眼，裂着嘴，一副卖弄风骚的样子简直令人作呕。这幅画，名为表现我国少数民族的劳动妇女，实是古代仕女画的翻版，不过加了些资产阶级小姐的"时髦"情调罢了。我们的时代是英雄辈出的时代，我们的美术作品应该去描绘在社会主义革命和建设中涌现出来的无产阶级的英雄形象，因为在他们的身上，闪烁着时代的光辉。革命样板戏塑造了一批光彩夺目的无产阶级英雄典型，这是我们学习的榜样。而这幅画的作者，为什么对何止成千上万的我国各民族的英雄人物视而不见，却要去画这种资产阶级所欣赏的轻佻的人物呢？画册的编印者又为什么对那些描绘了工农兵英雄形象的好作品一点也看不上眼，却偏偏喜欢这种把我国劳动妇女的形象丑化得不象样子的画呢？

再举一幅题为《山区》的山水画，画的是在层层乌云阴霾笼罩下的深山，满山都是枯枝黄叶，山脚下有几间惨白的房屋，整幅画散发出一片阴冷凄凉的活象修道院的气氛。这里的《山区》究竟是什么时代的山区呢？作者在这幅画面上加上几个细瘦的高压线塔，仿佛点明这幅画画的是社会主义的山区，这难道符合事实吗？在我们社会主义新山区里，亿万个新愚公，立下移山志，改造旧山河，人工渠绕山穿谷，大寨田片片新绿，到处都是生机勃勃，到处都是欣欣向荣。这才是社会主义祖国山区的真实面貌。《山区》的作者为什么对此视而不见，却臆造出这样一幅中世纪的乡村画来呢？而画册的编印者又为什么对那些描绘了社会主义新山区动人景象的好作品一点也看不上眼，却偏偏喜欢这幅歪曲、污蔑社会主义新山区的画呢？再深追下去，原来这幅画是在无产阶级文化大革命前早已被批判过的作品，画册的编印者把它重印出来，岂不是明目张胆地妄图颠倒文化大革命的历史吗？

最后，我们再来看一看一幅题为《迎春》的花鸟画。这幅画，在画幅的上端画了几枝淡淡的迎春花，整幅画突出地描绘了一只怒气冲冲的公鸡。这只公鸡喙紧闭，冠高竖，颈羽怒张，双爪抓地，翻着白眼怒目而

命中被无产阶级唾弃的破烂货拿出来招摇过市，之为"新思想、新内容和新风格"，只能暴露他修正主义文艺黑线的留恋。他们用作品为武器，地为这条黑线翻案。他们用美术形式搞"复礼"仅要"复"修正主义文艺黑线之"礼"，还要作为他们否定无产阶级文化大革命、复辟资本主舆论工具。这一股文艺阵地上的翻案风，完全治战线上的翻案风紧密相连的。这些事实充分《中国画》完全是一本地地道道的妄图"复礼"案的画册，它会收到什么样的"国内外中国者"的"欢迎"，不是清清楚楚了吗？

（三）

国内外的资产阶级日夜梦想在中国搞复辟就是他们常用的工具。他们搞文化渗透的途径是把他们的反动文艺打进来，妄图腐蚀我们的灵魂，一种就是引诱和鼓励一些人搞资产阶级主义的文艺，以此打开缺口，使这些东西逐渐们的文艺阵地，成为复辟资本主义的温床，最后篡改毛主席的无产阶级革命文艺路线的实上，这种文化渗透已经在某些人身上显示影响。这本画册的编印者为了迎合国内外资需要，甚至不惜把文化大革命以前一个作者个大叛徒的画，也印进了画册，只是在付印把题词复盖了。欲盖弥彰！这样做更暴露了心虚，你们用这种卑劣的手法，妄图翻文化案，你们用资产阶级的政治标准和艺术标准毛主席的无产阶级革命文艺路线。就以美术有的人不是因为"画上有名"而大翘尾巴，妄产阶级文化大革命中群众对自己的批判吗？美术工作者中了毒，为了追求画出为国内外欣赏的画，不是正在热衷于描绘什么奇山怪鱼虫以至什么"仕女加动物"之类的东西吗？

只怒气冲冲的公鸡。这只公鸡喙紧闭，冠高竖，颈羽怒张，双爪抓地，翻着白眼怒目而视，尾巴翘到了天上去，完全是一副随时准备向'春天'飞扑过去的那种恶狠狠的神气和架势。……这哪里是在迎春，完全是对社会主义的春天，对无产阶级文化大革命后所出现的欣欣向荣的景象的极端仇视。在这只怒气冲冲、尾巴翘到天上去了的公鸡身上，寄托了今天社会上一小撮'复辟狂'的阴暗心理，他们不甘心自己的失败，随时随地准备同无产阶级决一死战。"

（《"四人帮"批"黑画"运动始末》）

我怀疑该文作者所述姚文元批示的真实性。因为，从行文风格来看，不太像文件批示，而更接近于批判文章。据查，这段所谓姚文元的批示，与一九七四年三月二十日发表于《文汇报》的署名"陆民"的文章《一本地

《中国画》上发表的陈大羽的《迎春》

地道道“复礼”、翻案的画册——评〈中国画〉》中的一段文字，大致相同：

最后，我们再来看一看一幅题为《迎春》的花鸟画。这幅画，在画幅的上端画了几枝淡淡的迎春花，整幅画突出地描绘了一只怒气冲冲的公鸡。这只公鸡喙紧闭，冠高竖，颈羽怒张，双爪抓地，翻着白眼怒目而视，尾巴翘到了天上去，完全是一副随时准备向“春天”飞扑过去的那种恶狠狠的神气和架势。这幅画画于一九七三年。这哪里是在迎春，完全是对社会主义的春天，对无产阶级文化大革命后所出现的欣欣向荣的景象的极端仇视。在这只怒气冲冲、尾巴翘到天上去了的公鸡身上，寄托了今天社会一小撮“复辟狂”的阴暗心理，他们不甘心自己的失败，随时随地准备同无产阶级决一死战。画册的编印者选中这幅地地道道的黑画，究竟是为了什么呢？这只能证明编印者、画者与这只公鸡之间是“心有灵犀一点通”啊！

（《一本地地道道“复礼”、翻案的画册——评〈中国画〉》）

两者如此一样，不知是当年“陆民”转抄了姚文元的批示，还是吴继金先生撰文时错把文章当作批示，有待求证。

《中国画》由中国轻工业品进出口公司上海市工艺品分公司编印，八开彩印，中英文对照，系配合出口的宣传品而非正式出版物。如今，此《中国画》样本遍寻难得，幸有上海友人沈建中代为从一位收藏者那里复印一套供我参考。

《中国画》封面选用李可染的作品《山水》。画册前页，刊有出版说明如下：

中国画是一个有悠久历史传统的古老画种，形成了自己独特的艺术风格和笔墨技巧。新中国诞生后，广大中国画作者在毛主席“古为今用，洋为中用”、“百花齐放，推陈出新”的方针指引下，批判地继承和发扬了中国画传统，使作品具有新思想、新内容和新风格，颇受国内外中国画爱好者欢迎。

“中国画”样本的编印，是借以简略地介绍给国外对中国画爱好者参阅。本公司收集中国画颇多，欢迎联系和订购。

（《中国画》）

作为一本旨在推动中国画出口的宣传品，《中国画》除了选用郑板桥、任伯年、仇英、石涛、黄宾虹、吴昌硕、徐悲鸿等几位古代和现代著名画家的作品外，集中介绍了一批健在画家的作品，如潘天寿、李可染、林风眠、吴作人、黄胄、黎雄才、贺天健、宋文治、周昌谷等。值得注意的是，这些健在的画家，大多在“文革”初期被贬斥和批判。时隔几年，他们重新亮相，又被郑重地向世界推荐，无疑要受到姚文元的格外关注。

一场风暴很快吹到了北京，相关文化部门理所当然成了“黑画事件”的“推动中心”，这就是国务院的“文化组”。

需要说明的是，“文革”爆发后，文化部被“砸烂”而不复存在，此时国务院负责文化的部门名叫“文化组”。重新组建并恢复“文化部”名称，要到一九七五年一月四届人大召开之后。“文化组”期间，担任组长的是政治局委员吴德，但他同时也是北京市委负责人，因此，主持“文化组”日常工作的是副组长于会泳。一九七五年，新的文化部成立时，于会泳出任部长。“黑画事件”始末，正是发生在由“文化组”向“文化部”过渡的时期。

还有必要对前面黄永玉提到过的王曼恬略加说明。王曼恬是毛泽东的大表兄王季范的女儿，也是曾任外交部副部长王海容的姑姑。王曼恬原是诗人鲁藜的妻子，一九五五年鲁藜因受“胡风反革命集团”事件牵连被捕入狱，她随即宣布与鲁藜离婚。“文革”爆发后，她受到重用，此时是“文化组”的领导成员，专门负责美术领域的工作。

“文革”结束后，《人民日报》（一九七七年五月二十二日）发表过一篇文章：《一个精心策划的反党阴谋——揭露“四人帮”批“黑画”的真相》（文化部批判组），其中以“‘四人帮’主管美术的那个亲信”代指王曼恬，说她早在一九七三年六月，就开始酝酿批判“黑画”：“一九七三年六月，‘四人帮’主管美术的那个亲信，写信给张春桥、江青、姚文元，造谣‘外贸、外事单位在各地组织国画作品，专要旧内容、旧形式……违反毛主席的文艺路线和外交路线’。就在这封黑信里，她还对一张曾受周总理亲切关怀过的宾馆画乱打棍子。”

由此看来，在“黑画事件”及后来一系列美术界的事件中，王曼恬起到重要作用，这也是黄永玉行文中称她为“罗刹女”的一个原因。

大约十年前，一次偶然机遇，我在北京潘家园旧书摊意外地获得了一批与“黑画事件”相关的档案材料。它们主要是一九七八年前后文化部揭批“四人帮”运动期间，几位当事人所写的检讨交代，以及“黑画事件”发生时的相关会议记录的抄件。这些材料，可以帮助我们了解事件全过程中的部分幕后细节。应该说明的是，这些档案中涉及的人士，除众所周知的人物之外，我在引用时将只保留其姓，名字则隐去。

一份材料为《左×到美术馆谈所谓黑画情况》，披露了文化组的创作办公室负责人之一左×一九七四年二月一日到中国美术馆的谈话记录，兹摘录如下：

创办左×同志

……

有几件工作研究一下。

文元同志有个指示，发现上海印了个画册，发现在美术创作中存在问题，拿出去出口，甚至挂着主席“推陈出新”的招牌，拿出去会造成很坏影响，反映出美术创作问题很严重，应引起我们的重视。

准备：用《文化动态》内刊向中央反映，第二步根据情况组织文章，从创作思想上澄清一些创作思想。

上海有个简报，反映上海业余美术创作中的问题，反映在业余（作者）身上，影响在专业（作者）。

内刊准备专门出一期反映美术界阶级斗争情况。

……

美术界右倾翻案风、文艺黑线回潮是严重的，抓阶级斗争、路线斗争的必要性。

1.美术界存在的右倾翻案风，有的甚至是反攻倒算。

2.美术创作中出现了一些坏作品，甚至是有明显政治影射的毒草，歪曲社会主义生活，歪曲工农兵形象。

3.结合当前国际上阶级斗争的反映，出口画、宾馆陈列，迎合资产阶级需要，投降主义倾向。

4.关于资本主义倾向，经营、名利思想、严重腐蚀美术队伍，腐蚀青年，造成恶果。

（《左×到美术馆谈所谓黑画情况》）

另有一份材料，系高××（黄永玉文中写为“高景德”）写于一九七八年五月七日的《关于左×与“批黑画”有关的问题》，其中谈到一九七四年一月三十一日于会泳召集会议的情况：

1974年1月31日下午，于会泳在廿八条北院会议室召集所谓“创作领导小组扩大会”。当天通知要我去谈美术方面阶级斗争的情况（张××通知的）。参加会的有于会泳、刘庆棠，以及张××、左×和其他秘书人员。于会泳说：“运动怎样深入下去？批林批孔必须联系实际。什么实际？就是文艺上黑线的回潮、翻案，今不如昔。对此，有几种态度：一是不管，一是喊喊，一是用实际行动反击。”“无论如何要反击，打退他们，要结合路线教育。”后来刘庆棠又谈了一阵子。最后于会泳要我谈所谓“美术方面阶级斗争的情况”。

我当时谈的内容包括两个方面，一是一九七二年与一九七三年两届美展创作中反映出来的一些问题，第二是当时我们所了解的出口画、宾馆画和工艺美术方面的所谓“黑线回潮”问题。

我列举了许多具体事例（其中包括国际俱乐部的作品情况），并污蔑说美术方面“黑线回潮”主要表现在出口画和工艺美术方面。联系到这些问题，我攻击周总理的“三不”指示造成工艺美术和出口画方面的混乱。我说完之后，于会泳立即便布置写所谓批判文章，并提出一个详细的提纲（看情况这个提纲是他们事先有准备的，因为在我谈完之后于会泳说：“要搞文章，要系统，要核实。要写大好形势，也讲阶级斗争。抓住典型，画要搞来。攻击、影射、翻案、反攻倒算的放在第一档；第二是出的一些画，《猫头鹰》、《残荷败叶》、《苍山如海，残阳如血》、《入蜀途中小景》（这些都是指当时我所谈到的国际俱乐部的作品）；第三是搞钱，影响青年。拿主席革命路线当标签，打着红旗反红旗。文章不能太长，不用理论上过多阐述。”于会泳所布置的是指要在《内刊》发的文章，当时他是向张××和左×布置此事的。

（《关于左×与“批黑画”有关的问题》）

于是，在于会泳的直接领导下，“黑画展”紧锣密鼓地筹办起来。

所谓“黑画展”的全称到底是什么，至今也未找到一个明确说法。大多回忆文章，均概而言之，笼统称之为“黑画展览”，或称之为“黑画展”，吴继金文中有这样一句“名曰‘批林批孔联系美术战线实际’”，不知是否为展览名称。据不同叙述，这一展览分别在人民大会堂和中国美术馆两地举行，这大概也是展览名称不确定的原因之一。同时，这一“黑画展”当时未在报纸上公开报道，因此，恐怕只有找到当年的照片，才有可能确定其名称。

“黑画展”开幕的时间说法也不一致。吴继金文中统而言之，称该展览是一九七四年二月十五日在中国美术馆和人民大会堂举办。根据这一说法，似应是两处展览于同一天开幕。但高××在材料中这样写道：

> 二月十日“黑画展览”出笼。当天下午，王曼恬要张道博和我到京西宾馆去（王曼恬当时住在京西宾馆为广播事业局办学习班）。王曼恬正式提出要准备组织文章在报刊上发表批判“黑画”。……
>
> 二月十五日下午，于会泳、浩亮、刘庆棠到美术馆看“黑画展览”。
>
> （同上）

“出笼”似应可理解为“开幕”，那么，“黑画展”的开幕时间应是二月十日，而不是二月十五日。但也有另外一个可能，即：前者是人民大会堂展览的开幕时间，后者则是中国美术馆展览的开幕时间。

目前看来，“黑画展”的具体名称和开幕时间尚不能确定，且留待日后求证。

没有公开点名的猛烈批判

黄永玉刚刚从四川回到北京，“黑画事件”的风暴突然呼啸而来。

黄永玉回忆说，他的《猫头鹰》开始挂在“黑画”的第七位，但很快又挂在了第一位。一幅从非正式作品中搜集而来的作品，竟成了一百多幅“黑画”中首当其冲的讨伐对象，实出乎人们意料。

黄永玉在宋文治册页上所画的猫头鹰，睁一只眼，闭一只眼，他说根据猫头鹰的习性而画。猫头鹰晚间捕食、活动，白天休息，但为了保持警惕，就常常睁一只眼，闭一只眼——而这就成了他“仇恨无产阶级文化大革命和社会主义制度”的证明而惹火烧身。

不限于此，黄永玉一九七三年冬逗留上海期间的活动，也成了展览之外的进一步“搜集罪证”的内容。吴继金写道：

> 黄永玉的《猫头鹰》被列为“黑画展览会”的榜首。为了搜罗“黑画”的行踪，“四人帮”的黑干将还派人去上海调查黄永玉等人在上海大厦画画的情况，并向组织上写了一篇调查材料。其中有这样的内容：“黄画了一张国画，在一只鸟的眼圈上有十二个白点，很像国民党的青天白日旗，当地有人指出这个问题。”“黄在上

海专门去找一位老画家，要了一幅有麻雀的画，黄要求要画很多麻雀，这是影射1958年打麻雀运动……"

（《"四人帮"批"黑画"运动始末》）

我在当时的报纸上虽未查阅到关于此次"黑画展"的报道，但却查到相关批判文章和批判活动的报道。

第一篇批判长文，在展览开幕一个多月之后，发表于三月二十九日的《北京日报》上，题为《评为某些饭店宾馆创作的绘画》。作者署名"卫胜"，似应是笔名，取"保卫无产阶级文化大革命胜利果实"之义。这篇文章是按照王曼恬指示由文化组有关人士所写，还是由北京市有关方面自己组织人员所写，不得而知。

此篇批判长文第一次把对"黑画"的讨伐公之于众，但没有提及"黑

北京日报

1974年3月29日 星期五 第二版

评为某些饭店宾馆创作的绘画

卫 胜

经过无产阶级文化大革命，我们伟大的社会主义祖国呈现出一派日新月异、繁荣兴旺的大好景象。文艺战线，在毛主席革命路线的指引下，也是一片大好形势。在革命样板戏的带动下，社会主义文艺创作如雨后春笋，欣欣向荣。社会主义美术创作也蓬勃发展起来。特别是出现了象户县农民画展这样的可喜成果。工农兵自己掌握了画笔，拿来为无产阶级的政治服务，热情地歌颂社会主义的新生事物，歌颂无产阶级文化大革命，歌颂工农兵的英雄人物，画出了社会主义的美好河山，画出了无产阶级的战斗豪情。

但是，阶级敌人是不甘心失败的。他们每日每时在伺机复辟。林彪一伙效法孔老二，打出"克己复礼"的破旗，妄图"兴灭国，继绝世，举逸民"，颠覆无产阶级专政，复辟资本主义。他们想翻无产阶级文化大革命的案。文艺战线历来是两个阶级激烈争夺的阵地。当前，在某些地区、某些部门出现的一些坏画和其他坏作品，就反映了资本主义复辟势力对无产阶级文化大革命的疯狂反扑。有些人借为饭店宾馆作画的机会，竟然把无产阶级文化大革命中早已批判过的货色，重新拿来上市，丑化社会主义祖国，甚至运用含沙射影的卑劣手法，恶毒攻击党，攻击无产阶级专政、攻击社会主义制度。毛主席教导我们："有毒草就得进行斗争。"对这批黑画进行批判，是关系到保卫无产阶级文化大革命成果，捍卫毛主席革命路线的大是大非的问题，决不可掉以轻心。

（一）

在黑画中，有不少是以动物为题材的。什么一只眼的猫头鹰，恶狠狠的老虎，[illegible]的秃鹰，等等。是作者们为了帮助人们"识草木之名"而搞的动物图象吗？否！他们是借这些丑恶的形象，玩的不过是"三家村"的老把戏。这样的黑画，都是射向社会主义、无产阶级文化大革命的毒箭！

的反动思想。就是这个反动家伙还别有用心地在有些画里画上太阳，却把太阳画得暗淡无光，有的加上一个黑圈，有的让狰狞伸延的枝条遮住光芒，有的光轮遮一道黑云。这完全是炮制者在发泄他那种见不得阳光的反动思想感情！

还有的画标题是什么《任重道远》，而画的却是在荒凉的沙漠里两头疲惫不堪、无精打采的骆驼，恶毒地诅咒我国劳动人民以及社会主义祖国没有前途。《人间途中即景》这幅画，画的是黑沉沉的山下，几间小草房，小片田里单牛在犁地，远处水上一片孤帆。不要以为炮制者只是在这里画的山光水色。这幅画是对小农经济的赞歌，是为刘少奇复辟资本主义制造舆论的。这幅画本来是在一九六二年刘少奇刮单干风时画的捧场画。经过无产阶级文化大革命，到了七十年代，现在又把它从箱底里翻出来，乔装打扮一番，冒充新作品，重新上市。透过这卑劣的手法，倒真可以看到炮制者对于资本主义、修正主义的东西是如何恋恋不舍，感情深厚的！时隔十几年，一幅黑画，再次出笼，其目的难道不正是为刘少奇"三自一包"的修正主义路线扬幡招魂，妄图翻无产阶级文化大革命的案吗？

利用文艺作品翻案，是阶级敌人的惯用伎俩。过去曾经出现过有人写小说为高岗翻案。《海瑞罢官》的要害，就是为彭德怀翻案。《三上桃峰》的要害是为刘少奇翻案。林彪更是曾经大写为自己翻案的反动诗词。他们搞翻案是为了复辟，是为了"证明"他们这些反动分子"正确"，向党和人民反攻倒算。《猫头鹰》的炮制者不是曾经疯狂地叫嚣，他的作品"要等到二十年之后才会被人承认"吗？他们伤心地看到，今天经过无产阶级文化大革命锻炼的中国人民是不会"承认"他们的黑画的。这一点他们总算是看对了。但是他们把希望寄托在二十年之后，则完全是痴心妄想。"历史的巨轮是拖不回来的。"当前深入开展的批林批孔运动，就是对林彪一伙以及国内外反动

成古老残旧的城墙那样。充斥他们画面的，是残荷败柳，残垣断壁，老牛破车，古树怪石。有些人在画面上着意经营的，是山峦掩映间的破庙一角，茅草房，破篱笆。他们的颜色缸里似乎只有灰暗的阴沉的色调。炮制者们大概以为只有这些才能算"美"的，才能够得上"欣赏"的标准。然而只要和户县农民画一比较，就可以清楚地看到他们对美、丑的看法，和劳动人民是正相反对的。劳动人民喜欢的东西，他们不喜欢。他们所谓"美"的东西，不过是旧中国残破的景象，是对新社会的丑化和诬蔑。这种东西，只能得到安东尼奥尼之流的反动分子的"欣赏"和欢迎。

大家知道，旧社会是剥削阶级的天堂，劳动人民的地狱。地主、资本家的筵席，摆的都是劳动人民的血汗，地主、资本家的厅堂，建筑在劳动人民的白骨堆上。在那苦难的年代，多少喜儿被迫害，多少潜华遭毒打！就说那些被某些"画家"们美化的山间寺庙吧，那一处不是地主的庄园，那一处贩卖的不是毒害人民的精神鸦片？想起旧社会，我们满腔怒火满腔仇。只有那些剥削阶级的"文人雅士"们，在吃饱了剥削饭之后，才会有"闲情逸致"，把劳动人民的苦难当作"美景"来"欣赏"。只有那些坚持反动立场的"逸民"，才会对于他们失去了的"过去"，抱着"怀念"的心情。某些生活在新社会的"画家"，对旧中国的情景却如此神往，他们的画，如果没有题上年月，简直可以被错认为几百年前的作品。他们"欣赏"的究竟是什么，他们的阶级立场究竟站在哪一边，不是清清楚楚地暴露出来了吗？

在一些作品中，也画了一些人物。但是这些人物，或者只是作为山水的点缀，被画面上的穷山恶水、险石怪树压抑得透不过气来；或者是把劳动人民的形象，丑化、歪曲得不成样子。毛主席指出："中华人民共和国九百六十万平方公里上面的劳动人民，现在真正开始统治这块地方了。"然而，这些坏画的炮制者们，却不去描绘做了主人的劳动人民"敢教日

就是在做宣传工作。"鲁迅也说："一切文艺，是宣传，只要你一给人看。"美术作品，既然是给别人看的，就都是作者用自己的立场、观点、思想、感情影响观众的宣传手段。在今天，你不是宣传无产阶级思想，就是宣传资产阶级思想，二者必居其一。只不过剥削阶级的艺术家往往不愿意公开承认自己作品的宣传作用。他们总是制造种种论调，把自己装扮起来。什么"象牙之塔"，什么"大雅之堂"，什么"纯艺术"，似乎他们的作品没有一点人间的烟火味，"高超"于任何宣传之上。其实，"在现在世界上，一切文化或文学艺术都是属于一定的阶级，属于一定的政治路线的。"只要我们拿起马克思主义的阶级论的武器一分析，就可以清清楚楚地看到，所谓"象牙之塔"、"大雅之堂"，不过是剥削阶级文艺庙堂的别名，那些所谓"高超"的艺术，也无不是为人世间的剥削者帮忙或者帮闲的工具，是按照剥削阶级的意旨对现实世界的歪曲。

我们无产阶级从来都公开主张文艺的宣传作用。文艺为无产阶级革命事业的一部分，必须宣传马列主义、毛泽东思想，宣传工农兵的丰功伟绩，塑造无产阶级英雄人物的光辉形象，发挥团结人民、教育人民、打击敌人、消灭敌人的战斗作用。但是党内修正主义路线的头子，出于颠覆无产阶级专政、复辟资本主义的需要，也都跟着资产阶级老爷的屁股后面，妄图抹杀文艺的阶级性。从刘少奇、周扬之流鼓吹的"全民文艺"到林彪一伙的"养人文艺"、"咖啡文学"，都是为了给宣扬封、资、修的剥削阶级文艺作品开放绿灯，为了让牛鬼蛇神自由泛滥，制造反党反社会主义、复辟资本主义的反革命舆论。伟大的无产阶级文化大革命，摧毁了刘少奇、林彪两个资产阶级司令部，在文艺战线上也取得了伟大的胜利。但是，斗争在继续。当前出现的古典音乐"没有什么深刻的社会内容"，美术作品要分成"宣传品"和"欣赏品"等奇谈怪论，就都是重新捡起修正主义文艺黑线宣扬

“文革”结束后再画猫头鹰《瞻仰》

画展”。这里所说“某些饭店宾馆”，应是指北京饭店和国际俱乐部。前面说过，黄永玉的《猫头鹰》不是为饭店所画，但此时却成了第一个被大力讨伐的对象。除了《猫头鹰》，文中还讨伐了宗其香、李可染、吴作人等人的作品。虽没有公开点这些画家的名字，但对京城的许多人来说，矛头所指显而易见。

在卫胜的讨伐檄文中，创作《猫头鹰》的黄永玉被冠以“炮制者”，对他的批判极为猛烈和严厉，甚至他在“文革”前创作的“动物短句”，也被捆绑一起予以批判：

> 在一批黑画中，有不少是以动物为题材的。什么睁一只眼闭一只眼的猫头鹰，恶狠狠的老虎，疲惫的骆驼，翻白眼的秃鹰，等等。是作者们为了帮助人们“识于鸟兽草木之名”而搞的动物图像吗？

否！他们所以特别喜爱这些丑恶的形象，玩的不过是“三家村”指桑骂槐的老把戏。这样的黑画，都是指向社会主义，射向无产阶级文化大革命的毒箭！

你看，这幅睁一只眼闭一只眼的猫头鹰，不是充分暴露了炮制者仇恨社会主义革命现实，仇恨无产阶级文化大革命的敌对情绪吗？这幅黑画的炮制者在无产阶级文化大革命前就曾炮制过一系列以动物为题材的反动寓言，恶毒攻击无产阶级在上层建筑领域里的专政是什么蜘蛛的“罗网”，漫骂大跃进好像“拉磨的驴”只能在原地转圈，等等。就是这个人，对无产阶级文化大革命中革命群众对他的批判，一直心怀不满，甚至在图章上刻上“无法无天”的字样，妄想否定无产阶级专政的法，变社会主义的天。《猫头鹰》这株毒草正是炮制者这种反动心理的集中表露。

……

利用文艺作品翻案，是阶级敌人的惯用伎俩。过去曾经出现过有人写小说为高岗翻案。《海瑞罢官》的要害，就是为彭德怀翻案。《三上桃峰》的要害是为刘少奇翻案。林彪更是曾经大写为自己翻案的反动诗词。他们搞翻案是为了复辟，是为了“证明”他们这些反动分子“正确”，向党和人民反攻倒算。《猫头鹰》的炮制者不是曾经疯狂地叫嚣，他的作品“要等到二十年之后才会被人承认”吗？他们伤心地看到，今天经过无产阶级文化大革命锻炼的中国人民是不会“承认”他们的黑画的。这一点他们总算是看对了。但是他们把希望寄托在二十年之后，则完全是痴心妄想。

（《评为某些饭店宾馆创作的绘画》）

受到批判的宗其香作品《三虎图》

对宗其香画的三只老虎的批判，也相当激烈和尖锐：

再看这幅毒草：画了三只老虎，在“月晕而风”的夜晚，躲在草丛里，瞪着恶狠狠的眼睛，窥探方向，伺机而动，却题“虎虎有生气”五个黑字。炮制者是在歌颂什么人呢？联系到他的反动历史和反动言行，可以看出这三只老虎身上正寄托着炮制者仇恨共产党、仇恨无产阶级专政、仇恨无产阶级文化大革命的反动思想。就是这个反动家伙还别有用心地在有些画里画上太阳，却把太阳画得暗淡无光，有的加上一个黑圈，有的让狰狞伸延的枝条遮住光芒，有的光轮遮一道黑云。这完全是炮制者在发泄他那种见不得阳光的反动思想感情！

（同上）

除他们二位的作品外，文中还点名批判了《任重道远》和《入蜀途中即景》两幅画。前者画面为沙漠中的两头骆驼，应是吴作人的作品；后者的画面为牛与山水，应是李可染的作品。其他还有一些作品被批判，但均未点出画名。中国画常常出现的形象与意境，如荷花、杨柳、古树、怪石等，都被猛烈抨击。

发表这篇火药味很浓的文章后，第二天，三月三十日，《北京日报》又发表了《深入批林批孔　反击修正主义文艺黑线回潮》的报道。报道称：“最近，本市召开了工农兵批林批孔反击修正主义文艺黑线回潮大会。参加大会的有来自各条战线的一万三千多人。市委和市革委会的负责同志出席了大会。市革委会负责同志在会上讲了话。……北京市美术创作人员赵志田等在发言中，批判了最近从北京某些饭店、宾馆揭发出的一些人画的一批黑画、坏画。”这里只说“最近”，未说明具体开会日期。

几天后，四月五日，《北京日报》发表了北京饭店开展批判“黑画”活动的相关报道，题为《联系实际狠批“克己复礼” 坚决反击文艺黑线回潮》，副题为“北京饭店党委带领广大职工联系出现黑画、坏画的问题深入批林批孔”。此处出现黑画、坏画两种不同分类提法，前者的政治性质

北京日报　　1974年4月5日　星期五　第三版

联系实际狠批“克己复礼”　坚决反击文艺黑线回潮

北京饭店党委带领广大职工联系出现黑画、坏画的问题深入批林批孔

本报讯　北京饭店党委带领广大干部、群众，深入批林批孔，联系饭店为筹备新建大楼房间陈设装饰工作而找人画的国画中，出现部分黑画、坏画的问题，狠批林彪“克己复礼”的反动纲领，有力地回击复辟资本主义的反动思潮，提高了干部、群众阶级斗争、路线斗争和继续革命的觉悟。

开展批林批孔运动以来，北京饭店迅速掀起了革命大批判的高潮。在集中批判“克己复礼”的过程中，饭店党委遇到的一个突出问题，就是如何联系饭店阶级斗争、路线斗争的实际。起初，感到心里没底。正在这时，中央工艺美术学院的同志给这个饭店送来了两张大字报，针对饭店在筹备新建大楼房间陈设装饰工作中，找人画的国画，出现部分黑画、坏画的问题，尖锐批评饭店领导为文艺黑线回潮开绿灯的严重错误。这两张革命大字报对饭店党委震动很大。他们当天晚上召开党委会，认真学习毛主席、党中央关于批林批孔的重要指示，以党的基本路线为纲，围绕着这两张大字报所提出来的问题，展开了讨论。大家深刻理解毛主席关于抓意识形态领域的阶级斗争的教导，从阶级斗争、路线斗争的高度，认识到黑画、坏画的出现，是文艺黑线回潮的突出反映，是当前国内外资产阶级利用文艺这个工具，攻击无产阶级文化大革命，梦想在中国搞复辟的一个典型表现。批判这些黑画、坏画，是反复辟的政治斗争。同志们说，面对这场斗争，一定要立场坚定，旗帜鲜明，对复辟资本主义的反动思潮给予猛烈回击，保卫无产阶级文化大革命的

画展览。大家看了黑画、坏画以后非常气愤，很快掀起了批判高潮，在两周之内写出二百六十多份批判稿，召开了九次批判大会，七十多人发了言。大家以马列主义、毛泽东思想为武器，把孔老二、林彪的“克己复礼”和黑画、坏画联在一起，从以下三个方面进行了对照批判：

第一，把孔老二鼓吹“仁政”、林彪攻击无产阶级专政是“暴政”，和黑画攻击无产阶级专政联在一起批。有的黑画作者立场十分反动，对无产阶级专政怀有刻骨仇恨。职工们批判说：黑画作者别有用心地画了两只螃蟹、两条鲨鱼，含沙射影地攻击无产阶级专政是“横行霸道”，充分暴露了他们对无产阶级专政的仇视和恐惧。尤其是有个反动画家画的三张所谓“旭日劲松”，更是恶毒之极。职工们说，毛主席教导我们：“人民大众开心之日，就是反革命分子难受之时。”一九七三年八月二十八日，党的十大胜利闭幕，二十九日正当全国亿万军民欢欣鼓舞、热烈庆祝的时候，这个反动家伙别有用心地把红太阳画得不是光芒万丈，而是暗淡无光；把松树画得不是郁郁葱葱，而是树老枝枯，含沙射影地攻击无产阶级伟大领袖，攻击我们伟大的党，攻击无产阶级专政。这和林彪打着孔老二“仁政”的破旗，攻击无产阶级专政是“暴政”，是“秦始皇”，唱的是一个调子，完全是炮制者在发泄他那种见不得阳光的反动思想感情。

第二，把孔老二叫嚷的“礼崩乐坏”、“天下无道”，林彪诬蔑我们“今不如昔”和黑画、坏画诬蔑社

象，把工业战线的大好形势描绘成一片萧条，毫无生气；把社会主义祖国的大好河山描绘成穷山恶水；把社会主义新中国的劳动妇女，描绘成十指尖尖，妖里妖气，肩不能担担，手不能提篮的资产阶级小姐。大家指出，他们想的不是社会主义，而是资本主义；他们把社会主义的新中国，画成了半封建、半殖民地的旧中国，他们的思想承袭了孔老二、林彪“今不如昔”的那一套，他们的画和林彪攻击我们“国民经济停滞不前”，“生活水平下降”的谬论一模一样，其用心就是妄图否定无产阶级文化大革命，否定社会主义，否定社会主义新生事物，否定党的基本路线，为复辟倒退制造反革命舆论。

第三，把孔老二鼓吹的“兴灭国，继绝世，举逸民”，林彪叫喊对无产阶级专政的敌人“一律给予政治上的解放”和黑画为林彪招魂联在一起批。有个反动画家，正当全国人民深入批判林彪反党集团罪行的时候，别有用心地画了三只虎。同志们用阶级斗争的观点批判说：画的三只恶虎，处在深夜之时，深藏草丛之中，以草丛为“林”，以三虎为“彪”，写着“虎虎有生气”之词，这是明目张胆地为林彪鸣冤叫屈，扬幡招魂，为地、富、反、坏、右梦想变天输氧打气，妄图让牛鬼蛇神重新上台。这些黑画充分暴露了作者极端反动的立场和险恶用心。

通过批判，大家深刻认识到，孔老二要“复礼”，就是要挽救行将灭亡的奴隶制，林彪要复辟，就是要把社会主义的新中国重新拉回到半封建、半殖

命路线。他们说，饭店里挂的画，决不是单纯的艺术欣赏品，而是为政治斗争服务的。画的内容宣传什么思想感情，代表哪个阶级的利益和愿望，是个立场问题，路线问题。而过去，我们对这个严肃的政治问题认识很不足，把事关路线的大事当做小事，结果迷失了方向，背离了毛主席的革命路线，为资产阶级复辟势力的进攻开了方便之门，这个教训是很深刻的。这件事，使自己提高了抓大事的自觉性。他们还体会到，在工作中必须时时牢记党的基本路线，用阶级、阶级斗争的观点看待一切、分析一切。没有阶级、阶级斗争的观点，忘记了党的基本路线，就会为资产阶级复辟活动开绿灯。他们说，前一段，因为自己缺乏阶级斗争的观点，为炮制者画黑画、坏画提供了物质条件。这就告诉我们，阶级斗争是长期的、复杂的，党的基本路线必须年年讲，月月讲，天天讲，一刻也不能忘记。党委成员还深深感到，在激烈的阶级斗争中，如果不注意改造世界观，就会对反动思潮失去鉴别和抵制能力。他们说，过去，资产阶级世界观在头脑里起作用，迷信“权威”，追求“名人”、“真迹”，觉得这才和北京饭店大楼相称。对他们画出的画，虽然看过一部分，但也没察觉出什么问题。可是，工农兵一看就看出了黑画的反动实质。这充分说明，根本原因不是懂不懂艺术，而是有没有无产阶级政治，是世界观问题，是立场问题。他们深深感到，不认真看书学习，不批判孔孟之道，不彻底改造世界观，就会在尖锐复杂的阶级斗争、路线斗争中，失去鉴别是非，抵制错

显然被认为更加严重。这篇报道从一个角度为我们提供了当时的批判过程，其中写道：

> 中央工艺美院的同志给这个饭店送来了两张大字报，针对饭店在筹备新建大楼房间陈设装饰工作中，找人画的国画，出现部分黑画、坏画的问题，尖锐批评饭店领导为文艺黑线回潮开绿灯的严重错误。这两张革命大字报对饭店领导震动很大。他们当天晚上召开党委会……
>
> ……还组织职工看了黑画、坏画展览，大家看了黑画、坏画以后非常气愤，很快掀起了批判高潮，在两周之内写出二百六十多份批判稿，召开了九次批判大会，七十多人发了言。
>
> （《联系实际狠批"克己复礼"坚决反击文艺黑线回潮》）

从上面的批判文章和两篇相关报道可以看出，当年在北京围绕"黑画展"而开展的大批判，规模与声势都相当大，对具体画家和作品的讨伐，也超乎寻常的激烈、尖锐，甚至不亚于"文革"初期的风暴。这就难怪黄永玉当年感到恐惧，后来谈及此事时发出这样的感慨：

> 文化大革命虽然恐怖之极，它是一块满布着尖锐铁钉的"钉板"，看起来可怕，躺下去重量分散，着力点平均，稍微脸皮厚如我的人，就能于危险的夹缝中苟且偷生。但"批黑画"不同，人数少，重点目标集中，"钉板"上只有几根钉子，味道大不相同。尤其是吓坏了和我一道受罪的老年人。
>
> （《邵宇和"猫头鹰事件"》）

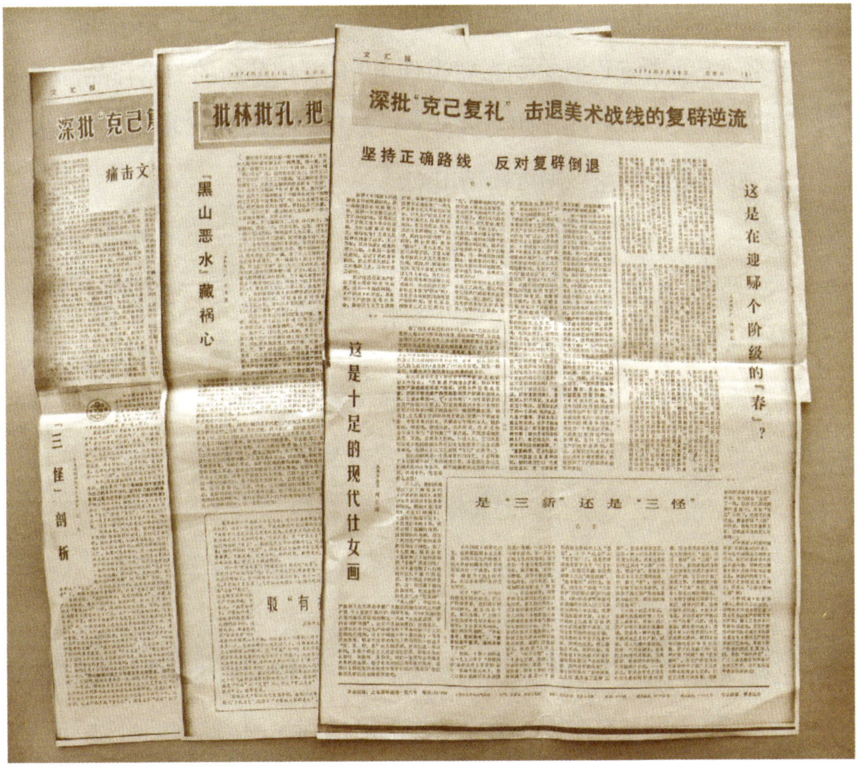

一九七四年《文汇报》批“黑画”系列文章

联系当时的政治环境考察，黄永玉的这番感慨可以说颇为真实而生动。

与北京的批判遥相呼应，上海对《中国画》的批判，与此同时也进行着。

我查阅了一九七四年的《文汇报》。三月二十日发表第一篇檄文，即署名“陆民”的《一本地地道道“复礼”、翻案的画册——评〈中国画〉》。该文约六千字，占三分之二版面。随后，在三月三十日、四月五日、五月三十一日三天，以整版篇幅刊载檄文，前两次通栏标题为《深批“克己复礼” 击退美术战线的复辟逆流》，第三次通栏标题为《批林批孔，把上层建筑领域的革命进行到底》。

这些檄文对中国画进行了全面讨伐。

署名“上海美术设计公司布置设计组”的《用革命的美术作品占领布置画的阵地》（一九七四年四月五日）一文，以从事陈列设计和环境布置的角度，批判把山水花鸟画重新请出来：

> 然而，斗争没有止息。近年来，美术领域内出现了令人深思的“怪”现象。在我们美术布置工作中，有的把那种名为仿古，实为复古的花鸟虫鱼、山山水水挂了起来；有的把过去的黑画，稍加改扮又请了出来；更有甚者，把明清时代封建士大夫阶级的作品也原封不动地搬进了社会主义的宣传阵地。
>
> （《用革命美术作品占领布置画的阵地》）

这些檄文，虽没有公开点出画家的名字，但对一些具体作品进行了点名批判。这里仅举对林风眠、李可染作品的批判为例，从中即可见当时批判火药味之浓烈。

陆民在《一本地地道道“复礼”、翻案的画册——评〈中国画〉》中这样批判林风眠的《山区》：

> 再举一幅题为《山区》的山水画，画的是在层层乌云阴霾笼罩下的深山，满山都是枯枝黄叶，山脚下有几间惨白的房屋，整幅画散发出一片阴冷凄凉的活像修道院的气氛。这里的《山区》究竟是什么时代的山区呢？作者在这幅画面上加上几个细瘦的高压线塔，仿佛点明这幅画画的是社会主义的山区，这难道符合事实吗？在我们社会主义新山区里，亿万个新愚公，立下移山志，改造旧山河，

林风眠《山区》

人工渠绕山穿谷，大寨里片片新绿，到处都是生机勃勃，到处都是欣欣向荣。这才是社会主义祖国山区的真实面貌。《山区》的作者为什么对此视而不见，却臆造出这样一幅中世纪的乡村画来呢？而画册的编印者又为什么对那些描绘了社会主义新山区动人景象的好作品一点也看不上眼，却偏偏喜欢这幅歪曲、污蔑社会主义新山区的画呢？再深追下去，原来这幅画是在无产阶级文化大革命前早已被批判过的作品，画册的编印者把它重印出来，岂不是明目张胆地妄图颠倒文化大革命的历史吗？

（《一本地地道道“复礼”、翻案的画册——评〈中国画〉》）

李可染《黄山》

署名“林承复”的《“黑山恶水”藏祸心》（一九七四年五月三十一日）一文，集中在对李可染作品的批判：

摆在我们面前的是一册《中国画》，首先映入眼帘的是封面上的一摊墨，细一看，原来是一幅题为《山水》的中国画。这样一幅“黑山恶水”画，居然放在封面上，居然还占据了封面的三分之二的版面，可见编印者是何等器重了。是因为这幅画的作者颇有“名望”吗？是因为这幅画“具有新思想、新内容”吗？是因为这幅画继承了中国画传统的“独特的艺术风格和笔墨技巧”吗？或者是兼而有之吗？既然编印者如此器重，我们也不可小看。这里，让我们看一看这幅画究竟反映了一种什么意境和精神，其用心何在。

你看，在这幅画面上，近处，怪石林立，鬼影幢幢，黑暗一片，阴森可怖；远处，狼牙齿一般的荒山秃岭，缠绕着紫灰色云雾，仅有的一线天空却是乌云滚滚，压抑得透不过气来。山下一条弯弯扭扭的污水浊流，歪歪斜斜地画了几条有气无力的破帆小舟，整个画面畸形怪状，黑山黑水，乱涂一通，看了令人毛骨悚然。也在这本画册里，有一幅题为《黄山》的山水画，是这位“名家”在一九六三年的旧作，也同样如此。画中间黑糊糊一堆，在秃山乱石上点缀着几棵稀稀拉拉的枯树，左下角还着意经营，画了一角苍白的古亭，再加上个被丑化得似鬼的小人，更是黑上加丑，不堪入目。在炮制者的笔下，秀丽葱郁的黄山竟被糟蹋成这副样子！

（《“黑山黑水”藏祸心》）

叙述至此，疑问也就出现了。从我查阅的几家当年报纸情况看，只有《北京日报》和《文汇报》发现过批判“黑画”的文章，但是并没有公开点画家的名字；《人民日报》则一篇批判文章也没有发表过，更别说“在头版发表”、公开点名了。显然，无论亲历者的回忆，还是历史叙述者的文章，这些说法都不能得到证实。

那么，“初澜”那篇已经写好的重头文章《坚持文艺革命，反对复辟倒退——反击美术领域文艺黑线回潮》，到底命运如何？被批判的画家到底被公开点名没有？如果确实没有，人们又为何有此印象呢？

关键批示浮出水面

“初澜”是“文革”中著名的写作班子的笔名之一。当年的不少历史过来人，想必对这个笔名耳熟能详。

读戴嘉枋著《走向毁灭——“文革”文化部长于会泳沉浮录》（光明日报出版社，一九九四年四月第一版），得知文化组（包括后来于会泳任部长后的文化部期间）的写作班子主要有四个笔名：初澜、江天、宿燕、望浦。其中，“初澜”排在第一，一般用来发表被认为最重要的文章。从一九七四年年初“黑画事件”拉开大幕，到一九七六年十月“四人帮”下台、“文革”结束，是“初澜”最为活跃的时期。

按照一九七三年年底“初澜”发表的《要重视文化艺术领域的阶级斗争》一文，即将展开的一系列文艺批判，将涉及戏剧、音乐、美术等。事实上也如此，一九七四年一月、二月，在短短两个月时间里，《人民日报》就相继发表多篇文章展开对德彪西无标题音乐、意大利导演安东尼奥尼的纪录片《中国》、晋剧《三上桃峰》的批判，而且常常拿出一个又一个的整版版面，攻势猛烈而集中。“黑画展”在此期间举行，《北京日报》的批判文章也是在三月发表。可是，《人民日报》上唯独美术批判缺席，原定组织的“初澜”批判文章，并没有按原计划如期公开发表。

读一九七七年以“文化部批判组”名义发表的《一个精心策划的反党阴谋——揭露“四人帮”批“黑画”的真相》（五月二十二日，《人民日报》），其中简略地谈到了一个重要的与“初澜”文章有关的细节：

> 为了大造反革命舆论，“四人帮”在文化部门的亲信授意他们的御用文丐“初澜”，炮制了一篇又臭又长的批判“黑画”的文章，准备在《人民日报》上发表。这篇文章非同小可，张春桥、江青、姚文元都作了亲笔“批示”。但做贼，总不免心虚。特务张春桥最后批道：“暂不发表”，“待适当的时候再讲”，统一了“四人帮”在“黑画”问题上的部署。
>
> （《一个精心策划的反党阴谋——揭露“四人帮”批“黑画”的真相》）

这是最早透露出的关于“初澜”文章没有发表出来的信息。

我万万没有想到，距透露此细节的文章发表整整三十年之后，文中所提及的涉及“黑画事件”的批示原件，竟然在二〇〇八年的春天浮出了水面，并令不少收藏爱好者眼睛一亮。蛛丝马迹，机缘巧合，最终它凑巧落在了黄永玉手中——他是“黑画事件”当事人中依然健在的少数几人之一，由他收藏此文献，当然有着特殊的意义。

薄薄一页纸，分量何其沉重。

这是于会泳一九七四年三月二十五日写给姚文元的一封信，在上面先后做批示的依次为姚文元、张春桥、江青。于会泳用的是一页“全国美术作品展览办公室”的红头白底信笺，不知为何没有用“文化组”的公文信笺，也许因为文化组是临时部门，当时尚无自己的信笺。

该信全文如下：

文元同志：您好！

我们评论组在美术组的协作下写了一篇反击美术方面黑线回潮的文章。送上请审阅、修改。如可以希望在《人民日报》上发表。

经与△△……王曼恬等同志研究，这篇文章中点了两个人的名，即宗其香和黄永玉。该二人，在历史上、文革之前和文革之后，表现都是很坏的。

此致

革命敬礼！

会泳

1974.3.25

信中有一人用“△△”代替。黄永玉分析，此人应是著名版画家古元，当时被结合在文化组里协助王曼恬负责美术工作。令人不解的是，于会泳为何隐去其名字，或许是他觉得此处无必要提及。待考。

收到于会泳的请示后，姚文元并没有马上批复，而是拖了两周之后，才于四月十二日做出批示，并送呈张春桥和江青。姚文元批示用铅笔而写，由上而下，在空白处随意写来，布局颇不规范。批示如下：

关于批判一批“黑画”的文章，在我这里压了一些时候。主要考虑到：这类“画”如一批判，在国外肯定身价倍增，可以卖更多的钱，且画较形象，易被敌人利用造谣污蔑我。因此想了两个方案：（一）在北京日报上发，不转载；（二）暂不发表，待在某一时候正面介绍我社会主义艺术成就时有一个部分提到这些毒草。那（哪）个方案较妥，请春桥、江青同志阅批！

姚文元12/4

两天后，四月十四日，张春桥做出批示：

我倾向暂不发表，先在内部批，待适当的时候再讲。请酌。

春桥　四月十四

一天后，四月十五日，江青最后做出批示：

同意春桥同志的意见。

1974.4.15

读了这些批示，“初澜”文章之所以“夭折”之谜应该说终于水落石出了。

于会泳对“初澜”批判“黑画”文章的态度，以及相关的历史背景，戴嘉枋在于会泳传记中这样写道：

这篇稿子于会泳收到后，看也没看就直接叫人送给了姚文元。不知是不是姚文元也忌惮周恩来的威望。他对这篇“初澜”批“黑画”的文章，作了一个含糊其词的批示，然后打电话给于会泳，说：

“这篇文章还是不发了吧！对不起了。”

“行！可以！”对姚文元扣发“初澜”这篇稿子，于会泳打心底里感激不尽。不但毫无怨言，反而感到有一种如释重负的轻松。

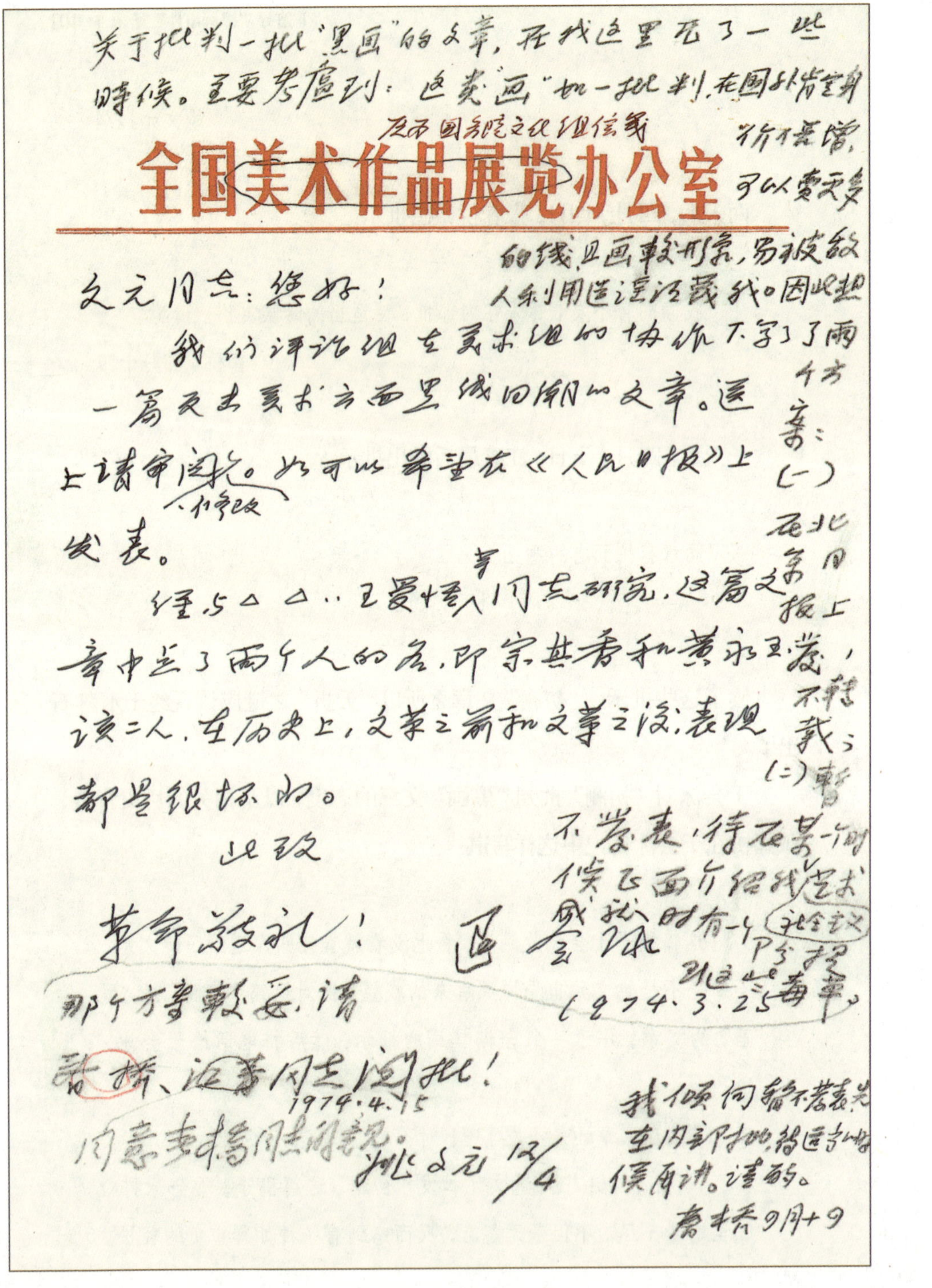

关于批判一批"黑画"的文章，在我这里压了一些时候。主要考虑到：这类画"如一批判，在国外肯定身价倍增，可以卖更多的钱，且画较形象，易被敌人利用造谣攻击我。因此想有两个方案：（一）在北京日报上发，不转载；（二）暂不发表，待在某一时候正面介绍我们社会主义的画时有一个部分点此类黑画。

原为国务院文化组信笺

~~全国美术作品展览办公室~~

文元同志：您好！

我们评论组在美术组的协作下写了一篇反击美术方面黑线回潮的文章。送上请审阅、修改。如可以，希望在《人民日报》上发表。

经与××、王曼恬等同志研究，这篇文章中点了两个人的名，即宗其香和黄永玉，该二人在历史上，文革之前和文革之后表现都是很坏的。

此致

革命敬礼！

迟群

1974.3.25

那个方案较妥，请春桥、洪文同志阅批！

1974.4.15

同意春桥同志的意见。

姚文元 12/4

我倾向暂不发表，在内部批一批，待适当时候再讲。请酌。

春桥 9月19

放下话筒，一屁股坐到了椅子上……

从批“黑画”隐约察觉到江青等人借“批林批孔”，将斗争矛头指向周恩来总理，于会泳就害怕了。作为直接受江青、张春桥领导，机构又隶属于国务院的文化组副组长，他经常感到自己处在一个无所适从的地位。

（《走向毁灭——“文革”文化部长于会泳沉浮录》）

显然，作者并不了解于会泳信的内容。读于的信，看不到他的“含糊其词”，相反，他对宗其香、黄永玉两人的严厉表述，今天读来还是令人不寒而栗。因此，此处对于会泳心理所做的分析，恐怕不能成立。至于他对于会泳接电话场景和对话细节的描述，是确有此事，还是虚构，不得而知。

查阅一九七四年四月十五日之后的《人民日报》和《北京日报》、《文汇报》，可以发现，对于“黑画”的批判，正是按照姚文元等人的批示精神进行的。

先说《北京日报》。四月之后，《北京日报》只在六月二十七日发表过一整版的批判“黑画”文章，其中一篇长文题为《从黑画看林彪“克己复礼”的反动实质》，作者“龚辉文”。这篇文章的基调乃至文字，与三月发表的文章大致相同，受到批判的依次仍是黄永玉、宗其香、李可染等人的作品，但同样没有公开点名。

与上次相比，对黄永玉的批判这一次新增加了《动物短句》的举例，并把他的“文革”前的这一创作作为重点。这也许是为了印证于会泳对其所作的“历史上、文革之前文革之后都是很坏的”之评价。龚辉文写道：

> 黑画的炮制者们也采用含沙射影、指桑骂槐的卑劣手法，向无产阶级专政射出了一支支的毒箭。有一幅画，“别具匠心”地画了一只睁一眼闭一眼的猫头鹰。要知“猫头鹰”的矛头所向，不能不联系作者的另一“杰作”《动物篇》进行分析。一九六六年初，文化大革命的风暴即将来临，“猫头鹰”的作者气急败坏，在黑寓言《动物篇》中，借蜘蛛、珍珠蚌和沙鳖的口恶毒攻击无产阶级专政，污蔑无产阶级专政下，“一个小小的疏忽，往往带来生命的危险”，造成“人类的文明在可悲地倒退”。我们看，这些动物，在作者的笔下竟然有着鲜明的阶级爱憎，恶狠狠地讲着与现实阶级斗争密切相关的语言。这哪里是什么动物，分明是地主资产阶级的化身！这些“动物”们的胡言乱语，与林彪攻击无产阶级专政是“专制”、“独裁”、“绞肉机”的谬论何其相似乃尔！“猫头鹰”就是《动物篇》的续篇。
>
> （《从黑画看林彪“克己复礼”的反动实质》）

再说《人民日报》。自上述批示出来后，《人民日报》不仅没有发表“初澜”的长文，而且连一篇专门批判的短文也没有发表，只是偶尔在文章中简单提及一下所谓“黑画”。譬如，一九七四年四月二十六日，发表中央五七艺术大学洪毅达批判孔子的文章《古乐的狂热卫士 新声的凶恶敌人》，其中有一句：“他们还仿效孔老二写‘变天账’，躲在阴暗的角落，炮制黑诗、黑歌、黑画，利用文艺形式为反革命的修正主义路线翻案。”一九七四年十月十日，发表大庆油田钻井工人黄元贵文章《社会主义美术创作的新收获》，其中有一句：“但是，千万不要忘记阶级斗争。要看到还有一小撮人，他们仇恨无产阶级专政，躲在阴暗的角落里炮制反党反社会主义的黑画，妄图效法孔老二开历史的倒车。”仅此而已。

一九七四年国庆节期间，北京举办了《全国美术作品展览》，十一月二十六日《人民日报》发表署名“小峦”的文章：《时代的画卷 战斗的艺术——〈全国美术作品展览〉观后》，文章在高度评价此次展览的成功时，显然遵循了姚文元“待在某一时候正面介绍我社会主义艺术成就时有一个部分提到这些毒草”的批示，以下面这种形式提到了“黑画”批判：

为无产阶级政治服务的美术作品的大量涌现，是社会主义美术创作繁荣的表现，是美术战线形势大好的根本标志。但是，大好形势下仍然存在阶级斗争。林彪反党集团利用美术颠倒历史，树碑立传，为其在政治上“克己复礼”制造反革命舆论。林彪反党集团被粉碎后，美术界一小撮别有用心的人，继续利用绘画兴风作浪，歪曲丑化社会主义现实，发泄他们对党对社会主义的不满和仇恨，不久前被揭露和批判的一些黑画就是这样的货色。在他们的笔下，光明变成了黑暗，幸福变成了灾难。批林批孔运动广泛开展以来，广大工农兵群众和革命美术工作者以马克思主义、列宁主义、毛泽东思想为指导，批判了刘少奇、林彪的修正主义文艺路线，批判了形形色色的修正主义文艺思潮，批判了资产阶级利用美术革命。通过这场斗争，增强了革命团结，扩大了队伍，推动了美术革命。经验证明，大好形势是从斗争中取得的。

（《时代的画卷　战斗的艺术》）

这是在《人民日报》上找到的唯一正面涉及“黑画事件”的文章。

至此，可以明确地说，无论在《人民日报》或《北京日报》、《文汇报》，“黑画”批判时，都没有公开点任何一位画家的名字。

可是，为什么人们回忆往事时，众口一词地认为当时报纸上公开点名批判了呢？

我想，有一个重要原因是，发表在《北京日报》及《文汇报》上的批判文章，都具体点出了画作的名称以及画面内容，熟悉这些作品的人，自然知道作者是谁。因此，当他们在报纸上看到或从广播中听到对这些作品的批判时，也就很容易认为就是点名批判。

另外，据高××所写材料，当时他曾参与组稿，并在文化组的内部刊物上发表过一篇文章，文中的确点过一些画家的名字。他写道：

在批“黑画”的反革命活动中，经我积极组稿、授意提纲并参与修改发表在《文化动态》上的《美术战线阶级斗争情况》黑材料中，乱打棍子，乱扣帽子，点了吴作人、黄永玉、李可染、黄胄、李苦禅、林风眠、陈大羽、周昌谷等十几位知名画家的名，把他们打成“黑画家”。对这一黑材料，我有一份罪责。

（《关于左×与“批黑画”有关的问题》）

左×所写材料也证实了这一情况：

“文革”时全家在罐儿胡同八号家中

在“批林批孔”中，当时美术组的高××向于会泳等人汇报了美术界的“黑线回潮”问题，张××布置我去美术组约稿在《文化动态》内刊上反映。我向美术组五六个人传达了姚文元对出口画的批评（在创办全体会议上于会泳传达的），要求他们按这个精神写稿，反映“美术界黑线回潮的问题”。他们写成《当前美术战线阶级斗争情况》的内刊稿，经我修改由张××审定登上《文化动态》……

（《我的交代检查》）

可见，当时文化组的内部刊物《文化动态》上，的确发表过点名批判的文章。如此一来，也就不难理解，亲历者的记忆中，为何大都留下了报纸上曾经公开点名批判的印象。

告别“浅薄可怕残忍的日子”

三十几年后，终于看到一份与自己命运攸关的历史批件，黄永玉难免感慨万千。他郑重地将它装裱起来，挂在卧室里。

他在与一段不堪回首的历史相对。他也为自己庆幸，突如其来的风暴，因为姚文元的犹豫和“聪明”戛然而止，避免了更为猛烈的点名批判。他甚至愿意从好的方面来理解。他说，上世纪四十年代后期，他在上海曾去过姚蓬子的家，见到过比他小七八岁的少年姚文元。“也许他还记得，有意无意中保护了我？”面对批示，黄永玉感慨万千。

当然，最重要、影响最直接的恐怕是此时的政治变数。

据《毛泽东传》（中央文献出版社，二〇〇三年十二月），一九七四年二月十五日毛泽东在写给叶剑英的信中说：“现在，形而上学猖獗，片面性。”周恩来根据毛泽东的意见，当即将此信印发给在京的中央委员和候补中央委员，江青曾为之不满。第二天，二月十六日下午，周恩来在一个场合又明确说：“毛主席讲的‘形而上学猖獗’，是批评江青的。”一个多月后，三月二十日，毛泽东致信江青：“不见还好些。过去多年同你谈的，你有好些不执行，多见何益？有马列书在，有我的书在，你就是不研究。我重病在身，八十一了，也不体谅。你有特权，我死了，看你怎么办？

你也是个大事不讨论，小事天天送的人。请你考虑。”这被看作是对江青的又一次批评。

上面所述情况，正好发生在“黑画展”展出期间，于会泳的请示信是在毛泽东致信江青五天之后写出的。显然，正是江青受到批评的这一背景下，姚文元对“黑画”批判的态度才急转直下，作了偃旗息鼓的批示，而这一处理方式，应该与张春桥、江青的思路相吻合。

于是，在后来的传说中，“黑画事件”的悄然落幕，如同历史演义一般，被绘声绘色地描述出一个充满戏剧性的场面：

> 一九七四年“批林批孔”期间，“四人帮”在文化界的代理人王曼恬，将一大叠所谓“黑画”的照片摊在毛泽东面前，只等毛泽东一出言批判，就可以立刻在他们控制的“两报一刊”上挑起一场矛头直指“大儒”——周恩来的恶战。
>
> 毛泽东一幅又一幅地慢慢翻下去，连连称赞。王曼恬一看大事不好，连连提示道：“主席，这都是些黑画呀！”毛泽东便笑了：“黑？这还算黑！那还有泼墨呢？”毛泽东一下子把王曼恬的政治黑话拉回到国画行话上去了！她可更急了：“您再看看这幅猫头鹰，是一眼睁一眼闭的呀！安的是什么心……”毛泽东截断了她的话说：“是呀，这种鸟就是这样的，总是一眼休息一眼工作的劳逸结合哟！不像我的眼睛啊，坏了！噢！这是哪位画的？”“黄永玉，这个人……”王曼恬的话又被毛泽东截断了：“对了！有位德国画家也是送给我一张猫头鹰，也是一眼睁一眼闭的。”这席话又把王曼恬的险恶暗示推回到动物常识的漫谈之中。王曼恬极不甘心，又凑前说：“主席呀！看看还有这幅李苦禅画的残荷……”毛泽东忽

然眼睛一亮，恍然说："苦禅？苦禅？我记得，建国初期，他生活很困难喽！还给我写过一封好长的信哩！"王曼恬自知今天来得没趣，便悄悄溜回巢穴，立即传令凡有人敢于透露毛泽东主席这番讲话的，一概以"伪造毛主席指示"论罪。

毛泽东的声音不久便传到了苦禅老人的耳中，他的眼眶湿润了，眼角闪着星光。他重重地坐在了躺椅上，长长地叹了一口气："毛主席！润之老同学（当年曾同在北大中文系旁听）！他还没忘记我啊！如此看来，都是奸小蒙蔽啊！果然是奸小蒙蔽啊！"

（《毛泽东观看"黑画"》）

黄永玉本人回忆说，当时就有上层朋友关照过他，要他不要紧张。"文革"结束后，王炳南甚至还告诉他另外的消息。他写道：

朋友转来一个重要的关照：

"不要怕，要镇定。眼前对你们还不会开杀戒。如动手，我们会把你转移。到时候我们一起参加'北伐'！眼前，你不要不在乎。你要装得沉重、害怕，免得让那帮人看出来有恃无恐，怀疑起来……"

直到毛老爷子说了话，这个"黑画事件"总算静悄悄地收了场。毛泽东当时批示说："墨画的怎能不黑呢？……猫头鹰就是一只眼开一只闭的。"

第一个告诉我这消息的是王炳南老先生。除了他告诉我毛老爷子和周恩来以及华国锋诸人在座的场景以及谈话的内容之外，还说了一件我不忘的事：

"周总理说：'那些画家们的冤枉，终有一天会得到昭雪的……'"

晚年再看批黑画的报纸

这是周总理逝世前廿一、二天在病床上对王炳南先生说的话。

（《邵宇和“猫头鹰事件”》）

以上所述，是更为上层的内幕，如要证实，只有留待来日新的史料发现。

“黑画事件”尘埃落定几个月之后，一九七五年一月，文化部正式成立，于会泳出任部长，王曼恬担任文化部党的核心小组成员，同时兼任天津市革委会副主任。同年十一月，不知何故，王曼恬萌生退意，希望离开文化部，回到天津。她给毛泽东写去一信请示批准。

《建国以来毛泽东文稿》（第十三册，中央文献出版社一九九八年一月）一书中，发表了毛泽东的批示，并对王曼恬信的内容予以摘要说明：

一九七五年十一月十六日，她给毛泽东写信说：“全国正在进行组织整顿，我有一个要求，希望在这次整顿中，免掉文化部的工作，而集中精力在天津，深入基层做点工作。”“我目前的情况，太特殊了，一个地方干部，又兼文化部部分工作，别的部找不到这样的例子。作为您的亲戚，深感影响不好。加上我的马列主义、毛泽东思想水平很低，专业水平很低，非常不适应文化部的工作。”“我已六十二岁，能力很差，两头跑，既做不好工作，也有点吃不消，集中精力在天津，可能为党还能做点工作。”

（《对王曼恬要求免掉文化部工作来信的批语》注释）

两天后，十一月十八日，毛泽东就此信给时任中共中央办公厅主任的汪东兴做出批示：“请汪酌处。我看可以同意她回天津。”

从此，王曼恬离开了扑朔迷离的北京文化界，担任天津市委第二书记和革委会副主任。“文革”结束后她作为“四人帮”的亲信而被隔离审查，于一九七七年八月三十一日服毒自杀身亡。八十年代中期，我为写作《胡风集团冤案始末》到天津采访鲁藜先生，他说过一件往事：“有一天，我做了一个梦，梦到了王曼恬，自从我坐牢分手后，我们就从来没有来往过。在梦里，我感觉她似乎是一个在哪儿见过的女人，这是二十年来第一次梦见她，也是唯一的、最后的一次。过了三天，我听说她自杀了。”

于会泳自杀比王曼恬早三天。他于一九七七年八月二十八日自杀，经抢救无效，于八月三十一日去世。十几年后，一九九一年五月十四日，江青因自杀而去世。

再过十几年，二〇〇五年四月二十一日，张春桥因患癌症去世。几个月后，同年十二月二十三日，姚文元因患糖尿病去世。

在于会泳信中被点名的画家宗其香，则于一九九九年逝世。

至此，此封重要信件中出现过的七个人——写信者、被提及的人以及做批示的人，除黄永玉一人外，都已去世。

一九七四年，在“黑画事件”渐趋缓和但又前景不明的日子里，黄永玉偷偷回到湘西凤凰。在故乡，他写过一首诗：《一个人在院中散步》。其中有这样的诗句：

他是动物
却植物似的沉默。
在院子里散步，
别为他的孤独难过，
因为所有的门缝里，
都有无数对眼睛活跃。
奇异的时代
培育细腻的感觉。
有的眼光像吮血的臭虫，
有的眼光，
无声的同情，
无声的拥抱在闪烁。

一个人在院中散步，
寂寞得像一朵
红色的宫花。
明知道许多双眼睛
在窥探，

他微笑着，

仿佛猜中了一个谜底。

无论是当年的他，还是今天的他，乃至诸多历史好奇者，其实都在猜谜，哪怕这个谜永远也猜不透——或许这正是历史的魅力所在。

一九八九年四月，我随同黄永玉一起前往凤凰。某日，他在我的笔记本上，用钢笔信手勾勒一只猫头鹰。依然睁一只眼，闭一只眼，并题写一句“为善最苦”。将近二十年后，二〇〇八年，一天晚上，他在自己的速写本上用钢笔再为我画一只猫头鹰。静静地，在灯光下画得很慢，很细致。此次不同，猫头鹰两只眼睛都睁着——就像他当年诗中写到的那些眼睛。在这幅新的猫头鹰画上面，他写了一段题跋：“二〇〇八年画这张猫头鹰，是因为日子平平安安，才那么悠闲从容一笔笔画下来，以前那些浅薄可笑而残忍的日子里，要弄死一个人随便找个理由就行了，何况还有一些毋须乎理由被弄死的许多人。黄永玉八十五岁作。”

“猫头鹰何罪之有？”——他在向历史发问。

他再写一句：“李辉同志请勿揭发”——不是玩笑话，读不出丝毫轻松的幽默。读出的，是历史闹剧的荒唐，是中国传统绘画曾经遭遇过的悲哀。

李宝瑞画七十年代末的黄永玉

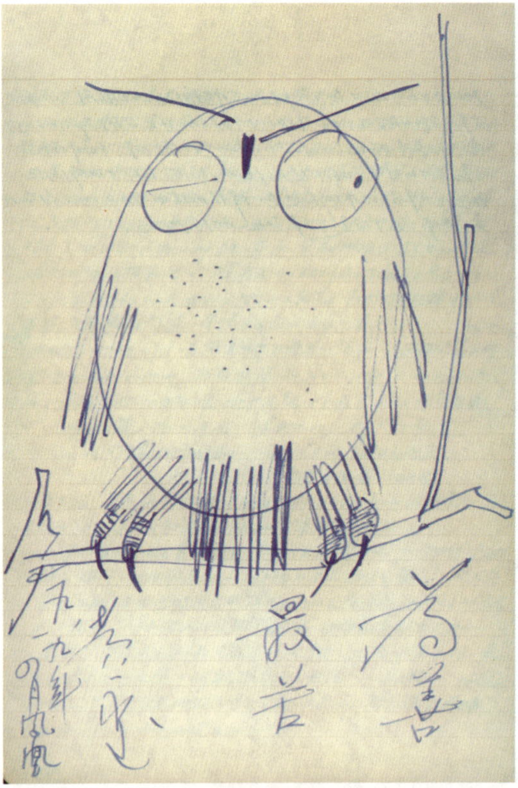

一九八九年为本文作者画的猫头鹰

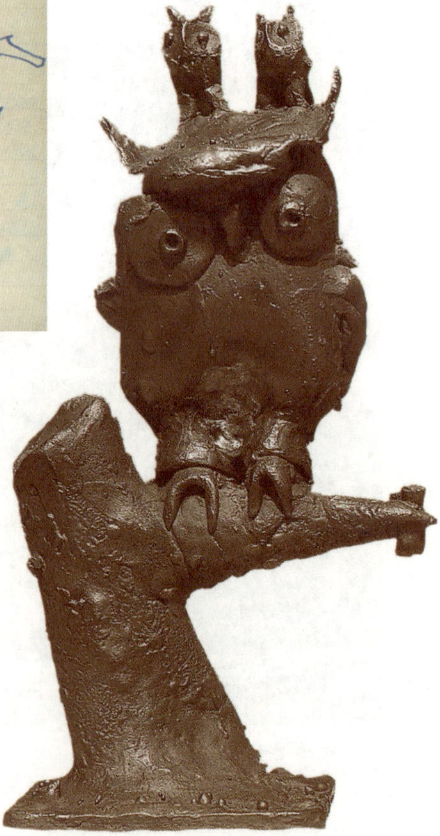

二十世纪九十年代黄永玉创作的猫头鹰雕塑

二〇〇八年黄永玉再为本文作者画猫头鹰

在一九七四年“黑画事件”中受到批判的几位画家，“文革”后一九七八年再次与家人一起欢聚于黄永玉的三里河新居，右起：吴作人、萧淑芳、邹佩珠、华君武、黑妮、黄永玉、李可染、黄苗、黄胄、郑文慧

主题变奏七十弦

文学场景的历史呼应

故乡，文学的摇篮。

一九三七年秋天，十三岁的黄永玉，自家乡湘西凤凰漂泊而来，就读于厦门集美学校。开学之日，穿上校服学生装去照相。照片上的他，头戴学生帽，背手而立，抿着嘴，平视前方，神情显得镇静自如。他给家里寄回照片，同时，还送给弟弟们一首诗。（参见本书前面《江湖行》部分“最初的诗”一节）这首思乡诗，是迄今为止所知黄永玉最早的文学作品。

热爱文学，倾心文学创作，正是故乡对黄永玉的另外一种赐予。

黄永玉自幼感受着故乡漫溢而出的文学气息。在凤凰成长的十二年，与文学相关的诸多元素：知识、情感、修养……一日日渗透于心。他出身于书香门第，其父母又均为接受新文化时代的知识分子。黄永玉识字很早，两三岁即开始背诵古诗，继而背诵四书五经。在背诵古诗、在听前辈们海阔天空讲故事的过程中，他接受着古典文学和民间文学的最初熏陶。这种熏陶，与自然界的美丽、风土人情的丰富性以及凤凰的民间艺术氛围，相辅相成，对于一种文学精神的形成，显然起到举足轻重的作用。在这一点，可以说，黄永玉是一个文学的幸运儿。

《无愁河的浪荡汉子》是黄永玉晚年正在创作的一部自传体长篇小

说，小说主人公名叫序子（小名“狗狗”），原型即作者本人，小说中的朱雀城，即凤凰古城。小说当然有虚构成分，但它们显然是基于黄永玉儿时生活体验的再创造。如下两段叙述，颇能说明充满文学气息的家庭氛围，在何种程度上可以让一颗幼小的心灵感受到诗意的滋润。

第一段叙述，五岁左右的序子，去乡下看望外婆，他与酷爱古诗词的二舅之间，有这样一番交流：

> 狗狗一边看远处屋瓦上的雪，一边听二舅讲话：
>
> “你讲了好多，尽讲尽讲，一点都不好听！我一点都不懂！”
>
> “不懂不要紧，你长大就懂！唐人写雪不光写雪，写雪背后那些意思，你听过王维的《千山鸟飞绝》吗？虞世南是个大书法家，诗也好：‘天山冬夏雪，交河南北流……’，他晓得天山上不分冬天夏天都是有雪，高山两边融的雪各流各的，变成大河。陈子良写雪也写别的事，让人跟在后面越跟越有意思：‘光映妆楼月，花承歌扇风，欲妒梅将柳，故落早春中。’古时候下雪天，臣子被招到宫里去陪皇帝喝酒吟诗，这些诗大多作得情不是情，景不是景，境没有境，又怕丢官杀头，都勉强得很。一怕，好句子就出来不了。”
>
> （《无愁河的浪荡汉子》）

第二段叙述，十岁左右的序子，在家里与母亲谈起柳宗元：

> “你懂吗？”妈问。
>
> “懂一点点，不懂的跳过去。他比唐朝别个人的文章好懂，也有意思。”序子很认真地讲：“诗也好！”

“他的文章你读过多少？”妈问。

“《捕蛇者说》、《种树郭橐驼传》、《黔之驴》，是胃先生教过的；我自己试着读，《吊屈原文》、《谤誉》，就不太懂，很不太懂。”序子笑起来。

“你可以问。”妈说。

“……不是一句两句的问题；很难问。我看完‘注’，看‘注’也不懂，翻《辞海》，哎，慢慢懂一点，懂一点也不太懂，真难。可惜，我一直跟胃先生就好，胃先生冇走，怕我就懂得多了。——像吃东西，软的先吞了，硬的慢慢嚼……”

“他不仅仅是文学家，还是个很聪明的人，可惜活不到五十岁……”妈说。

“我想，怕也是……”序子低头看书：“千山鸟飞绝，万径人踪灭。孤舟蓑笠翁，独钓寒江雪——不只是可以画一张，还好像自己就是那个‘孤舟蓑笠翁’……”

婆忽然讲话了：

“做文章、作诗其实就是会讲‘巧话’！”

妈、序子还有子厚都看婆——

紧接着讲：

“脑筋不巧，蠢蠢架，写出来冇人看，是不是？”

爸爸淋得一身雪回来了：

“妈，你刚才讲哪样？我听到一点尾巴……”

序子原原本本告诉爸爸。

爸爸看着婆，忘记了抖雪脱罩衣：

“妈，你一个字认不得，几时想出这些话尖尖？我们书都白读了……”

“嗯！”婆一点表情都没有地坐着。

（同上）

有文化的父母、二舅，不识字的祖母，全都浸泡在文学之中，活跃在黄永玉的儿时记忆里。

正是在故乡与家庭的这样一种氛围里，黄永玉与众不同的多方面文学能力得以孕育、滋长——他对语言极为敏感，每到一地，能很快地掌握当地方言，讲故事时，可以惟妙惟肖地模仿不同人的声音与语气；他的记忆力令人叹服，精于对细节的描述；他擅长观察，尤对形象、外貌、景物、格局等有出色的把握与描述……

一九五一年，当黄永玉初现创作才华时，作家汪曾祺在香港《大公报》发表文章，认为黄永玉身上具有难得的天赋。由画谈起，又不仅限于此。他写道：“永玉是有丰富的生活的，他自己从小到大的经历都是我们无法梦见的故事，他的特殊的好‘记性’，他的对事物的多情的，过目不忘的感受，是他的不竭的创作的源泉。”（《寄到永玉的展览会上》）黄永玉后来的创作拓展，他在绘画与文学诸领域所取得的成就，生动而丰富地诠释了汪曾祺的这一见解。

故乡与文学、艺术相关的一切影响、记忆，都在心底，它们是第一个场景的情感的、兴趣的诱发与支撑。

如果将黄永玉在一九三七年厦门写下思乡诗的时刻，作为他的第一个文学场景，那么，时隔七十余年之后，另一个文学场景出现在我们面前——十三岁的那位少年如今已是耄耋老人，许多天的上午，他都会端坐书桌前，在印着“黄永玉用”的竖行稿子上，用钢笔写自传体长篇小说

上世纪五十年代初期在香港

《无愁河的浪荡汉子》。

黄永玉萌发创作这部小说的想法很早。二十世纪四十年代初，刚刚二十岁时，他在福建漂泊期间第一次开始创作，提笔写过片段，战争年代，生活所迫，写作无法进行，他只好放弃。六十年代中期，在农村参加“四清”运动的社教工作队时，他再次想到这部小说，欲重新提笔，但“文革”突兀而至，又未曾如愿。一九九〇年前后，他终于有机会静下心

黄永玉画《无愁河的浪荡汉子》中
来到集美学校念书的十三岁的“序子”

开始创造《无愁河的浪荡汉子》，完成十几万字后一度停笔，十几年后，二〇〇八年再续写。不同于当今绝大多数作家常常等作品完稿后一次性集中发表，黄永玉创作《无愁河的浪荡汉子》的过程，颇类似于老舍、茅盾、巴金、沈从文等现代作家当年状态，作品一边写，一边发表，连载于中国最重要的大型文学刊物之一《收获》。如今，小说已完成约六十万字。

显然，《无愁河的浪荡汉子》是贯穿黄永玉一生的美丽的文学梦想。在绘画艺术领域，他已蜚声中外，他却对此远远不满足，即便到了八十岁，他如同青年时代一样，依旧拥有文学的激情和雄心。在这部小说已经完成的篇幅里，黄永玉以具有现代汉语之美的个性叙述，描写自己儿时经历，欲借此勾画出广阔社会背景下的历史沧桑。沧桑之中，有故乡的风俗人情，个体生命的忧伤，漫溢文学的诗意。我们有理由对《无愁河的浪荡汉子》以后的叙述和格局，充满期待，它将会是一部具有民俗史、生活演进史架构的长篇巨制。

在黄永玉写于二〇一二年三月的下面段落中，小说主人公序子长到了十岁：

眼看就秋深了。

秋深是什么意思呢？

凉了。

人身上里里外外都簌簌清爽。

狗呀！雀儿呀！不像热天那么委顿了；连托钵子讨饭的叫花子走在街上都潇洒精神。

热天时候，小孩子竹竿子牵着的瞎子算命先生，拉胡琴很让睡中午觉的人听来摇篮里的安逸，到秋天，坐在屋里听到瞎子算命先生路过，那就睡不着了，映在石板街上远去的一抹清亮的哀苦……

水蓝了。山上金黄叶梢上那边飞着南去的雁鹅，白天飞，月亮天也飞，在天上“哦哦”招呼着儿女。

朱雀猎人从来不打雁鹅的，说它们或者带着远戍边关当兵人的家信。

序子和那一帮家伙都喜欢在城墙上看雁鹅，排成一字形，人字形，晓得它们要漂洋过海到远远的热带去。燕子也去，有的小鸟也去，飞不动的时候就歇在飞着的雁鹅背夹上，让穷人搭便船一样。动物也懂得“助人为快乐之本”的道理。

（《无愁河的浪荡汉子》）

在作者以精致而跳跃的文字描写的美丽风景中，序子已长到十岁，再过两年，他即将离开家乡“朱雀城”漂泊而行，走进现实生活中那位十三岁少年在集美学校即兴写诗的场景。八十八岁的作者，十岁的序子，虚实相间，在文学叙述的情境中交融一体，且不妨将之视为一次很好的文学穿越。这个十三岁少年自己也不会想到，当年的一次文学即兴，最终变成了漫长的行旅，从厦门一直走到了七十年后的北京。

的确，回顾黄永玉的文学道路时，上述两个场景，总在我眼前闪现。如果说少年时的即兴赠诗，是不少人都曾有过的兴趣挥洒，并不能证明文学一定将与此人的人生形成一种特殊关系，最初的场景自然也就少了历史的况味。但是，假如这位少年，走进耄耋之年，仍然孜孜于文学创作，陶醉其中，那么，最初的与文学相关的那一场景，就有了充分解读的空间——何况，这个作家本来是以画家而著称。

画家，作家，哪一种身份最为重要？

美术，文学，哪一种形式才是心中最爱？

对于一个热情拥抱文学的人而言，藏于心底从而影响并决定他感应现实、营造艺术的诸多元素，到底是哪些？

如果从二十世纪四十年代初期正是开始发表作品算起，黄永玉的文学道路迄今已走过七十年。早期写作可视为文学尝试，尚处在一种不自觉的状态，这种状态在较长时间里断断续续，一直到“文革”结束后的思想解放时期，才如井喷一般转变为充分的自觉与热情。尽管此时他已年过半百，但他的文学创作却进入了一个全面开花与收获的季节。更令人赞叹的是，这一创作高潮，延续三十年而不衰，哪怕在八十岁之后的今天，依然保持一种旺盛的、上升的状态。

纵观文学史，绝大多数文学家早在年轻之时就有了明确的文学自觉、激情与目标，创作高潮也很早得以形成。与之相比，有着艺术家身份的黄永玉则明显不同。与文学结缘七十年，但他的主要文学创作，被视为一位文学家，则是在年过半百之后。他以自己的独特姿态，走着一条与其他文学家不同的途径，其呈现方式也颇有不同。如果将之纳入文学史的范畴予以考察和界定，不难发现，黄永玉的确是一个特例，一个难以复制的“他”。

迄今为止，黄永玉文学道路已长达七十年，试将之分为如下三个阶段——

第一阶段：尝试与沉寂，从上世纪四十年代初至一九六三年左右，约二十年；

第二阶段——潜在写作，从一九六四年至一九七六年前后，约十二年；

第三阶段——自觉与丰收，从一九七七年至今，近四十年。

需要加以说明的是，三个创作阶段的时间划分，并不严格，仅视基本状态而定。另外，黄永玉目前仍在进行长篇小说等作品的写作，所谓“第三阶段”，实际上尚未结束，因此，这里特地将第三阶段的截止时间，暂且以“至今”为表述，以说明其“正在进行时”的写作状态。

斗转星移，七十年文学行程，主题不断变奏，尝试——沉寂——潜在——自觉——丰收……如此这般，黄永玉的文学道路，在当代文学史的画卷上延伸。

尝试与沉寂：谁人能言得与失？

诗歌是黄永玉最早的文学尝试。

据黄永玉在一九九三年的回忆，他在报刊上开始发表诗歌，是在一九四三年左右，约二十岁。他这样说：

> 我写诗，时间不短了。现在沈阳作家协会的单复兄，在福建仙游的《闽中日报》宽宏大量地登过我的一首诗《三八那天》和一幅木刻插图。一九四三年左右，在江西信丰县，诗人雷石榆、谷斯范和野曼的《干报》报纸副刊登过我的一首短诗，写但丁在圣三一桥邂逅比雅特丽斯，和我在信丰大桥约会我的女朋友的行为具有相同伟大的意义。题目已经模糊了。我那时候大约二十岁吧！一下子以为自己是查泰顿，一下子以为自己是拜伦或雪莱，是但丁；更长的时间，以为自己是马雅可夫斯基，甚至模仿他寡着嘴、睁大眼睛、脖子上套一条丝围巾照过一张得意了好久的像。
>
> 一九四五年、一九四六年在江西上犹《凯报》（在别的文章中提到信丰县的凯报，不对！）做美术编辑工作，艾雯编副刊，好像

除了木刻之外，我也还写过小说和诗这类的东西向她投稿。

（《老婆呀！不要哭》序，经黄永玉二〇一二年修订）

黄永玉提到的上述诗歌，暂未查阅到。目前已发现的早期公开发表的诗歌有三首。其一，《风车，和我的瞌睡》，三十余行，一九四七年八月创作于上海，同年九月发表于诗人曹辛之在上海主编的《诗创造》丛刊之三《骷髅舞》；其二，反映香港电车工人罢工事件的长诗《无名街报告书》，二百余行，一九五一年十二月创作于香港，以整版篇幅发表于一九五二年一月十五日香港《文汇报》副刊；其三，与《无名街报告书》同期，发表与罢工事件相关的另一首诗《一定再见》。

从诗开始，黄永玉早期的文学尝试随之扩展至电影剧本、散文、文艺随感等不同体裁。并且，这一尝试，又主要集中于一九四七年至一九五三年的六年。

发表诗歌的同时，黄永玉开始了散文写作。一九四八年从台北抵达香港后，他发表了散文《台湾归来记杨逵》。一九五〇年，他回湘西旅行，为香港《大公报》撰写长篇游记《火里凤凰》在副刊连载，集旅行观感、故乡记忆、人物特写于一体，可谓早期创作中最为重要的散文作品。

黄永玉在第一阶段最有广泛影响的作品，是他的电影创作。一九五一年，黄永玉在香港为长城电影公司创作过两部电影剧本：《儿女经》和《海上故事》。其中《儿女经》拍摄成功并公映。《海上故事》剧本已完成，在酝酿拍摄时，因导演费穆的突然病逝而夭折。（参见本书前面《写电影的“黄笛”》章节。）

黄永玉的早期创作虽不丰盛，但值得关注。如同后来在艺术创作上呈现形式多样化和风格丰富性一样，黄永玉在初期的文学创作中，已经表现

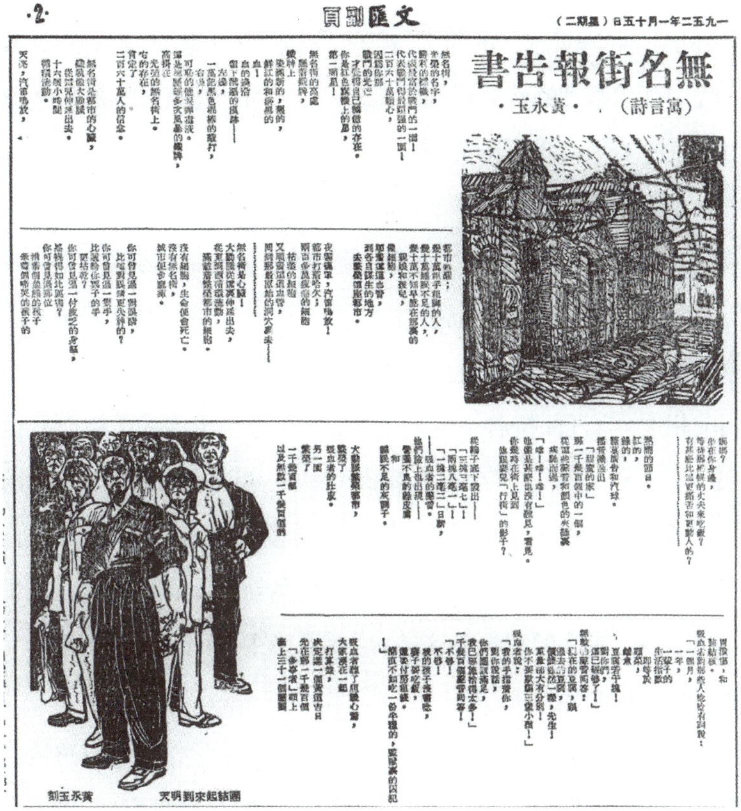
·2·　文匯副頁　一九五二年一月十五日（星期二）

無名街報告書

（寓言詩）　·黃永玉·

长诗《无名街报告书》发表于一九五一年香港《文汇报》

出对不同的体裁样式和风格的好奇与兴趣。诗歌、散文、剧本；写实性、虚构乃至寓言体的运用……受左翼文艺推动和现代木刻传统的影响，他有意贴近现实，反映香港罢工等社会事件；同时，也受沈从文等前辈文学家的影响，注意艺术克制，追求形式美感，在语言文字与篇章结构上力求凸显个性化风格，并表现出对幽默的天生偏爱。尽管这些努力并不系统，也未进入自觉阶段，但它们却是艺术才情在文学方面的一种自然而然的流露和凸显，这也是他日后的文学自觉与丰收的准备与铺垫。

文学与美术的联姻，是黄永玉早期创作中值得关注的一大特点。

如果将同一时间黄永玉的文学与美术作品放在一起综合考察，不难发现，他已经表现出强烈的将文学与美术融为一体的创作意识。作为一名艺术家，黄永玉的美术起步与诗人、作家密不可分，其早期的不少木刻作品，均是为诗、小说而创作的配图，如贺宜的童话，沈从文的《边城》《吹笛》等小说，范泉的童话故事《神灯》，李白凤、彭燕郊、臧克家、陈敬容等人的诗歌，司马文森的长篇小说《南洋漂流记》，端木蕻良《狗爬径山歌》连载……自鲁迅热情推动中国现代木刻运动之日起，木刻与现实生活、与作家的创作活动，相辅相成，一直保持着亲密关系，黄永玉将这一传统承继而发扬光大。后来，进入五十年代，黄永玉继续为冯雪峰、叶圣陶、严文井、梅溪等人的童话，汪曾祺小说，阿诗玛民间传说，郭沫若诗歌等，一系列文学作品创作大量插图。现代木刻家几乎都曾为文学作品创作过插图，但是，恐怕没有哪一位木刻家，能够像黄永玉这样与作家们保持如此长期、频繁的互补性，文学沃土上绽放出艺术之花。

不可忽视的是，在与文学家保持密切交往、与文学作品对应感悟的过程中，黄永玉的文学兴趣和创作欲望为之丰富与激发。我们看到，他的文学创作，一开始就表现出文学与美术的互补与融合的特点。一九四七年，他发表的《风车，和我的瞌睡》，有如一首牧歌，风车与水、与田野、与庄稼、与童年乐趣交融，酿就一片甜美与温馨。创作这首诗却非偶然。此时，黄永玉不仅为沈从文的《边城》、《吹笛》等小说创作插图，还创作了一组民间情歌的木刻作品，另外还创作了单幅《风车》木刻。这一系列木刻作品，与他的诗有着相同的基调。一九五〇年之后，在香港《大公报》上，黄永玉先后发表《民工和高殿生关系》连载、《猴国之命运》连载，前者为现实报道，后者为政治寓言，但均采取图、文并举的形式。发表一些人物特写时，他也喜欢配以人物肖像速写或者木刻作品。

这种图文互补的创作特点，在当时文坛上应为特例。这充分体现出黄永玉文学创作的特殊性，即文学与美术如同一对孪生姐妹，从一开始就相辅相成，结伴而行。在第三阶段“自觉与丰收”的创作中，我们将会看到，早期的这一特点得到进一步发挥，创造出一个全新境界。

黄永玉离开旅居六年的香港，是在一九五三年春天。在表叔沈从文等前辈的建议和鼓励下，他决定回到内地，投身新生活。他携妻子和一岁的儿子，告别香港，定居北京，随之进入中央美术学院任教。从此，他全身心投入新生活，以美术教育为职业，以美术为主要创作形式，文学创作则渐行渐远。

据目前所搜集的情况，在由“尝试”转为“沉寂”的十年时间里，黄永玉公开发表的文学作品极其有限，总数不超过二十篇，且主要为散文、美术短评。这些作品，尚有一种依然故我的表达习惯。在《森林小学》、《森林的黄昏》、《两张照片的故事》等散文中，没有多少陈词滥调，也不喜欢用成语之类的表述，而是重在场景、对话的勾勒渲染，文章简约生动而清新，这些特点，如吉光片羽闪现，许多年之后，在他的创作中得到了进一步发挥。但就整体而言，“沉寂”的黄永玉不再如“尝试”时那样活跃，早期形成的、令人眼睛一亮的美术与文学结缘的特点，也仅仅限于为他人的作品配插图，而非激发自己的文学写作。

浅尝辄止——这便是黄永玉在“尝试”之后转入“沉寂”的文学状态。

从活跃的尝试，一下子变为沉寂，原因颇多，也颇为复杂。

就其个人而言，走进中央美院任教，对于三十岁左右的黄永玉，既是荣耀，也是挑战。从院长徐悲鸿，到与之共事、相邻而居的不少教员，如李可染、叶浅予、李苦禅、董希文、张仃、蒋兆和、彦涵、古元……他们大多是他所敬重的美术界前辈，有的人，他甚至是看他们的作品长大的。如今，他成

五十年代末的一家人

了这一群体的一员，无论资历，抑或名声，他尚属后起之秀，他需要以更多业绩和提升来显露自己的才华。可以说，在黄永玉未来的艺术发展道路上，这一环境的融入，具有历史性的意义。

早在黄永玉举家离开香港之前，沈从文曾于一九五〇年九月十二日致信黄永玉、梅溪夫妇。沈从文得知他们已有计划到北京生活，为之兴奋。他说，愿意将自己的经验传授给黄永玉，还为他们两位从文学和艺术两方面设计发展方向，鼓励他们以自己的创造而尽快融于新的社会。他这样写道：

> 读你们的来信，说到将来会来北京住下去，我是如何高兴！趁我头脑还能得用时来，有些对于工作的本质理解，有些看法，有些未能完成的理想，有些具发展性和延续性的工作经验，一定会对于永玉有用处的。
>
> ……
>
> 永玉将来还得到东北去走走，西北走走，看看云冈敦煌，和黑龙江的黑土，鞍山大铁矿，以及内蒙古包中的大小蒙古人，这一切对你们都需要，学画和文学全需要。可得先有个准备条件，即把身体弄好。你们两人都得在健康上也努点力。
>
> （沈从文致梅溪，一九五〇年九月十二日）

如同沈从文之前在信中所建议的，黄永玉从香港归来不久，他几度走进东北大兴安岭森林，扎扎实实地一住就是几个月，在伐木工人之间体验生活，创作反映森林生活的木刻作品。他又走进荣宝斋，向老艺人学习传统套色木刻工艺，之后，他到云南少数民族山寨采风，一住又是几个月，最后为长诗《阿诗玛》创作出一组套色木刻插图，这些作品，堪称黄永玉上世纪五十年代的艺术代表作。因此，可以说，来到北京的最初几年间，黄永玉的主要精力都用在长时间的民间采风与艺术的提升之上。正是有了这几年的全身心投入与努力，他的木刻艺术提升到了一个新的境界。同时，在与中央美院教员群体的交流、切磋过程中，他开始拓展艺术领域与视野，积累素描、油画、中国画等不同样式的创作经验，为日后自己艺术创作的转型，奠定了坚实的基础。于是，在文学的沉寂之外，我们看到的，是黄永玉艺术活动的频繁与艺术水准的提升。

当然，这恐怕只是对文学沉寂的外在表现形态的一种解释。假如我们将黄永玉的沉寂纳入到当时整个文学范畴里予以考察，便不难发现，其实，他的沉寂之变，有着更深层次的原因。

在黄永玉来到北京的前一年，一九五二年五月二十三日，中国文学界刚刚度过一个重要的日子，即，纪念毛泽东《在延安文艺座谈会上的讲话》发表十周年。翻开当年报刊，围绕纪念“讲话”十周年，与先期开展的“知识分子思想改造运动”相配合，“文艺整风”全面展开。一九五一年五月，对电影《武训传》开展批判。同年六月，《人民日报》刊文批评萧也牧的小说《我们夫妇之间》、《海河边上》的倾向；再刊文批评电影《关连长》。短短几年时间里，文学与作家被呼吁拥抱新的时代，表现新生活、塑造工农兵形象、提倡大众化形式与语言……文学的标准与内容，有了根本性的改变。巧合的是，当黄永玉一九五三年二月举家抵达北京时，作为“文艺整风”的一项重要活动——“胡风文艺思想讨论会”，历时半年的起伏纷扰，正好在此时结束，其标志为，《人民日报》转发林默涵在《文艺报》发表的长文《胡风反马克思主义的文艺思想》，以及《文艺报》发表何其芳的长文《现实主义的路，还是反现实主义的路？》。

初来乍到，黄永玉眼前的文艺界，斗争的火药味浓烈，满眼凌厉疾

上世纪五十年代在北京

风。在此新的时代转折之际，他看到自己所熟悉的一些人，已经或正在发生着意想不到的变化。对文学充满热情与自信的沈从文，在闯过死亡之关之后，已经远离文学，走进历史博物馆，在故宫午门之上，默默开始历史文物的研究。与沈从文一样曾被左翼文化界斥为“反动文人”的萧乾，在思想改造运动中经历一番自责、自我批判之后，正在努力学习如何跟上新时代。因出版《邂逅集》而一度引人注目的小说家汪曾祺，此时，不再创作小说……

沈从文、萧乾、汪曾祺，他们三人，对尝试文学创作的黄永玉，都曾有过直接与积极的影响。如今，他们对文学的疏远，他们转入文学的沉寂，无疑对黄永玉在情绪上、心理上，有着内在的、难以言说的刺激与影响。在此情形下，文学不再像在香港时期那样充满诱惑，他也无须过多地改变自己而去做一名文学家。好在还有可以与政治保持一定距离的艺术，还有可以"躲进小楼成一统"（鲁迅语）的民间采风，文学的疏远与沉寂，在并不以文学为主业的黄永玉这里，便成了情理之中的、并非过于纠结的最好选择——不管他是有意识为之，还是无意识为之。

一时的沉寂，却并不意味着远离文学圈。来到北京，黄永玉先后为冯雪峰寓言、叶圣陶童话配版画插图，继续保持美术与文学的关联。他又如同当年在上海、香港一样，拥有了一个来往密切、惺惺相惜的文化界群体——从沈从文、萧乾、黄苗子、郁风、汪曾祺，到夏衍、臧克家、聂绀弩……唱和、聊天、阅读，文学所需要的种种元素，不经意之间积累于心，渗透于心。文学，依然是他所爱，所思。

一九五六年冬天，时值文化界思想活跃的"鸣放"初期，黄永玉以笔名"江纹"，在《文汇报》发表《回来吧，森林！——敬致浅予》。值得重视的是，这篇随感既反映黄永玉的艺术观，文章本身也是一篇妙文。他从罗曼·罗兰小说《约翰·克利斯朵夫》中小克利斯朵夫弹钢琴的细节写起，将音乐是"迷人的森林"看作艺术的最高境界，由此谈及叶浅予的近期创作。叶浅予是黄永玉儿时的偶像，如他在文章中所说："我剪过、临过、模仿过他许多的作品。哪怕是一些零星的报头花都很珍惜，一直到现在。"在他眼里，叶浅予曾是一片艺术的森林，但近些年的叶浅予却变了："……这几年，虽然时常有机会碰见他本人，见他这里那里来去匆匆。但我总觉得这不太像他本人，而是别一个。是叶浅予，而不是画家叶浅予。在这一段时间，他是一位没画画的'画家'了。唉！'田园将芜'了。"他不满足于叶浅予近期发表的几幅画作，批评叶浅予忙碌于日常活动的应酬，而失去了过去绘画的才华，表现出创作的焦虑。他写道："从这几幅作品中，我们可发现浅予在艺术上的那种焦虑的创作情绪，就像一个缺奶的乳母，为了孩子，匆忙地从自己的乳房里连血带汗地挤出奶来时的那种焦虑！”

对“焦虑”的这种警醒，或许可帮助我们从另外一个层面，进一步理解黄永玉选择文学沉寂的内在影响——一个人需要不停地创作，但必须建立在从容、节制的基础之上，尽可能地摒弃焦虑。

如以历史眼光审视，一时间的沉寂是黄永玉文学创作的中断，然而，它却成了对他的一种意外的拯救。由于沉寂，黄永玉不再需要在香港时期那样，必须以“短、平、快”方式完成指令性创作，避免了陷入演绎政策，配合运动的窠臼；由于沉寂，他不需要像诸多职业文学家那样，不得不为适应新的文学口号、标准，生硬地改变业已形成的创作风格；由于沉寂，他有幸避免了千篇一律的政治语言、以粗鄙化为时髦的社会语言，对现代汉语之美的侵蚀与损伤，从而难得地保留了自己源自故乡的鲜活语言，其艺术感觉依然自由而跳跃……也就是说，这一阶段的文学沉寂，最终转化成了一种文学补偿。

所谓塞翁失马，焉知非福，以此来解读黄永玉由“尝试”转为“沉寂”，恐怕再恰当不过了。

潜在写作：“小屋中摸索着未来和明亮的天堂”

一九六四年至一九七六年，一个特殊的写作状态——潜在写作——在黄永玉身上发生了。

一九六四年的“动物短句”、一九七一年前后“干校”期间的诗歌与书信、“文革”后期的诗歌……十多年间，在政治风暴、社会浩劫的艰难日子里，黄永玉内心的文学欲望找到了特殊表达途径。他写作，不是为了发表——当时情形下根本没有这种可能。他写作，是为了思想的表达，为了情感的抒发。黄永玉的这种地下写作状态，与当代文学史的研究者提出的“潜在写作”概念，十分吻合。

陈思和先生率先提出“潜在写作”这一概念，他说：

> “潜在写作”是当代文学史上的特殊现象。由于种种历史原因，一些作家的作品在写作其时得不到公开发表，“文革”结束后才公开出版发行。将这些属于过去时代的文本放在其酝酿和形成的背景下考察，它们所反映的那个时代知识分子严肃的思考，是当时精神现象不可忽视的有机组成部分，也展示出时代精神的丰富性与多元性。这一命题的提出，有助于对当代文学艺术生命力和知识

分子精神追求的整体把握，以及当代文学史学科的建设。

（《试论当代文学史（1949—1976）的“潜在写作”》）

黄永玉的“潜在写作”，始于一九六四年。

这一年的春天，黄永玉与中央美院的其他教员一起组成工作队，前往河北邢台地区农村，开展“社会主义教育运动”，简称“社教运动”。社教运动是在“以阶级斗争为纲”的历史背景下，发动的又一场波及城乡的社会运动，在农村起始以“清工分，清账目，清仓库和清财物”为内容，随后在城乡全面铺开时，确定为“清思想，清政治，清组织、清经济”，故这一运动，人们又习惯称作“四清运动”。一时间，“四清”、“四不清”，不绝于耳，成了农村最为流行的术语，术语背后，则是此起彼伏的检举、

六十年代初期的一家人

揭发、批斗，乃至高压下的恐惧。实际上，“四清运动”是“文革”的前奏，甚至是某种程度上的预演。当然，在一九六四年的春天，参加“四清运动”的人们，谁也不会预料到未来的发展。

正是在邢台农村期间，黄永玉开始“动物短句”的创作。后来，他在一九八三年这样回忆当时情形：

> 邢台地震以前，我一直就待在那里的生产队搞“四清”。无聊烦闷之余写些“动物短句”消遣时光，日积月累成了八十多条。有同志看了觉得有意思，甚至笑不可抑。我自己也觉得好玩，打算回北京找出版社印个小册子，还加上有趣的插图。
>
> （《“动物短句”相关的事》）

这些“动物短句”，“文革”结束后结集出版为《罐斋杂记》，即“永玉六记”的第一本。

熟悉黄永玉的人知道，他是一个精力极其旺盛、从来闲不住的人，画画、阅读、聊天……他还有一个习惯，身边总是带着笔，感触一来，随便

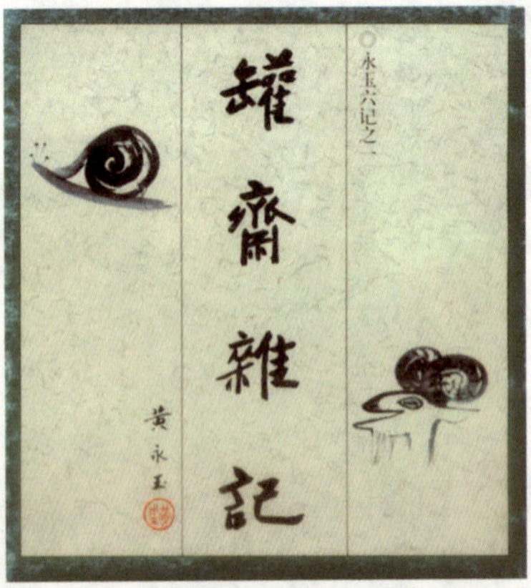

《罐斋杂记》书影

找一张纸，就写下短句、对联。有时，在与朋友聊天时，忽然会静下来，旁若无人地独自写诗，晚年所写《体系断层》、《像文化那样忧伤》、《吕荧》等诗，均是在这种状态下完成的。一九六四年的“动物短句”系列，便是以类似的写作方式，在一个“百无聊赖”的“运动”环境中完成。

选择动物为描写对象，与黄永玉的性情有关。他一直对动物充满兴趣，自小喜欢观察动物，成家了，养狗、养猫，后来甚至养猴子。动物是他的家庭生活的一部分，是他研究的对象，也是绘画必不可少的内容。然而，当在纷扰的政治环境中开始写“动物短句”系列，黄永玉则将所写动物，转化为更多内涵的、拟人化的对象。也就是说，他对每个动物特点的归纳、概括，不再仅仅是动物属性本身，而是使之成为社会的、人性的、精神的一部分。

“动物短句”，实属黄永玉独创的一种体裁。每个动物只写一句，再配一幅动物画，图文相映成趣，互为补充。这些短句，似格言却又非格言；是散文句式，却又更接近于散文诗；或隐含感伤，或带有杂文的隐晦、讽刺。坦率地说，很难将“动物短句”（包括《永玉六记》、《水浒人物》、生肖画等作品）归为哪一类文学样式，姑且称之为“文与画”，它们是作者在那个特殊年代特殊环境中，集文学与美术于一体的一种个性表达，其才思、性情、诗意，尽在其中。

有的短句，如同诗：

萤火虫：一个提灯的遗老，在野地搜寻失落的记忆。

海星：海滩上，一个被扔弃的勋章在呻吟。

燕子：一枚远古的钥匙，开启家家户户情感的大门。

将之置于历史背景下，我更看重“动物短句”的时代特色，看重作者精神与现实生活之间的呼应关系。譬如，下面这些短句：

蛇：据说道路是曲折的，所以我有一副柔软的身体。

猫：用舌头洗刷自己，自我开始。

蜘蛛：在我的上层建筑上，有许多疏忽者的躯壳。

螃蟹：可也怪！人怎么是直着走的？

沙鳖：看啦！人类的文明在可悲地倒退啊！

猴子：不管我有时多么严肃，人还是叫我猴子。

大雁：欢歌历程的庄严，我们在天上写出“人”这个字。

刺猬：个人主义？那干吗你们不来团结我？

蜗牛：小资产阶级思想？笑话！你懂不懂扛一间房子的趣味？

蚕：我被自己的问题纠缠，我为它而死。

细菌：肉眼看不到的可怕，才是真的可怕。

狼：我总是每天遇到东郭先生，却很少碰到赵简子。

乌鸦：不过才“哇”了一声，人就说我带来了不幸。

蟾蜍：致命的错误是我丑陋。

马蜂：我不惹谁，谁也别惹我。

蠹虫：谁说我没理论，我啃过不少书本。

比目鱼：为了片面地看别人的问题，我干脆把眼睛长在一边。

这些短句，如果放在当年语境中予以解读，即可发现它们多么不合时宜。自一九五三年回到内地之后，从一九五五年“胡风反革命集团”、肃反运动，到一九五七年“反右运动”，一九五九年教育界“拔白旗”，再

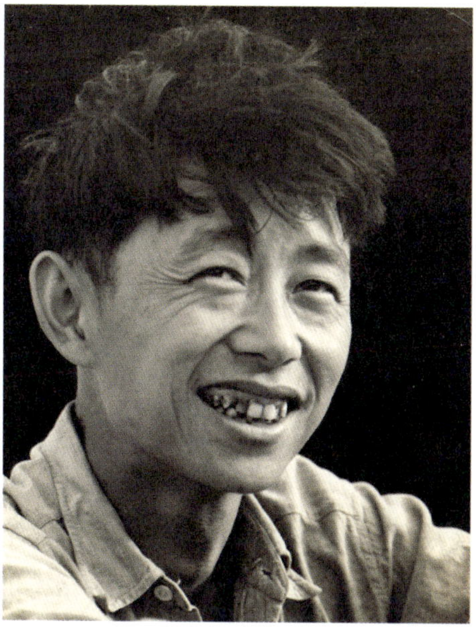

上世纪六十年代的黄永玉

到当前的“四清运动”……黄永玉与同时代人一起，亲历一场又一场的政治风雨，亲眼看到许多熟悉的前辈与朋友，如冯雪峰、萧乾、聂绀弩、郑可、黄苗子、丁聪、汪曾祺、黄裳等，先后落难，陷入困境。曾经想象的理想生活，并没有如期而至，他虽没有在政治运动中跌入低谷，但现实生活中诸多政治压力、思想批判、精神自虐等状态，依然无法躲避，或多或少地影响着其生存状态。在这种历史背景下，现实中的黄永玉不是激烈的、勇敢的精神反叛者，也不是耽于思考、有着清醒批判意识的思想家，他只是芸芸众生中的一位普通画家，他曾以画的创作配合时代、宣传时代，与此同时，他也尽可能找到发展艺术个性的空间或缝隙。整体而言，从“沉寂”过渡到“潜在写作”的十几年间，黄永玉基本上是中规中矩、却又不失个性地被政治生活裹挟着前行。

黄永玉是一位艺术家，他更愿意随性情而行，视感觉而动。现实中许多人与事，是与非，触动他，刺激他，一旦找到合适方式，便会有令人意想不到的表达。此时，“动物短句”成为他找到的最好方式，借动物写社会，写人性，写心中触动。在这些短句中，我们不难发现，讽刺也好，赞誉也好，均可在现实政治语境中找到对应，如个人主义、自我检讨、教条主义、片面性，人性论批判……即便作者在构思这些短句时，未必有着清晰的、明确的指向，但是，作家的创作心理总是具有复杂性，文学含蕴的多样性，也为我们提供了各种解读的可能。当时间流逝，政治语境改变之后，我们发现，这些“动物短句”在具备“潜在写作”的历史价值的同时，仍然有着鲜活的文学感染力，带给人们智慧、幽默的快乐。

正因为“动物短句”具备上述特点，一九六六年，“文革”爆发初期，它们成为黄永玉的一大罪状被揭发出来，并招致批斗，也就不足为怪了。黄永玉回忆说：

> 第二天，我被叫进一间教室，空荡荡的房间坐着一排类乎审判员的年轻人。我站在中间，审判席上有一个人在微笑，就是对“动物短句”觉得有意思，甚或笑不可抑的那位。我被勒令交出写“动物短句”的本子……
>
> （《“动物短句”相关的事》）

事情远没有结束。几年后，一九七四年，黄永玉因一幅“猫头鹰”画，在“黑画事件”中成为首当其冲的批判对象。在《北京日报》发表的署名“卫胜”的批判文章中，“动物短句”首次被公开讨伐。文章写道：

> 你看，这幅睁一只眼闭一只眼的猫头鹰，不是充分暴露了炮制

者仇恨社会主义革命现实，仇恨无产阶级文化大革命的敌对情绪吗？这幅黑画的炮制者在无产阶级文化大革命前就曾炮制过一系列以动物为题材的反动寓言，恶毒攻击无产阶级在上层建筑领域里的专政是什么蜘蛛的“罗网”，漫骂大跃进好像“拉磨的驴”只能在原地转圈，等等。就是这个人，对无产阶级文化大革命中革命群众对他的批判，一直心怀不满，甚至在图章上刻上“无法无天”的字样，妄想否定无产阶级专政的法，变社会主义的天。《猫头鹰》这株毒草正是炮制者这种反动心理的集中表露。

……《猫头鹰》的炮制者不是曾经疯狂地叫嚣，他的作品“要等到二十年之后才会被人承认”吗？

（《评为某些饭店宾馆创作的绘画》）

这篇批判文章将“动物短句”归为“寓言”体裁。一般定义上说，寓言是以散文或韵诗的形式，讲述带有劝谕或讽刺意味的故事。“动物短句”并非故事类叙述，似不能归为寓言，但在某些方面，它们又符合寓言体裁的部分定义，如，“自然物的拟人手法说明某个道理，常带有劝诫、教育的性质”。“卫胜”文章的提法是否准确暂且不论，它至少说明当时的批判者是将这些作品视为文学创作，这也从另外方面证明其“潜在写作”的文学价值。

由以上叙述可见，尽管“动物短句”不到百条，但在黄永玉个人的文学道路上却具有里程碑的意义。这一写作，不在于数量的多少，而是表明，在十多年的沉寂之后，文学创作的诱惑、冲动依然萦绕于心，只要有可能，他仍会重新拿起笔，再次走入文学的殿堂——哪怕是以“潜在写作”的方式。

实际情况正是如此。“动物短句”的转瞬即逝与招致批判，并不意味着黄永玉“潜在写作”的终结，相反，在动荡、艰难的日子里，在书信中，在偷偷写下的诗歌中，他一直保持着自己与文学无法割断的联系。这里，我们不妨读读一九七二年在“五七干校”期间，黄永玉写给年轻学生李宝瑞的信。

李宝瑞一九七〇年毕业于中央工艺美术学院，一九七二年，他致信正在河北磁县中央美院“五七干校”劳动的黄永玉，请教绘画与写作等问题。这一年，黄永玉多次复信李宝瑞，在寂寞、单调的“干校”生活里，与一个年轻人的通信，成了黄永玉谈论文学的另一途径。

> 孩子讲故事，十分教人感动，我也有不少这样的来往者，你这样做有益处，使你永远不会负义于那一点童心，这东西是可以医治创伤的。一个朋友的孩子给我讲故事，开头他说：“从前有一个雨……”真是妙透了。
>
> （致李宝瑞，一九七二年四月十五日）

> 天气已凉了，有一天下雨，我想到四十年代苏联诗人的几句写得很好的诗：“等待我吧！当一切人都不再等待的时候。等待着我吧！即使这连绵的秋雨。”这是卫国战争年代里的诗，这诗人已经是个混蛋，当时还是个了不起的好角儿的。
>
> （致李宝瑞，一九七二年十月四日）

> 关于书，我最近借了一本破极了的《赤道环游记》，美国马克·吐温著，这老家伙真有两下，复杂，诡秘，思想活跃得了不得，

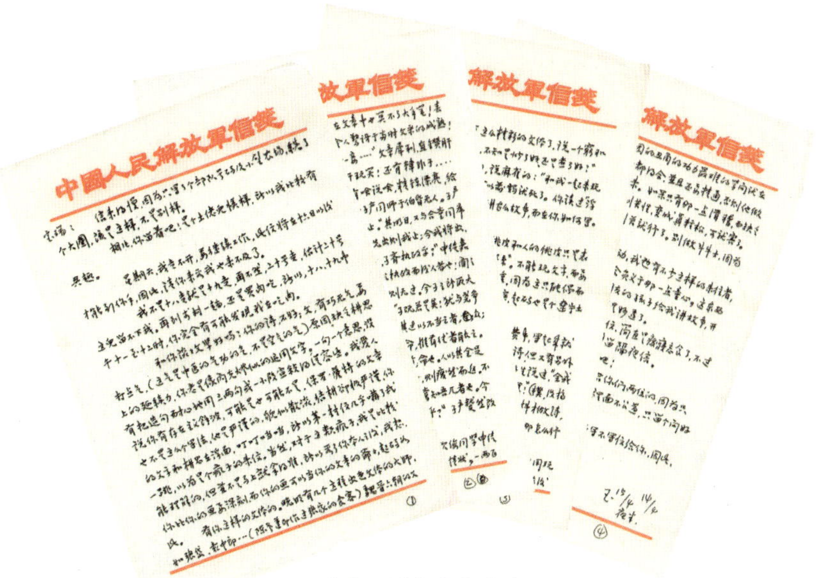

黄永玉写给李宝瑞的信

认真地看，逐字逐句地吃，要两个十年；看这种书，有一种又烫又饿吃元宵的感觉。你们，就这么穷？连一个子儿的书也没有？真没人带一点书来吗？我的天！

（致李宝瑞，一九七二年十月二十日）

与文学相关的话题，是黄永玉内心文学热情的自然流露。可以说，在某种程度上，此时的黄永玉把李宝瑞当作了一个倾谈对象，对方理解与否，感兴趣与否，已不太重要。在这一点上，他与写家书的沈从文、傅雷，有了相近之处。请看下面一大段文字：

和你谈谈文学好吗？你的诗不好，文，有巧无气，要打点气，这气是中医的气功的气，不是空气的气。原因，缺乏构思上的延续力，你老是像闪光雷似的运用文字。一句一个意思，没有把造句耐心地用三两句或一小段叙述得从容些。我爱人说你有存在主义余波，可能是也可能不是，保罗·萨特的文章也不是这么个写法，他是严谨的，貌似散淡，结构却极严谨，你的文学和构思在浮面，叮叮当当，所以第一封信几乎吓了我一跳，以为是个疯子的来信。当然，对于这类疯子，我是比较能理解的，但并不是马上就拿得准，所以看了你本人之后，我想你的画可以当你文章的爷爷，起码为父。你有这样的文体。晚明有几个这种观色文体的大师，如张岱、袁中郎……陈老莲即做过张家的食客，魏晋六朝的文风也颇有这种神韵。当然，汉唐文章在文章中也算不了大手笔！春秋战国的那些东西你碰碰。那才令人惊讶于当时文采的成熟！……”

我建议你搞一点理论，文字的佻皮和人的佻皮只是表面，都应该有一个严肃的“体、面关系”“明暗关系”。不能玩文字，而要用文字，尤其是你在使用地方俚语时要慎重，因为这只能偶尔为之，不可全篇皆是。若不是费解的上海洋泾浜，起码也是个辽宁土泾浜。

关于诗，建议你钻一点平仄、四声，这并不费事，写起来就举重若轻，字字是诗的肌体；否则就干脆做白话诗人，但又有另外的一些节奏上的讲究，总之，你不能浅尝辄止，易卜生说过，“全或无！”是有道理的。古代《尚书》上也说过：“良工不示人以朴！”（朴，没搞好的东西也！）更重要的，是你要找到可以做诗的材料才做诗，不能什么都可做诗。诗，只几个字，几句话，不锤炼，不精选，那怎么行呢？

（黄永玉致李宝瑞，一九七二年四月十五日）

在这段文字里，黄永玉尽显其文学修养与见解。从中国古典文学到西方现代派作家，十分谙熟，文学感悟颇为透彻。其论述内容，其语言风格，我们看不到“文革”期间文化被贬斥、思想被禁锢、精神被阉割的一点儿痕迹。也就是说，在写信时，黄永玉完全进入到一种自由自在的状态，远离政治，远离世俗，在文学的纯净氛围里陶醉而潇洒。在“潜在写作”中，书信、日记等体裁占据着重要位置，黄永玉表现出来的这种写作的私密性，精神的地下状态，恰恰是“潜在写作”最为重要的元素。

在“干校”期间所写私信中大量谈论文学，并非黄永玉一时的心血来潮，因为，就在此前的一九七〇年十二月，他偷偷完成了历时多日的一首长诗：《老婆呀！不要哭——寄自农场的情诗》。

关于写作《老婆呀！不要哭》的背景，黄永玉后来在公开发表此诗时，在诗前补充了这样的话：

> 诗，是农场三年劳动所作。带着包袱进行改造如吞丸药以浓茶送服，虽明知“医之道大矣！”积习却中和了药性，病是治不好的。
>
> 这首诗是夜间弓在被窝里照着电筒写的。怪不得同志们惊讶我每星期换两节电池，或许真以为我晚晚都去偷鸡摸狗。
>
> 那时候家人心情懊丧，日子太长了！展望前途如雾里观河，空得澎湃。启用几十年前尘封的爱情回忆来做点鼓舞和慰藉，虽明知排场、心胸太小，却祈望它真是能济事的。
>
> （《〈老婆呀！不要哭〉序》）

《老婆呀！不要哭》，计二百多行。如作者本人所说，在生活极其艰难而前途难卜的日子里，他借重温爱情往事，充实内心，让自己的情感不

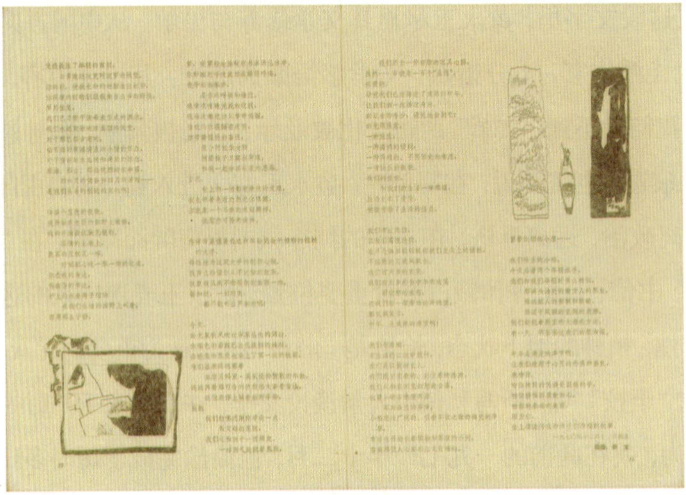

《老婆呀！不要哭》版式

至于在生活的无奈中变得枯萎。孔子在《论语》中说“诗，可以兴，可以观，可以群，可以怨。”诗论者也常爱说：“愤怒出诗人。”身在“五七干校”的黄永玉，在经历“文革”初期的批斗之后，下放“干校”劳动虽然艰苦，但也相对少了干扰，反倒获得暂时的喘息。在此情形之下，郁积于心的诸般愤懑、不解、无奈，找到了以诗怀旧、以诗抒怀的方式。重要的是，他在记忆中挖掘生活的诗意，恰是对现实生活的压抑、政治氛围的高压，寻找到文学的摆脱与化解。因此，可以说，与文学史上众多优秀作家的写作一样，黄永玉以“潜在写作”方式创作《老婆呀！不要哭》，真正是为情所驱，为思所动。在“干校”简陋的平房里，黄永玉遮掩在被窝里用手电筒光束照亮稿纸，写下这首长诗。这光束，也是晦暗生活里的一束心灵之光，它再次照亮诗的神圣，照亮文学道路上令人神往的景象。在特殊情境下，黄永玉重新踏上诗歌之旅——

我看云，
我听城墙上传来的苗人吹出的笛音，
我听黎明时分满城的鸡鸣，
我听日出后远处喧闹的市声，
还有古庙角楼上的风铃。
……
我们的小屋一开始就那么黑暗，
却在小屋中摸索着未来和明亮的天堂，
我们用温暖的舌头舔着哀愁，
我用粗糙的大手紧握你柔弱的手，
战胜了多少无谓的忧伤。
……
中年是满足的季节啊！
让我们欣慰于心灵的朴素和善良，
我吻你，
吻你稚弱的但满是裂痕的手，
吻你静穆而勇敢的心，
吻你的永远的美丽，
因为你，
世上将流传我和孩子们幸福的故事。

这是一首情感真挚、节奏富于变化的长诗。黄永玉喜欢阅读和欣赏十九世纪俄罗斯、英国诗人，在这首诗中即可以看到普希金等诗人对他的影响。在“文革”的日子里，他以诗赞美爱情，也是借此与外国经典作家对话。他的诗，没有五十年代以来政治抒情诗的痕迹，更无色彩强烈的流行的政治词汇，相反，诗中出现的，是青苔、笛音、鸡鸣、风琴；是月亮、露珠、小船、秋霜；是彭斯、汤姆·索亚、波希米亚……写作《老婆呀！不要哭》时，诗人超越于外界纷扰，回到内心的浪漫，营造诗意的纯净。感伤却不悲观，爱情的反复吟唱中，生发出面对苦难的坚毅、自信与乐观。如果将这首诗与郭小川同期也在“干校”创作的《团泊洼的秋天》等诗比较，即可发现彼此之间的情感把握与诗意渲染的明显差异。

《老婆呀！不要哭》的写作，是“五七干校”期间，文学在黄永玉生活中的复苏。除此首长诗之外，他同期还创作了另外一首二百多行的叙事长诗《喂鸡谣》。与《老婆呀！不要哭》风格完全相反，《喂鸡谣》为七言体打油诗体裁，几乎不带政治色彩，不用报章术语，而纯以幽默、调侃风格反映“干校”日常生活，在艰辛的日子里发掘自我调节的喜剧色彩。

从此，他一直没有停止过写诗，即便在动荡的日子里——

一九七四年，在“黑画事件”中受到批判后，他回到湖南躲避风雨。在家乡，他先后写作《平江怀人》、《一个人在院中散步》等诗，以隐晦表述，写对因“庐山会议”而遭贬黜的彭德怀的怀念，写严峻凄冷下的一种乐观……

一九七六年，北京发生因悼念周恩来而爆发的“四五事件”，黄永玉曾前去天安门广场，之后，他写下《说是从丰台来的》、《老夫妇》、《老兵》、《哭泣的墙》、《邂逅》等，以诗的形式记录历史突发事件，抒发现实忧患。

“文革”结束后不久，黄永玉将笔记本上偷偷写下的这些诗歌，挑选若干，交由《诗刊》发表。另有部分作品，依然在笔记本上沉睡着，未能发表。

黄永玉以自己的“潜在写作”，为当代文学史的研究提供了一个重要的、有着丰富内涵的范例。同时，他以此表明，此生注定拥抱文学。十余年的“潜在写作”，也是一次庄严的、毫无功利目的的文学预演。它预示着，“文革”结束之后，黄永玉将拥有清醒的、雄心勃勃的文学自觉，“大器晚成”的他，收获季节，如期而至。

自觉与丰收：太阳下的风景

一张诗人们合影的照片，留下了黄永玉文学“自觉与丰收”阶段的一个重要瞬间。

照片拍摄于一九八二年，场合为中国作家协会举办的“第一届全国优秀新诗（诗集）奖”的颁奖大会。这应是“文革”结束后，中国诗坛的第一次盛会。获奖诗人十位，老中青三代，整整齐齐站成一排。艾青、张志民、李瑛、公刘、流沙河、邵燕祥、胡昭、傅天琳、舒婷，这九位是人们熟悉的诗人，唯有站在他们中间的黄永玉一人，来自诗坛之外。

不像艾青、流沙河、邵燕祥、公刘等人，沉寂多年后，以“右派分子”身份的诗人复出，令人们充满期待；也不像年轻的舒婷，以“朦胧诗”年轻诗人群体的代表身份亮相，崭露头角，引发关注。黄永玉呈现在人们面前的，则是个人身份的转换。以往，人们只知道他是位画家，而现在，他还是一位诗人，站在了文学的聚光灯下。对于他，这是一次精彩亮相，也是一个标志——在历时三十余年的尝试、沉寂、“潜在写作”之后，他终于拥有了充分的自觉，意识到文学是他干预现实、抒发自我、融入历史的更自由的表达方式与手段。

文学的自觉，到来于“文革”结束后的一九七九年前后。

黄永玉获奖的诗集为《曾经有过那种时候》，收录三十二首诗，一部分属于“潜在写作”时期的作品，其余创作于一九七九至一九八二年之间。

这是当代中国一个重要的历史性转折时刻，浩劫余生的沉痛与兴奋，引发黄永玉文学创作的激情，他以这批诗歌，汇入了新时期文学最初的“伤痕文学”、“反思文学”的潮流。

短诗《曾经有过那种时候》，可看作是诗人对“文革”时代特征的高度浓缩：

人们偷偷地诅咒
　　又暗暗伤心
躺在凄凉的床上叹息，
也谛听着隔壁的人
　　在低声哭泣。

一列火车就是一列车不幸
家家户户都为莫明的灾祸担心。
最老实的百姓骂出最怨毒的话，
最能唱歌的人却叫不出声音。

传说真理要发誓保密
报纸上的谎言倒变成圣经。
男女老少人人会演戏，
演员们个个没有表情。

获奖诗集《曾经有过那种时候》

此诗足可代表黄永玉的历史态度与批判锋芒。显然，他自己也很看重此诗，故将该诗题作为诗集的书名。

“客串”至文学领域的黄永玉，顿时引起关注和嘉评。一九八一年，诗人艾青撰文《一个土家族诗人的机智》，写道：

> 永玉写的诗，我读了一些。他的诗，自成风格。他所采用的是现代口语，形式比较自由，常以奇特的构思见长。
>
> 写诗，当然要有思想感情。但是光有思想感情，平铺直叙，仍不能震撼人心。这是说，除了思想感情之外，还要有智慧，这个智慧也可以说是机智，它包括构思——善于安排，把矛盾挖出来，加以解决。
>
> ……严肃认真的思考！他思考得很随便，也思考得很苦。充分表现了他的幽默，机智——只是有些显得奢侈了。
>
> （《一个土家族诗人的机智》）

以“现代口语”入诗，正是黄永玉的诗歌艺术特点之一。多年后，诗评家项兆斌仍将黄永玉视为当代诗歌“口语化写作”的最早代表诗人之一，他写道：“《曾经有过那种时候》诗集中的32首口语短诗，均是优美可人的佳作，像对你说贴心话，没有一句是绷着诗人面孔的“刁钻”“吊诡”之言，或是文绉绉的诗句。”（《谁是“口语化写作”的代表？——与谢冕先生商榷》，载《华夏诗报》，二〇〇八年一月二十五日）

除艾青之外，学者钟文在一九八三年出版的《诗美艺术》一书中，也对黄永玉诗集《曾经有过那种时候》予以高度评价，他指出：

上世纪八十年代与女儿黑妮在澳大利亚

黄永玉是一位著名画家，他在十年动乱中偷偷地写了一些诗。这些诗大多用家常话写平常事，不带一丝造作，一点矫饰，但读来让人深思、感动。读这首《说是从丰台来的》，可以让人有一种压抑得想哭，但又哭不出声来的悲痛感。这正是平淡质朴的艺术的效果。衷情偏以浅貌表现出来，反给人一种咀嚼不尽的回味。诗的平淡质朴果然要靠表现形式上的平常质朴，不尚难字，不用过多过浓的修辞，但其根本还在于有一个充实的内容。纳丰富的内涵于自然浑朴的外表之中，自然会生成一种悠长而深沉的艺术境界。

（《诗美艺术》）

第一本散文集《太阳下的风景》

同一时期，黄永玉也开始了散文写作。写乡愁（《乡梦不曾休》，写艺术创作体会（《艺术的空间功能》），写文化前辈，如黄新波（《亲爱的兄长》）、聂绀弩（《往事与散宜生诗集》）……

率先完成的长篇散文《太阳下的风景》，写于一九七九年岁末，这篇作品标志着黄永玉在拥有文学自觉之后，其散文写作一下子就达到很高的起点。《太阳下的风景》以写表叔沈从文为主，勾勒与渲染出大时代里一个小人物的坎坷命运，顽强生命力之中含蕴着浪漫、柔情、忧郁、感伤与悲怆。这篇散文，其实也是写故乡凤凰城的文化风情、历史变迁，写父母一辈的命运与时代的对应关系，写作者本人的漂泊人生。作者具有画家的眼睛与调度能力，善于描绘出一个个生动的、色彩斑斓的生活场景；他如创作小说一样，灵活而恰到好处地运用对话，使散文的叙述顿时具有活力与动感；当他以画家与小说家的综合才能写作这篇散文时，笔下缓缓流淌而出的，恰恰是中国当代散文久违的也颇为缺乏的真挚情感、个性化语言、不拘一格的起承转合。当以下面的文字结束全文时，黄永玉带给我们一种强烈的、漫溢诗意的历史感——这正是他的散文艺术的魅力所在：

> 我们那个小小山城不知由于什么原因，常常令孩子们产生奔赴他乡的献身的幻想。从历史角度看来，这既不协调且充满悲凉，以致表叔和我都是在十二三岁时背着小小包袱，顺着小河，穿过洞庭去“翻阅另一本大书”的。
>
> （《太阳下的风景》）

在《太阳下的风景》中，黄永玉回忆当年读沈从文的《一个传奇的本事》，曾这样谈到沈从文散文的印象：“在一九四六还是一九四七年，他有过一篇长文章谈我的父母和我的行状，与其说是我的有趣的家世，不如

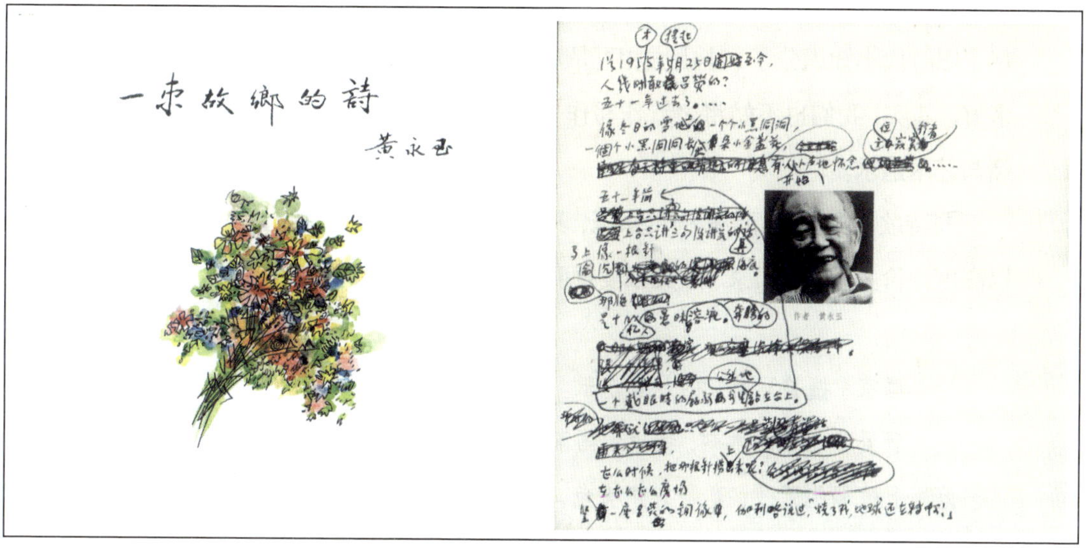

在自印本《一束故乡的诗》封底草就《吕荧》一诗

文革结束后进入写作高潮的黄永玉

说是我们乡土知识分子在大的历史变革中的写照。表面上，这文章犹如山峦上抑扬的牧笛与江流上浮游的船歌相呼应的小协奏，实质上，这文章道尽了旧时代小知识分子、小山城相互依存的哀哀欲绝的悲惨命运。”说得多好。其实，我们也不妨将之看作写作《太阳下的风景》时作者本人的心绪与艺术追求。

与诗歌一样，重新亮相的黄永玉，其散文当即受到文学界的关注并予以高度评价。著名藏书家、散文家姜德明这样写道：

画家中擅长写散文的是黄永玉。

我爱黄永玉的木刻，我也爱画家的散文。前几年，我不肯放过他画上的那些题跋，真是有声有色，其中有欢笑，有眼泪，当然也有画家的机敏、幽默，甚至一点狂态和痴情……有的则是诗。

> 近两年他的散文创作欲又抬头了。写人物好像无头无尾，却能画出人的眼睛！是写意，是夸张，还是大泼墨？是不是散文一如他作画的风格：不拘一格，“无法无天”？
>
> （《画家的散文》）

不拘一格，无法无天，这是姜德明对黄永玉散文独具慧眼的发现与精当概括。作为熟稔现代文学的专家和副刊编辑，姜德明也是为数不多的知道黄永玉与文学早就有缘的人之一，他所说的“散文创作欲又抬头了”，简约而明了地点明看似黄永玉以画家身份“越界”进入文学创作，其实也是一次文学的回归。

漂亮的回归，带给当代散文一个惊喜。一个散文大家，赫然登场。

再次细读《太阳下的风景》，不难发现，这篇作品呈现出多种主题——永远的乡愁、文化的感伤、前辈命运的悲欢离合；漂泊的人生况味——已经确定了黄永玉日后各种体裁（包括诗歌、散文、随感、小说等）创作的基调，他在这篇作品中肆意挥洒而出的才情，也早早地为自己竖起了一根标杆。之后三十年的创作，他将《太阳下的风景》里蕴含的多种主题尽情演绎与变奏，将业已呈现的多样色彩不断挥洒。也就是说，一九八〇年前后的诗歌与散文成就，构成了一个坚实基础和高度，他立足于此，腾挪跳跃，从容前行，文学创作更为丰满而厚重，“太阳下的风景”，铺开一个丰收的季节。

这里，我们不妨浏览一下他在三十年间收获的重要文学果实：

诗集五种：《曾经有过那种时候》（一九八一年），《我的心，只有我的心》（一九八六年），《花衣吹笛人》（一九八八年），《老婆呀！不要哭》（一九九六年）、《一路唱回故乡》（二〇〇六年）。

《一路唱回故乡》书影

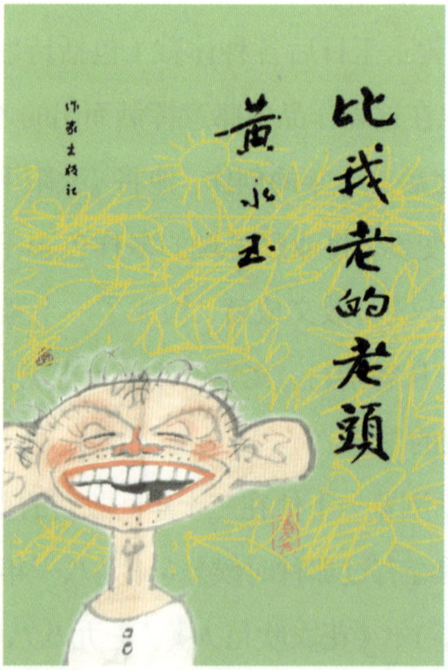

《比我老的老头》书影

以《罐斋杂记》为开端的“永玉三记”，至一九九七年扩展为“永玉六记”，分别为：《罐斋杂记》、《芥末居杂记》、《力求严肃认真思考的札记》、《斗室的散步》、《往日，故乡的情话》、《汗珠里的沙漠》。他所独创的这种图与文相结合的文学样式，至此成为黄永玉标记最明显的作品。

自《太阳下的风景》之后，散文一直是黄永玉最为得心应手的写作。散文集《这些忧郁的碎屑》（一九九四年），《比我老的老头》（二〇〇二年），汇集大部分描写人物的作品。如今，《比我老的老头》一书已发行十万多册，成为备受读者欢迎的著作。

九十年代初，黄永玉在旅居意大利期间，完成《沿着塞纳河到翡冷翠》一书，集游记与人物素描于一体，佐以大量风格各异的插图，文采飞扬，趣味无穷，令读者爱不释手。

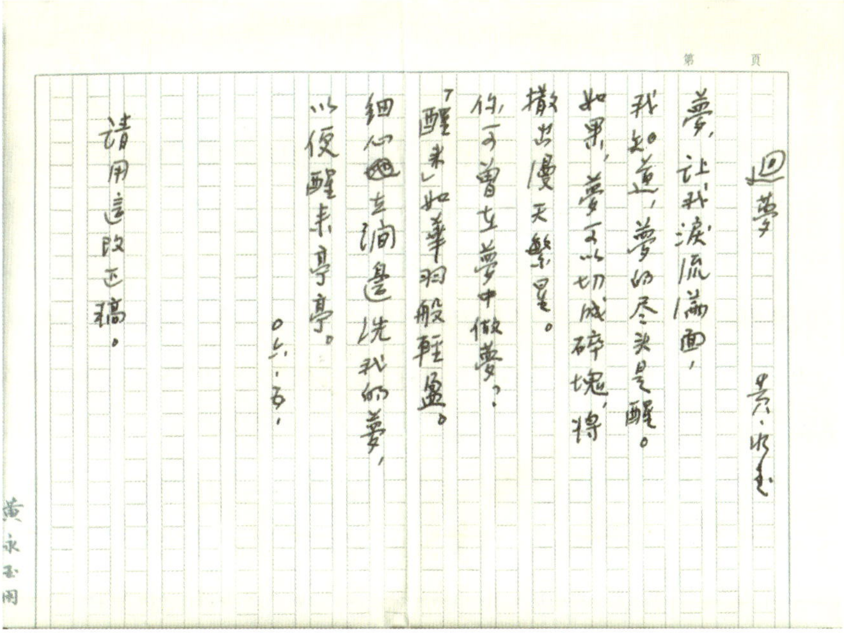

诗歌《回梦》手稿

香港版《沿着塞纳河到翡冷翠》书影

杂文也是黄永玉热衷的体裁之一。一九八五年前后，他在《新观察》杂志以“吴世茫”笔名开设“吴世茫论坛”。他以反讽、鞭挞等手法，干预生活，针砭现实，嬉笑怒骂，一时轰动京城。一九八九、一九九〇年前后，他以“老獭”、“姚育水”等笔名，在香港《东方日报》等报纸开设“天荒野谭”等个人专栏，发表杂文约三百篇，说古论今，笔锋犀利，为历史留存记忆，为文化提供掌故与见识，杂文在他手中俨然已达随心所欲的境界。

九十年代定居香港和旅居意大利期间，黄永玉开始了他最为看重的文学创作——长篇小说。第一部长篇小说是政治幽默小说《大胖子张老闷儿列传》，描写一九四九年开国大典之后的北京文化界以及中南海高层的生活。小说完成十余万字，在《明报》月刊连载经年，后因故歇笔。

黄永玉上世纪九十年代初期开始创作自传体长篇小说《无愁河的浪荡汉子》，其间歇笔约十年，于二〇〇八年续写，至今已完成五十多万字。关于这一作品，我在本文前面已经指出：“在这部小说已经完成的篇幅里，黄永玉以具有现代汉语之美的个性叙述，描写自己儿时经历，欲借此勾画出广阔社会背景下的历史沧桑。沧桑之中，有故乡的风俗人情，个体生命的忧伤，漫溢文学的诗意。我们有理由对《无愁河的浪荡汉子》以后的叙述和格局，充满期待，它将会是一部具有民俗史、生活演进史架构的长篇巨制。”

……

这便是黄永玉在拥有文学自觉之后所取得的创作实绩。

至此,黄永玉的文学创作，已经形成了四个鲜明特点：其一，“乡

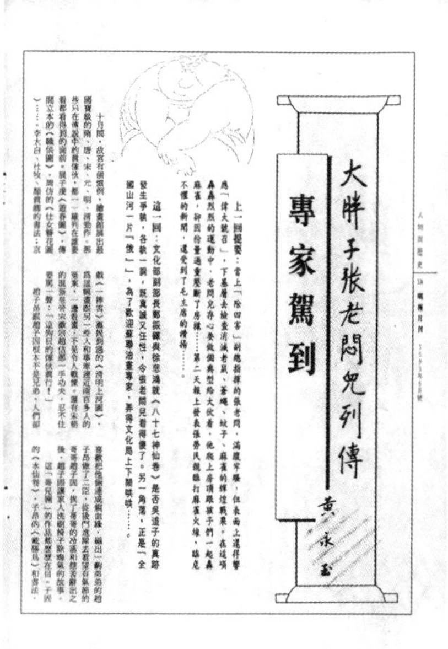
大胖子張老悶兒列傳

黄永玉

專家駕到

上一回提要：當上「除四害」副總指揮的張老悶，滿腹牢騷，但表面上還得響應「偉大號召」，下基層去檢查消滅老鼠、蒼蠅、蚊子、麻雀的輝煌戰果。在這項轟轟烈烈的運動中，老悶兒存心要做個典型給大伙看，他爬上房頂跟孩子們一起轟麻雀，卻因份量過重壓斷了房樑……第二天報上發表張勞民親臨打麻雀火線，臨危不懼的新聞，還受到了毛主席的讚揚……。

這一回：文化部副部長鄭振鐸與徐悲鴻就《八十七神仙卷》是否吳道子的真跡發生爭執，各執一詞，既真誠又任性，令張老悶兒看得傻了。另一角落，正是「全國山河一片『俵』」，為了歡迎蘇聯油畫專家，弄得文化局上下閙哄哄……。

长篇小说《大胖子张老闷儿列传》一九九三年在香港《明报》月刊连载

愁”，是他的作品贯穿始终、漫溢诗意的永恒主题；其二，“文化的感伤”，是他描写前辈文人命运与性格时，最能触动人心的历史感；其三，“幽默”与“机智”，构成他的叙述风格中他人无法模仿的个性特色；其四，“营造汉语之美”，让人们看到了他如何摆脱文字的政治性污染，还原语言本色的纯粹、鲜活，贴着土地生长，在空气中自由呼吸的那种优美……如上四个艺术特点的具体而深入的分析，且留待以后进行。

七十年，对于黄永玉，只是文学行走的一个过程，远不是结束。年近九十，他还在拥抱着文学自觉。我相信，随着《无愁河的浪荡汉子》的继续写作，其文学创作的重要性及其独特贡献，将在当代文坛日益凸现出来，成为一片耀眼的“太阳下的风景”。

靳尚谊于上世纪七十年代末画黄永玉肖像

增补本跋

《传奇黄永玉》一书，始由人民日报出版社于二〇一〇年七月出版，今增加系统叙述黄永玉先生文学创作七十年的章节，改为增补本再版。三年来，湖南美术出版社倾力精心策划出版《黄永玉全集》，承蒙厚爱，诚邀我代为编选其中的“文学编”六卷，在《黄永玉全集》出版之际，且迎来黄先生九十华诞，将增补本《传奇黄永玉》交由湖南美术出版社出版，与全集相呼应，是为幸事。

感谢黄永玉先生一家及亲友，多年来接受采访，提供史料，并同意在本书里使用相关作品影像。

感谢姜德明先生提供《战时木刻》等民国杂志，使本书对黄永玉早期艺术活动的叙述，有了难得的史料基础。

感谢香港《大公报》周庆先生和资料室同仁，香港《文汇报》尹树广、王新源先生，香港文史专家小思女士，香港中文大学图书馆，香港电影资料馆，为我查阅资料提供帮助。

最后，还应特别说明一点，本书在叙述“文革”美术事件时，为了较为客观、真实地接近历史原貌，使用了一些画家当时的作品图片，以及带有“文革”特点的大批判文字与丑化漫画，希望此举能得到相关者及其家人的理解与宽容。如有不妥之处，敬请指正，本人将择机加以修订。谨致谢忱。

李　辉

二〇一三年五月，北京

作者联系方式：lihui1956@vip.sina.com；

北京金台西路2号，人民日报文艺部，邮政编码：100026

图书在版编目（CIP）数据

传奇黄永玉：增补本 / 李辉著.-长沙：湖南美术出版社，2013.7（2023.7重印）

ISBN 978-7-5356-6433-4

Ⅰ.①传… Ⅱ.①李… Ⅲ.①黄永玉-生平事迹 Ⅳ.①K825.72

中国版本图书馆CIP数据核字（2013）第171128号

CHUANQI HUANG YONGYU ZENGBU BEN

传奇黄永玉 增补本

出 版 人 黄 啸

著 者 李 辉

责任编辑 莫宇红 林广平

责任校对 彭 慧

装帧设计 任凌云

版式设计 但汉琼

制 版 嘉偉文化 JARL.V CULTURE

出版发行 湖南美术出版社（长沙市东二环一段622号）

经 销 全国新华书店

印 刷 长沙新湘诚印刷有限公司

开 本 710mm×1000mm 1/16

印 张 30.5

版 次 2013年7月第1版

印 次 2023年7月第3次印刷

定 价 138.00元

销售咨询：0731-84787105 邮 编：410016

电子邮箱：market@arts-press.com

如有倒装、破损、少页等印装质量问题，请与印刷厂联系斢换。

联系电话：0731-84363767